HELMUT HINRICHSEN

DIE KREATIVE HOLZWERKSTATT

VERLAG FREIES GEISTESLEBEN

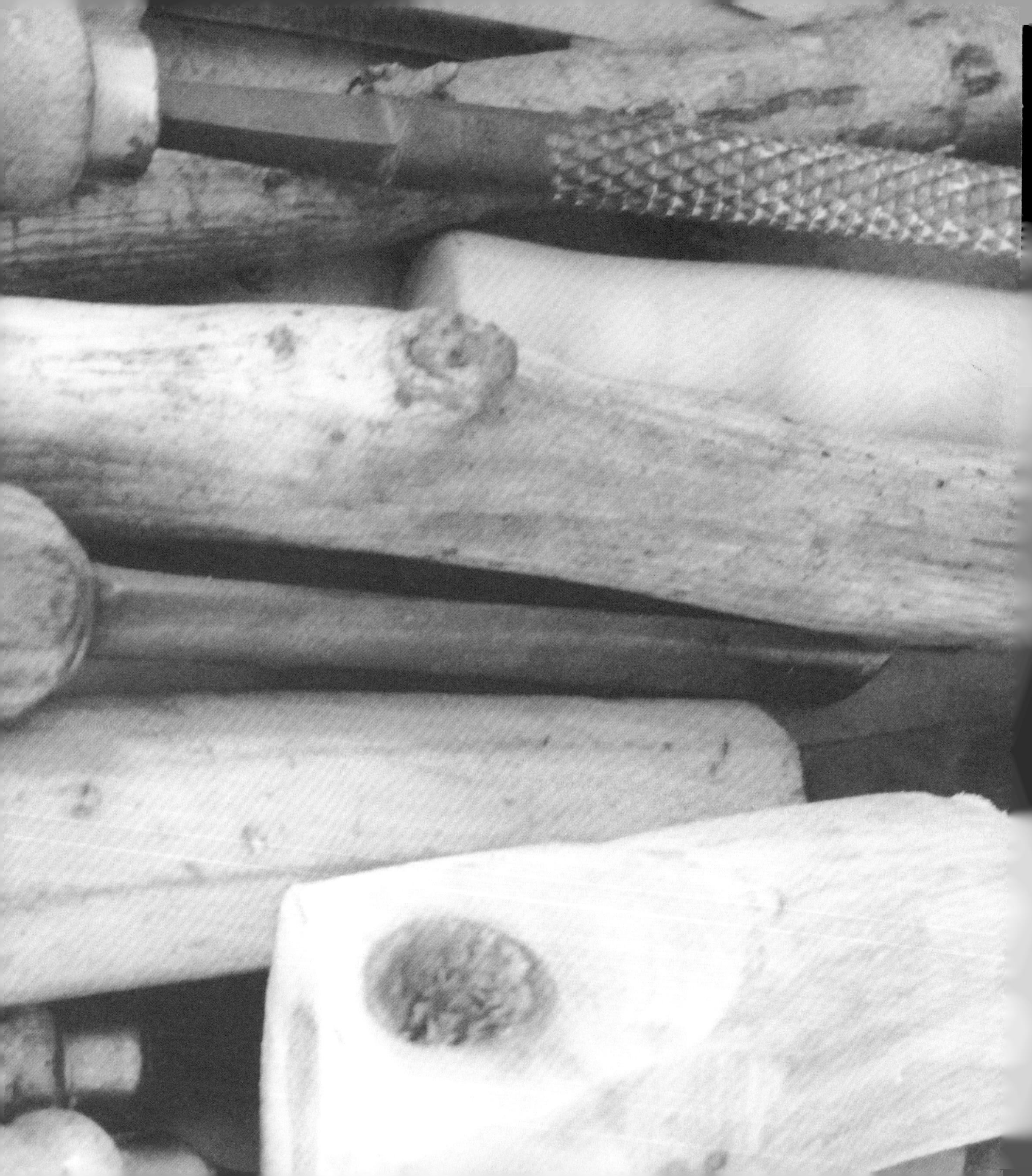

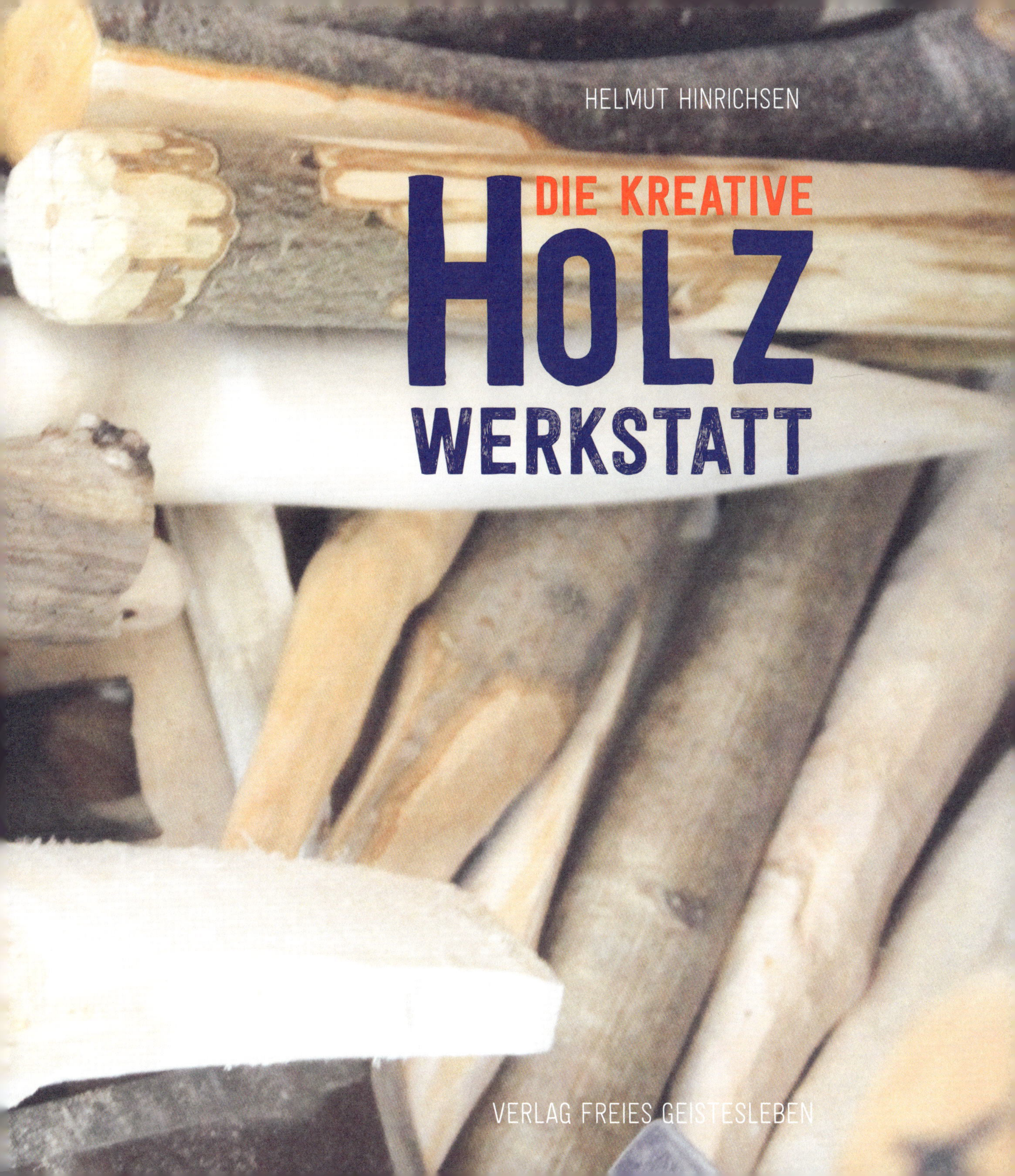

HELMUT HINRICHSEN

DIE KREATIVE HOLZWERKSTATT

VERLAG FREIES GEISTESLEBEN

Inhalt

Vorwort 7

Zur Einstimmung: Obstsalat 8

1. Raspelarbeiten 11

Allgemeine Arbeitshinweise 12 | Handschmeichler und Schlüsselanhänger 16 | Stopfei, Stopfpilz und Keilformen 17 | Walzkörper 22 | Salz- und Pfefferstreuer 26 | Raspeln von Tieren 28

2. Schnitzarbeiten 22

Grünholzschnitzen 34 | Möwenpfeife und Schachfiguren 35 | Grünholzschubkarre 40 | Stifteschale 46 | Holzschaufel 50 | Salzlöffel 54 | Große Holzschale 56 | Schrumpfbox 60 | Trommel 63 | Holzrelief 68 | Masken 73

3. Weitere Holzarbeiten 79

Schlauchhocker 80 | Bandpuzzle 84 | Einfacher Bogen 86 | Recurvebogen 88 | Handfeger und Schaufel 94 | Dosengeige 100 | Zweisaitige Mandoline 104 | Notenständer 108

4. Möbelbau 115

Holz für den Möbelbau 116 | Das Brett 117 | Das Fügen 122 | Holzverbindungen 124 | Meditationshocker mit Schlitz- und Zapfenverbindung 126 | Gewürzregal 130 | Schwalbenschwanzverbindung oder Zinkung 134 | Erlenholzschatulle 138 | Kinderwiege 140 | Gratnutverbindung 144 | Meditationshocker und Eckregal mit Gratnutverbindung 148 | Bau eines Bücherregals 150

5. Allgemeine Aspekte 155

Kleine Werkzeugkunde 156 | Hinweise zum Einrichten einer Werkstatt 161 | Kleine Materialkunde 163 | Unfallverhütung und Wundversorgung 168 | Pädagogischer Hintergrund 170 | Bezugsquellen 183 | Danksagung 184 | Über den Autor 185

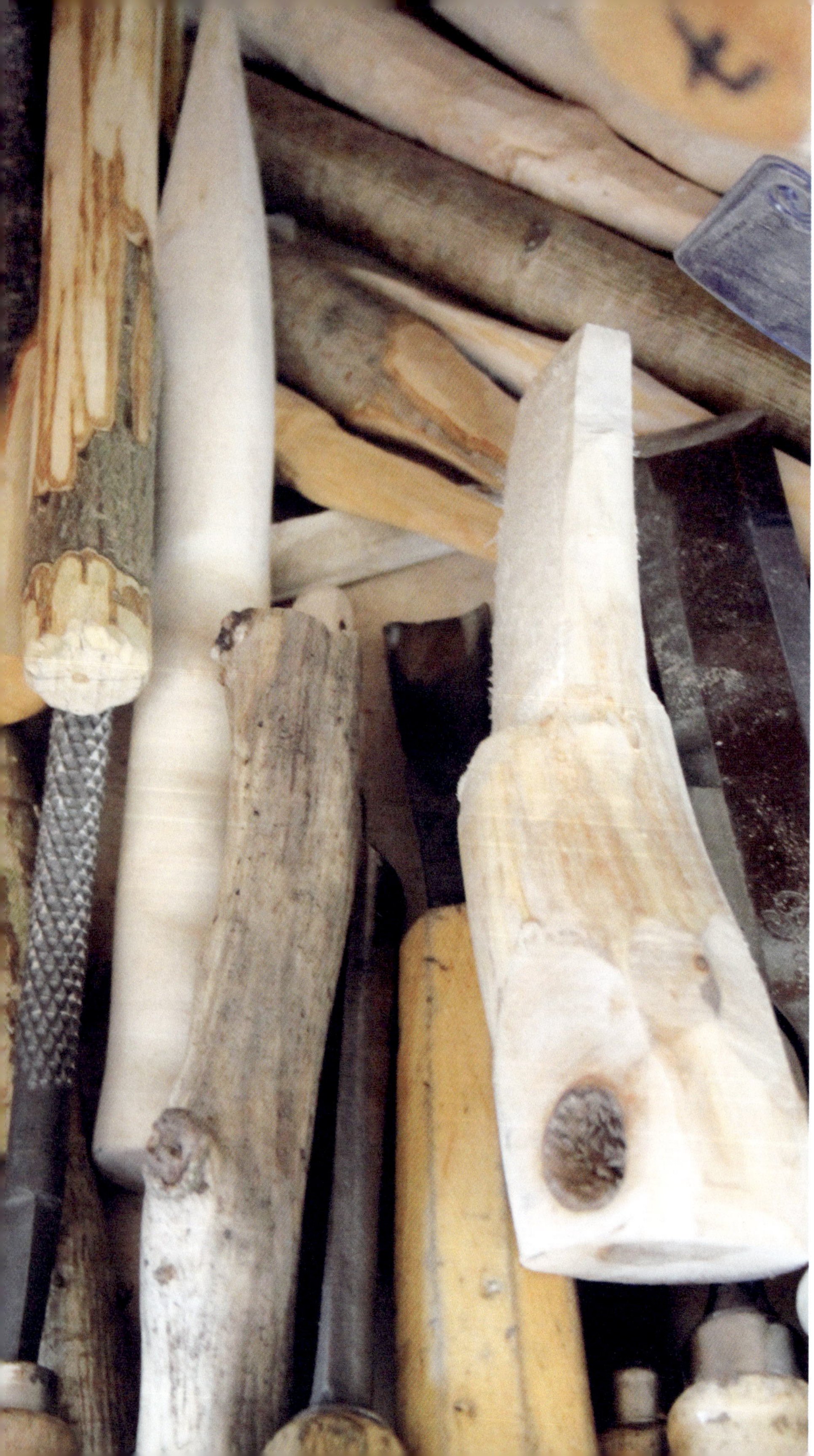
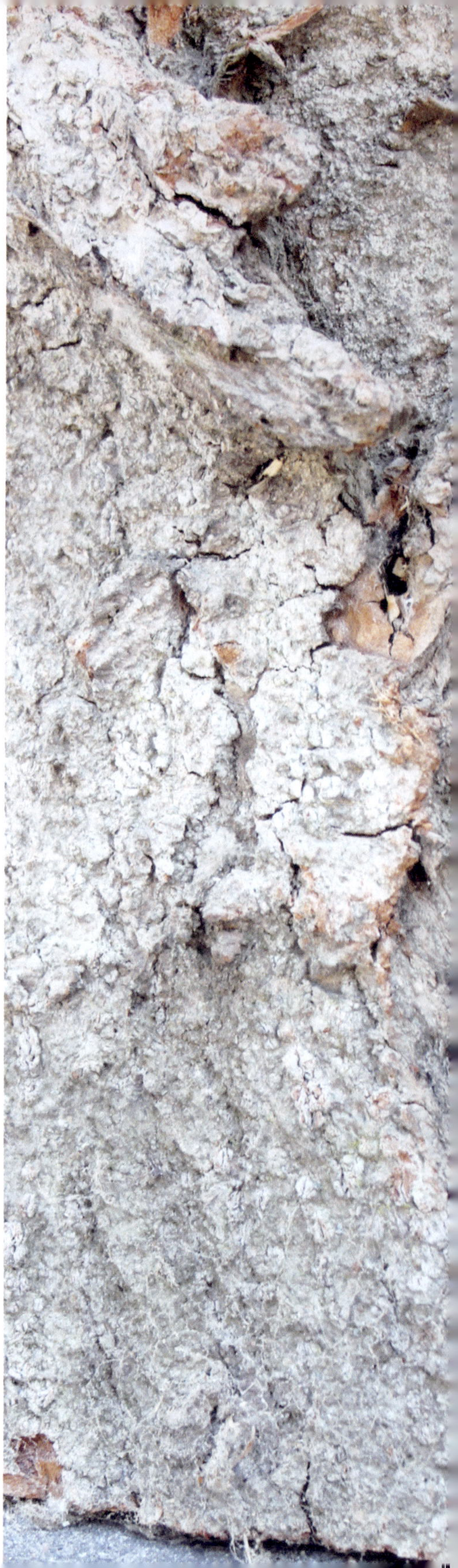

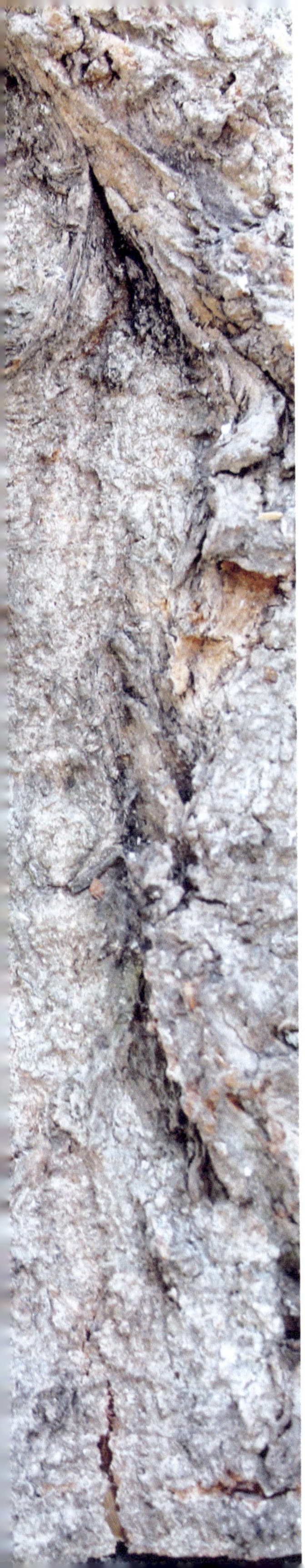

Vorwort

Die folgenden Anleitungen richten sich in erster Linie an interessierte Erwachsene, die Lust haben, handwerklich-gestaltend tätig zu sein; doch die verschiedenen Projekte eignen sich genauso gut dazu, dass sich Erwachsene zusammen mit Kindern oder Jugendlichen praktisch betätigen, etwas Nützliches oder Schönes herstellen und dabei auf handwerklich-technischem Gebiet auch Neues lernen. Das gemeinsame Schaffen kann tief verbinden und neue, wertvolle Formen des Miteinanders ermöglichen. Nicht zuletzt brauchen Kinder in ihrer Umgebung zufriedene Erwachsene, deren sinnvolles Tun sie nachahmen können; und auch Jugendliche können sich von der Tätigkeit der Erwachsenen vielfach anregen lassen.

Im Folgenden können Sie individuelle Gegenstände selbst herstellen und werden dabei unterschiedlichste Werkzeuge und Arbeitstechniken kennenlernen. Die vorgeschlagenen Angebote lassen sich dabei jederzeit entsprechend den persönlichen Bedürfnissen abwandeln.

Der Aufbau des Buches ist so gewählt, dass einfachere Projekte am Anfang stehen und zu immer schwereren Aufgaben hinführen. Jeder kann also den Schwierigkeitsgrad wählen, der ihm gemäß erscheint. Genauso eignen sich die einfacheren Werkstücke eher für jüngere, die schwereren besser für ältere Kinder bzw. für Jugendliche.

Eine knappe Werkzeugkunde sowie Hinweise auf das Material ergänzen die Arbeitsfelder. Am Schluss wird noch mit einem kurzem Exkurs auf die entwicklungsgemäßen und pädagogischen Hintergründe des Werkens mit Holz aufmerksam gemacht.

Dieses Buch möge Freude beim Durchblättern und Anschauen bereiten, hauptsächlich soll es jedoch zum eigenständigen Werken anregen und Lust auf wirkliches Tun erzeugen. Werken ist ein schöpferischer Prozess, der, einzeln oder gemeinsam ausgeführt, zu tiefer Zufriedenheit führen kann. Möge das Buch anregen, stärken und zufrieden machen.

Viel Freude beim Umsetzen!

Helmut Hinrichsen

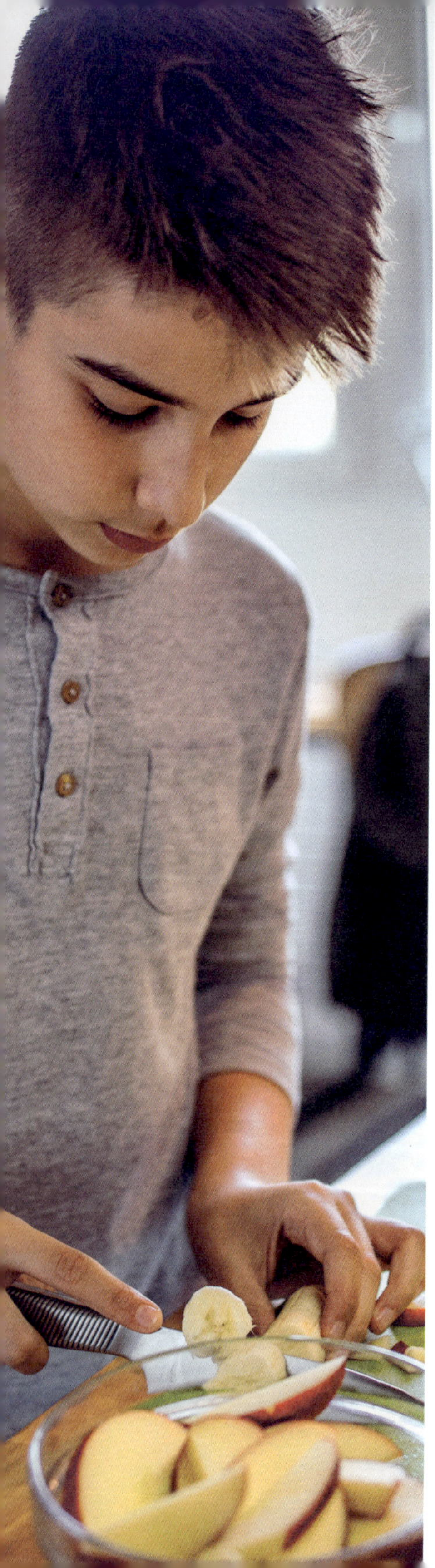

Zur Einstimmung: Obstsalat

Vielleicht haben Sie hier gleich gestutzt: Was haben denn Ausführungen zum Thema «Obstsalat» in einem Buch über das Werken zu suchen? Sie gehören doch in ein Kochbuch!

Diese Reaktion ist verständlich, und auf den ersten Blick ist der Einwand natürlich berechtigt. Doch bei genauerem Hinsehen kann deutlich werden, dass dieses Thema hier durchaus richtig angesiedelt ist. Das Messer stellt eines der Urwerkzeuge des Menschen dar. Es hat ihn auf dem Weg der Zivilisationsentwicklung ständig begleitet. Auch heute sollte jeder Mensch mit einem Messer friedlich und sicher umgehen können. Und wie wäre das sinnvoller und angemessener zu üben als beim gemeinsamen Bereiten einer leckeren Mahlzeit, die man dann in gemütlicher Runde genießen kann?

Für einen Obstsalat braucht man Früchte. Am besten ist es, wenn es sich dabei um Obst handelt, das gerade in der Umgebung reif geworden ist, ja vielleicht sogar im eigenen Garten geerntet wurde.

Nach dem gründlichen Reinigen beginnt das Zerkleinern: Der schon mit dem Umgang des Messers geübte Vater – oder die Tante, der Opa oder ein Freund der Familie – fängt an, eine Birne in der Mitte aufzuschneiden. Er legt sie dazu mit der breiteren Seite auf ein Holzbrett, hält sie mit der linken Hand fest, damit sie nicht wegrollt, und drückt vorsichtig, aber dennoch kräftig und gleichmäßig von oben herab das Obstmesser durch das Fruchtfleisch. Ein köstlich obstiger Geruch verbreitet sich. Jetzt liegen zwei Hälften flach auf dem Brett. Interessiert schaut die vierjährige Tochter auf einem Hocker stehend zu. Nachdem das Kerngehäuse entfernt wurde, ist sie an der Reihe. Das Brett wird weitergereicht, und eifrig beginnt sie, alles in kleine würfelartige Stücke zu zerschneiden.

Am Küchentisch halbiert inzwischen die Mutter – oder der Onkel, die Oma oder ein Untermieter – zusammen mit den sechsjährigen Zwillingen Pflaumen, und sie entfernen dabei die Kerne. Anschließend werden die Hälften in kleinere Stücke zerschnitten. Der Boden der großen Schüssel ist schnell mit Pflaumenstückchen bedeckt. Währenddessen dreht der Jüngste der Familie, gerade drei geworden, eifrig an der Kurbel des Schlagsahnerührers. Auch die etwas unansehnlichen Äpfel müssen erst noch geschält werden; das ist eine Arbeit, die schon etwas schwieriger ist und einige Erfahrung benötigt – genau die richtige Aufgabe für den fünfzehnjährigen Sohn, der sich zusammen mit seinem Freund auch gerne an der geselligen Aktion beteiligt. Inzwischen ist die Vierjährige so weit, dass sie einige Bananen in Scheibchen schneiden kann. Alle, die Familienmitglieder, die Besucher, die Freunde bekommen die Gelegenheit, gemeinsam etwas Sinnvolles zu tun. Währenddessen kann geschwatzt und gelacht werden. Ist die Schüssel voll und die Schlagsahne steif, gibt es einen leckeren Obstsalat.

Und so ganz nebenbei konnten die Kleinen von den Großen lernen – Vorbild und Nachahmung beim Bereiten einer Mahlzeit. Der Gebrauch eines so elementaren Werkzeuges könnte wohl kaum besser erlernt und geübt werden.

Wie anders wird der Umgang mit dem Messer beim späteren Erlernen des Schnitzens ausfallen, wenn solche «Vorübungen» erfolgt sind!

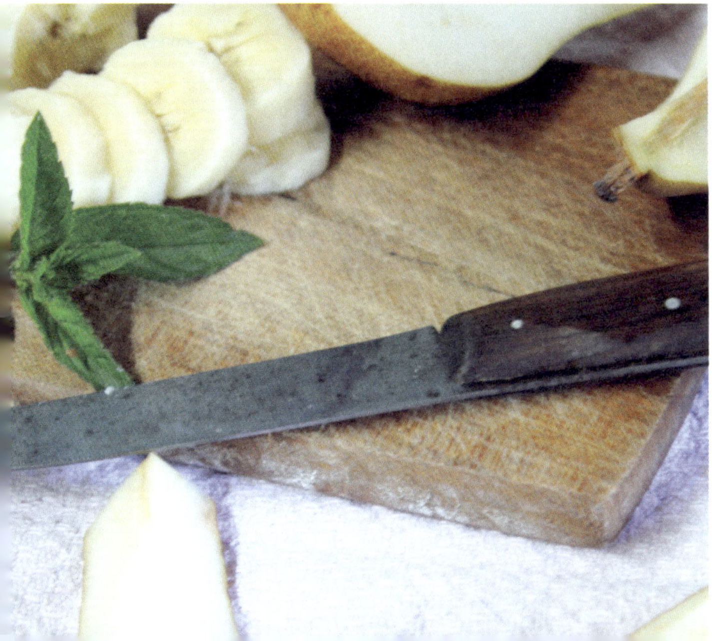

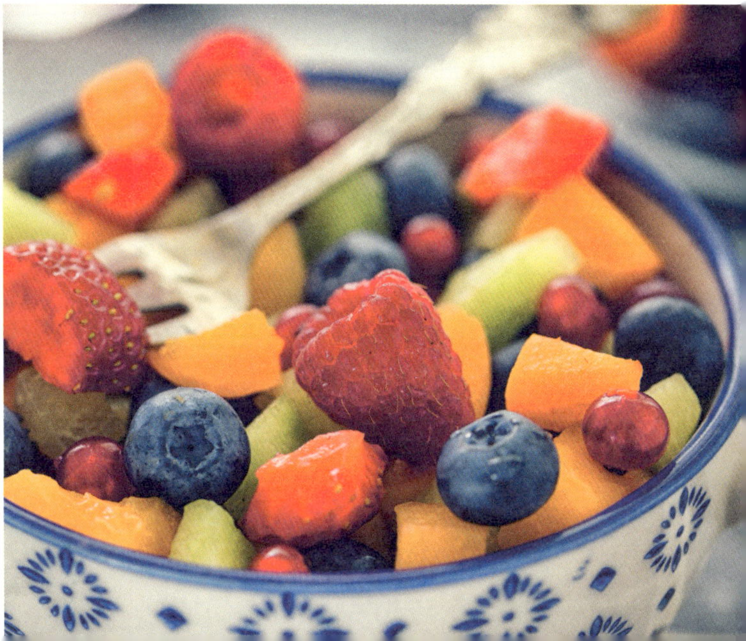

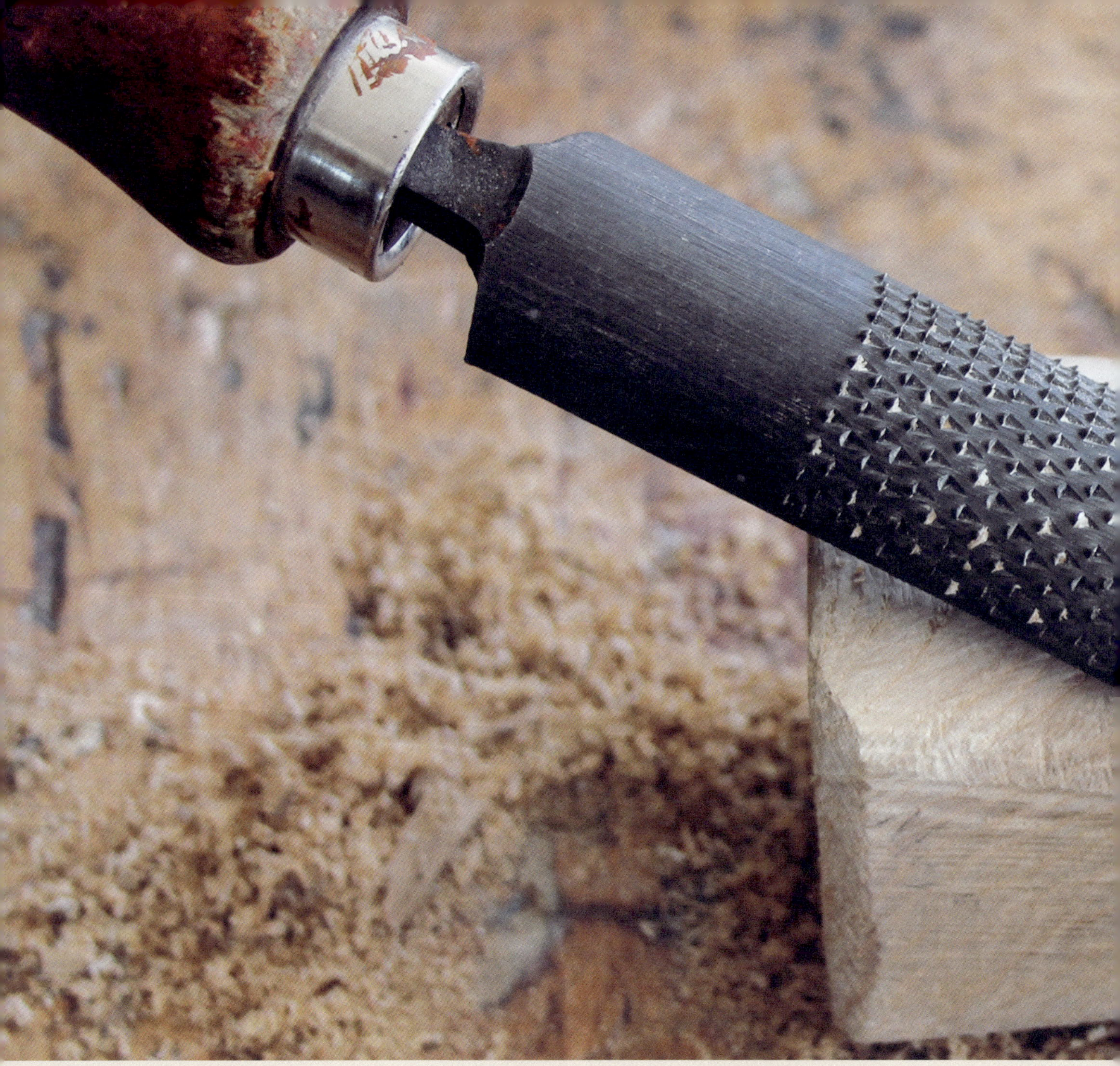

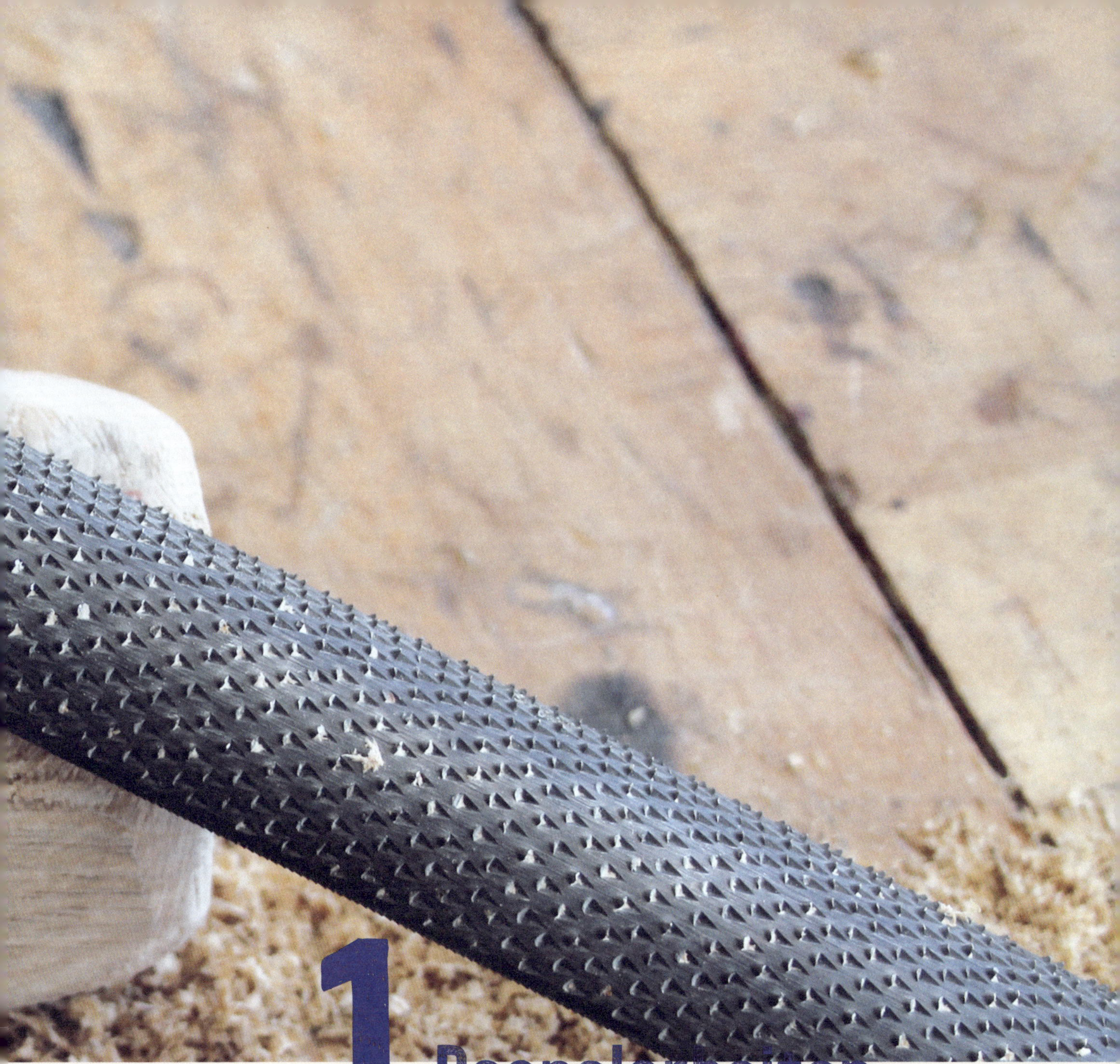

1 Raspelarbeiten

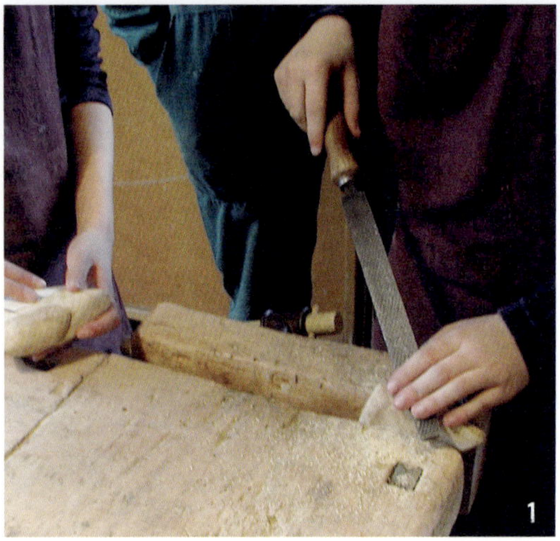

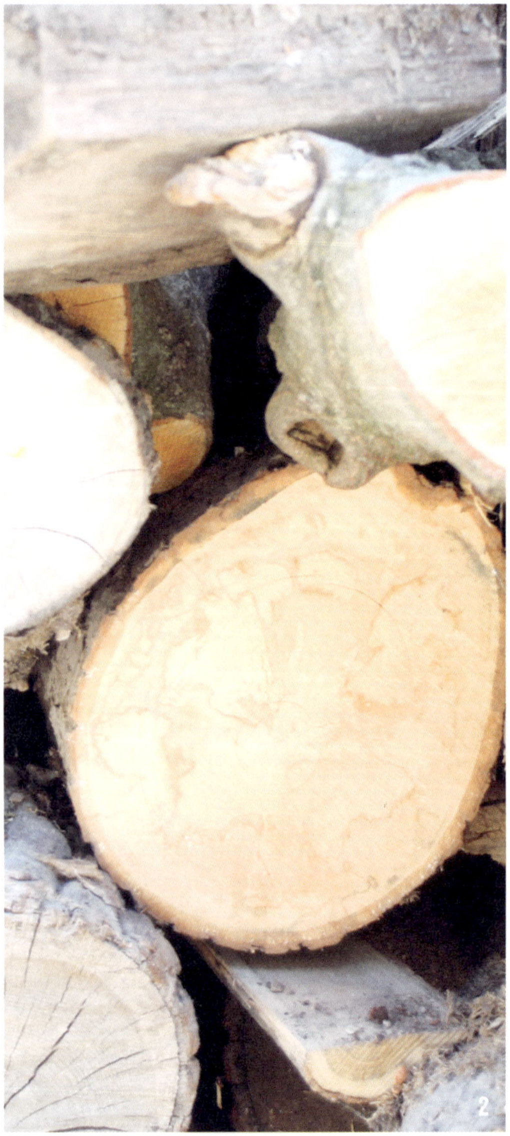

Allgemeine Arbeitshinweise

Einfache Arbeiten mit einer *Raspel* können am Anfang handwerklicher Aktivitäten stehen. Selbst Ungeübte machen sich schnell mit dem Werkzeug vertraut. Raspelarbeiten eignen sich im Prinzip für alle Altersstufen – von fünf bis hundertfünf Jahren. Bei Kindern sollte man allerdings bedenken, dass die Handwurzelknochen von knorpeliger Substanz sind und auch deren Abstände erst noch geschlossen werden müssen. Das ist jedoch erst mit der «Werkreife» um das zwölfte Lebensjahr herum der Fall. Bis dahin sollte man ein zu langes ununterbrochenes Arbeiten vermeiden, damit keine körperlichen Schäden verursacht werden. ▸ Bild 1

Günstig ist eine bequeme *Arbeitshöhe*, sodass man nicht zu gebeugt stehen muss. Es treten sonst schnell Ermüdungserscheinungen auf, und man verliert die Lust am Tun. Das ist besonders bei Kindern zu beachten. Ist die Arbeitsfläche für Kinder zu hoch, können sie sich auf eine alte, feste Schublade oder eine Kiste stellen, die man vor die Werkbank legt. Wenn für Erwachsene die Arbeitsfläche zu niedrig ist, kann man beispielsweise einige Holzklötze unter die Tischbeine oder die Beine der Werkbank legen.

Die zunächst ungewohnten Bewegungen können auch bei Erwachsenen die Gelenke stark beanspruchen. Es gilt, aufmerksam zu sein und gegebenenfalls rechtzeitig eine *Pause* einzulegen oder, um die Sehnen, Muskeln und Gelenke zu schonen, die Arbeitszeit und die Anstrengung allmählich zu steigern. Der Körper gewöhnt sich so nach und nach an die Belastung und wird, auf diese Weise gestärkt, immer kräftiger. Auch der anfangs oft auftretende Muskelkater löst sich von selbst wieder auf, wenn wir die Tätigkeit allmählich steigern.

Es empfiehlt sich, am Anfang *nicht zu hartes Holz* zu wählen. Lindenholz oder auch Erlenholz eignen sich gut zum Üben; allerdings sehen diese Holzarten etwas eintönig aus. Lebensbaum (Thuja) und Wacholder lassen sich ebenfalls gut bearbeiten, sehen schön aus und sind nicht zu hart. Ansehnlich sind auch Obsthölzer wie Kirsche oder

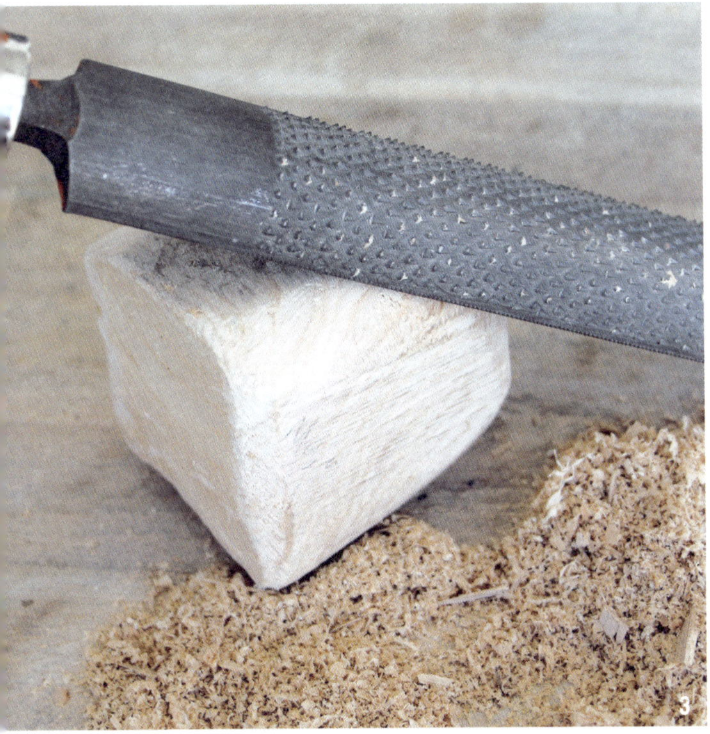

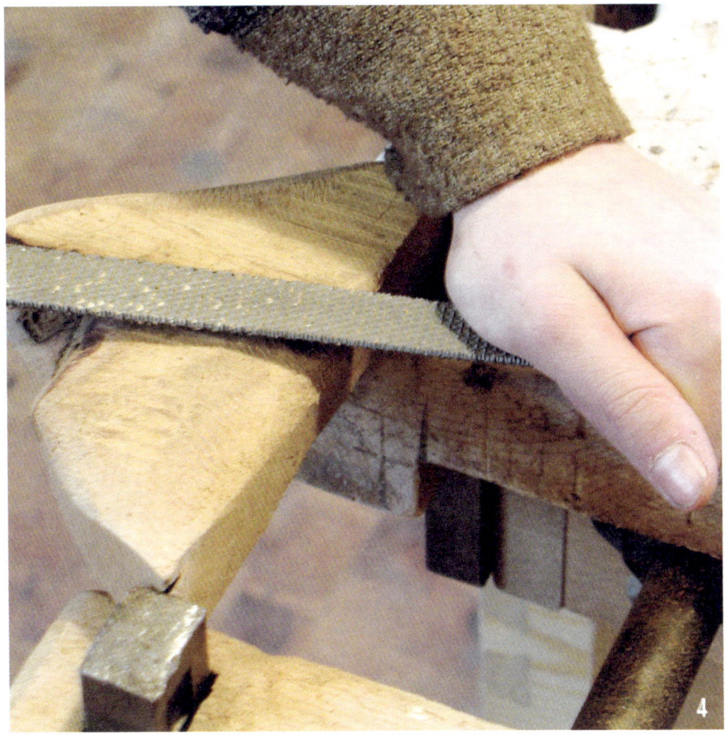

Pflaume, und auch Apfelhölzer können ausdrucksstark sein (siehe dazu auch S. 163 ff., «Kleine Materialkunde»). Selbst schön aussehende kleine Brettstückchen lassen sich verwenden. Man kann auf Spaziergängen oder während der Gartenarbeit kleine Ast- und Holzstücke sammeln, die nicht dicker als der Unterarm sind.

Wenn man bei einer Gartenbaufirma nachfragt, bekommt man mit Sicherheit kleine, passende Abfallstücke. Wichtig ist es allerdings, dass das Holz *trocken* ist. Nasses Holz ergibt keine schön geglättete Oberfläche. Ist das gesammelte Holz noch zu nass, sollte es langsam und an einer schattigen, winddurchzogenen Stelle getrocknet werden. Dieser Vorgang braucht etwa ein Jahr! Zu schnelles Trocknen lässt das Holz reißen und macht es im Grunde unbrauchbar. Also muss man entweder rechtzeitig ein kleines *Depot* anlegen oder aber schon gut durchgetrocknetes Holz suchen. ▸ Bild 2

Eine gute Einstiegsmöglichkeit in das Arbeiten mit Holz besteht darin, an einem kleineren Holzstück das Raspeln zu erkunden und zu üben; dabei kann man sich vom Holz und vom Werkzeug einfach «führen lassen». Da die Raspel im Grunde so etwas wie eine Verlängerung der Hand und des Armes ist, kommt eigentlich immer eine lebendige, organische Form heraus. Für den Anfang ist es besser, wenn man nicht mit einer konkreten Zielvorstellung ans Tun geht. ▸ Bild 3-4

Falls man noch keine eigene Werkbank hat, hält man die Raspel in der Arbeitshand und stützt das Holzstück in der anderen auf einer festen Unterlage ab. Mit leichten Stößen bewegt man die Raspel auf dem Holz vor und zurück, wobei die Raspel am besten «auf Stoß» arbeitet, das heißt, man stößt sie mit gleichmäßigen Bewegungen vom Körper weg und zieht sie dann ohne Druck wieder zu sich her. Selbst wenn die Raspel ein relativ ungefährliches

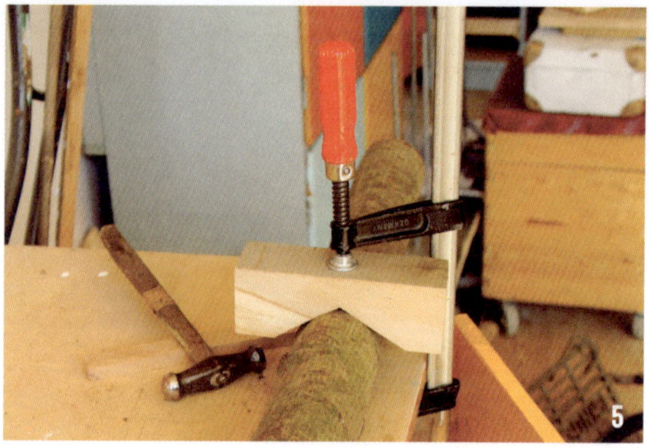

5

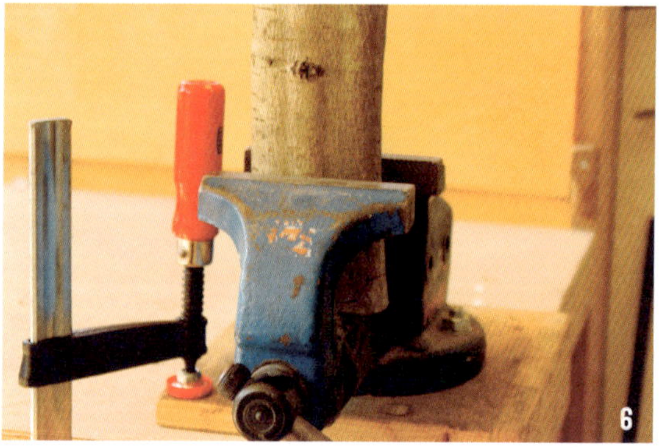

6

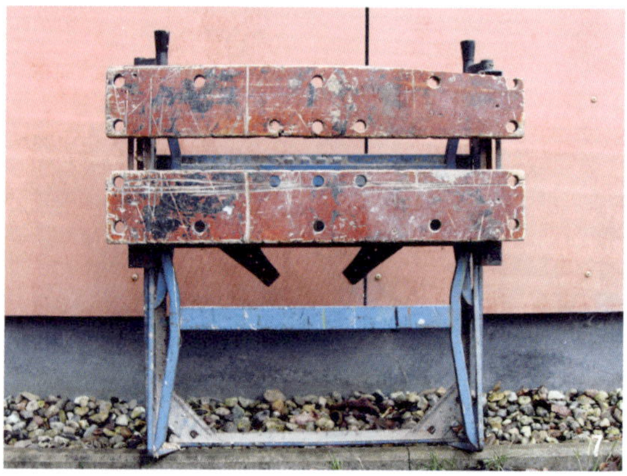

7

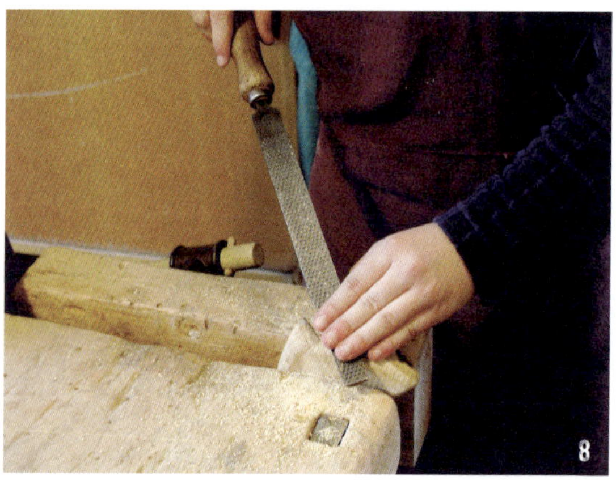

8

Werkzeug ist, muss man darauf achten, dass man sich dabei nicht die eigene Haut anraspelt!

Eine Hilfe ist es, wenn man eine *Schraubzwinge* besitzt. ▸ Bild 5

Dann kann man das Werkstück an der Unterlage befestigen und hat so beide Hände zum Arbeiten frei. Das ist bei runden Werkstücken nicht immer ganz einfach, aber mithilfe eines zusätzlichen Brettchens oder Klötzchens lässt sich eine einigermaßen stabile Ausgangslage schaffen. Bei dieser Methode muss man öfter umspannen, kann dafür aber kräftiger und gezielter vorgehen. Auch ein *Schraubstock* ist hilfreich. ▸ Bild 6

Noch besser ist es, wenn man eine richtige *Werkbank* besitzt. Hier lässt sich das Werkstück optimal fixieren, und das Arbeiten wird sehr erleichtert. Im Baumarkthandel gibt es inzwischen sehr gute zusammenklappbare Werkbänke für verhältnismäßig wenig Geld (z. B. Workmate von Black und Decker). ▸ Bild 7

Irgendwann merkt man ganz von selbst den richtigen Moment, wann man mit dem groben Raspeln aufhören muss und an die Verfeinerung der Oberflächen gehen kann. Verpasst man diesen Zeitpunkt, kann es passieren, dass am Ende nicht mehr viel Holz zum Glätten übrigbleibt. Man kann davon ausgehen, dass etwa ein Drittel des ursprünglichen Holzes weggeraspelt sein muss, wenn eine deutlich gestaltete Form dabei herauskommen soll. ▸ Bild 8

Im nächsten Abschnitt wird die Oberfläche geglättet. Dafür nimmt man zunächst eine *Feile*, deren Arbeitsspuren sich schon viel feiner abzeichnen.

Ist dieser Schritt zur Zufriedenheit gelöst, benutzt man *Sandpapier* (oft auch als «Schmirgel»- oder «Schleifpapier» bezeichnet) in immer feinerer Abstufung. Wichtig ist in dieser Phase, dass man Mängel in der

Gestaltung, die man erst jetzt bemerkt, mit dem vorher benutzten gröberen Werkzeug korrigieren sollte, sprich: beim Feilen entdeckte Korrekturen mit der Raspel vornimmt und beim Schleifen sichtbar gewordene Unebenheiten mit der Feile ausgleicht.

Nun wird die gesamte Oberfläche mit immer feinerem Sandpapier bearbeitet, wobei man ebenfalls zwischen jeweils zwei aufeinander abgestimmten Arbeitsschritten hin und her pendelt. Mit 260er-Sandpapier hat man schließlich eine relativ glatte Oberfläche erzielt. Wer möchte, kann aber sogar noch feineres Schleifpapier benutzen. ▸ **Bild 9**

Zum Abschluss kann man das Werkstück auch noch einölen, d. h. mit einer feinen Ölschicht aus einem beliebigen Pflanzenöl bestreichen. Am besten hat sich allerdings ein *Leinölfirnis* bewährt. Diese Ölschicht verhindert das Eindringen von Feuchtigkeit. ▸ **Bild 10**

Wer möchte, trägt anschließend noch eine feine *Bienenwachsschicht* auf und poliert das Ganze mit einem Wolltuch. Das Werkstück erhält auf diese Weise eine feine Schutzschicht, auch «Versiegelung» genannt. Alle Hölzer verändern allerdings durch Öl und Wachs ihr Aussehen, und man muss herausfinden, was einem am besten gefällt. ▸ **Bild 11**

Zum Probieren eignet sich ein anderes Stück Holz aus dem gleichen Material.

Als Alternative gibt es noch das *Polieren* mit einem Baumwolllappen. Damit kann man eine wirklich natürlich glatte Oberfläche erhalten, ohne weitere Mittel zu benutzen. Der Charme einer solchen Fläche erinnert an Kirchentüren, Denkmäler oder Geländer, wo viele Stellen von den zahllosen Berührungen regelrecht poliert worden sind. ▸ **Bild 12** ■

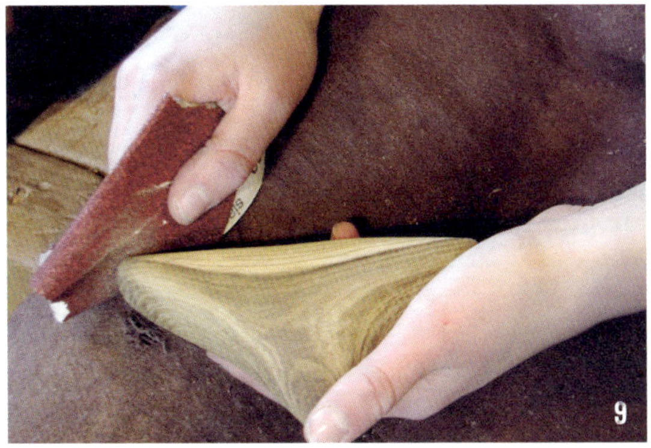

9

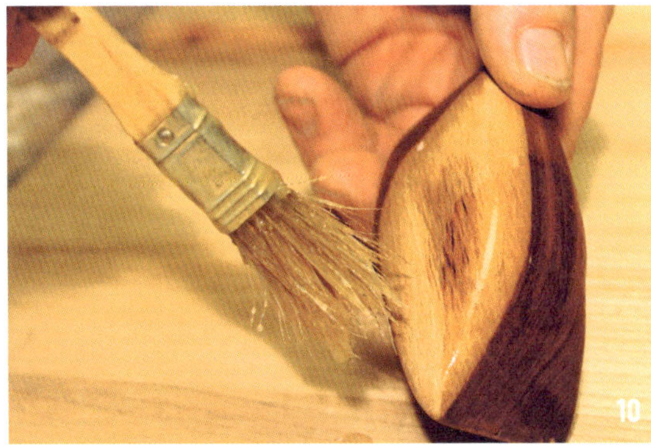

10

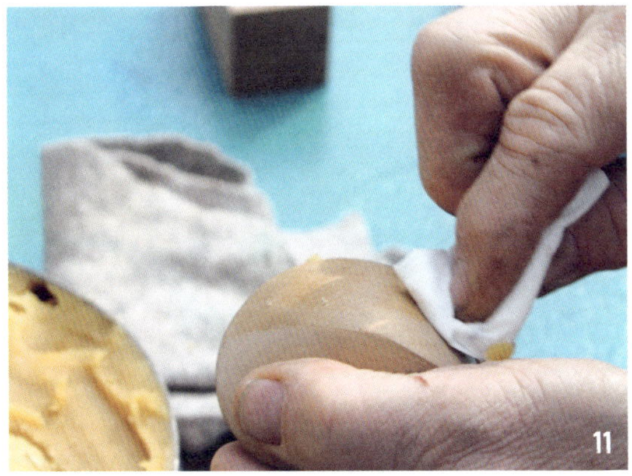

11

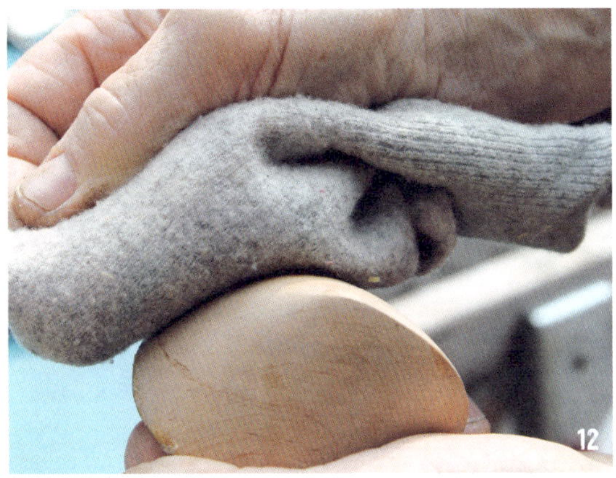

12

Handschmeichler und Schlüsselanhänger

Material

Ein kleines Restholzstück, das einem besonders aufgefallen ist, z.B. aufgrund der Form, der Farbe oder der Maserung | Leinöl | Bienenwachs

Werkzeug

Raspel | Feile | Sandpapier | Werkbank (oder Schraubzwinge) | Pinsel | Poliertuch

Ein kleines Holzstück, das man auf die beschriebene Weise bearbeitet hat – vom groben Raspeln bis zum Polieren und Einölen –, kann ein *Handschmeichler* bleiben und einen beim Anblick oder beim Darüberstreichen erfreuen. Wenn es eine gefällige Form und eine interessante Oberflächenstruktur hat, ist es beispielsweise ein schönes Schmuckstück für die Fensterbank, das Regal oder die Anrichte.

Bohren wir aber noch ein kleines Loch hinein und ziehen einen Lederstreifen hindurch, kann es auch einen schönen, selbst gemachten *Schlüsselanhänger* ergeben. ▪

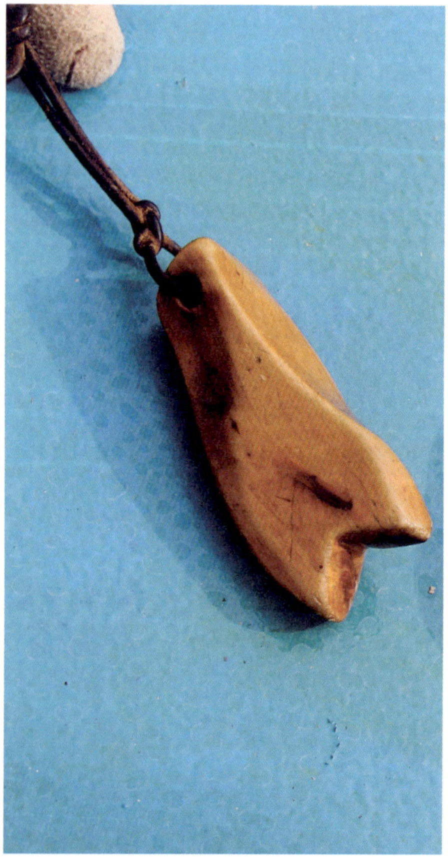

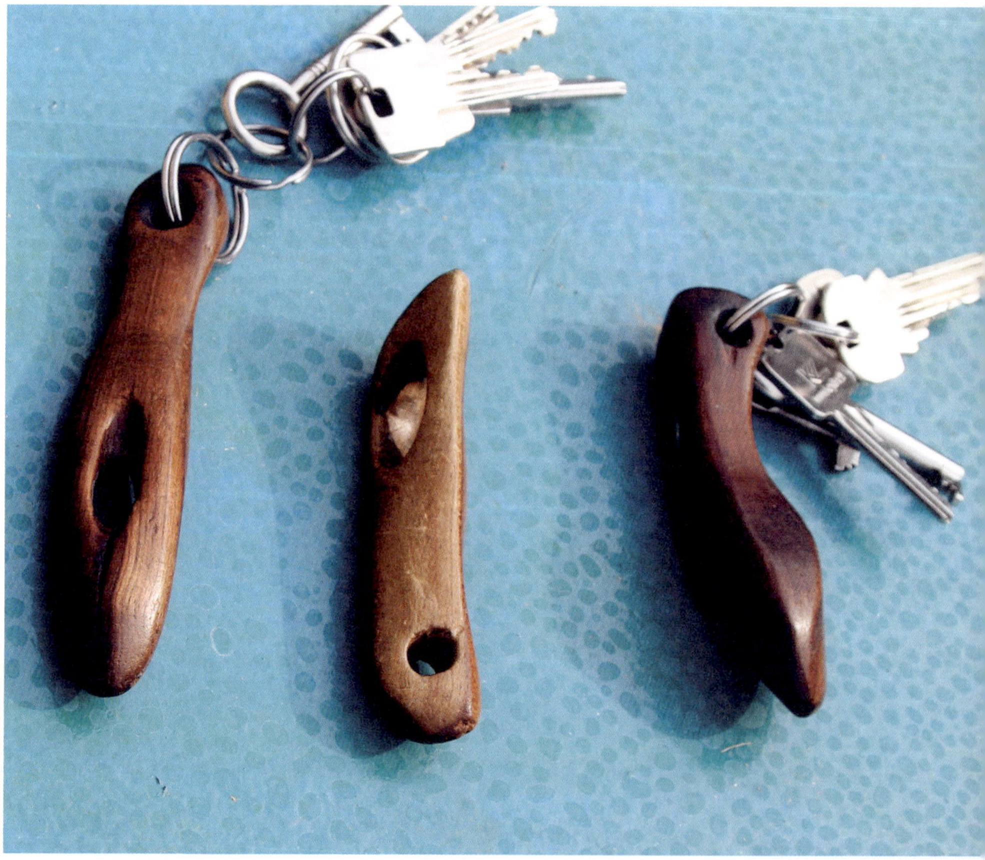

Stopfei, Stopfilz und Keilformen

Nachdem man sich durch diese Vorübungen mit dem Werkzeug und den Arbeitsschritten vertraut gemacht hat, kann man an eine genauer vorgegebene Arbeit gehen, z.B. an ein *Stopfei*.

Im Gegensatz zur ersten Übung verwenden wir bei dieser Arbeit einen Holzklotz von etwa 5 x 5 cm und einer Länge von etwa 20 cm. Das Stopfei wird später etwa 7 cm lang sein. Für diese Aufgabe ist es sinnvoll, wenn das Werkstück zunächst zunächst um ein Befestigungs- oder Haltestück verlängert ist. Das ist später Abfall, erleichtert das Arbeiten jedoch sehr.

▷

Material

Holzklotz, ca. 5 x 5 cm, ca. 20 cm lang | Leinöl | Bienenwachs

Werkzeug

Raspel | Feile | Sandpapier | Werkbank | Pinsel | Poliertuch

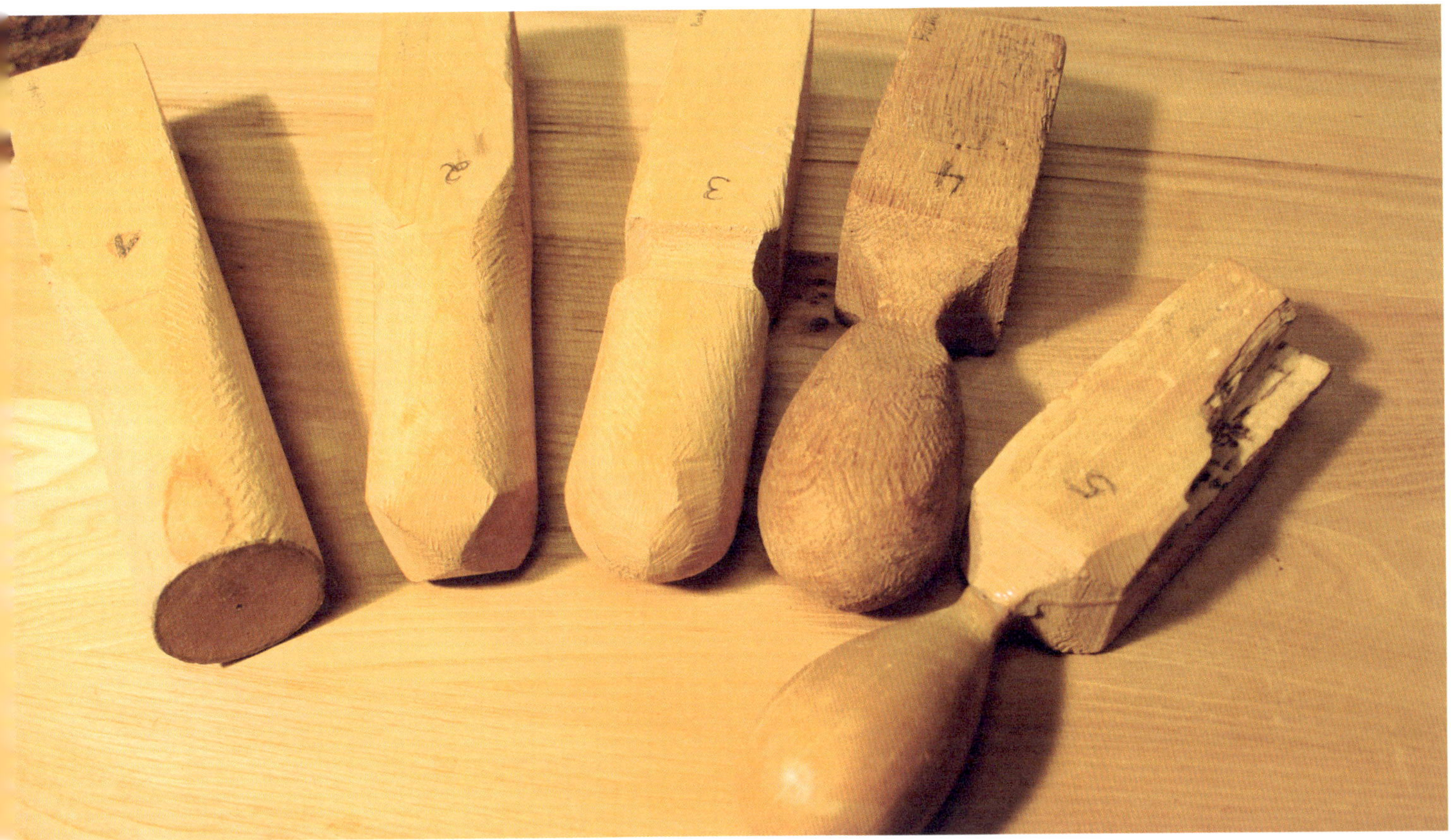

Entweder man nimmt die gleiche Holzart wie beim ersten Stück und sammelt so weitere Erfahrungen mit dessen Qualität, oder man wählt ein ganz anderes Material und lernt dabei die Besonderheiten verschiedener Hölzer kennen. Für diese Arbeit ist es besser, wenn eine *Werkbank* vorhanden ist.

Zu Beginn wird auf dem oberen Ende ein Kreis als Hilfslinie aufgezeichnet. Seitlich wird so viel Material weggeraspelt, dass eine Säule entsteht. Man kann für die Herstellung auch ein rundes Aststück von entsprechender Größe verwenden. ▸ Bild 1-2

Anschließend wird das Werkstück schräg in die Werkbank gespannt, sodass die Spitze von einem abgewendet ist. Jetzt kann man mit schwingenden Bewegungen eine erste Viertelrundung in Richtung obere Mitte herausraspeln. ▸ Bild 3

Nachdem man das Werkstück einmal gewendet hat, entsteht auf die gleiche Weise das zweite Viertel auf der Gegenseite. Günstig ist es, wenn die so entstandene Halbrundung, von der Seite gesehen, der stumpfen Seite eines Eies entspricht. Ist man mit der Form zufrieden, dreht man das Werkstück um eine Vierteldrehung und bearbeitet in gleicher Weise die beiden anderen Seiten. Jetzt sollte auf der oberen Seite eine Art viereckiges Dach entstanden sein, das der Wölbung des Eies folgt. ▸ Bild 4

Raspelt man im folgenden Schritt die herausstehenden Rippen des Daches vorsichtig Stück für Stück auf die Ebene der Wölbungen herunter, kommt tatsächlich langsam die gleichmäßige stumpfe Seite des Eies zum Vorschein. ▸ Bild 5

Als Anfänger ist man versucht, gleich mit der gesamten Wölbung des Eies zu beginnen. Das geht zwar, es fällt einem dabei aber bedeutend schwerer, eine gleichmäßige Form zustande zu bringen. Wichtig ist es jedoch, dass man, genauso wie bei der anderen Methode, zur Spitze des Holzes arbeitet und nicht von oben herab. Die Maserung des Holzes bricht dabei leicht heraus, und die Holzoberfläche bekommt Risse und Riefen, die man schlecht beseitigen kann. Das ist ein genereller Grundsatz bei allen Holzarbeiten. An der Maserung sollte man immer abgleiten, wie man das Fell eines Tieres auch am besten im Haarverlauf glättet, gegen den Strich jedoch eher wirr macht.

Es hat sich gezeigt, dass man es bei den nächsten Schritten leichter hat, wenn man mit der flacheren und nicht mit der spitzen Seite des Eies beginnt. Um diese spitze Seite des Eies herzustellen, produziert man zunächst wieder eine viereckige Vorform. Dazu spannt man das Holz möglichst flach ein, sodass man von der Seite arbeiten kann. Nun raspelt man mit der halbrunden Seite der Raspel eine gewölbte Kerbe – etwa so tief, wie die Raspel dick ist – in das Holz, und zwar an der Stelle, wo in etwa die Spitze des Eies liegen wird. ▸ Bild 6

Dreht man das Holz um hundertachtzig Grad, kann man auch auf der Gegenseite eine Kerbe anbringen. Von der Seite betrachtet lässt sich jetzt ganz anfänglich die spätere Form erahnen. Mit diesem Eindruck im Gedächtnis bringt man an den noch freien Seiten ebenfalls die Kerben an. ▸ Bild 7

Anschließend können in kleinen Schritten die Kerben immer wieder wie oben vertieft werden, bis schließlich die Form des Eies erscheint. Man führt diesen Vorgang so lange fort, bis die Verbindung zum Haltestück noch etwas dicker als eine Daumen-

▷

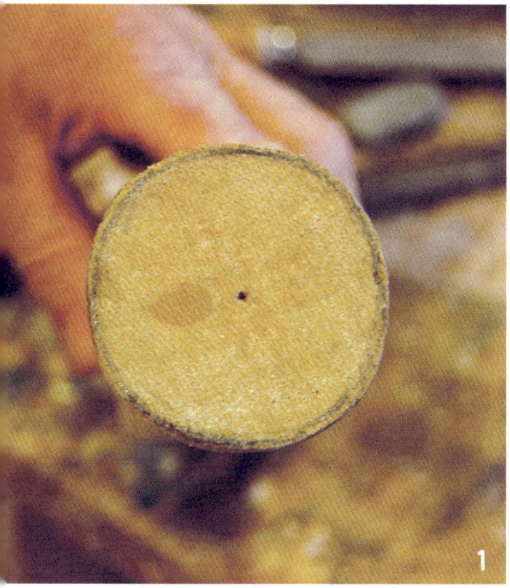
1

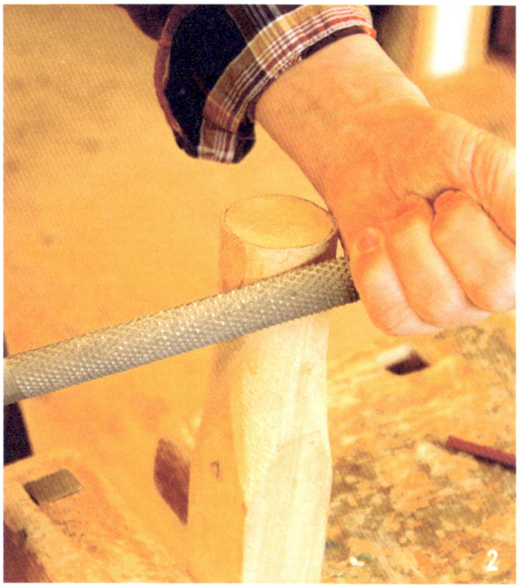
2

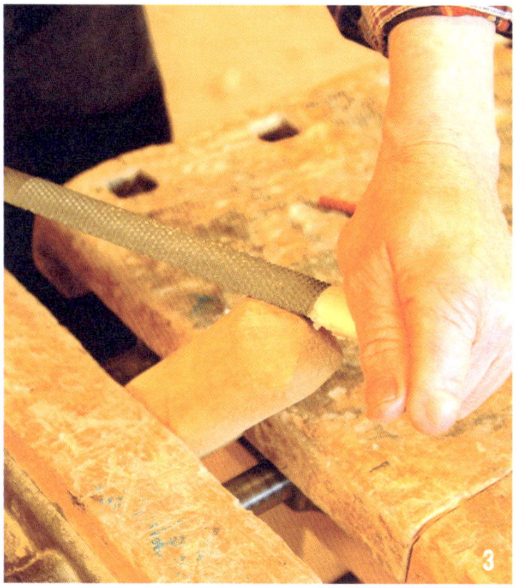
3

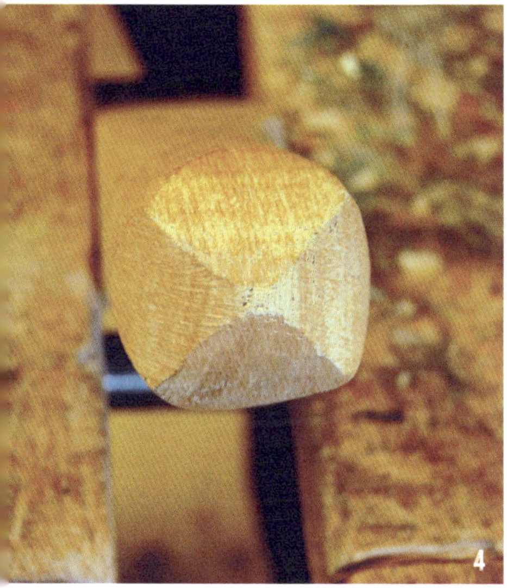
4

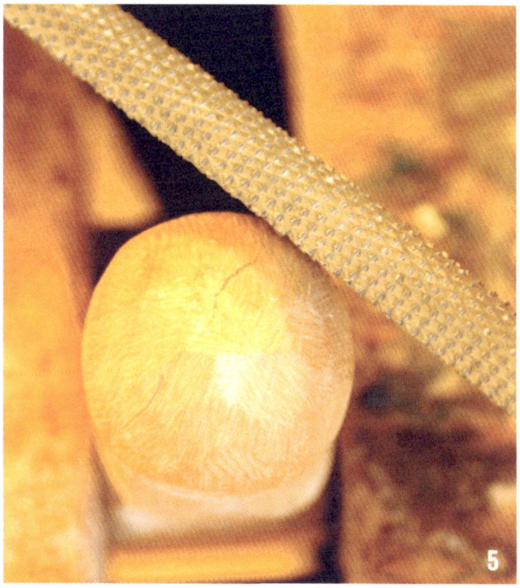
5

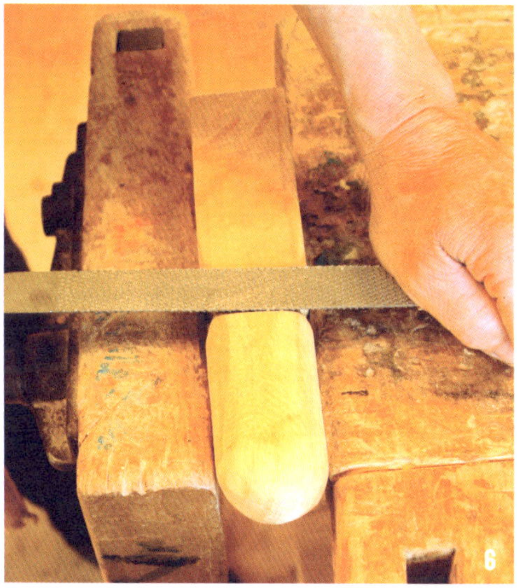
6

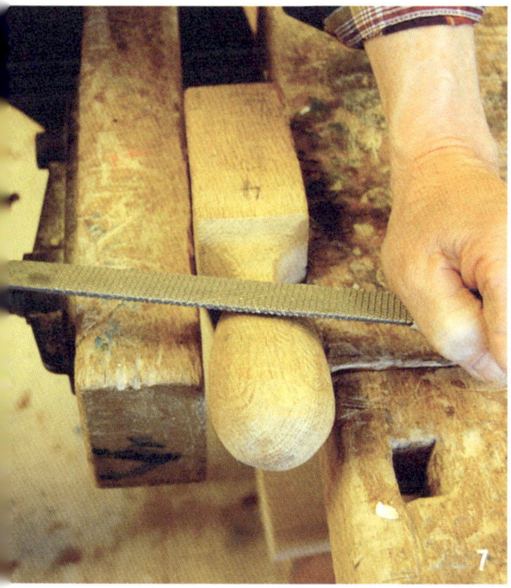
7

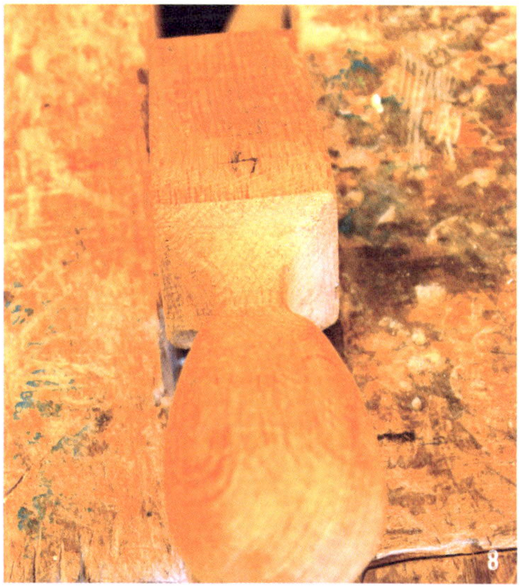
8

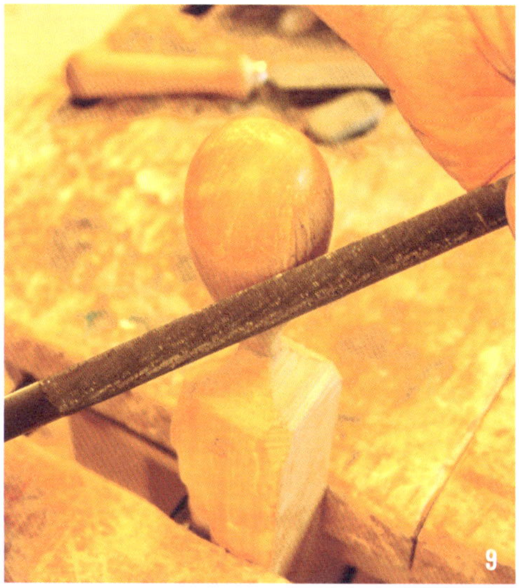
9

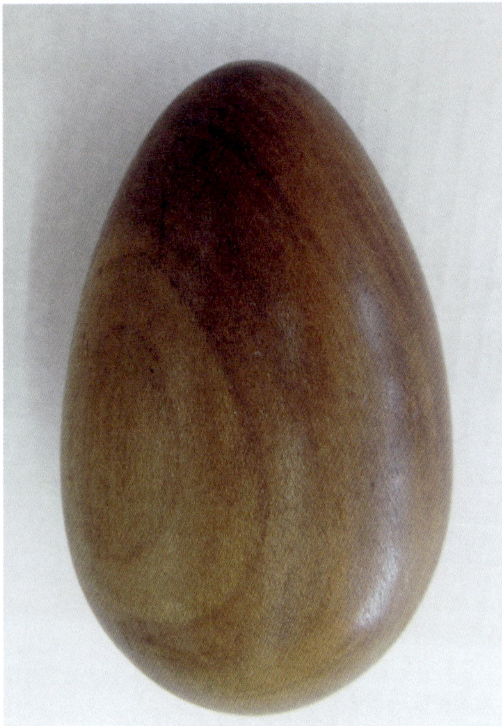

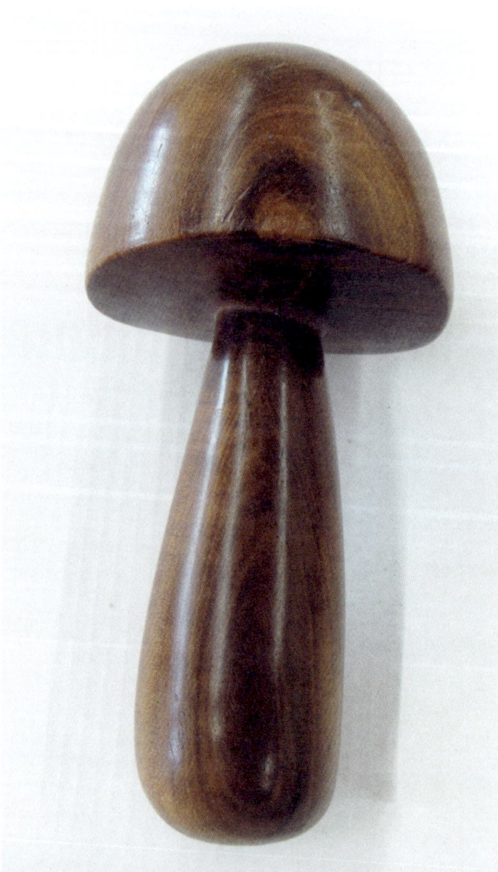

stärke ist. Arbeitet man zu lange, bricht das Ganze auseinander und lässt sich nicht mehr festspannen. ▸ Bild 8

Wenn die Seitenansicht zufriedenstellend ist, können die noch stehenden Grate vorsichtig weggearbeitet werden, sodass das Ei in seiner groben Form rundherum sichtbar ist. Vorsicht ist dabei vonnöten, denn wenn man an einer Stelle zu tief ins Holz kommt, müssen alle anderen Stellen nachgearbeitet werden. Oder das Ei wird schief. ▸ Bild 9

Sind die Form und die Oberfläche gelungen, folgt in bekannter Methode das Glätten der Oberfläche mit Feile und Sandpapier. Die Arbeiten lassen sich an dem noch eingespannten Stück gut durchführen. Allerdings sollte man vor dem Schleifen mit feinem Sandpapier das Werkstück absägen und vorsichtig den Übergang nacharbeiten, indem man es frei in der Hand hält. Auch hier ist besondere Achtsamkeit geboten, damit keine Riefen in die schon glatt gearbeitete Fläche kommen und am Übergangsstumpf keine Innenwölbung entsteht.

Ist man so weit gekommen und mit dem Bisherigen zufrieden, kann es an die letzten Feinarbeiten sowie – nach Bedarf – ans Polieren und Ölen gehen.

Ein schön gestaltetes Stopfei braucht keinen bestimmten Zweck zu erfüllen, es ist schon an sich eine Freude für das Auge und die Hand. Es kann aber natürlich auch für das Stopfen von Strümpfen verwendet werden.

Nach der beschriebenen Methode, in die Rundung zu gehen, lassen sich viele Formen herstellen, zum Beispiel der links abgebildete *Stopfpilz* oder die *Keilformen* (rechts). Ist man erst mit dem Werkzeug und dem Holz vertraut, kann man schnell eigene Ideen umsetzen. ▪

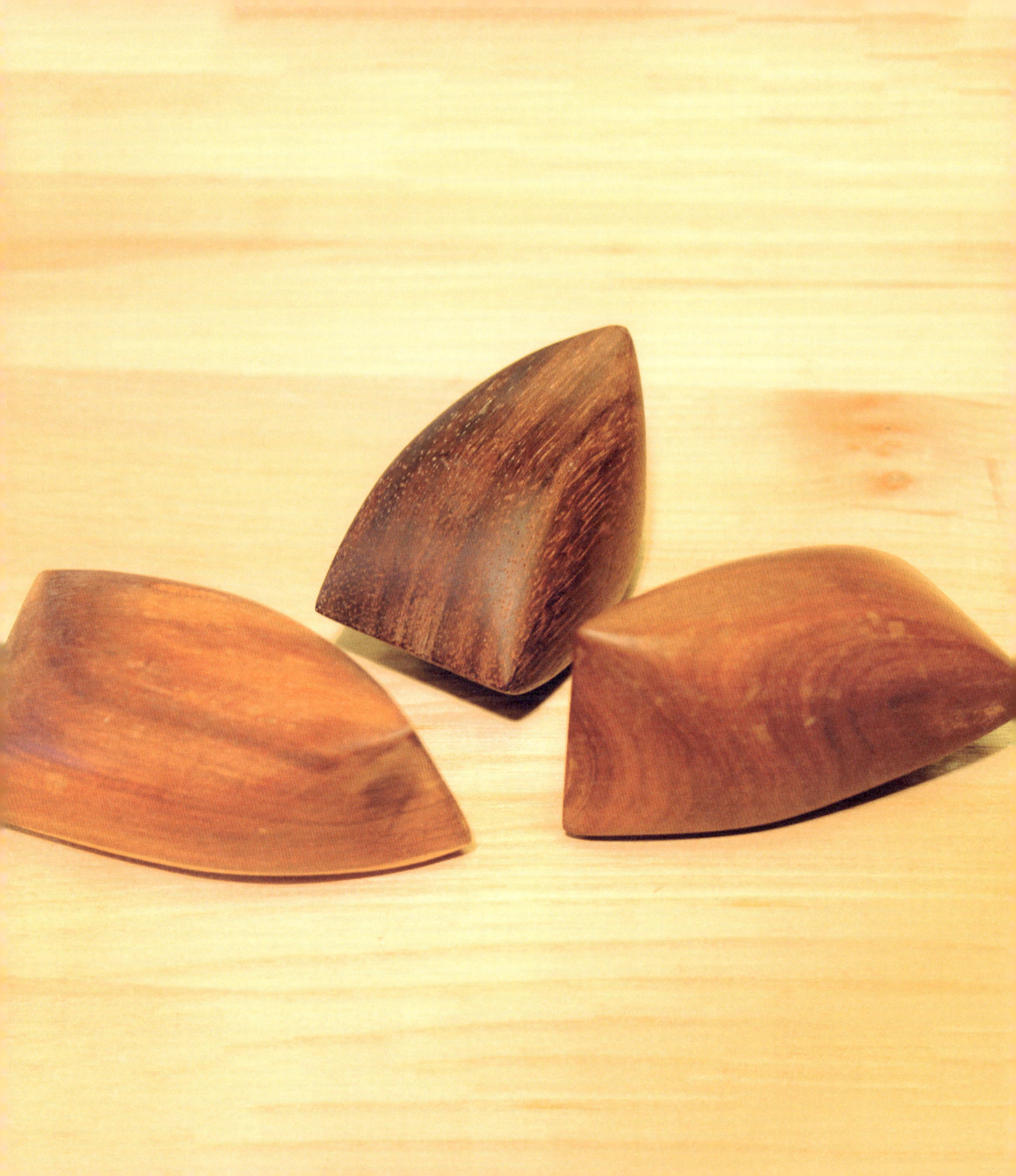

Walzkörper

Material

quadratisches Holzstück, am besten Linde, 4,5 x 4,5 x 8 cm | Bienenwachs | Leinöl

Werkzeug

Raspel | Feile | Sandpapier in verschiedenen Stärken | Bleistift | Werkbank mit Einspannvorrichtung | Pinsel | Poliertuch

Eine etwas kompliziertere Vorgehensweise muss man beim Herstellen eines Walzkörpers, ähnlich dem von Paul Schatz erfundenen *Oloid*, anwenden. Hierbei handelt es sich um eine Form, bei der zwei kreisförmige Körper bis zur Hälfte ineinandergesteckt sind und deren Außenkanten durch Flächen miteinander verbunden werden. So ergibt sich ein ästhetisch sehr ansprechender Körper mit gewölbten Flächen und scharfen Kanten, der auf einer abfallenden Fläche eine walzende Bewegung vollzieht.

Als Ausgangsmaterial braucht man ein quadratisch zugesägtes Stück Holz, dessen Länge ungefähr eineinhalbmal der Dicke entspricht, z.B. 4,5 x 4,5 cm Dicke und 8 cm Länge. (Auch 5 x 5 x 7,5 cm sind möglich.) ▸ Bild 1-2

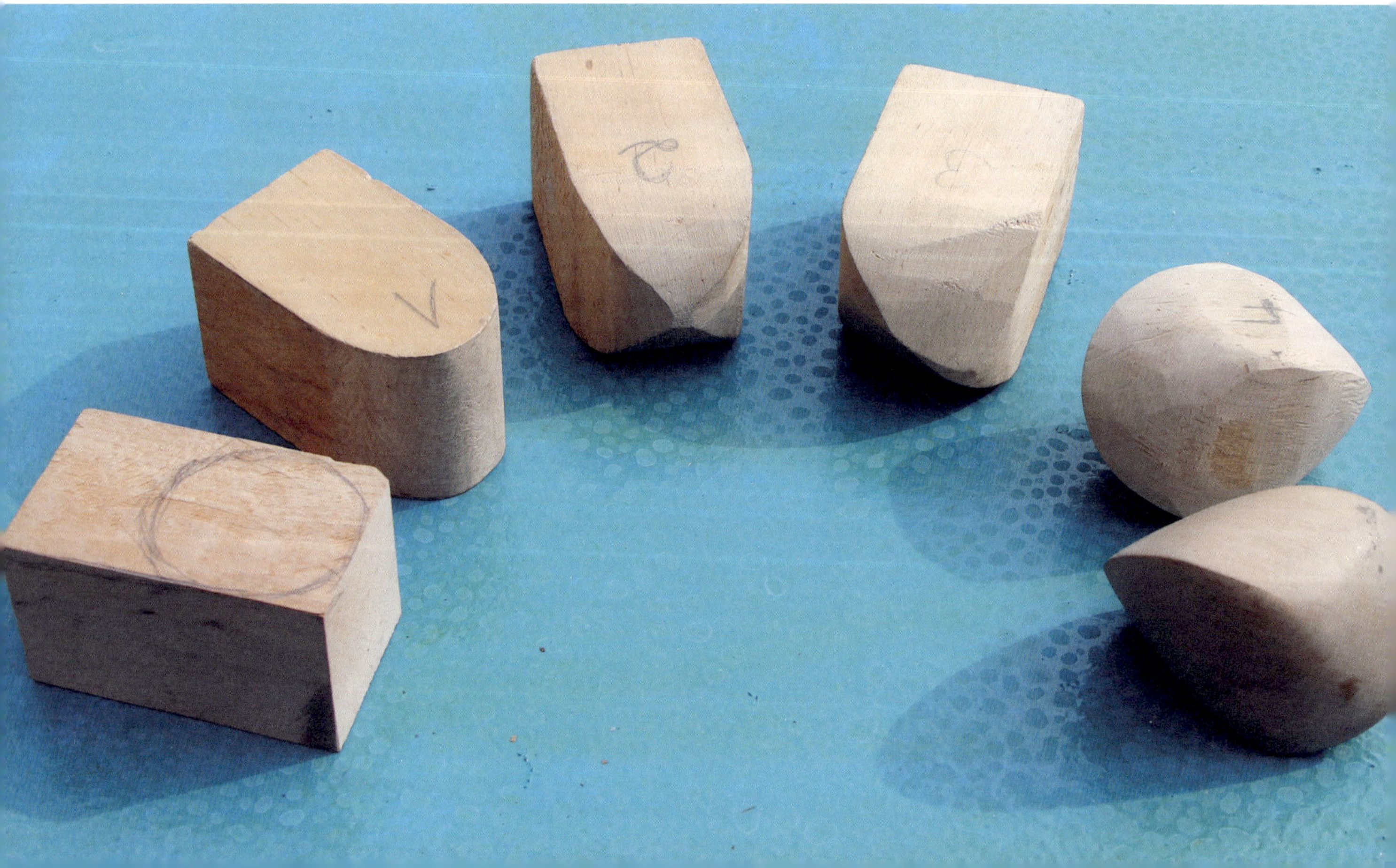

Zunächst zeichnet man an einer Seite einen Kreis in der Breite des Holzes, der auch den oberen Rand berührt. Das Gleiche macht man auf der gegenüberliegenden Seite. ▸ Bild 3

Anschließend wird das Werkstück in bekannter Weise schräg nach vorne eingespannt und am Strich entlang eine runde Halbwölbung geraspelt. ▸ Bild 4

Es ist günstig, wenn man die Raspel beim Arbeiten immer ein wenig auf und nieder schwenkt. Dadurch erreicht man eine gleichmäßigere Rundung. Hat man sich so an den Strich des Kreises herangearbeitet, ist ein gleichmäßiges Viertel einer liegenden Säule entstanden. Jetzt dreht man das Holz um einhundertachtzig Grad und macht das Gleiche auf der gegenüberliegenden Seite, sodass sich ein walzenförmiges Dach ergibt. ▸ Bild 5

Das Gleiche passiert jetzt auf der noch unbearbeiteten Seite. Fühlt man sich unsicher, kann man versuchen, auch auf dieser Seite einen Hilfskreis zu zeichnen, was aber wegen der vorher abgerundeten Dachfläche nicht ganz so einfach ist. Am besten ist es, man erinnert sich an die letzten beiden Arbeitsschritte und arbeitet genau wie vorher und tut so, als ob die eben angelegte Rundung noch gar nicht da wäre. ▸ Bild 6

Ist das gelungen, hat sich ein Dach mit vier gleichmäßig gewölbten Flächen ergeben. ▸ Bild 7

Im nächsten Schritt wird das Werkstück senkrecht in der Werkbank eingespannt und einer der Grate mit Bleistift markiert. Er bleibt im Folgenden stehen und bildet die spätere Außenkante des Walzkörpers; aus diesem Grund darf er nicht verletzt werden. Die anderen beiden Gratkantenenden werden sorgfältig mit der Raspel weggearbeitet. Sind die Grate entfernt, kann man schon die eine Hälfte des späteren Körpers erkennen. ▸ Bild 8

▷

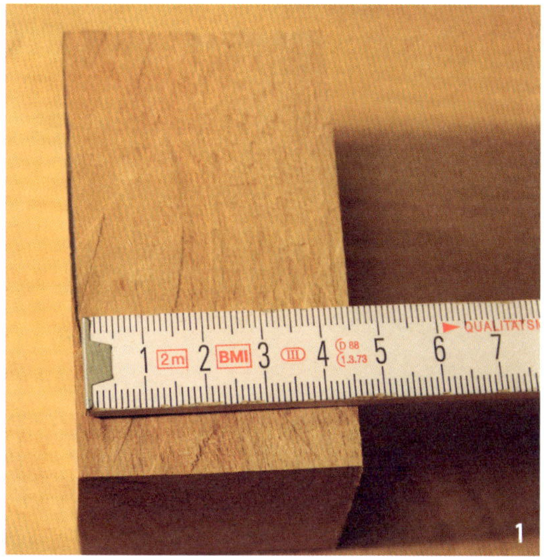

1

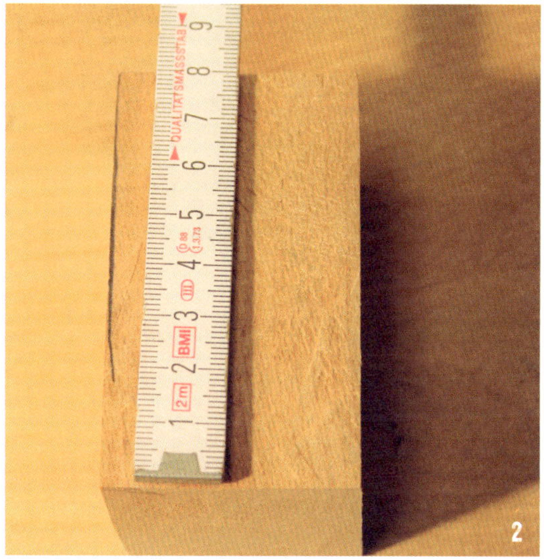

2

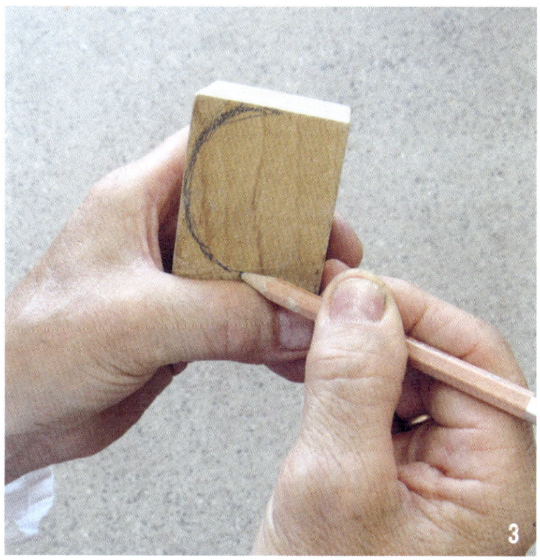
3

Der oben praktizierte Vorgang wiederholt sich nun auf der anderen Seite, nur dass das Werkstück kleiner geworden und dadurch schwieriger einzuspannen ist. Beim Markieren des Grates mit dem Bleistift muss man allerdings darauf achten, dass er um neunzig Grad gegenüber oben versetzt ist, sonst würde der Körper am Ende nicht «walzen». Ist der Grat auch auf der anderen Hälfte gelungen, gilt es die Übergänge fließend und harmonisch mit der Raspel zu gestalten. Ein wiederholtes Innehalten und Vergleichen ist dabei unbedingt erforderlich, will man den durchgehenden Formverlauf nicht zerstören.

Schließlich geht es ans Glätten der Oberfläche in schon bekannter Weise (mit Feile und Sandpapier). Man muss an den spitzen Graten besonders achtsam und fein arbeiten, will man den markanten Rand nicht abflachen. ▸Bild 9 ■

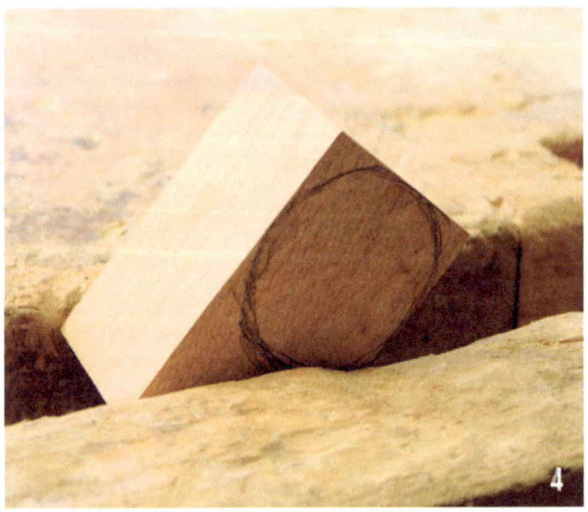
4

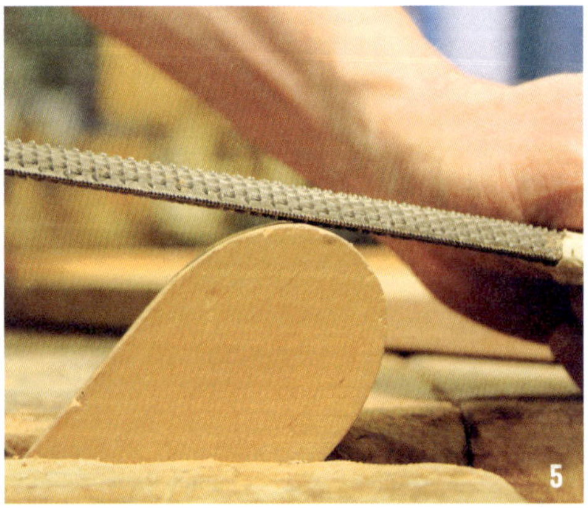
5

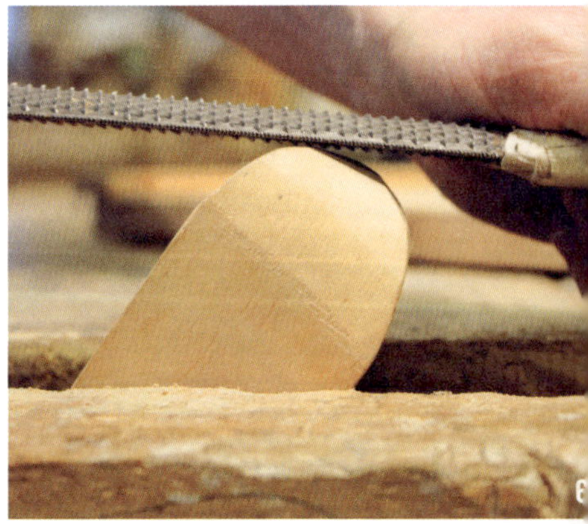
6

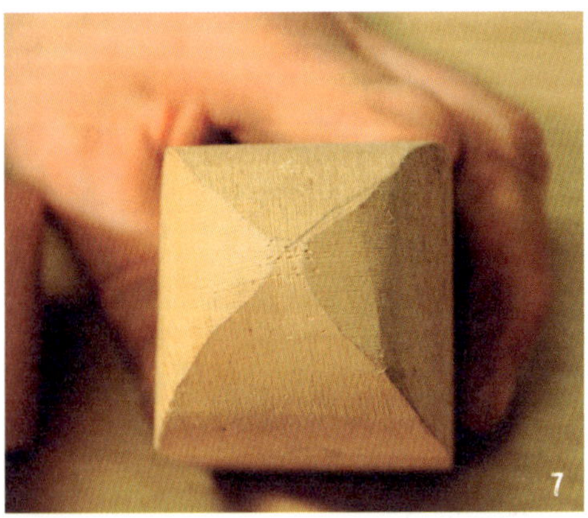
7

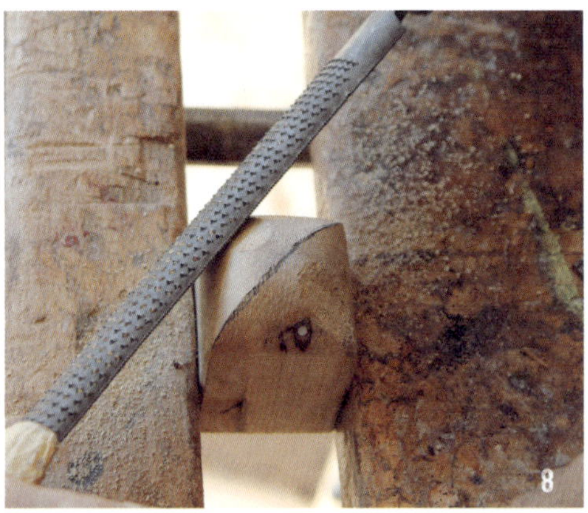
8

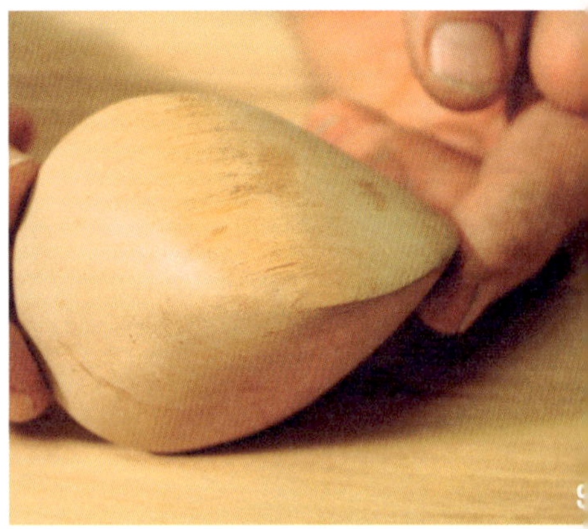
9

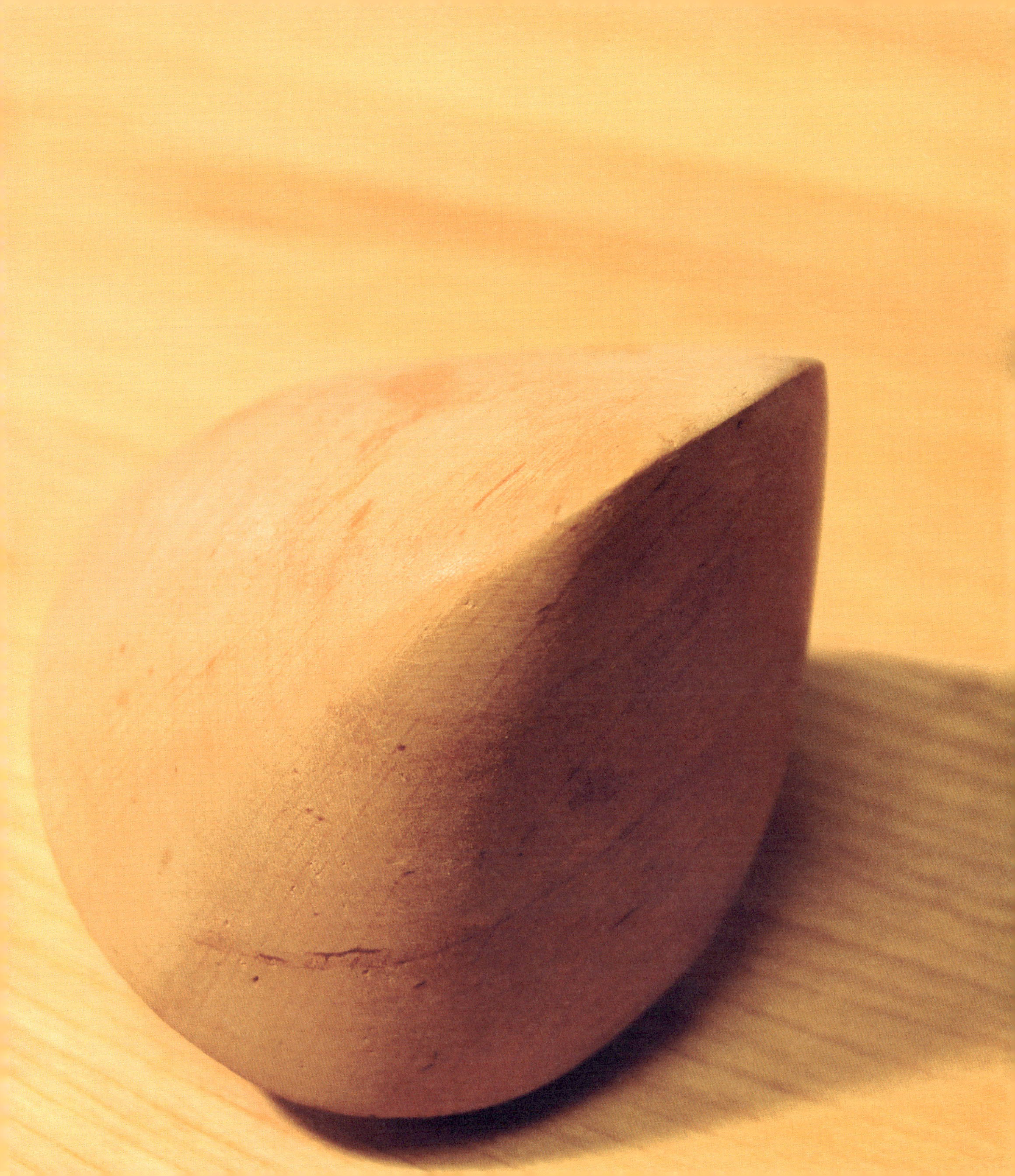

Salz- und Pfefferstreuer

Material

2 Holzstücke, ca. 6 x 6 x 6 cm | 2 Korken, Ø 35 mm | Leinöl | Bienenwachs

Werkzeug

Raspel | Feile | Sandpapier in verschiedenen Stärken | Bohrmaschine und Bohrer 1,5 und 2,5 mm | Forstnerbohrer 35 mm | Werkbank mit Einspannvorrichtung | Pinsel | Poliertuch

Findet man in der Holzkiste ein schönes kleines Stück Holz von etwa 6 x 6 x 6 cm, so lässt es sich gut für einen Salz- oder Pfefferstreuer verwenden.

Man benötigt als Verschluss einen Korken von 3,5 cm Durchmesser. Den kann man bei einer Apotheke oder über einen Laborhandel besorgen.

Für das Bohren des Innenraumes kann ein sogenannter Forstnerbohrer mit 3,5 cm Größe verwendet werden.

Auf der Seite der Jahresringe bohrt man als Erstes mit einer kräftigen Bohrmaschine und dem passenden Bohrer ein tiefes Loch in das Holzstück. ▸ Bild 1

Für das Bohren ist viel Kraft erforderlich, deshalb sollte das Werkstück gut befestigt sein. Wichtig dabei ist auch, die Tiefe genau zu kontrollieren, damit das Durchbohren verhindert wird. Am genauesten lässt sich dieses Loch mit einer Standbohrmaschine bohren. Das Bohrloch ist der spätere Innenraum des Salz- oder Pfefferstreuers. ▸ Bild 2-3

Jetzt kann zuerst mit der Raspel, dann mit Feile und Sandpapier das Äußere in die gewünschte Form gebracht werden. Je dünner die Außenhülle wird, desto angenehmer fühlt sich der Streuer nachher beim Benutzen an. Er muss allerdings noch genügend Wandstärke als Stabilität behalten. ▸ Bild 4-5

Von oben können nun die Löcher zum Streuen gebohrt werden – für Pfeffer mit 1,5 mm Durchmesser, z.B. in der Form eines P, und für Salz mit 2,5 mm Durchmesser in der Form eines S. ▸ Bild 6-9

Zuletzt wird die Oberfläche in schon bekannter Weise glatt geschmirgelt, geölt, gewachst und poliert. ■

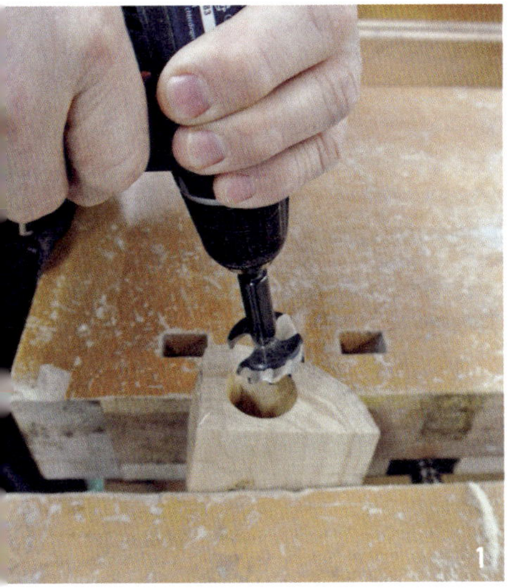
1

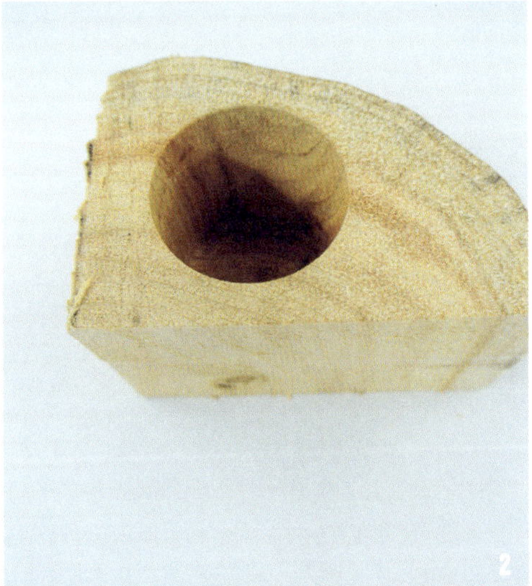
2

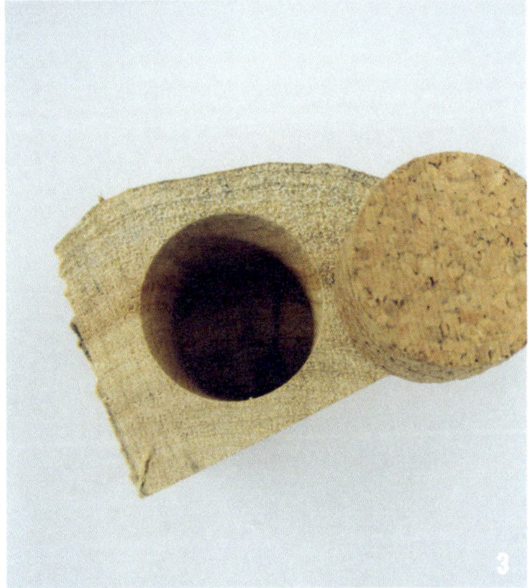
3

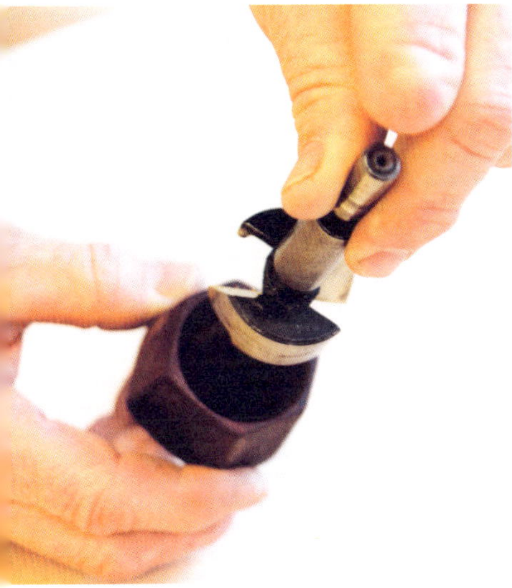
4

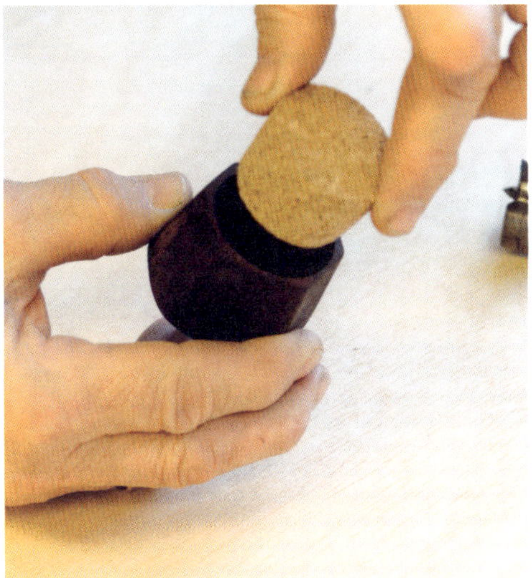
5

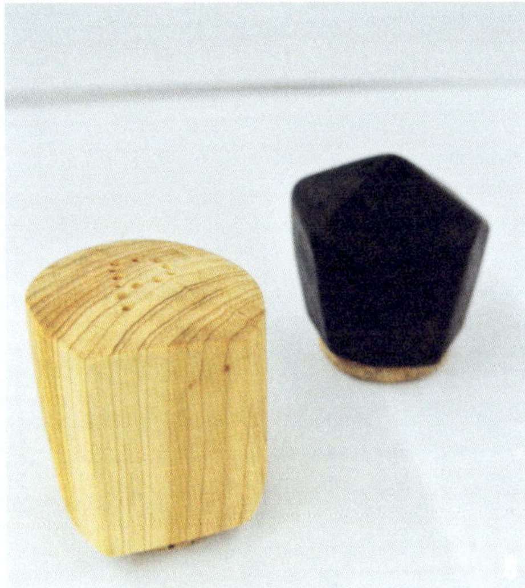
6

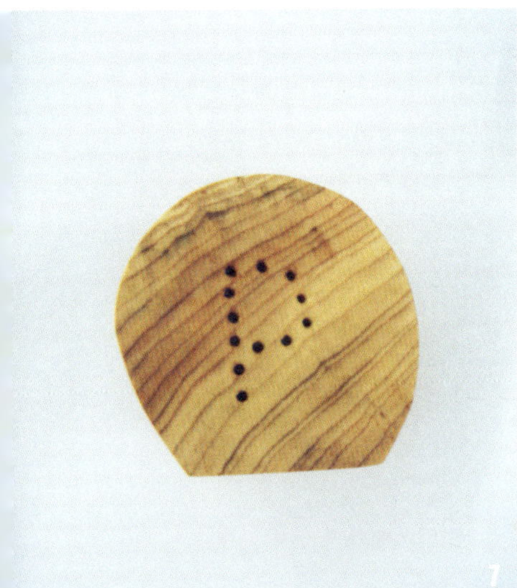
7

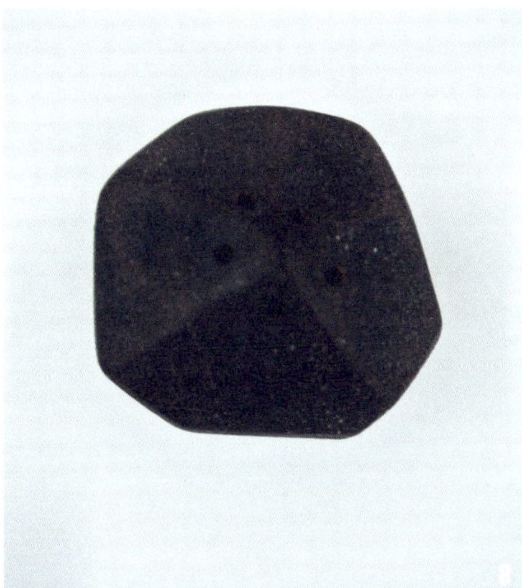
8

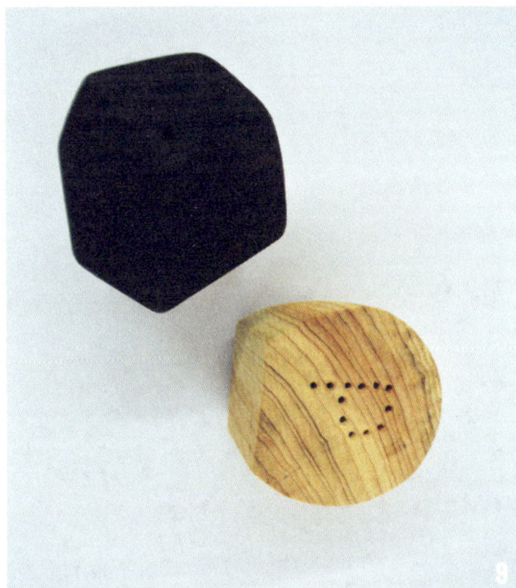
9

Raspeln von Tieren

Material

Papier, Bleistift, Ton (für verschiedene Entwürfe) | Holzstück, z.B. Linde, Erle, Pappel, Birke in der Größe des gewünschten Tieres | Leinöl | Bienewachs

Werkzeug

Säge | Raspel | Feile | Sandpapier in verschiedenen Stärken | Werkbank mit Einspannvorrichtung | Pinsel | Poliertuch

Hat sich bei den einfacheren Werkstücken eine Sicherheit im Umgang mit der Raspel eingestellt, kann man sich an das Herausarbeiten eines Tierkörpers wagen. Dabei offenbart sich gleichzeitig auch die Grenze dessen, was mit diesem Werkzeug überhaupt machbar ist.

Weil die Raspel als Verlängerung der Hand und des Armes immer die Tendenz hat, organische, abgerundete Formen zu produzieren, bieten sich vor allem auch solche Tiere an, die durch ihre Lebensweise eine mehr oder weniger rundliche Körperform besitzen. Das ist in erster Linie bei den im Wasser lebenden Tieren der Fall. Haie, Wale, Delfine, Seehunde, Fischotter oder Pinguine sind darum besonders geeignete Objekte, da sie wenig scharfe Kanten und Ecken bilden und auch keine lang hervorragenden Beine besitzen, die mit der Raspel schwierig herauszuarbeiten sind.

Aber auch einige Vögel, wie die Rohrdommel oder die Ente, können geeignete Objekte einer Raspelarbeit sein. An einer Rohrdommel soll die Vorgehensweise beispielhaft erläutert werden. Das Herstellen anderer Tiere folgt dem gleichen Ablauf; sie werden hier daher nur anhand fertiger Objekte vorgestellt.

Beispiel: Rohrdommel

Um die sichere innere Haltung und Zielrichtung zur Rohrdommel zu gewinnen, ist es sinnvoll, sich eingehend und möglichst umfassend mit ihr auseinanderzusetzen. Jede Form von Beschäftigung kann dabei hilfreich sein. Lexika, Nachschlagewerke, Zoobesuche, Naturbeobachtung, Videos oder Internet-Informationen können einem die Biologie dieser Tiere näherbringen, und man kann ein Gefühl für das Leben und das Aussehen dieser Lebewesen entwickeln.

Parallel dazu sollte man so viele einfache Bleistiftzeichnungen wie nur möglich herstellen, da sich daran der eigene Wandel für das Tierverständnis gut nachvollziehen lässt. Auch verinnerlicht sich durch das Zeichnen das Erkannte noch einmal auf ganz andere Weise als das rein kognitiv Erfasste. Es wird ein Stück mehr zu einem Teil seiner selbst. ▸ Bild 1

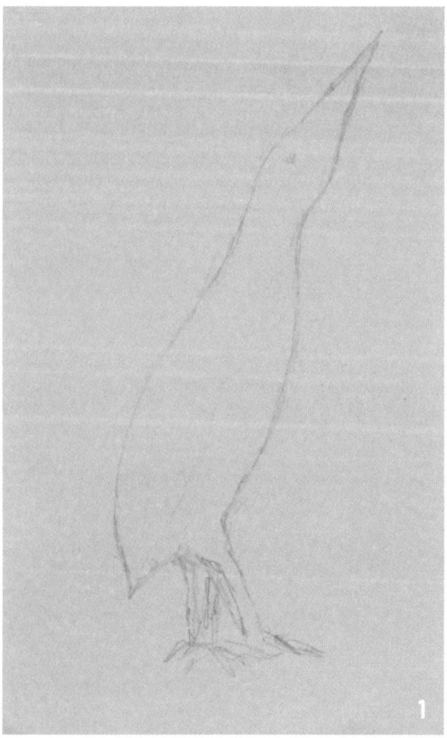

1

Hat man jetzt sozusagen ein inneres Bild vom Wesenhaften der Rohrdommel in sich, ist es hilfreich, mit Ton einige vorläufige Modelle anzufertigen. Man kann hierbei seiner Intuition noch freien Lauf lassen und sollte sich nicht an der Machbarkeit beim späteren Umsetzen im Holz leiten lassen.

Der Ton ist weich und nachgiebig und lässt alles mit sich geschehen. Man kann abnehmen und hinzufügen, so viel man will. Gleichzeitig geht aber das Gefühl für das Tier noch ein Stück tiefer in einen hinein und kommt an den gestaltenden Fingerspitzen an.

Jetzt ist es an der Zeit, einen Ton-Entwurf zu gestalten. Es gilt dabei zu bedenken, dass er sich auch in Holz umsetzen lässt: Die Tierform sollte so weit wie möglich dem Maserungsverlauf folgen, da hervorstehende Teile sonst leicht brechen. Folgt man hingegen der Maserung, lassen sich auch verhältnismäßig dünne Formen gestalten. Es bietet sich darum an, die Rohrdommel in ihrer Tarnstellung zu formen, also mit in die Höhe gehobenem Schnabel. Das sieht elegant aus und entspricht auch dem Verlauf der Holzmaserung. ▸ Bild 2

Ist der Entwurf gelungen, kann er auf ein passendes Stück Holz übertragen werden. Geeignet ist im Prinzip jedes Material. Sehr harte Hölzer, wie Esche, Buche oder Obsthölzer, sehen zwar schön aus, erfordern aber viel Kraft. Linde, Erle, Pappel oder Birke sind leichter zu bearbeiten.

Der Ton-Entwurf dient nur als Anhaltspunkt und muss nicht zwingend eins zu eins übertragen werden.

Aus Arbeitsersparnis kann der grobe Körper mithilfe einer Säge vorgeschnitten werden. Das Aussägen muss dann in zwei Arbeitsgängen erfolgen: einmal frontal und nach anschließendem Aufzeichnen der Seitenlinien auch noch seitlich. Wichtig ist, dass man unten einen Sockel stehen lässt, der zum Einspannen dient und auf dem die Figur später ihren sicheren Stand findet. ▸ Bild 3

▷

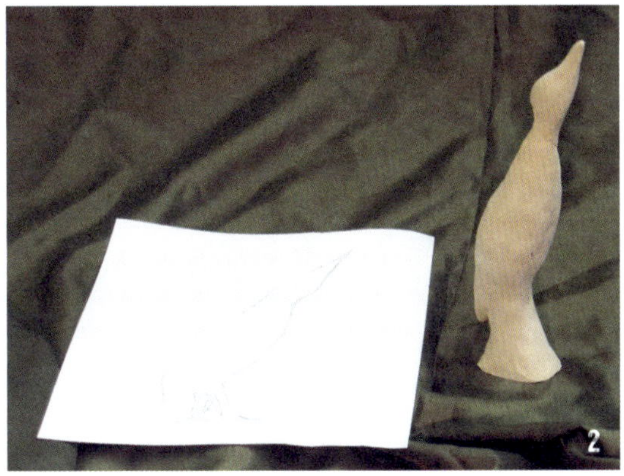
2

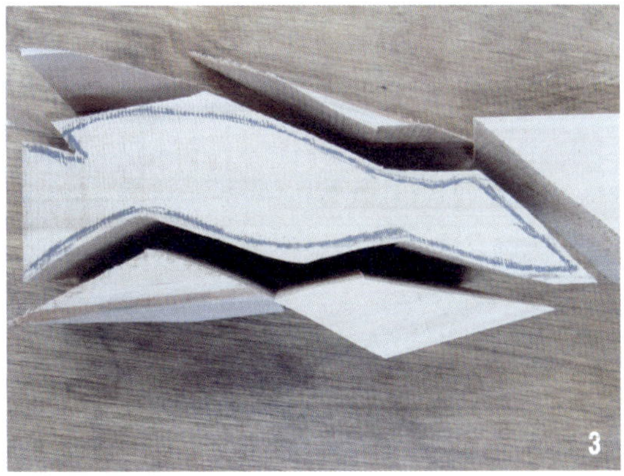
3

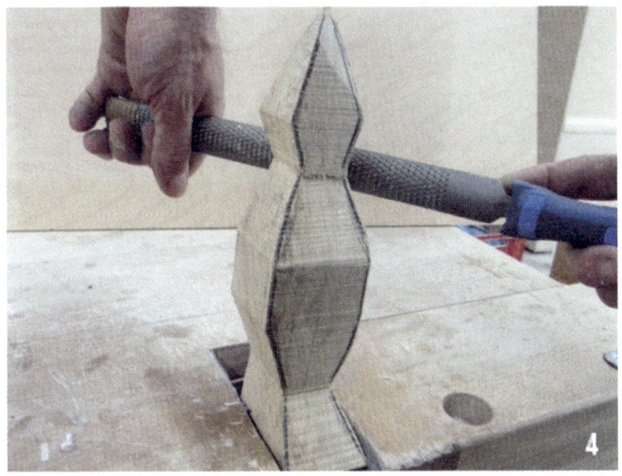
4

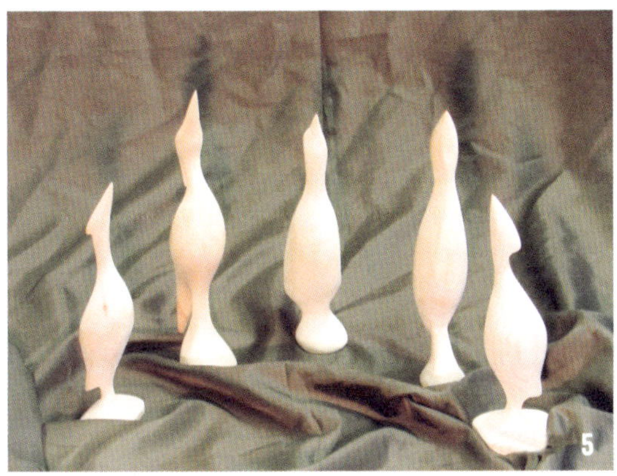
5

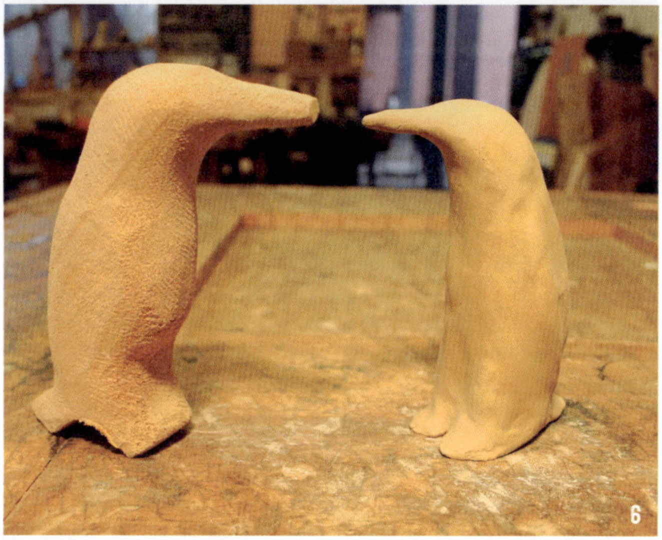

6

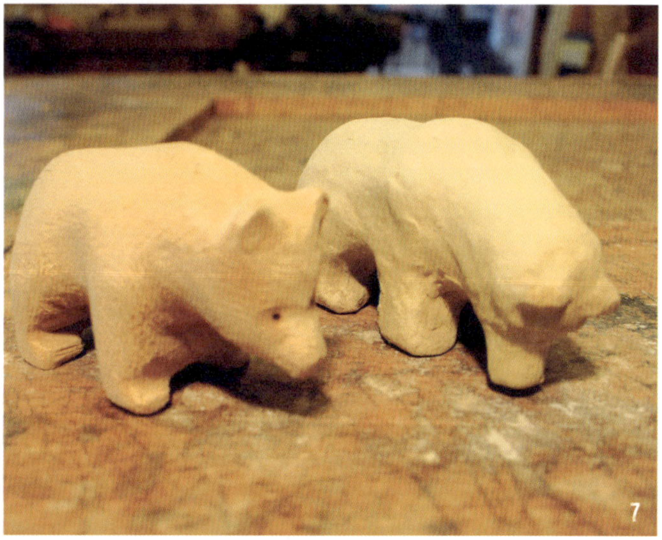

7

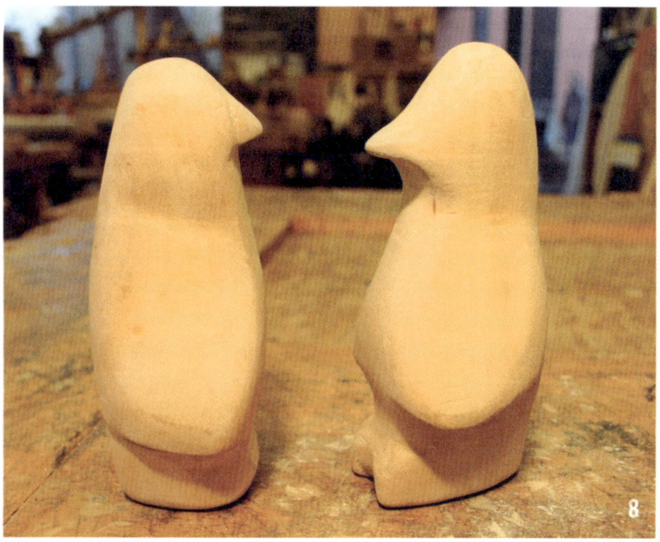

8

Man hat jetzt einen groben vierkantigen Körper, der mit der Raspel Stück für Stück zum ausgestalteten Tier bearbeitet wird. Weil der Körper sehr lang gestreckt ist, muss man mit genügend Vorsicht zu Werke gehen, damit das Holz nicht in der Mitte bricht. ▸Bild 4

Bei der Arbeit zeigt sich, dass man nicht immer entsprechend seiner vorgefassten Vorstellung vorgehen kann. Denn es sind drei Faktoren, die den Prozess gemeinsam bestimmen: erstens das handwerkliche Können und die Idee des Arbeitenden, zweitens die Möglichkeit des verwendeten Werkzeugs und drittens das Holz selbst, denn es macht nicht immer alles mit, was man von ihm wünscht. Es ist daher wichtig, sich auf einen dynamischen Prozess einzustellen und keinen der drei Faktoren zu stark werden lassen, gleichzeitig aber auch keinen auszuschließen. So entsteht oft ein Ergebnis, mit dem man im Vorfeld nicht gerechnet hat, dessen Dynamik aber einen ganz besonderen Reiz darstellt. In diesem Prozess ist es von Vorteil, wenn man von Zeit zu Zeit innehält und sich sein Werk mit etwas Abstand betrachtet.

Ist die Form herausgearbeitet, geht es wie gewöhnlich an die Verfeinerung der Oberfläche bis in die gewünschte Glätte. Auch eine Behandlung mit Öl und Wachs ist zur Konservierung und Politur möglich. ▸Bild 5

Nach diesem Prinzip können auch andere Tiere – z. B. Wale, Pinguine, Enten oder sogar Bären – hergestellt werden. ▸Bild 6-8 ■

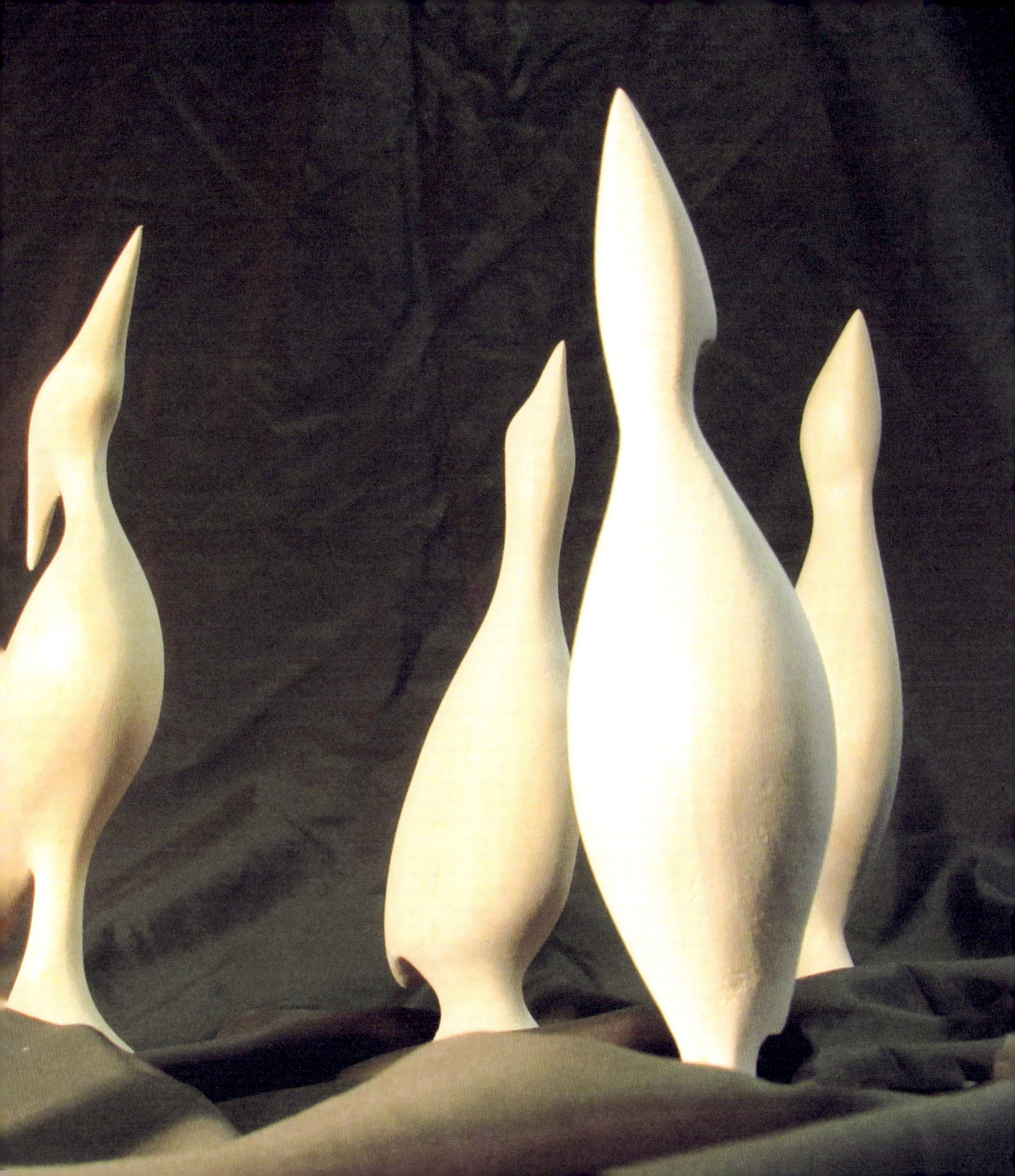

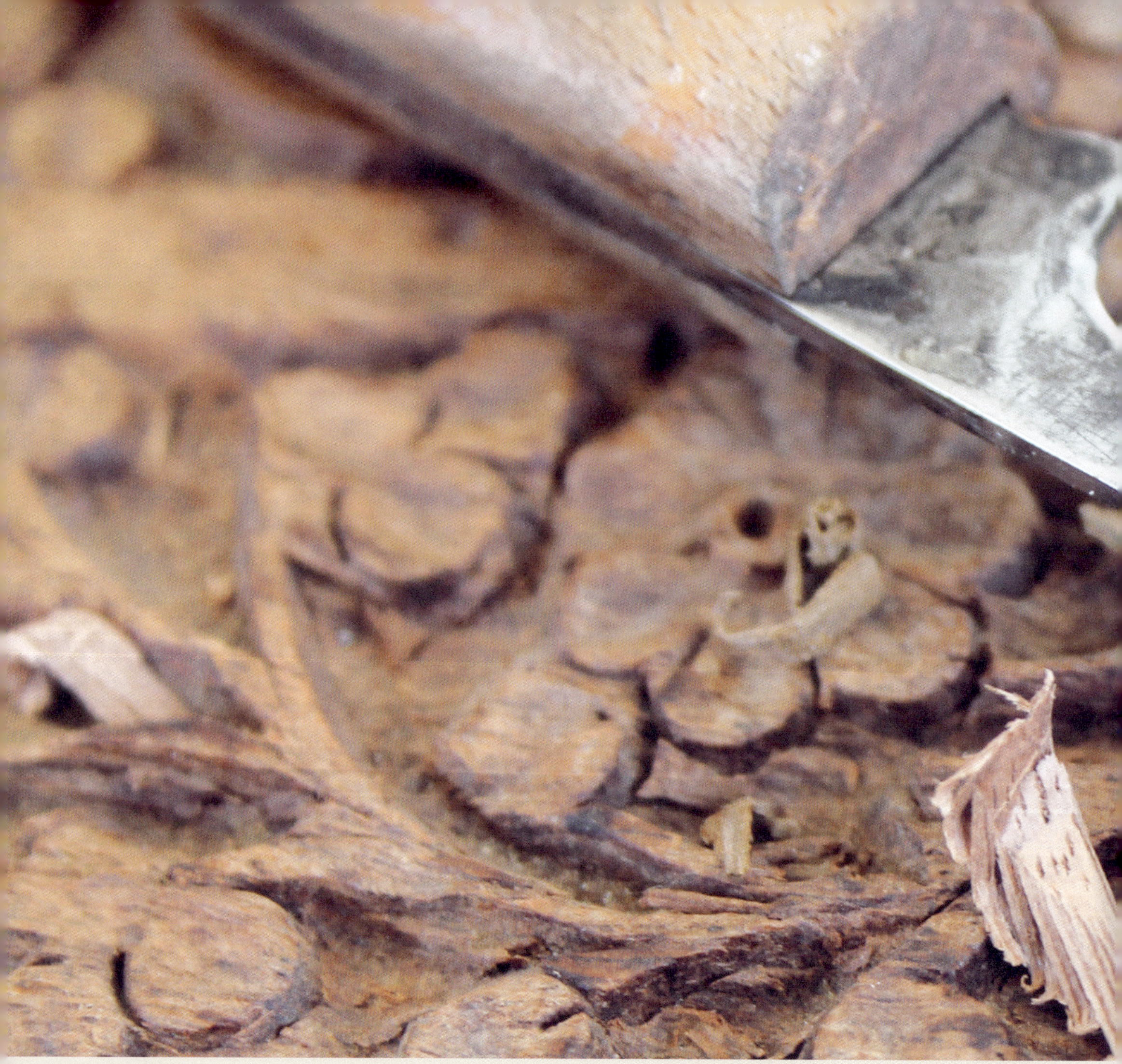

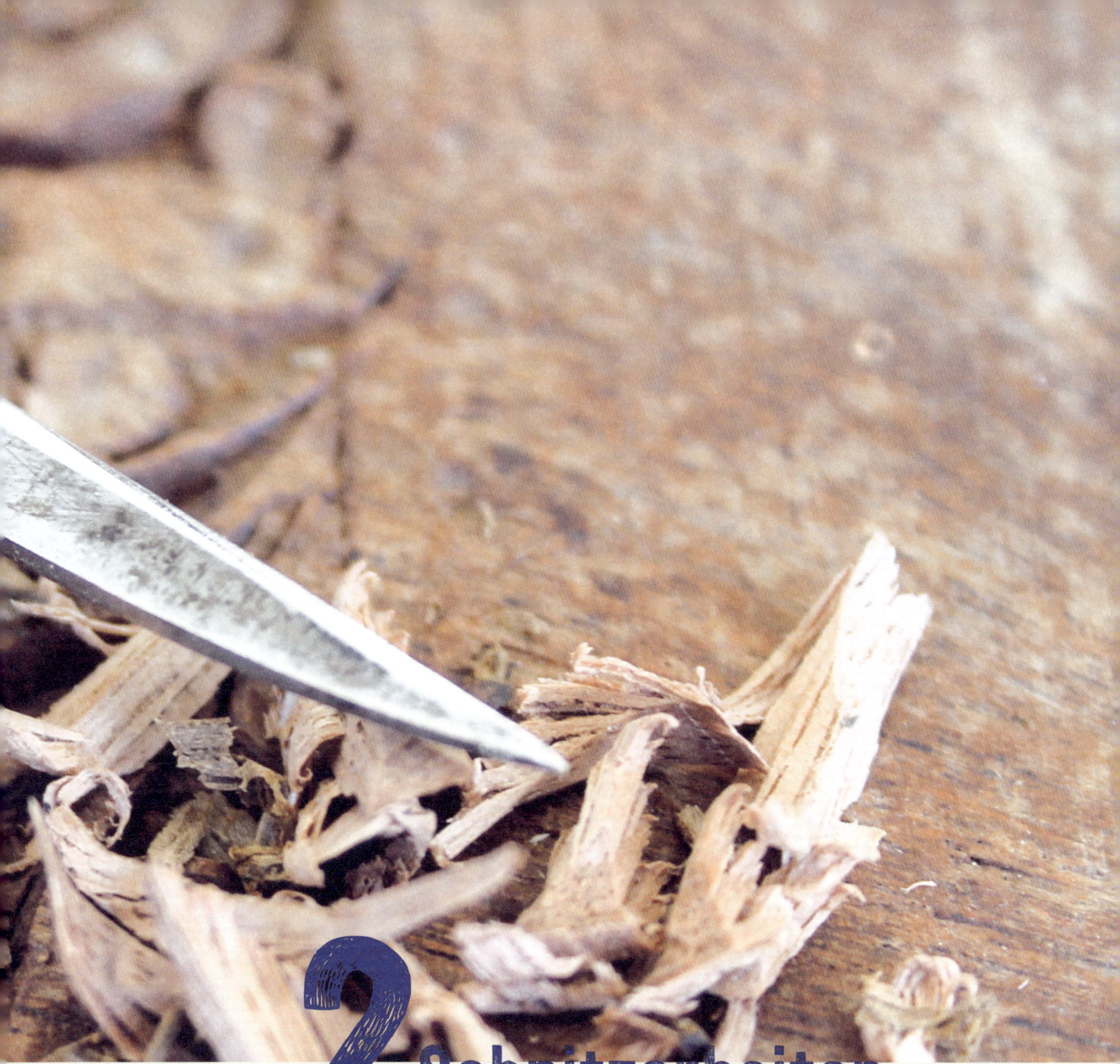

2 Schnitzarbeiten

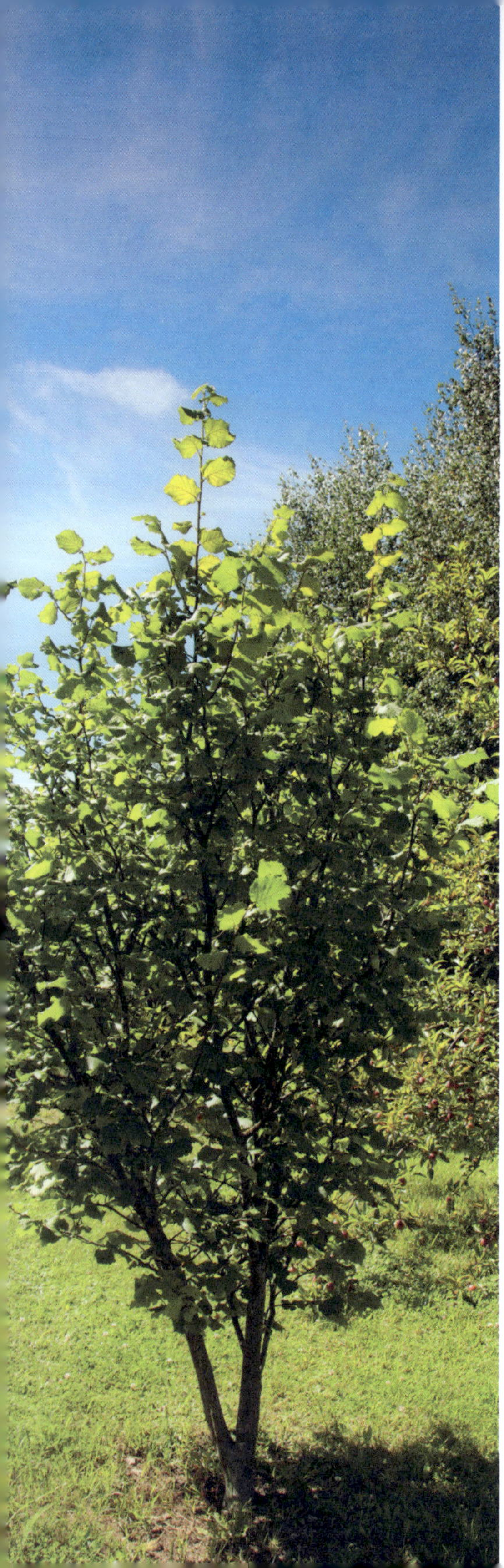

Grünholzschnitzen

Es kann auch ein schöner Einstieg in das Arbeiten mit Holz sein, wenn man sich z.B. auf einer Wanderung selbst einen geeigneten Ast aus dem Gebüsch holt.

Dieses Holz, das gerade frisch geschlagen oder geschnitten wurde, nennt man *Grünholz*. Es ist je nach Jahreszeit noch mehr oder weniger feucht und weich, aber darum auch verhältnismäßig leicht zu bearbeiten. Allerdings verändert es sich stark im Trocknungsprozess und ist deshalb für dauerhafte Produkte nicht immer geeignet.

Für die Arbeiten an einfachen Grünholzwerkstücken benötigt man lediglich ein scharfes *Taschenmesser*. ▸ **Bild 1**

Ein Küchenmesser (Obst- oder Gemüsemesser, siehe S. 8) tut es zur Not auch. Wer will, kann sich auch ein speziell für einfache Schnitzarbeiten hergestelltes *Kerbschnitzmesser* anschaffen. ▸ **Bild 2**

Will man sich einfach nur mit dem Messer vertraut machen und verfolgt dabei noch kein richtiges Ziel, kann man ein gefundenes Holzstück einfach so lange frei beschnitzen, wie man Lust dazu verspürt. Jeder weggenommene Span verändert das Holz und bestimmt durch den Arbeitsprozess dessen Aussehen mit. Insofern ist auch das schon ein kreativer Übungsprozess, der, nebenbei gesagt, auch noch sehr beruhigend wirkt.

Hat man keine Lust mehr, wirft man das Stück einfach weg. Wenn man es aber inzwischen doch liebgewonnen hat, kann man es ja mit nach Hause nehmen, damit man es später vielleicht weiter bearbeiten kann.

Möwenpfeife und Schachfiguren

Wer nicht nur «frei» arbeiten, sondern lieber etwas Konkretes aus Grünholz herstellen möchte, kann beispielsweise eine Möwenpfeife oder Schachfiguren schnitzen.

Für die Möwenpfeife benötigt man ein etwa 15 cm langes und 2 cm dickes Aststück, das man sich an einer geeigneten Stelle selbst aus dem Knickgehölz oder dem Gebüsch holen kann. Am schonendsten ist es, wenn man einen Ast wählt, der dicht neben einem andern steht und diesem nach dem Wegschneiden ein besseres Wachstum ermöglicht. Auch ist es sinnvoll, auf der Innenseite des Gebüsches zu ernten, weil so keine unschöne Lücke im ursprünglichen Zusammenhang der Pflanzen entstehen kann. Benötigt man mehrere Äste, z. B. für eine Gruppe von Kindern, sollte man an vielen Stellen etwas entnehmen und nicht aus Bequemlichkeit eine Art Kahlschlag an einem einzigen Punkt verursachen.

Für das Schnitzen mit Grünholz eignen sich *Haselnussäste* besonders gut, jedes andere Holz kann aber auch genommen werden, wenn es gerade gewachsen ist und an der benötigten Stelle keinen Querast besitzt. ▷

Material

Möwenpfeife: Grünholz (am besten Haselnuss), ca. 15 cm lang und 2 cm dick | Plastiktüte | Garn

Schachfiguren: Grünholz (Haselnuss), ca. 4-7 cm pro Figur

Werkzeug

Taschenmesser oder Kerbschnitzmesser

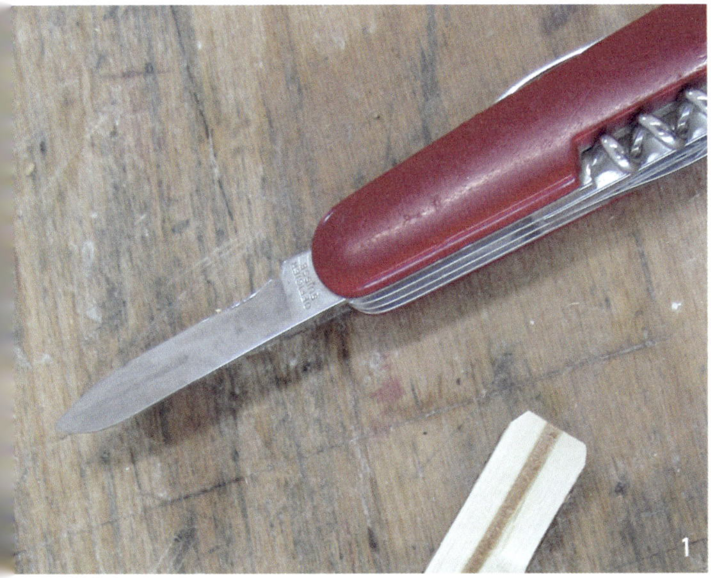

1

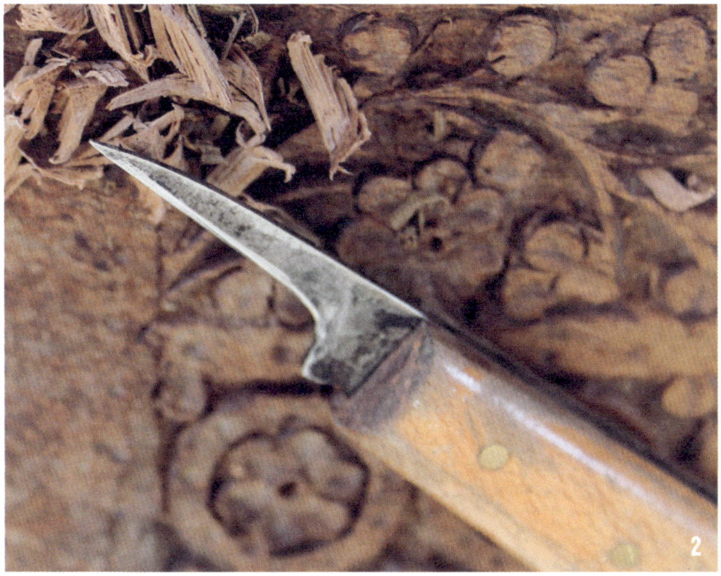

2

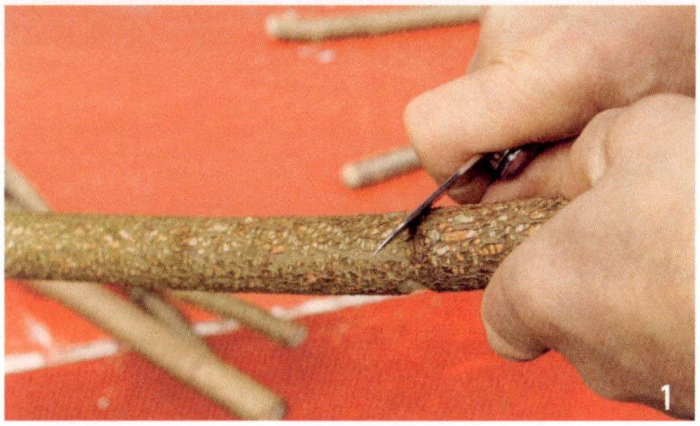

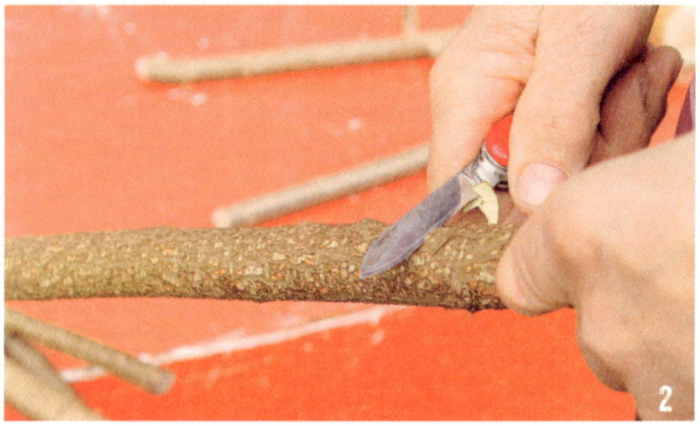

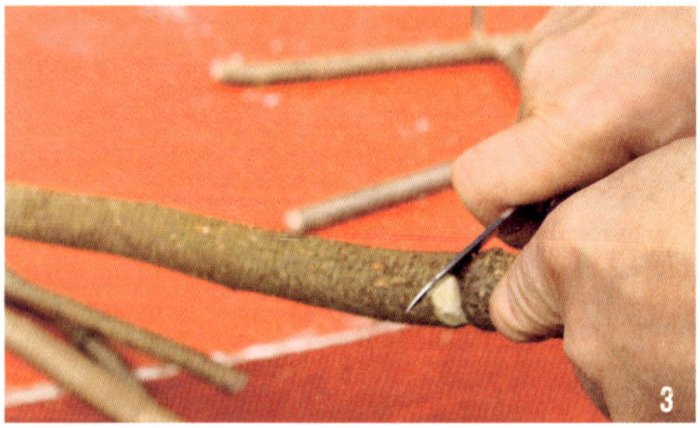

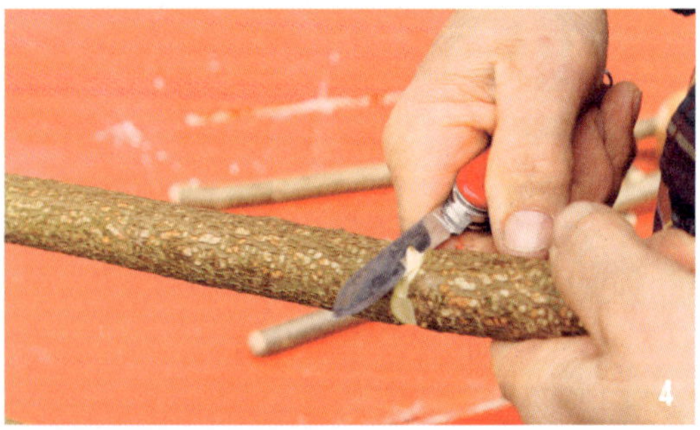

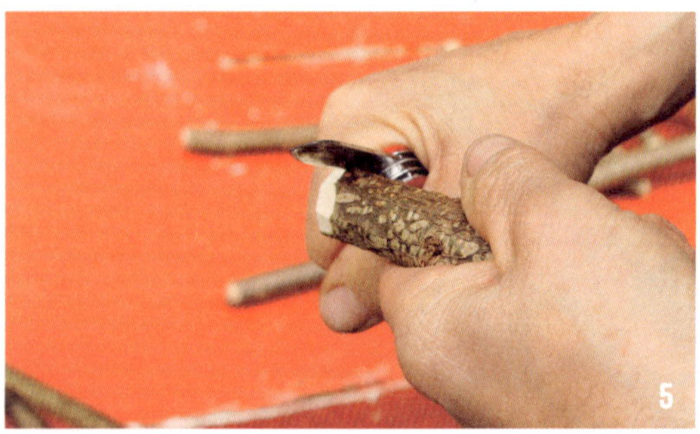

Beim Ernten und beim Kürzen eines längeren Aststücks macht man mit dem Messer einen Einschnitt und löst dann die einzelnen Späne durch entgegengesetztes Einschneiden. ▸ Bild 1-4

Dadurch entsteht eine Kerbe, weshalb diese Arbeit auch als *Kerbschnitzen* bezeichnet wird. Wiederholt man diese Prozedur mehrmals, so arbeitet man sich um den Ast herum an den Mittelpunkt heran und kann eventuell den letzten Rest einfach abbrechen. Es ist günstig, sich ein etwas längeres Stück abzuschneiden, da nicht immer der erste Versuch gleich gelingt. Hat man einen so gewonnenen Ast in der Hand, wählt man das geeignetste Teilstück aus und arbeitet es auf die oben beschriebene Weise Kerbe für Kerbe heraus und hat nun einen Rohling von etwa 15 cm Länge gewonnen. Jetzt kann man die Enden in Ruhe verschönern. ▸ Bild 5

Dabei ist es für Anfänger wichtig, immer von der haltenden Hand weg zu schnitzen und niemals darauf zu, denn leicht ist in diesem Fall das Messer ausgeglitten, und Blut kann einem die Freude am Tun schnell vergällen. Daher langsam und konzentriert arbeiten – und zwar immer *vom Körper weg*. Ist man später geübter, kann man auch andere Techniken anwenden.

Wenn man mit seinem Stück so weit zufrieden ist, spaltet man es in Längsrichtung genau in der Mitte auf. Dafür legt man das Messer an der passenden Stelle auf eine der beiden Spitzen, stützt die andere Seite auf einen festen Untergrund (auf einen Baumstumpf, einen Stein oder die Werkbank) und klopft leicht mit einem Stein, einem Holz oder auch dem Hammer auf das Messer. ▸ Bild 6

Es gräbt sich in Maserungsrichtung ein und lässt das Stück verhältnismäßig leicht aufplatzen. Man hat jetzt zwei mehr oder weniger gleiche Hälften. ▸ Bild 7

In der Mitte einer jeden Hälfte legt man auf der Innenseite

▷

▸ Bild 1 *1. Schnitt*

▸ Bild 2 *Gegenschnitt*

▸ Bild 3 *2. Schnitt*

▸ Bild 4 *Kerbe ist zu sehen*

▸ Bild 5 *Verschönern des Endes*

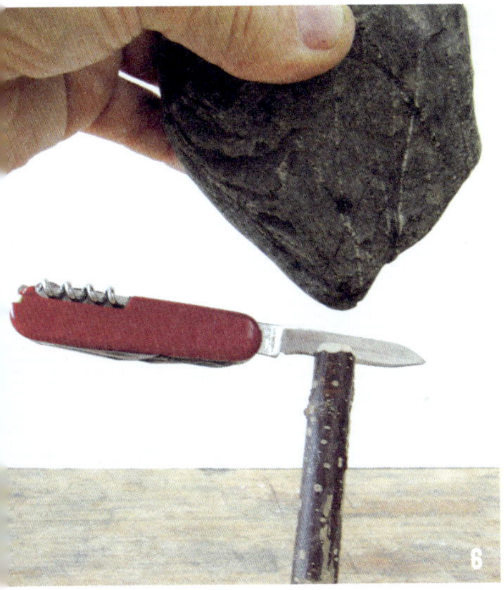
6

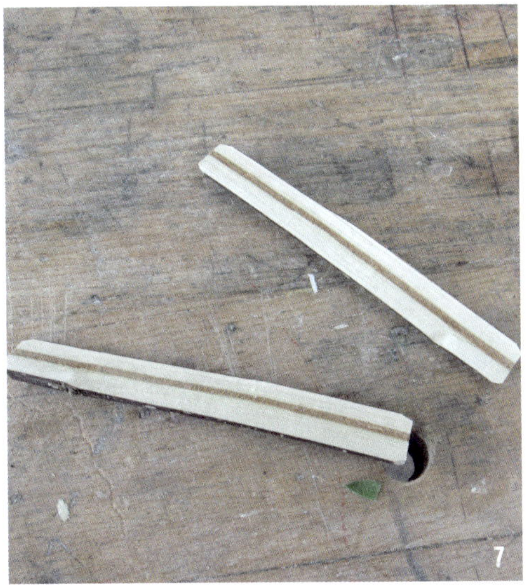
7

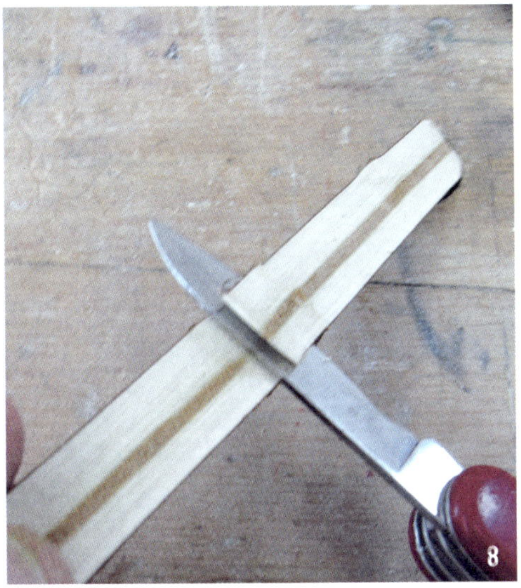
8

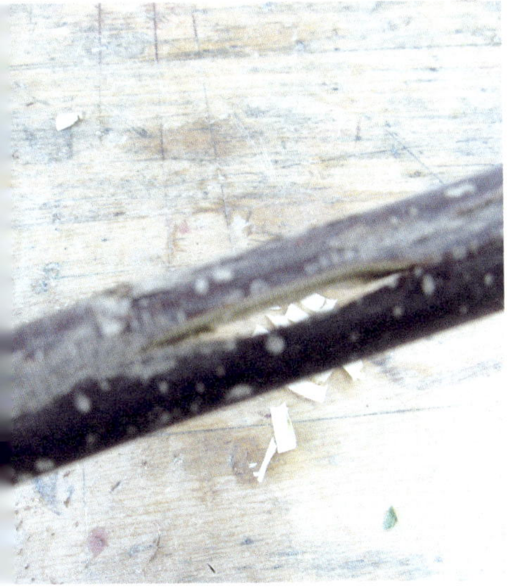

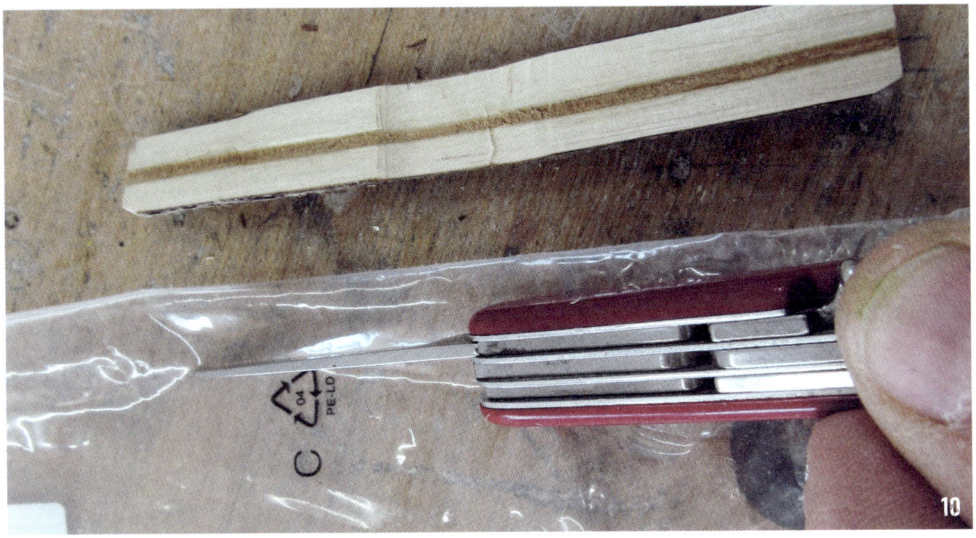

10

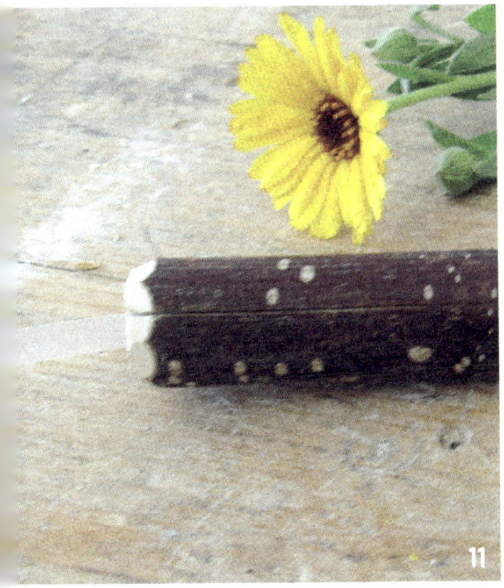
11

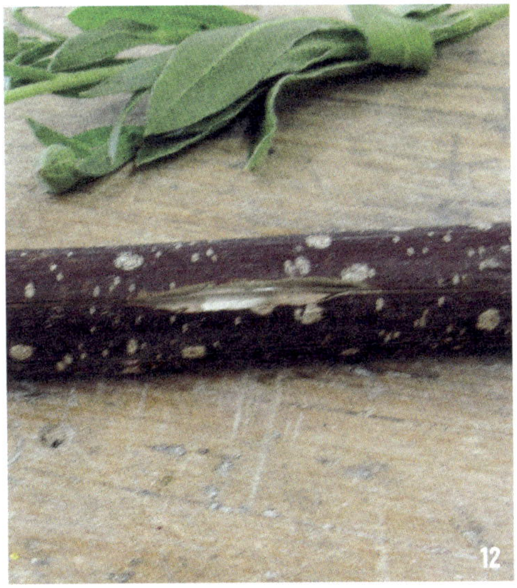
12

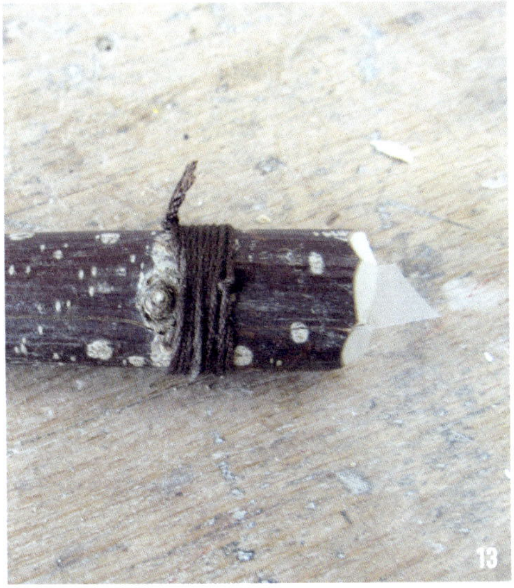
13

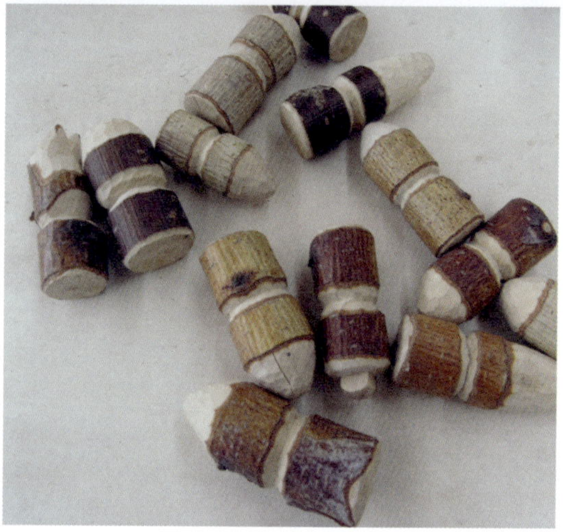

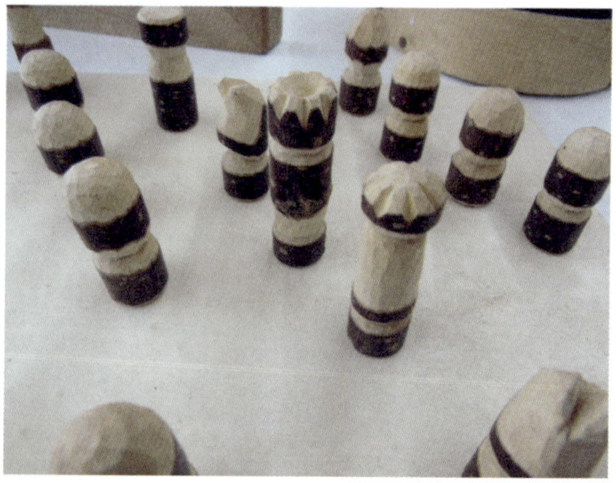

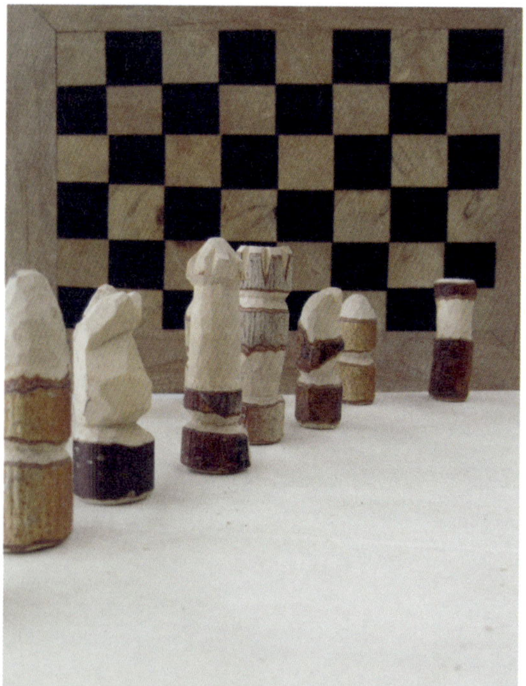

eine flache Vertiefung von 2 mm in einer Länge von etwa 2 cm Länge an. Diese Vertiefung sollte eine saubere, glatte Oberfläche haben. ▸ Bild 8-9

Nun schneidet man aus einer Plastiktüte einen Streifen, der etwa so breit ist wie der bearbeitete Ast, aber etwa 5 cm länger. ▸ Bild 10

Der Plastikstreifen wird auf die eine Asthälfte gelegt, die andere Hälfte positioniert man dann auf dem Streifen und umwickelt das Ganze auf der einen Seite, etwa daumenbreit vom Rand, stramm mit Garn. ▸ Bild 11

Der Plastikstreifen liegt dabei genau zwischen den beiden Holzhälften. Er wird auf der einen Seite durch das Garn gehalten und steht auf der anderen Seite vor. ▸ Bild 12

Jetzt kann man von der Seite in die «Flöte» blasen und durch das mehr oder weniger stramme Ziehen am Plastikstreifen einen Laut erzeugen, der dem Möwenschrei ähnlich ist. Damit ist unsere einfache «Flöte» gebrauchsfertig.

Mit dieser Methode des Kerbschnitzens lassen sich z. B. auch schöne Spielfiguren für Brettspiele herstellen. Wer Ausdauer hat, kann sich aus Grünholz ein ganzes Set von *Schachfiguren* schnitzen. Durch die Technik, die Rinde nur an manchen Stellen wegzunehmen und an anderen stehen zu lassen, erhalten die Figuren ihr charakteristisches Aussehen. Und wenn wir mehrere Äste finden, deren Rinde unterschiedlich hell ist, können wir entsprechend «weiße» und «schwarze» Schachfiguren fertigen.

Aus einem etwa 2,5 cm dicken Grünholzast schneidet man sich Teilstücke von 4-7 cm (je nach Höhe der gewünschten Spielfigur) zurecht; die Bauern sind am kürzesten, Dame und König am längsten. Das Herausarbeiten der Details an manchen Figurenköpfen, etwa die angedeuteten Pferdeohren des Springers oder die Einkerbungen der Krone bei Dame und König, erfordert schon etwas mehr Geschicklichkeit beim Schnitzen und schult die Feinmotorik der Hände.

Viel Freude beim Schachspielen! ■

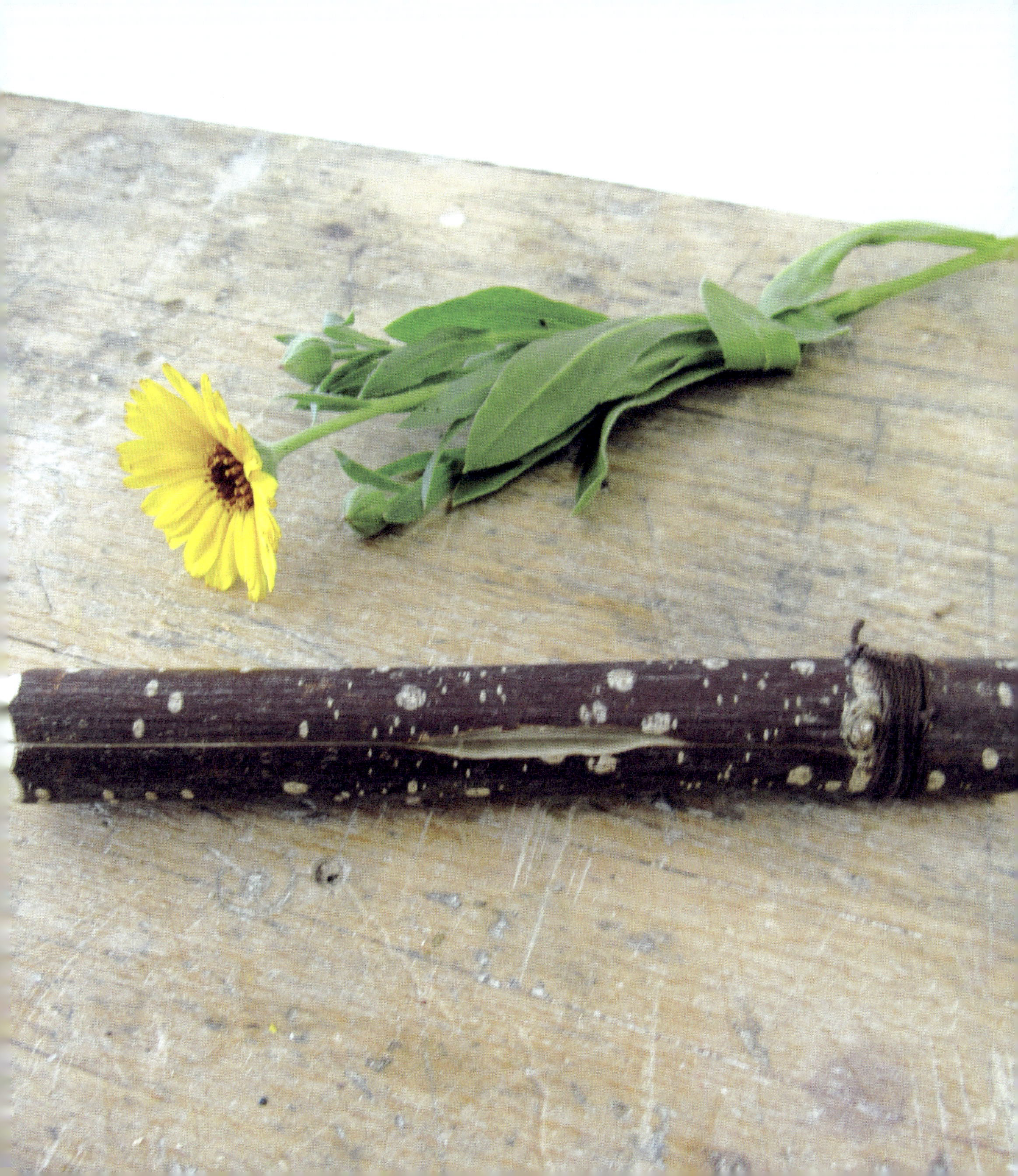

Grünholzschubkarre

Material

2 je 70 cm lange Aststücke (doppelte Daumendicke) | 2 Aststücke in einfacher Daumendicke) | 1 runde Holzscheibe (Ø 8-10 cm, 5-6 cm dick) | 1 Rundholzleiste (Ø 8-10 mm, 20 cm lang) | Paketband | evtl. bunte Wolle

Werkzeug

Taschenmesser oder Kerbschnitzmesser | Säge (Fuchsschwanz oder Baumsäge) | Bohrmaschine, Bohrer 10 mm

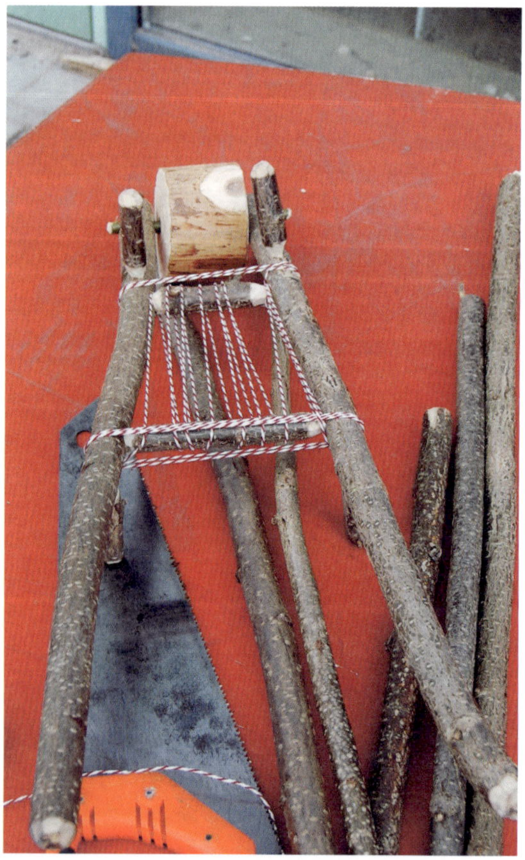

Etwas schwerer ist es schon, eine Spielschubkarre aus Grünholz herzustellen.

Für diese Arbeit braucht man zusätzlich zum Messer eine Säge (ein einfacher Fuchsschwanz oder eine Baumsäge sind dafür geeignet), außerdem noch einen Bohrer von etwa 10 mm Durchmesser; dafür eignet sich eine Handleier oder ein Akkuschrauber, zur Not kann man sich aber auch mit einem sehr spitz zulaufenden Messer behelfen.

Als Material benötigt man dazu zwei möglichst gleich dicke Aststücke von 70 cm Länge (das entspricht bei einem Erwachsenen etwa der Länge des Armes bis zu den Fingerspitzen) und mindestens doppelter Daumenstärke für die beiden Trageholme; dann noch zwei Aststücke von gleicher Länge, aber nur in einfacher Daumenstärke für die Querträger, die Frontstütze und die Beine.

Am besten eignen sich für diese Arbeit Haselnussäste, andere Hölzer gehen jedoch ebenfalls; sie sollen nur schön aussehen und sich gut bearbeiten lassen. Diese Äste erntet man auf die oben angegebene Weise (siehe S. 35 f.) und legt sie sich für später bereit. ▸ Bild 1

Außerdem braucht man ein Holzrad, etwas Paketband, nach Wunsch ein Knäuel bunter Wolle sowie eine Achse für das Rad – am einfachsten ist es, wenn man dafür eine Rundholzleiste oder eine Bambusstange von 8-10 mm Durchmesser und einer Länge von etwa 20 cm hat.

Aus einem dünnen Haselzweig lässt sich eine Achse auch selbst fertigen. Allerdings ist sie nicht ganz so stabil wie eine fertige Rundholzleiste.

Beginnen wir mit dem *Rad*. Man braucht eine möglichst runde Holzscheibe von 8 - 10 cm Durchmesser und gerne 5 - 6 cm Breite. Eine derartige Scheibe kann man von einem üblichen Gartenpfahl absägen, oder man sieht sich auf einem Spaziergang nach einem heruntergefallenen Ast um, der die gewünschte Dicke hat; dabei muss man bedenken, dass die später zu entfernende Rinde den Durchmesser verkleinert. Hat man ein entsprechendes Aststück entdeckt, empfiehlt es sich, zunächst ein deutlich größeres Stück mitzunehmen, damit man später beim genauen Zusägen zu Hause noch ein zweites Rad anfertigen kann, falls das erste misslingt. Jetzt sägt man sich eine passende Scheibe ab, indem man das Holz gut auf einer Unterlage abstützt und die Säge, ohne dass sie klemmt, gleichmäßig auf und ab bewegt. ▸ Bild 2

Den Rand kann man mit dem Messer etwas verschönern und abrunden. Dabei muss man immer von der späteren Lauffläche nach außen schnitzen, weil sonst Fasern ungewollt ausbrechen können.

Nun bohrt man mit der Bohrmaschine und einem etwa 10 mm dicken Holzbohrer ein Loch möglichst genau in der Mitte quer hindurch. Wenn man hindurchgekommen ist, kann man leicht die Tischunterlage beschädigen; darum ist es zweckmäßig, einen Schutz unterzulegen oder die Scheibe kurz vor dem Durchbruch an den Tischrand zu legen. Hat man keinen Bohrer, kann man das Bohren des Loches auch mit der Messerspitze bewerkstelligen, indem man das Messer an der entsprechenden Stelle unter leichtem Druck um sich selbst dreht. Das ist allerdings etwas mühsam. Ist man halb durch, wendet man das Stück und arbeitet von der anderen Seite entgegen. Je sauberer das Loch ist, desto besser läuft später die Karre; darum lohnt es sich, die Späne so genau wie möglich herauszuputzen. ▸ Bild 3

▷

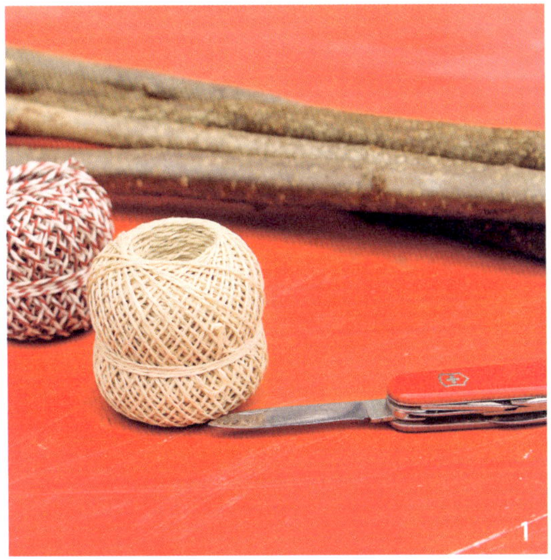

1

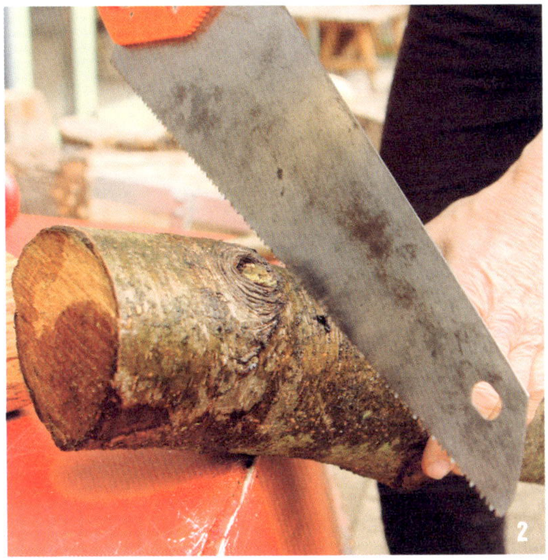

2

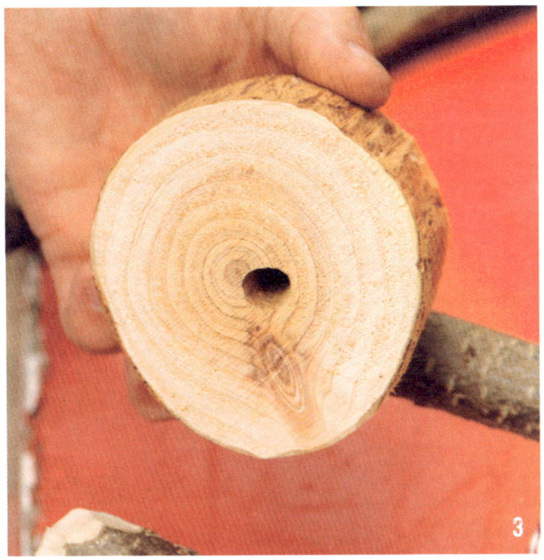

3

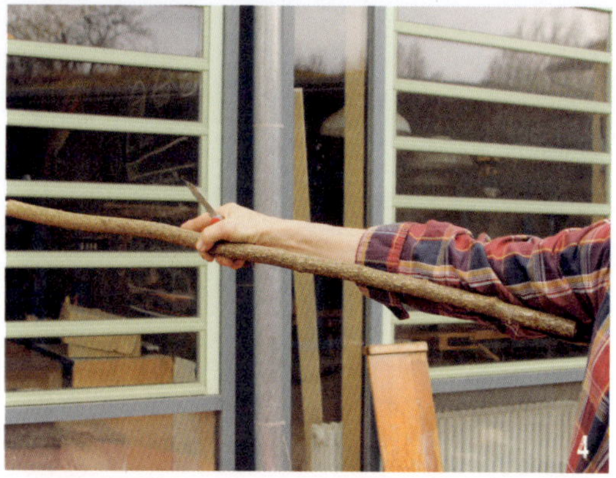

4

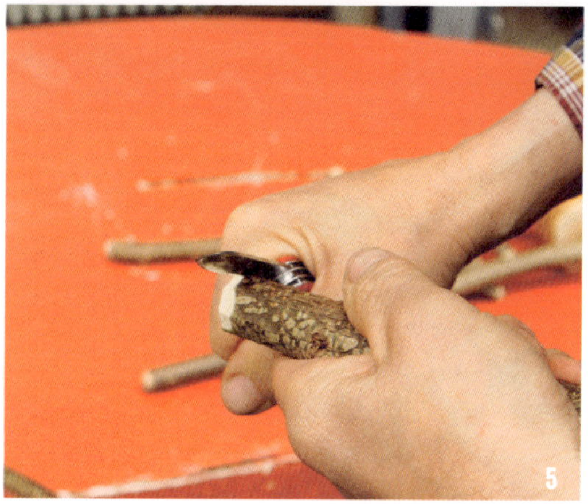

5

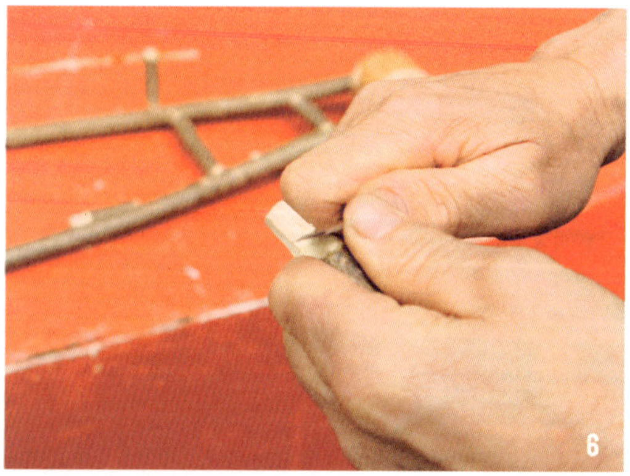

6

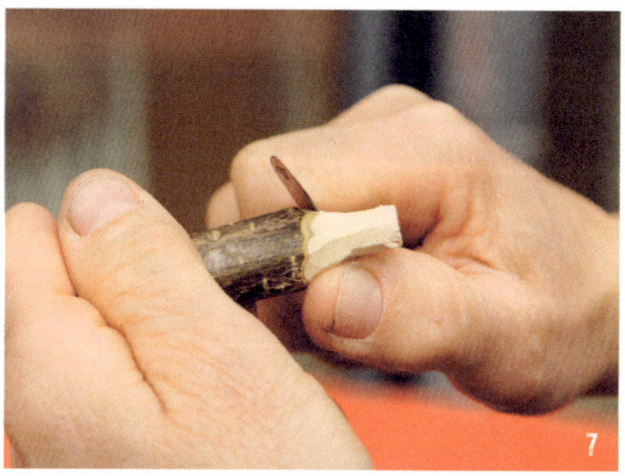

7

Jetzt werden die beiden *Trageholme* gefertigt. Man wählt zwei möglichst zueinander passende Abschnitte. Am ausgestreckten Arm lässt sich die Länge gut bestimmen. ▸ Bild 4

Mit den oben beschriebenen kleinen Kerben (siehe S. 36) bringt man diese beiden Holme auf gleiche Länge und rundet anschließend die Enden sorgsam ab. ▸ Bild 5

Nun fertigt man die beiden *Füße* und die *Frontstützen* aus den etwas dünneren Ästen. Die Länge der Stützen sollte nicht mehr als den Durchmesser des Rades betragen, sonst würde die Karre später zu steil stehen. Das Ablängen und Abrunden einer Seite erfolgt nach der bekannten Methode (siehe S. 36). Im nächsten Schritt müssen diese vier Teile eine Verjüngung auf 10 mm am noch freien Ende erhalten; sie muss unbedingt parallel verlaufen und darf nicht keilförmig werden. Für diesen Arbeitsgang gibt es zwei Schnittmöglichkeiten: Zum einen kann man einfach wie bisher von der Hand wegschnitzen; allerdings besteht dabei die Gefahr, dass die Äste vorne dünner werden und doch ein keilförmiges Ende bekommen, das später aus dem Loch herausrutscht. ▸ Bild 6

Besser wird die Passgenauigkeit, wenn man die Messerführung der rechten Hand mit dem Daumen der linken unterstützt. So kann man langsam und richtig geführt die passende Spanstärke abnehmen. Allerdings erfordert das eine genaue Koordination beider Hände und muss erst ein wenig geübt werden, ehe man die Methode beherrscht. Außerdem ist man mit den Fingern näher an der scharfen Klinge, und die Verletzungsgefahr ist dadurch höher. Darum sollte diese Art zu schnitzen noch nicht mit kleineren Kindern geübt werden. ▸ Bild 7

Alle Verjüngungen brauchen einen Durchmesser von 10 mm.

Bevor es ans Bohren geht, müssen noch die beiden Querträger angefertigt werden. Dazu legt man sich am besten die vorbereiteten Trageholme so schräg nebeneinander auf eine Unterlage, wie man sie später gerne haben möchte. Zu bedenken ist dabei, dass der Abstand vorne ein wenig größer sein sollte, als das Rad breit ist, damit es später leicht zwischen den Trageholmen laufen kann. Man legt dazu das vorbereitete Rad vorne zwischen die Holme an die passende Stelle. Anschließend wird festgelegt, wo man die Querträger haben möchte, und kann daraus deren Länge ermitteln. Zu bedenken ist dabei jedoch, dass sie in die Bohrlöcher versenkt werden und sich dadurch ihre Länge aus dem Abstand der Trageholme plus zweimal etwa der Daumenbreite für das Einstecken in die noch zu bohrenden Löcher zusammensetzt.

Man längt jetzt sowohl den langen wie den kurzen Querträger nach der bekannten Kerbmethode ab und bringt auf jeder Seite eine oben beschriebene Verjüngung an. ▸ Bild 8

Nun kann man an den für die Querträger ausgewählten Stellen mit der Bohrleier und einem Zehn-Millimeter-Bohrer ein Loch in die Griffholme bohren. ▸ Bild 9

Dabei ist zu beachten, dass die Holme nicht parallel liegen und die Bohrlöcher daher nicht senkrecht im rechten Winkel gebohrt werden können. Man findet deren richtige Schräge, indem man die Querträger noch einmal an die richtige Stelle auf die Unterlage zwischen die Trageholme legt und die Bohrung in dieser Schräglage anbringt. ▸ Bild 10

Zusätzlich zu den beiden Querträgern benötigt auch die *Radachse* an der Spitze der Karre jeweils ein Loch in gleicher Neigung und gleicher Richtung; diese beiden Löcher gehen aber komplett durch. Beim Bohren ist also darauf zu achten, dass man möglichst nur die Achsenlöcher vollständig durchbohrt; bei den anderen Löchern sieht es später besser aus, wenn sie von außen verdeckt bleiben. Hat man keine Bohrmaschine, kann man die Löcher ebenfalls mit der Messerspitze unter Druck herausdrehen. ▸ Bild 11

Es lohnt sich, alle etwas ausgefransten Bohrlöcher mit dem Messer noch ein wenig geradezuschneiden, dann passen die Gegenstücke besser hinein.

Jetzt lassen sich die ersten vier Stücke zusammenstecken und mit leichten Schlägen fest verbinden.

▷

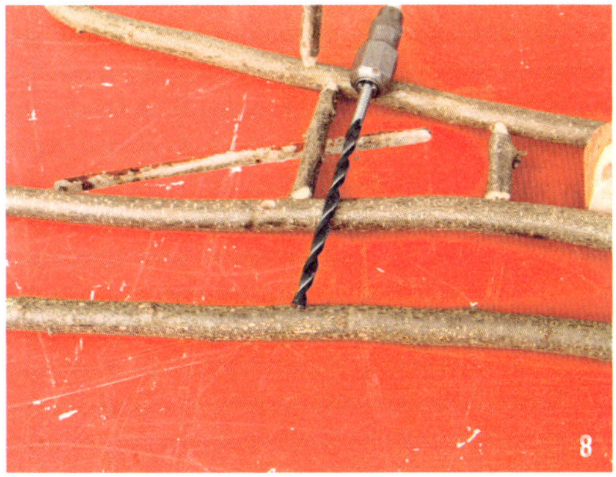
8

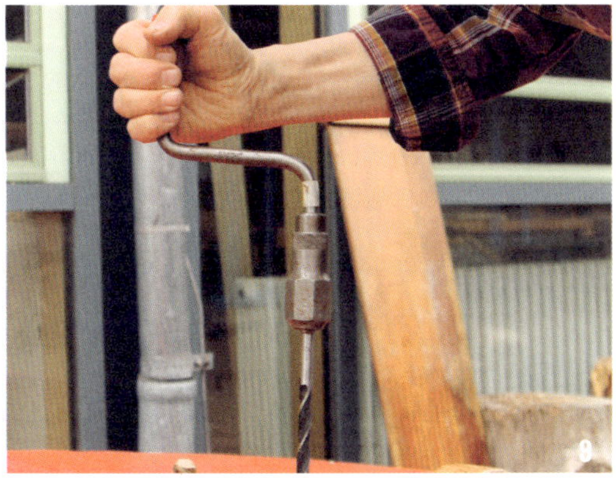
9

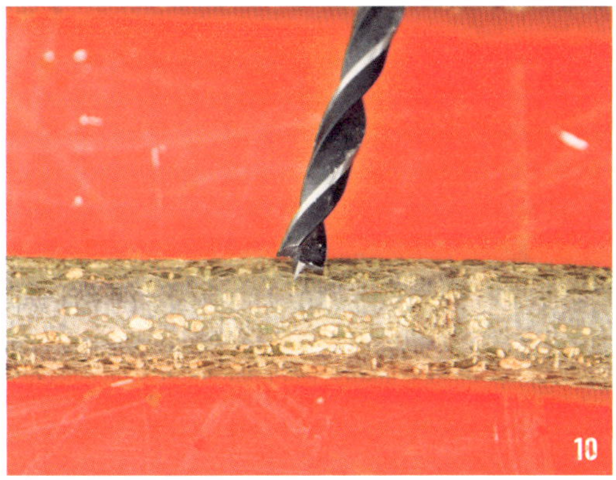
10

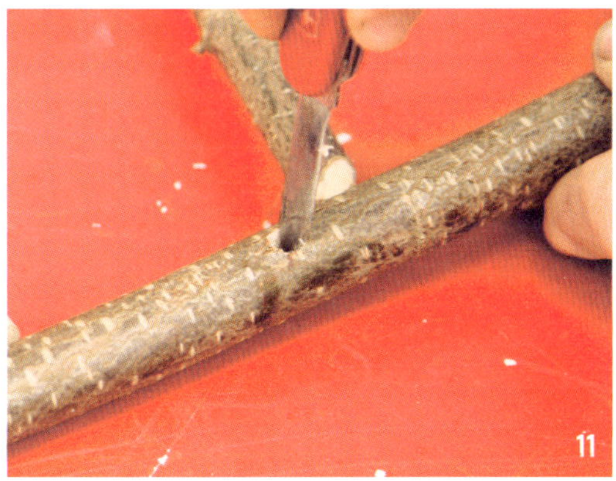
11

Wenn man dieses Grundgerüst flach hinlegt, kann man leicht die Stellen bestimmen, an denen man die Beine haben möchte. Auch hier werden die beiden Löcher gebohrt. Jetzt muss man nur das Ganze einmal umdrehen und in der Gegenseite die beiden Löcher für die Frontstützen anbringen. Nach dem Ausputzen der Löcher werden die vorbereiteten Teile unter leichten Schlägen an die richtige Stelle gesteckt. ▸ Bild 12

Im nächsten Schritt bereitet man die Achse in der richtigen Länge vor und steckt sie durch die Holme und gleichzeitig durch das Rad. Damit ist der Rohbau fertig. ▸ Bild 13

Jetzt kann man durch das Umwickeln mit einer Paketkordel die Stabilität erhöhen. Außerdem lässt sich noch aus der Paketkordel oder auch aus bunter Wolle eine kleine *Ladefläche* anbringen. ▸ Bild 14-15

Eine schöne Spielzeugkarre ist auf diese Weise entstanden. ■

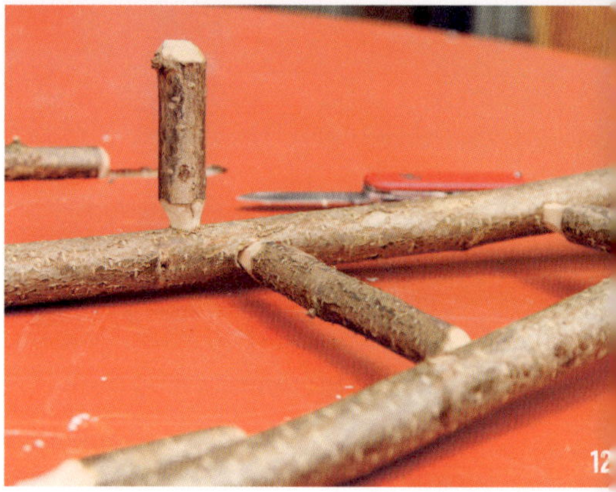
12

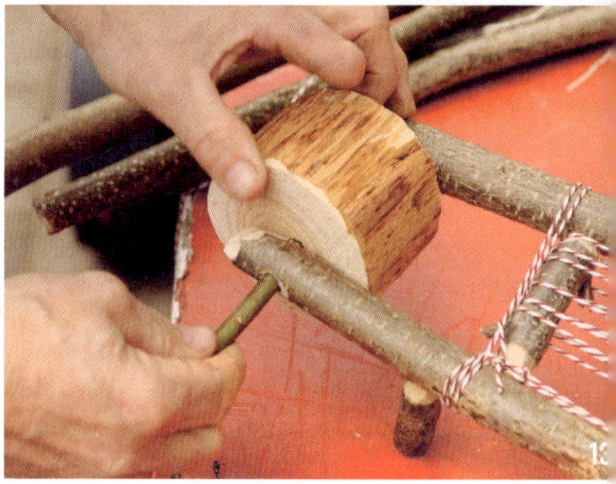
13

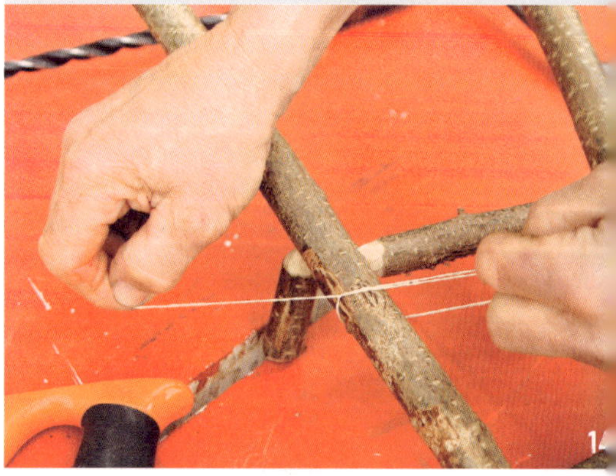
14

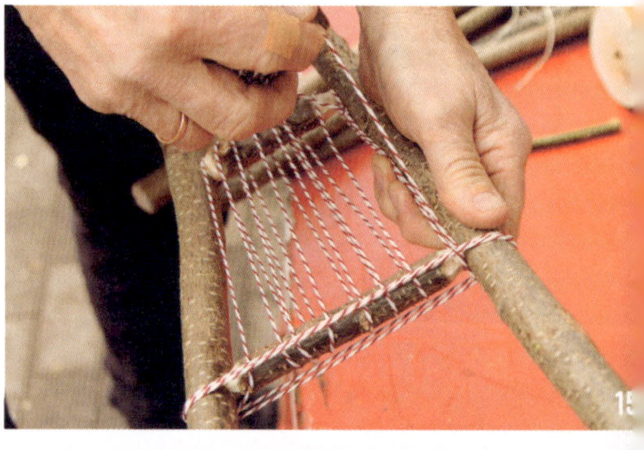
15

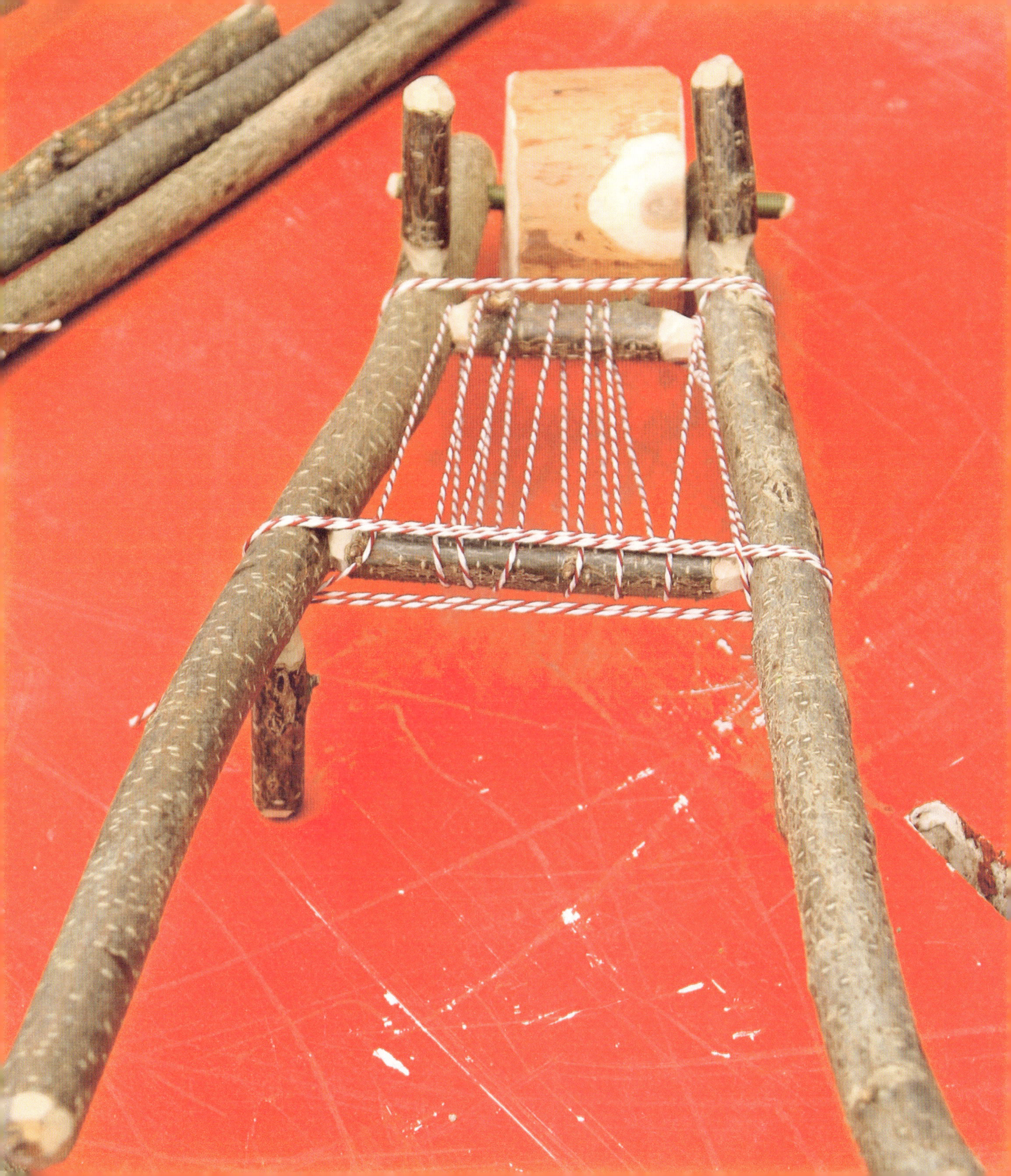

Stifteschale

Material

ca. 25 cm langes Aststück, Ø ca. 8-10 cm | Leinöl

Werkzeug

11/16er-Schnitzmesser | Holzklüpfel | Säge | Werkbank (oder 2 Schraubzwingen) | Pinsel

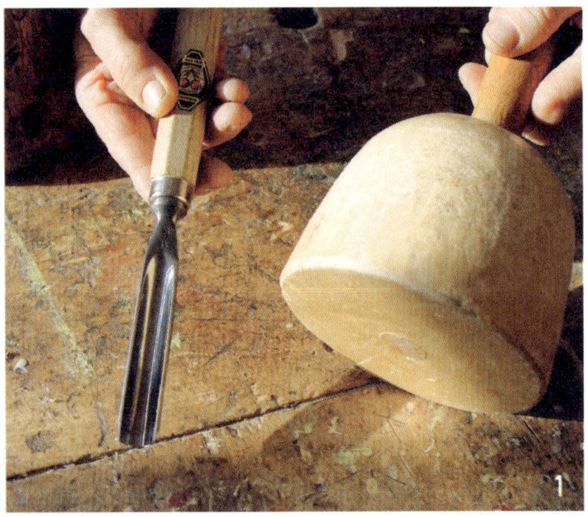

1

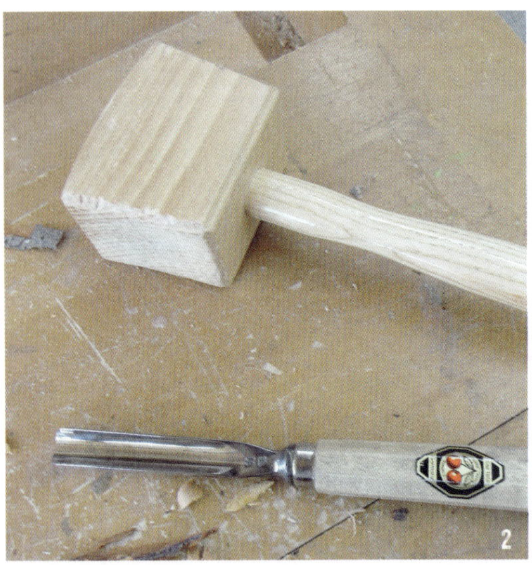

2

Es gibt unterschiedliche Arbeitsweisen, die man als Schnitzen bezeichnet. Allen gemeinsam ist es, dass ein Holzstück mit einem scharfen Werkzeug Span für Span so lange bearbeitet wird, bis es der gewünschten Form entspricht. Das Schnitzmesser kann wie in den ersten Beispielen ein normales Taschenmesser sein. Für das Herstellen etwas komplexerer Werkstücke benötigt man jedoch ein sogenanntes *gekehltes Schnitzmesser*, auch als *Bildhauerbeitel* bezeichnet. Diese Schnitzmesser haben eine Vertiefung, die an eine kleine Dachrinne erinnert.

Für die folgende Arbeit hat sich ein Messer bewährt, dessen «Dachrinne» 11 mm tief und 16 mm breit ist, weshalb man es auch als 11/16er-Eisen bezeichnet. Es ist ein universelles, für viele Arbeiten gut geeignetes Schnitzmesser. Ein stabiler Hartholzgriff, der oben auf das Eisen aufgepresst ist, das Messerheft, macht es möglich, dass man für das Arbeiten auch einen Holzklüpfel benutzen kann. Es sollte aus bestem Stahl sein, damit es nicht so schnell stumpf wird. Darum lohnt es sich, etwas mehr Geld auszugeben und gleich eine Qualitätsmarke zu kaufen (z.B. von den Marken «Pfeil» oder «Kirschen»). ▸ **Bild 1-2**

Grundsätzlich kann man mit diesem Messer auch «frei Hand» schnitzen, das heißt, man schnitzt mit dem Messer nur in der Hand.

Es ist aber zu empfehlen, noch einen *Holzklüpfel* (Holzhammer) anzuschaffen, weil zumindest die erste Grobarbeit bedeutend zügiger vonstattengeht und man Kräfte sparen kann. Man sollte ihn lieber etwas leichter wählen, weil man mit einem zu schweren Klüpfel sehr schnell ermüdet. (Am besten probiert man ihn im Geschäft aus.) ▸ **Bild 1-2**

Beim Schnitzen einer einfachen Stifteschale lässt sich der Umgang mit dem Werkzeug gut erlernen. Diese Arbeit eignet sich also gut als Einstiegsmöglichkeit.

Man benötigt dazu ein Aststück von gewünschtem Durchmesser; 8 - 10 cm sind zu empfehlen. Man kann bei dieser Arbeit auch gerne ein frisch geschlagenes Stück verwenden, das man als *Grünholz* bezeichnet. Holz, das noch nass ist, lässt sich erheblich leichter schnitzen. Es darf jedoch bis zur Fertigstellung nicht trockener Wohnungsluft ausgesetzt werden, weil es sonst Risse bekommt und das Werkstück dadurch unbrauchbar wird. Hat man ein passendes Stück Holz gefunden, sägt man es mit einer Säge, beispielsweise einem Fuchsschwanz, auf die gewünschte Länge ab (z.B. 25 cm). ▸ **Bild 3**

Dann spannt man es in die Werkbank zwischen die Bankhaken. Dabei ist es wichtig, dass man zwischen Werkstück und Bankhaken ein Stückchen Abfallholz als Zulage legt, um das Werkstück vor Eindrücken zu schützen und zu verhindern, dass man beim Arbeiten mit der Schneide des Messers auf das Eisen stößt und Scharten hineinschlägt.

Wer noch keine Werkbank besitzt, kann sich mit drei Schraubzwingen und einem Halteholz eine Behelfsbefestigung anfertigen. ▸ **Bild 4**

Jetzt beginnt man an einer Seite in Richtung Rand Späne abzuschlagen, indem man das Messer spitz aufsetzt und mit dem Klüpfel auf die obere Kante des Heftes schlägt. Die Arbeitshand schlägt, und die andere Hand führt dabei das Eisen.

Es ist wichtig, dass man sozusagen immer *schindelförmig bergab* arbeitet. Wenn man eine ganze Lage «Schindelspäne» herausgeschnitzt hat, beginn man mit der nächsten Lage wieder von vorne. So lässt sich am besten verhindern, dass ungewollt Holzstücke herausbrechen. Auch lernt man dabei, immer gleichmäßige und bewusst angesetzte Späne zu produzieren. ▸ **Bild 5-7**

▷

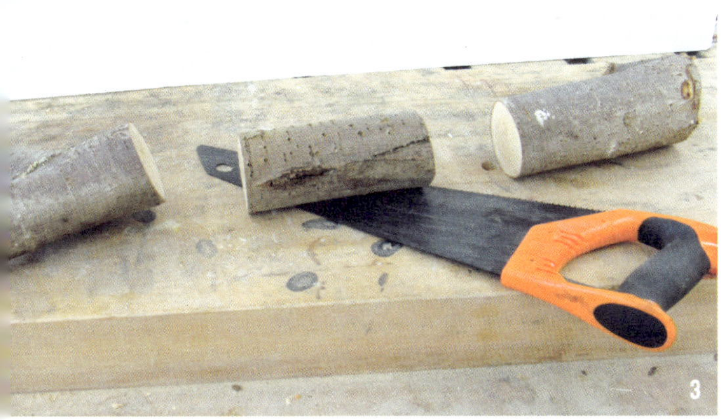
3

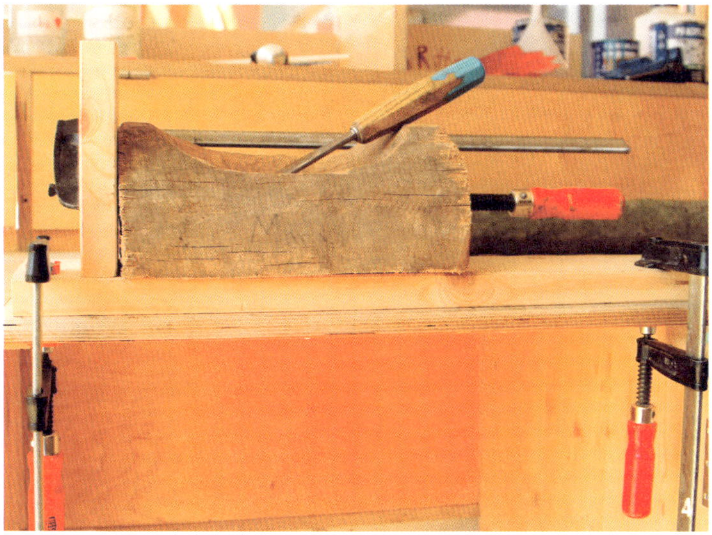
4

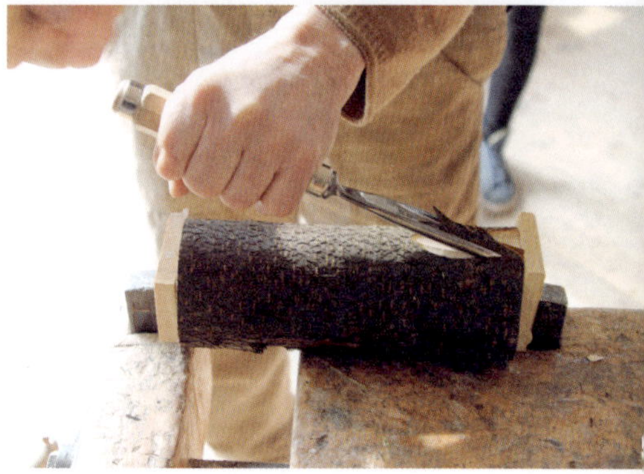

Nun kann so lange gleichmäßig Lage für Lage in die Tiefe gearbeitet werden, bis man die innere Form ansprechend ausgestaltet hat.

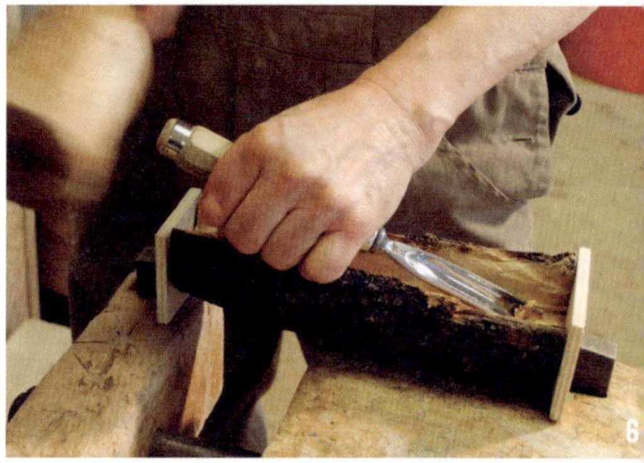

Als Nächstes erfolgt ein möglichst glattes Ausarbeiten der inneren Oberfläche (auch *Durchschnitzen* genannt). Hierbei schnitzt man am besten ohne Klüpfel immer die höheren Rippen weg, die zwischen den Schnitzmulden stehen geblieben sind. Bei vorsichtigem und sorgfältigem Arbeiten mit dem Messer entsteht so eine schöne, gleichmäßige Oberfläche. ▸ Bild 9 unten

Danach wird an die offenen Seiten der Schale jeweils eine kleine Holzplatte geleimt, die zunächst noch ein Stück überstehen kann. Für diesen Prozess klemmt man Schale und beide Holzplatten fest zwischen eine Schraubzwinge, nachdem man gut verteilt Holzleim aufgetragen hat. ▸ Bild 8

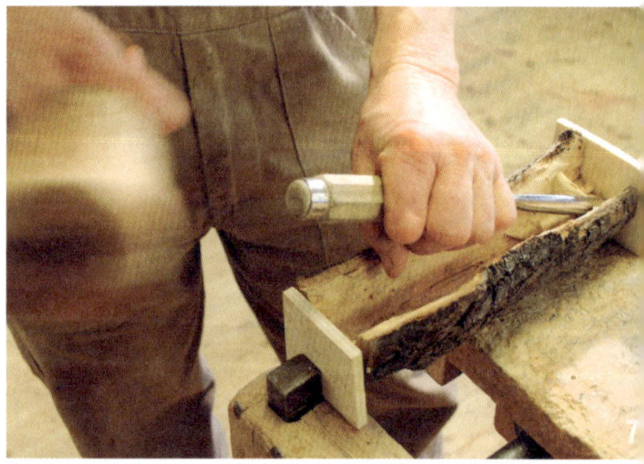

Jetzt kann nach dem Durchhärten des Leims (Presszeit etwa 30 Minuten und völlige Aushärtung nach 24 Stunden) die Außenbearbeitung begonnen werden. Überschüssiges Holz wird grob abgesägt und dann geglättet. Hierfür eignen sich Raspel und Sandpapier. ▸ Bild 9

Wer möchte, kann zum Schluss auch noch eine dünne Ölschicht als Imprägnierung auftragen. ▪

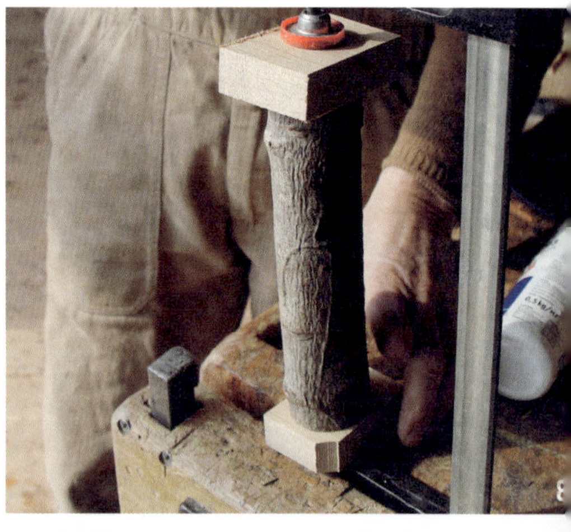

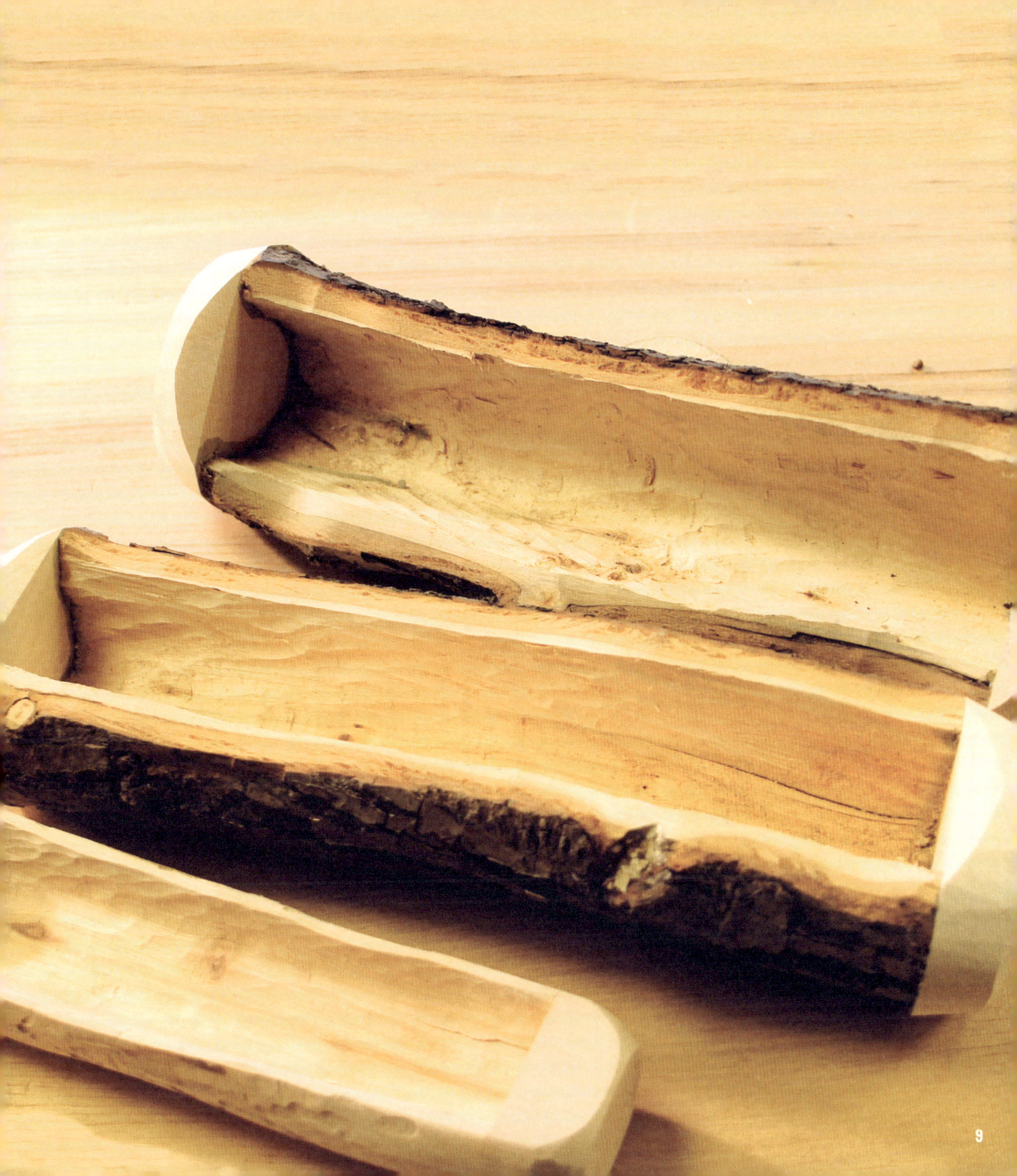

Holzschaufel

Material

Linde, Pappel oder Erle, ca. 13 x 20 x 7 cm | Leinöl

Werkzeug

11/16er-Schnitzmesser | Holzklüpfel | Spaltaxt | Bandsäge oder Fuchsschwanz | Werkbank (oder 2 Schraubzwingen) | Pinsel

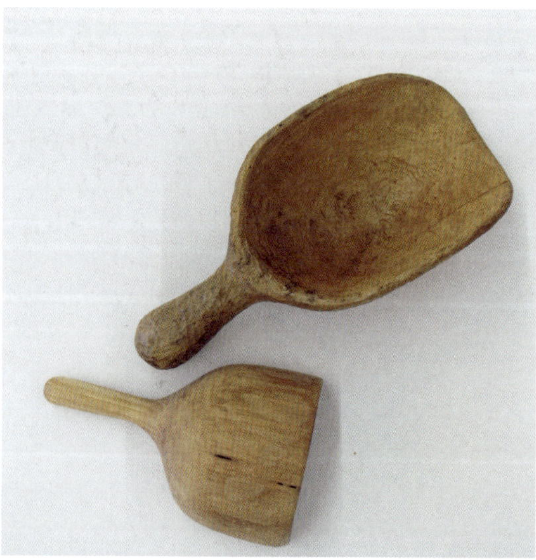

Bei der Herstellung einer Schaufel kann das Schnitzen einer durchgespannten Innen- und Außenwölbung geübt werden. Damit ist gemeint, dass der Kurvenverlauf einer angenehmen, harmonischen Form folgt, die aber auch in einem engen Zusammenhang mit der späteren Nutzung steht.

Um das zu erreichen, muss man sich auf sein inneres Formgefühl verlassen und dabei das Schnitzmesser so führen, dass diese Form auch entstehen kann. Das exakte Schnitzen einer Innen- und Außenwölbung ist die Voraussetzung für alle weiteren Schnitzarbeiten.

Der Rohling in gewünschter Schaufelgröße wird mithilfe einer Axt an einer Seite abgeflacht. ▸ **Bild 1**

Auf dieser flachen Seite zeichnet man den Umriss der Schaufel und den Innenraum auf. ▸ **Bild 2**

Mit dem gekehlten 11/16er-Schnitzmesser und dem Klüpfel wird im nächsten Schritt der Innenraum lagenweise herausgeschnitzt. (s. dazu die Anleitung zur Stifteschale, S. 48, Bild 5-7). Dabei entsteht die *Innenwölbung (konvexe Form)*. Es ist wichtig, am vorderen Rand zu beginnen und sich schuppenförmig Stück für Stück in Richtung Griff vorzuarbeiten. Dadurch arbeitet man mit dem Messer nicht gegen das Material, sondern sozusagen «bergab». Achtet man darauf, stets schräg zur Maserung zu schnitzen, verhindert man ein ungewolltes Herausbrechen und bekommt eine glatte Oberfläche.

Beim weiteren Vorgehen sollte man immer die gewünschte Form der Innenschaufel im Bewusstsein haben, da so verhindert wird, dass eine steile «Rutschbahn» entsteht. Darum muss man beim Arbeiten das Messer in gleichmäßiger Bewegung schwenken. ▸ **Bild 3**

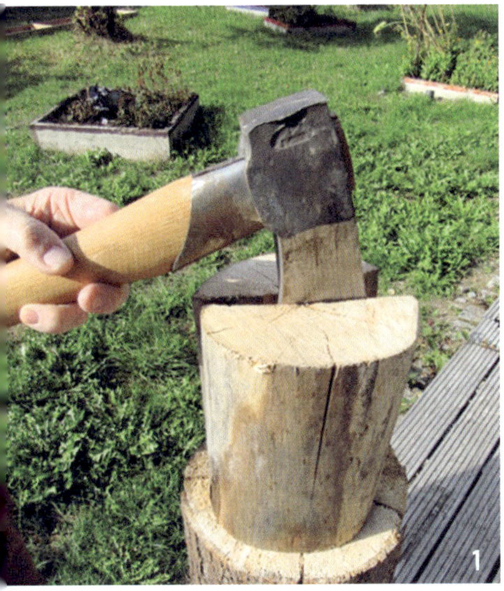

1

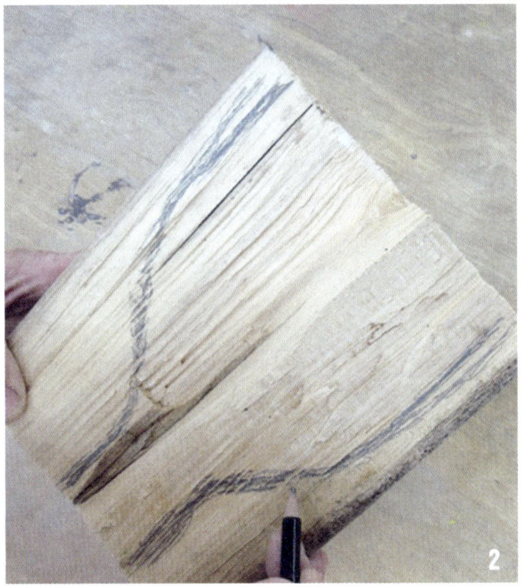

2

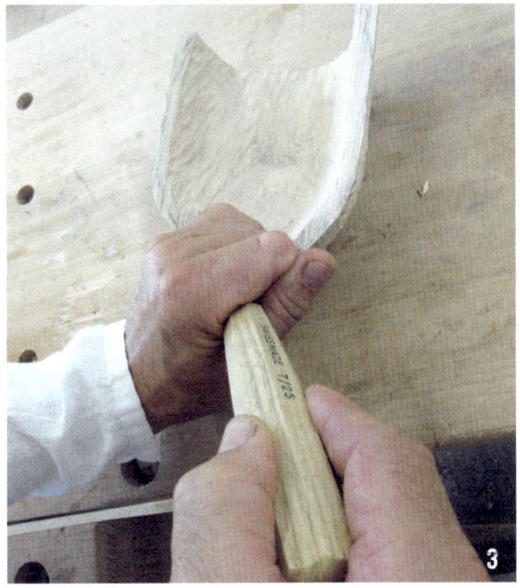

3

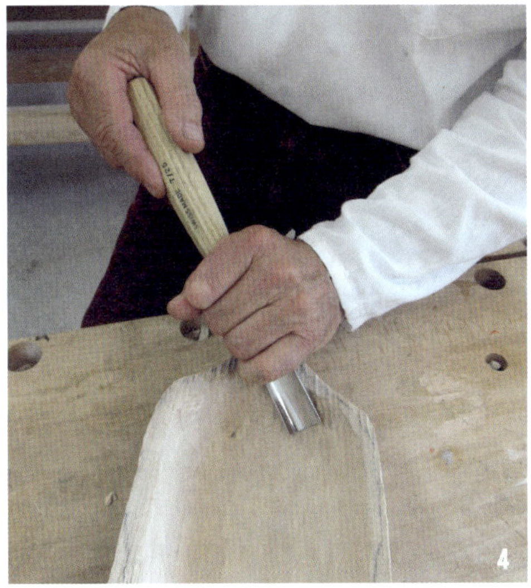

4

Gefällt die Innenwölbung, wird sie noch einmal fein durchgeschnitzt, indem ohne Klüpfel (also frei Hand) alle hohen Grate zwischen den Schnitzspuren bearbeitet werden. So wird die Oberfläche immer glatter. ▸ **Bild 4**

Achtung: Geschnitzte Oberflächen sollte man nie schleifen, weil die Struktur dadurch unsauber und uneindeutig wird.

Ist der Innenraum fertig, wird der Außenrand aufgezeichnet und mit der Bandsäge oder dem Fuchsschwanz der grobe Vorschnitt angefertigt. ▸ **Bild 5**

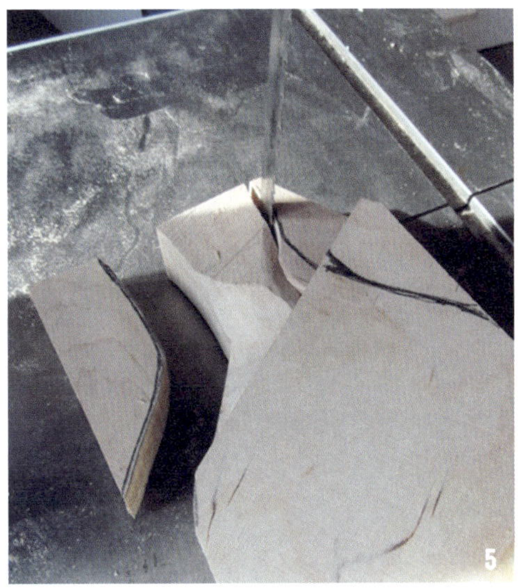

5

Jetzt geht es an die Bearbeitung der *Außenwölbung*, also an das Schnitzen der *konkaven Form*.

Durch die geschwungenen Flächen ist an den einzelnen Stellen besonders auf den Maserungsverlauf zu achten. Immer wenn die geschnitzte Oberfläche rau wird oder splittert, ist das ein Hinweis darauf, die Schnitzrichtung zu überprüfen.

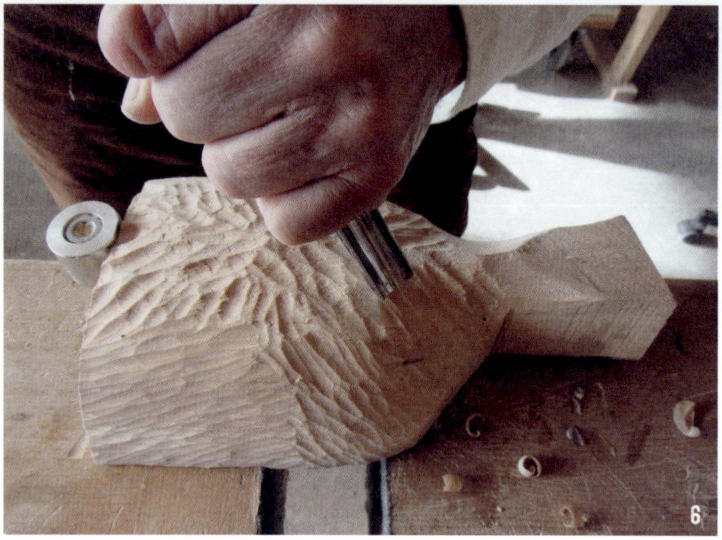

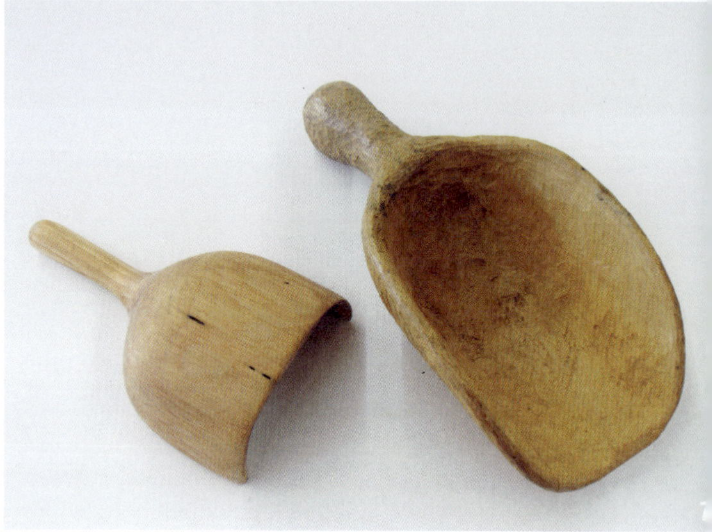

Meistens muss man von der höchsten Stelle einer Außenwölbung in zwei entgegengesetzte Richtungen «bergab» schnitzen. ▸ Bild 6

Die gröbsten Späne werden schlagend mit dem Klüpfel abgenommen. Der Rest – bis zur Feingestaltung – erfolgt wieder frei Hand.

Eine Holzschaufel, bei der die Schnitzspuren rundum sichtbar sind, hat ihren besonderen Reiz. Doch wer möchte, kann sie, wie andere Werkstücke auch, mit Feile und Sandpapier in verschiedenen Stärken weiter glätten. In diesem Fall sieht es am besten aus, wenn man durch das Schleifen dann alle Schnitzspuren beseitigt. Auf dem Foto oben und rechts sind beide Möglichkeiten – geschnitzt und fein geschliffen – abgebildet. ▸ Bild 7-8

Nach Wunsch wird die Schaufel noch geölt und poliert. ■

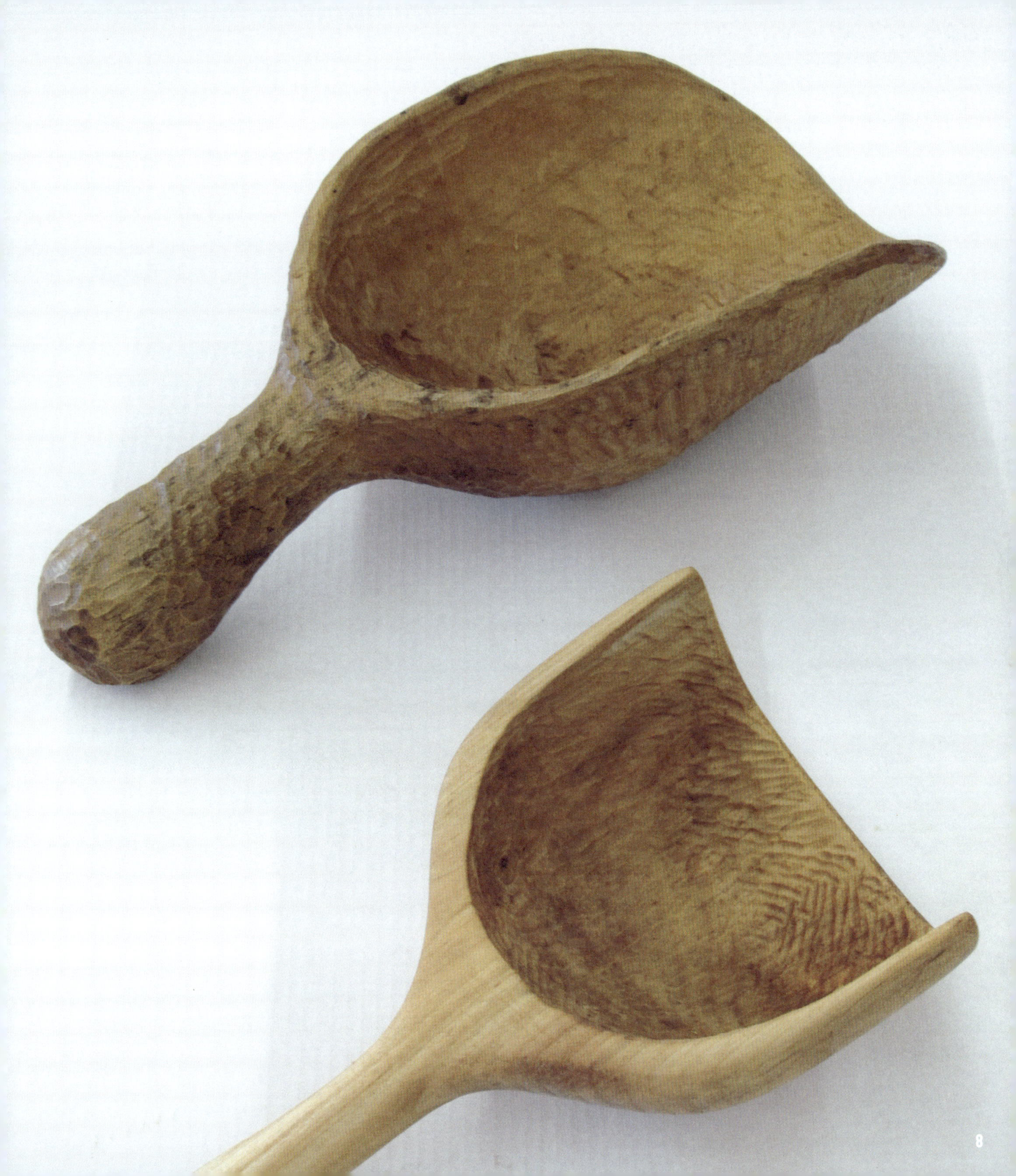

Salzlöffel

Material

Holz mit schöner Maserung und Färbung, z. B. Kirsche, Erle, Pflaume oder Wacholder, 3 x 4 x 13 cm | Leinöl | evtl. Bienenwachs

Werkzeug

11/16er-Schnitzmesser | Holzklüpfel | Bandsäge oder Fuchsschwanz | Werkbank (oder 2 Schraubzwingen) | Pinsel | evtl. Poliertuch

Eine ähnliche Aufgabe wie das Schnitzen einer Holzschaufel ist das Herstellen eines Salzlöffels. Die Vorgehensweise entspricht exakt der einer Schaufel, nur dass alles geschnitzt und nicht gesägt wird und dass das Endprodukt bedeutend kleiner ist und man dementsprechend filigraner arbeiten muss.

Bei der Wölbung ist darauf zu achten, dass der Innenraum genügend tief gestaltet wird, damit er ausreichend aufnahmefähig ist und das Salz nicht von selbst wieder herausrutscht.

Es wird zunächst die Innenseite des Salzlöffels herausgearbeitet. ▸ Bild 1

Wenn der Griff auch von hinten sauber geschnitzt ist, kann es an die Gestaltung der Außenwölbung der «Laffe» (so bezeichnet man den vorderen Teil eines Löffels) gehen. Man muss dabei vorsichtig nach dem Grad der Bearbeitung suchen, denn ein zu klobiger Löffel wird später nicht so gerne benutzt. Andererseits ist ein zu dünner Löffel sehr zerbrechlich. ▸ Bild 2

Anschließend wird die Oberfläche des Holzes noch einmal frei nachgeschnitzt. ▸ Bild 3

Man kann den Salzlöffel in dieser geschnitzten Bearbeitungsform lassen (siehe Foto links); wer ihn jedoch noch feiner und glatter haben will, kann ihn nach diesen Arbeitsschritten in der bekannten Weise mit Feile und Sandpapier glätten. Zum Schluss wird der Löffel mit Leinöl bestrichen und nach Wunsch auch noch poliert. ▸ Bild 4 ■

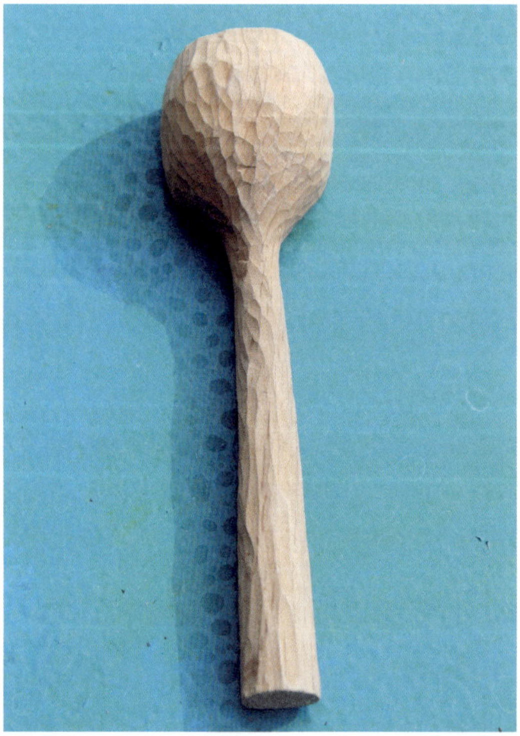

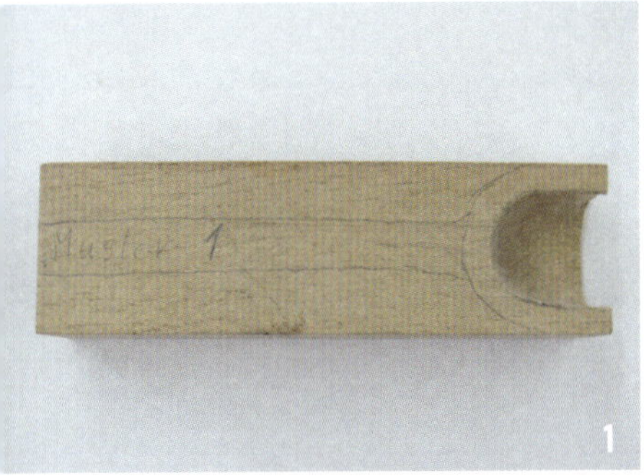
Muster 1
1

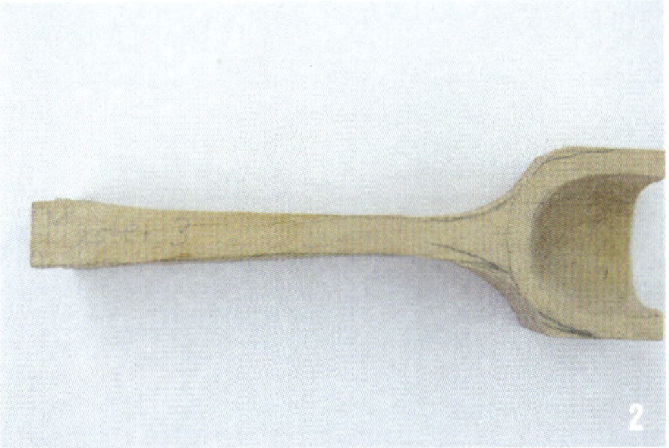
2

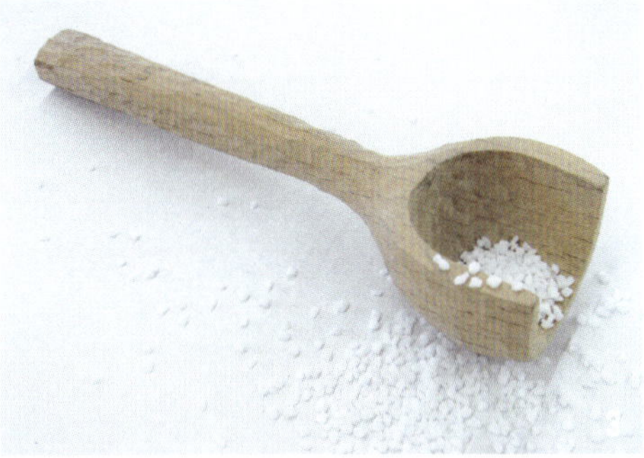

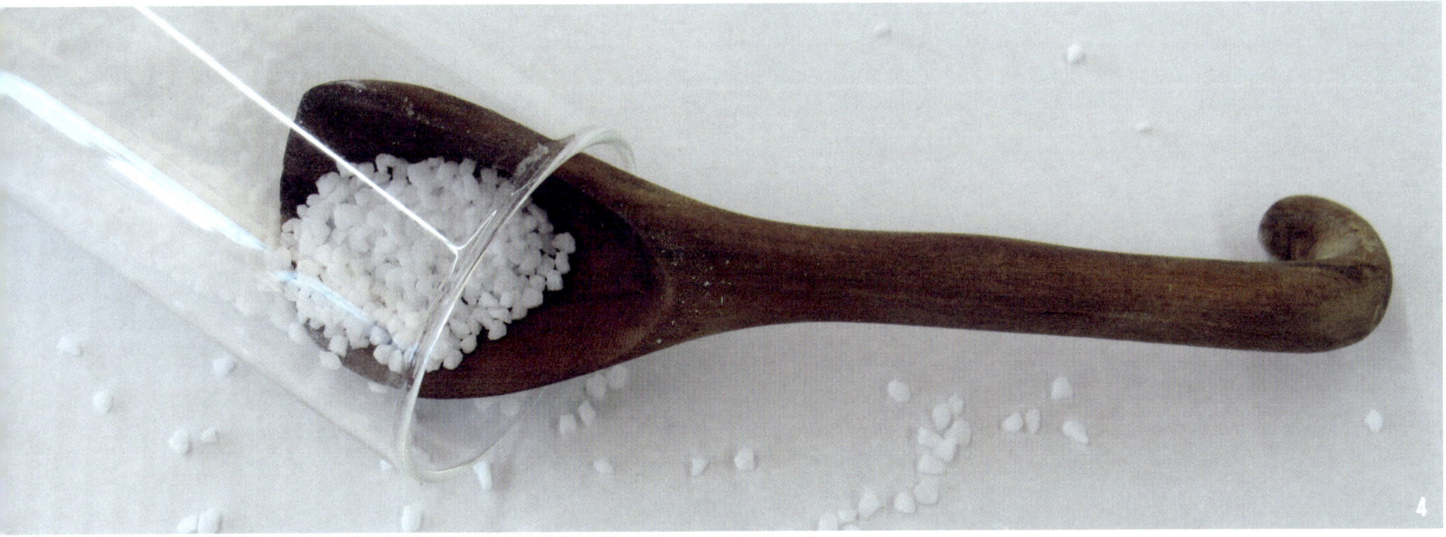
4

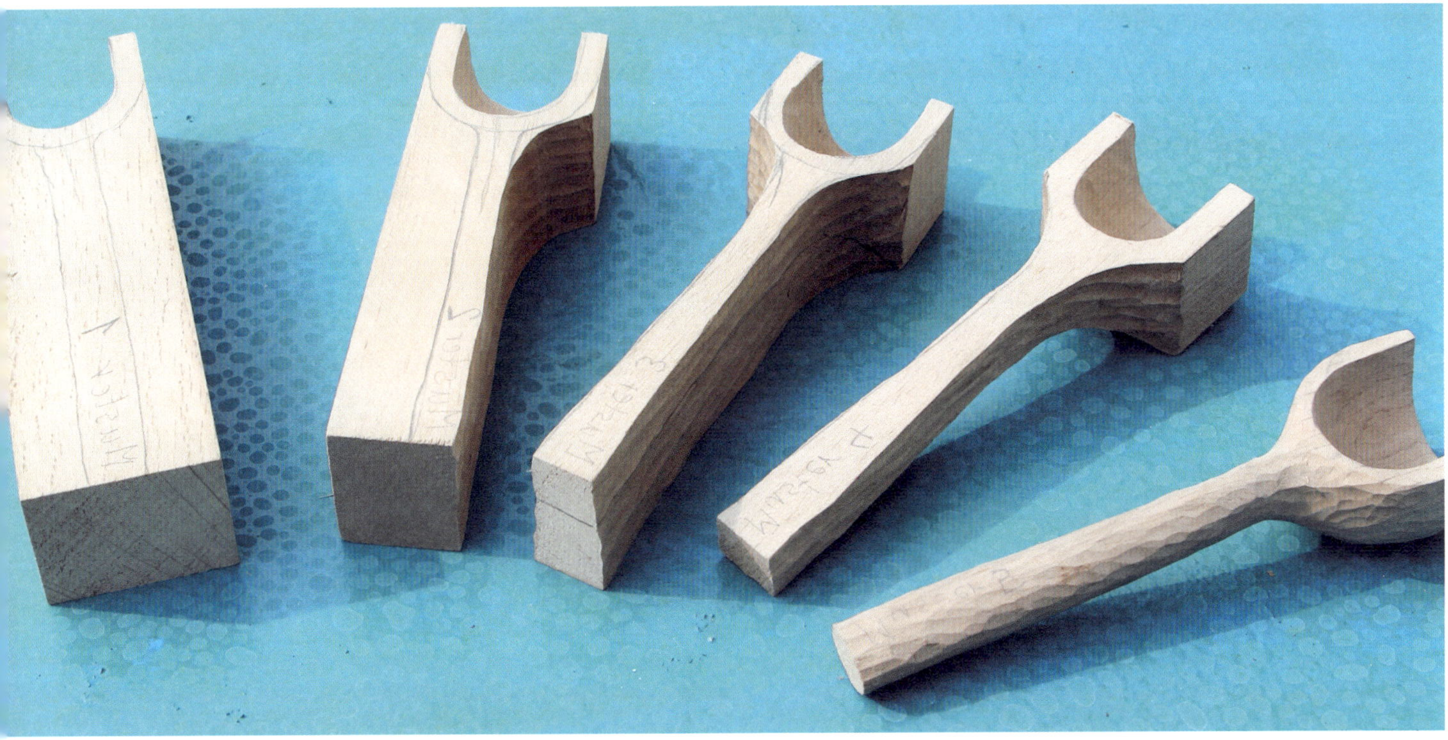

Große Holzschale

Material

weich: Linde, Pappel | **mittelhart**: Birke, Erle | **hart**: Buche, Eiche, Robinie, Obstholz
Holzklotz, Ø ca. 15-20 cm, Länge 18-30 cm | Leinöl

Werkzeug

am besten ein gekehltes Schnitzmesser 8/25 (es geht aber auch mit dem 11/16er-Schnitzmesser) | Holzklüpfel | evtl. Spaltkeile und Vorschlaghammer | Werkbank | Schraubzwinge | Pinsel

Eine Schale lässt sich im Prinzip aus jedem Holz herstellen. Zum ersten Üben empfiehlt sich *weicheres* Holz wie Linde oder Pappel. Allerdings sind diese Hölzer zum einen nur sehr wenig haltbar und zum anderen nicht besonders ausdruckstark. Nadelhölzer neigen zum Splittern und sind darum nicht unbedingt die erste Wahl. Birke und Erle sind mittelharte Hölzer, für Anfänger jedoch ebenfalls gut geeignet. Sie haben allerdings meist eine etwas einfachere Maserung. Obsthölzer sind zwar hart, haben jedoch einen markanten Ausdruck, ebenso Esche, Ulme oder Ahorn. Buche und Eiche oder Robinie sind nicht immer leicht zu schnitzen, besonders wenn sie schon voll durchgetrocknet und ausgehärtet sind.

Überhaupt lässt sich Holz in noch *feuchtem* Zustand wesentlich leichter schnitzen als durchgetrocknetes Holz. Allerdings muss man ein zu schnelles Trocknen verhindern, da sonst unschöne Risse entstehen und die Haltbarkeit der Schale gefährdet ist. Dies lässt sich dadurch bewerkstelligen, dass man das Werkstück *nicht* in beheizten Räumen mit wenig Luftfeuchtigkeit lagert. Ölt man die offenen Flächen nach der Arbeit mit einem Haushalts-Pflanzenöl, verhindert man einen zu schnellen Wasseraustausch, durch den die Risse aufgrund der Spannungen entstehen. Zusätzlich in eine Plastiktüte locker eingehüllt und in den Schatten auf dem Balkon oder Kellereingang gelegt, kann das Trocknen langsam genug vor sich gehen, ohne dass Risse das Werkstück zerstören. Das Holz darf jedoch auch nicht zu lange in der Plastiktüte eingeschlossen bleiben, sonst besteht die Gefahr, dass unschöne Schimmelflecken entstehen.

Je weiter die Schale fortgeschritten ist und je dünner die Wände werden, desto kleiner wird schließlich die Gefahr des Aufplatzens. Es empfiehlt sich, das Holz bis zum Schluss gut zu ölen.

Benutzt man vollständig durchgetrocknetes Holz, verringert sich die Gefahr des Aufplatzens, man hat aber mit deutlich größerer Härte zu kämpfen.

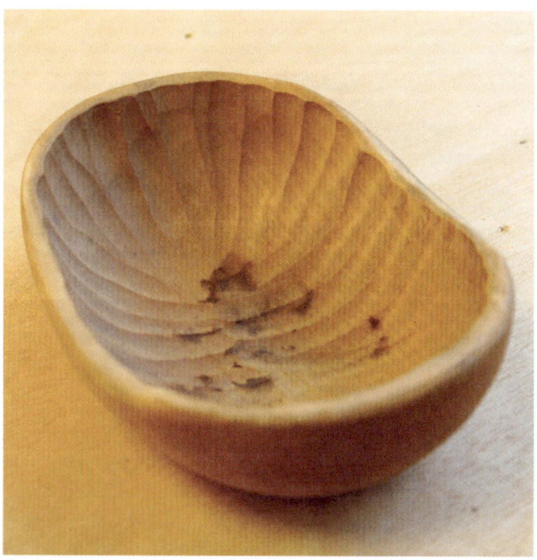

Als *Rohling* lässt sich ein passendes Stammstück verwenden, das mithilfe von Spaltkeilen und Vorschlaghammer halbiert wurde. Im Prinzip geht aber auch jeder andere Holzklotz, wenn er die passende Größe hat. Man sollte bei der Auswahl allerdings darauf achten, dass möglichst wenig Äste im Stück vorhanden sind, denn sie sind wegen ihrer Härte und des sie umgebenden unübersichtlichen Maserungsverlaufs problematisch zu schnitzen. ▸ **Bild 1**

Das so vorbereitete Stück wird jetzt so fest wie möglich auf der Werkbank befestigt. Obwohl man im Prinzip auch an der flachen Innenseite beginnen kann, ist es wegen der besseren Übersichtlichkeit und der besseren Auflage auf der Werkbank ratsam, von der *Rindenseite* aus zu beginnen. ▸ **Bild 2**

In der Mitte der oberen Wölbung legt man kreisförmig die ersten Schnitte an. Dabei wird ein gekehlter Schnitzbeitel von 2,5 cm Breite und einem Stich von 8 mm mithilfe eines Holzklüpfels benutzt. Das bedeutet, dass das Messer eine Klingenbreite von 2,5 cm und eine Tiefe von 8 mm besitzt. Rechtshänder schlagen in der Regel mit der rechten Hand und führen das Eisen mit der linken, Linkshänder umgekehrt. Jeder muss die für sich beste Handhabung herausfinden. Indem nun Stück für Stück kreisfömig die Vertiefung herausgearbeitet wird, lässt sich der Umgang mit dem Messer und dem Klüpfel üben. ▸ **Bild 3**

Je tiefer man sich in die *Innenwölbung* der Schale hineinarbeitet, desto mehr sollte man auf eine gleichmäßige und durchgespannte Form achten. «Durchgespannt» bedeutet, dass die Form nicht überspitzt und auch nicht zu flach verläuft. Man muss diese Spannung erspüren, um die optimale Form herauszufinden. Je weiter man arbeitet, desto häufiger sollte man innehalten und überprüfen, wann der Innenraum sich der Vollendung nähert. Auch muss man die Dicke der Wandung immer wieder überprüfen, damit man nicht nach außen durchschnitzt. Ist man mit der Innenform zufrieden, kann man noch eine erste Glättung der

▷

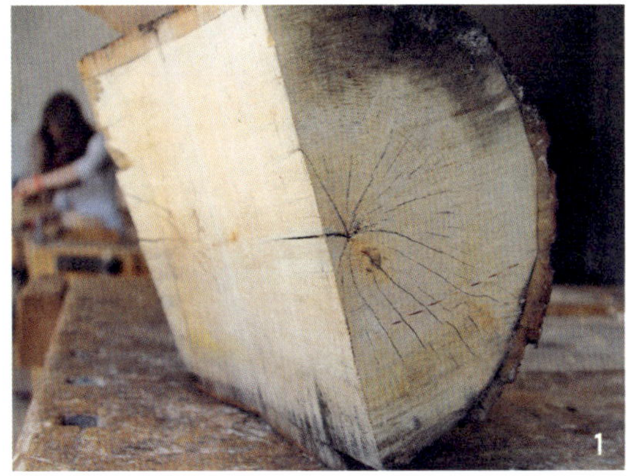

1

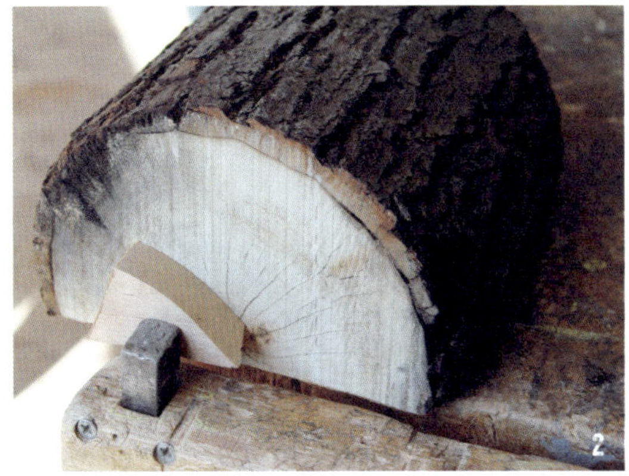

2

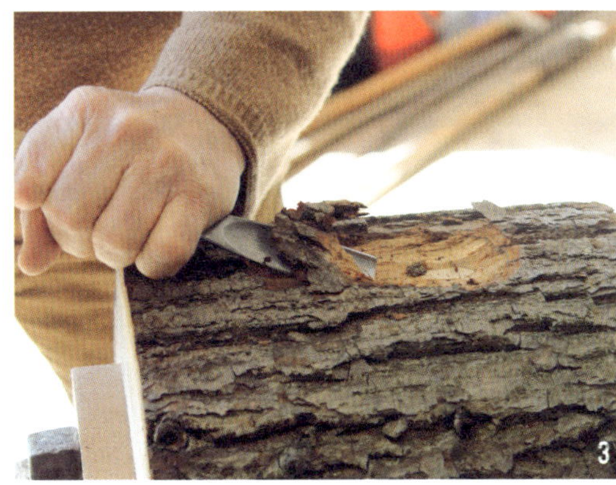

3

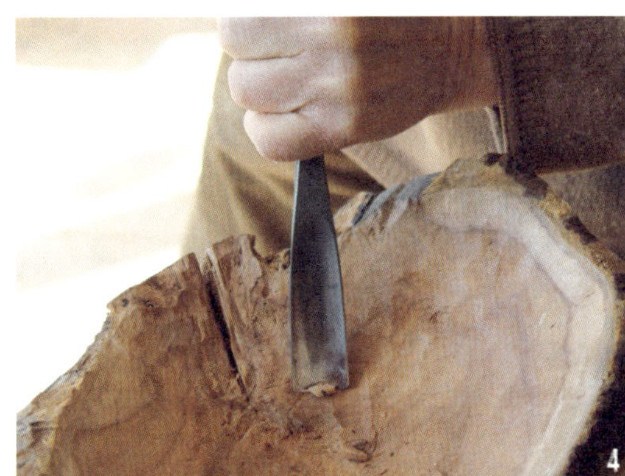

4

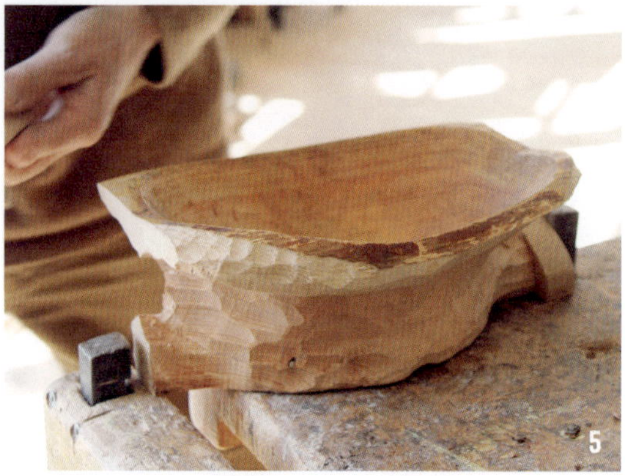

5

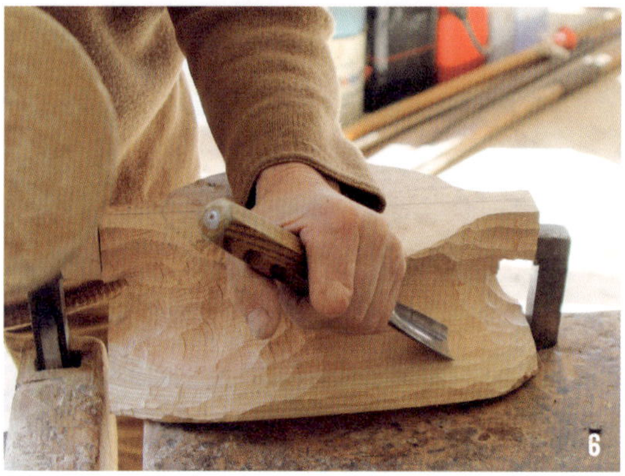

6

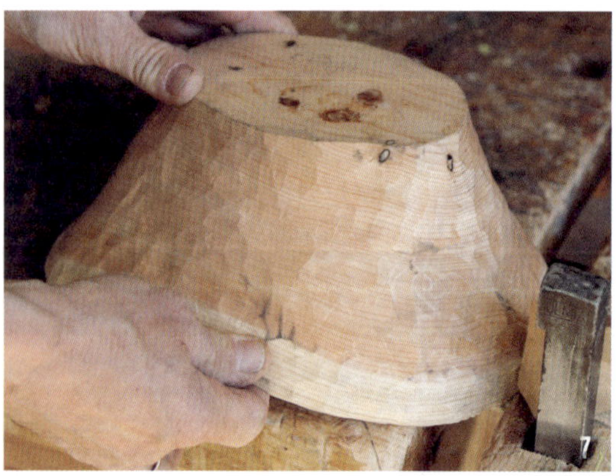

7

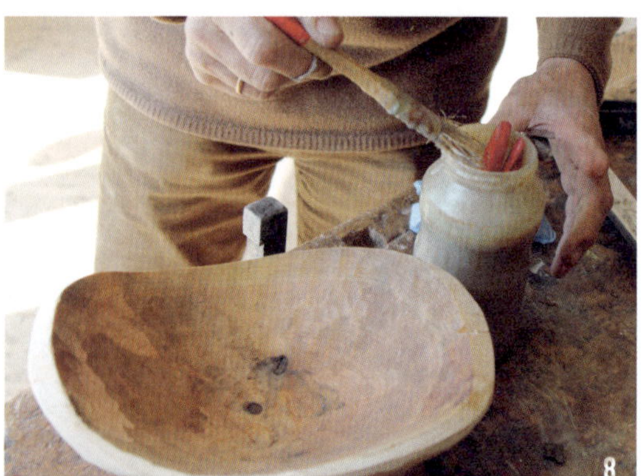

8

Oberfläche vornehmen, indem man die höheren Rippen zwischen den Schnitzspuren ohne Klüpfel vorsichtig wegschnitzt. Die endgültige Feinarbeit kann man sich aber auch für den Schluss aufsparen. ▸ Bild 4

Jetzt wird das Werkstück von außen bearbeitet. Um ein Anecken der Messer an den Eisen der Bankhaken zu verhindern, legt man als Schutz eine Holzzulage aus Abfallholz dazwischen. Dadurch erspart man sich ein lästiges Ausschleifen der Scharten. Hat man sich vorher von der Mitte nach außen vorgearbeitet, geht man jetzt umgekehrt vor und schnitzt von außen nach innen. Schuppenförmig werden die Späne schräg zur Maserung abgeschlagen, und man tastet sich Stück für Stück an die Form der Innenschale heran. ▸ Bild 5

Schließlich kann das Werkstück umgedreht zwischen die Bankhaken gespannt werden. ▸ Bild 6

Immer wieder wird die *Dicke* überprüft, um nicht zu dünne Wandungen zu bekommen. Besteht die Gefahr im Randbereich, dass man in die Werkbank schnitzt, muss man eine dünne Platte aus Sperrholz oder Hartfaser dazwischenlegen. Auch sollte man, je näher man sich an den Rand heranarbeitet, immer feinere Späne sorgfältig schräg zur Maserung abarbeiten, damit die Kante nicht abbricht. In dem Bereich, wo die Bankhaken die Schale halten, kann man nur begrenzt weiterkommen. Dieses Gebiet spart man noch aus.

Erst wenn die Wandung in den freien Bereichen dünn genug ist, befestigt man die Schale mithilfe einer Schraubzwinge und einer Zulage auf der Werkbank. Jetzt sind auch diese Bereiche für das Schnitzen zugänglich. Weil man hier im sogenannten Hirnholz arbeitet, setzt das Holz den größten Widerstand entgegen und erscheint besonders hart. Arbeitet man mit einem frisch geschärften Messer möglichst kleine Späne ab, gelingt jedoch auch dieser Bereich. ▸ Bild 7

Hat man die gewünschte Außenform herausgefunden, erfolgt ein feines, sorgfältiges *Nacharbeiten* aller Flächen. Dabei achtet man immer auf noch zu hohe Stellen und nimmt diese vorsichtig weg. So entsteht eine immer ausgeglichenere und feinere Oberfläche. Bei dieser Arbeit sollte man sich wirklich Zeit lassen und immer feiner vorgehen, denn die schön geschnitzte Oberfläche macht den besonderen Charme einer handgeschnitzten Schale aus.

Ist man schließlich mit seinem Werk zufrieden, bleibt noch das Ölen der Oberfläche. Mit diesem Arbeitsschritt wird der Charakter des Holzes noch einmal verdeutlicht. Auch bekommt die Schale dadurch eine gewisse Schutzschicht. Nicht eingezogenes Öl sollte man mit einem Papiertuch abwischen. ▸ Bild 8

Achtung: Das ölige Papier muss in den Ofen oder die Mülltonne, weil es sich sonst von allein entzünden kann. ■

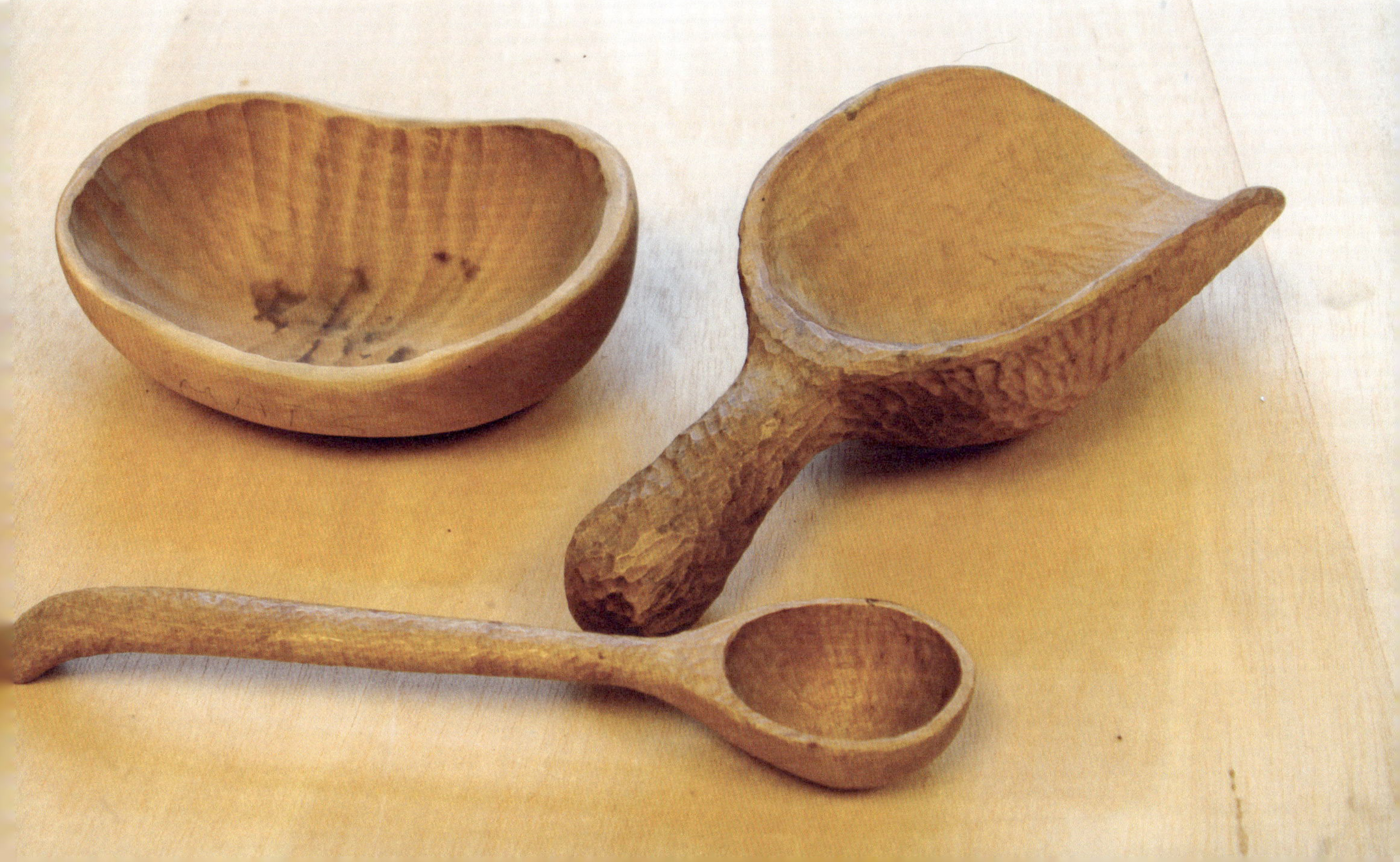

Material

Grünholzstück, Ø ca. 10 cm, ca. 10-15 cm lang (Kirsche und Pflaume sehen sehr schön aus) | Leinöl

Werkzeug

gekehltes Schnitzmesser 11/16 | Holzklüpfel | Raspel | Bleistift | Schraubenzieher oder anderes Eisenstück | Laubsäge | Pinsel

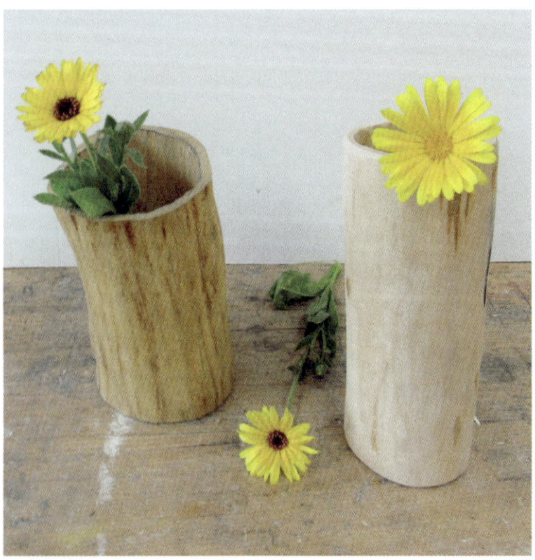

Schrumpfbox

Aus Skandinavien stammt eine interessante Form, ein einfaches Gefäß herzustellen. Man benötigt dazu ein frisches Stück *Grünholz* in der gewünschten Größe. ▸ **Bild 1**

In unserem Beispiel ist es ein Kirschholzstück, das beim Beschnitt einer Gartenkirsche anfiel. Es ist etwa 15 cm lang und hat einen Durchmesser von etwa 10 cm. Länger als 20 cm sollte man zu Anfang nicht nehmen, denn jetzt muss das Holzstück von beiden Hirnholzenden Stück für Stück *ausgehöhlt* werden, und wenn es zu lang ist, kommt man nicht mehr so einfach in die Tiefe. Die Wandung darf nicht dünner als etwa 1 cm sein. Wenn man die Rinde entfernt, lässt sich die Wandstärke besser einschätzen. ▸ **Bild 2**

Das gekehlte Schnitzmesser wird in einer Hand gehalten, und mit der anderen Hand schlägt man mit dem Klüpfel auf das Werkzeug. Nach innen werden so die Späne herausgeschlagen. ▸ **Bild 3-4**

Schafft man es nicht, in einem Arbeitsgang fertig zu werden, muss man das Holzstück *nass halten*. Man darf es auf gar keinen Fall der trockenen Heizungsluft aussetzen. Ein Platz im Schatten, eingewickelt in eine Plastiktüte, ist genau richtig. Allerdings darf man das Holz auch nicht zu lange liegen lassen, weil es sonst zu schimmeln beginnt und später unschön aussieht.

Hat man schließlich eine feuchte, etwa 1 cm dicke Röhre, schabt man in das weiche Holz etwa daumenbreit vom unteren Rand entfernt eine ungefähr 1 cm breite *Kerbe* rundherum in die Innenseite. Eine Schraubenzieherkante oder auch ein anderes Eisenstück kann hier gute Dienste leisten. ▸ **Bild 5**

Jetzt sucht man sich ein kleines Brettstück von maximal 1,5 cm Dicke für den *Boden*. Ein Sperrholz eignet sich ebenfalls. Man stellt die Boxröhre auf das Holz und zeichnet innen mit einem spitzen Bleistift sorgfältig die Größe des Bodens an. Um später die zusammengehörigen Stellen nicht erst suchen zu müssen, markiert man sich sowohl am Boden wie auch an der Innenseite der Box die passende Stelle mit einem Strich. ▸ **Bild 6**

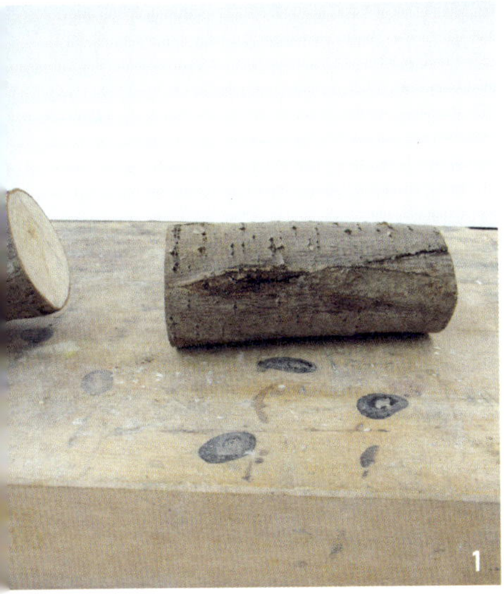
1

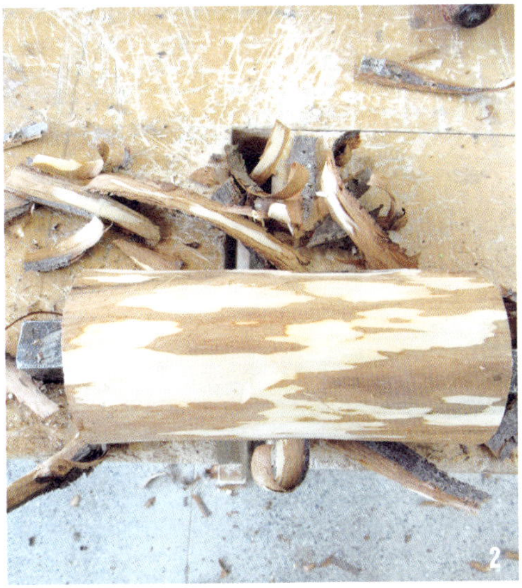
2

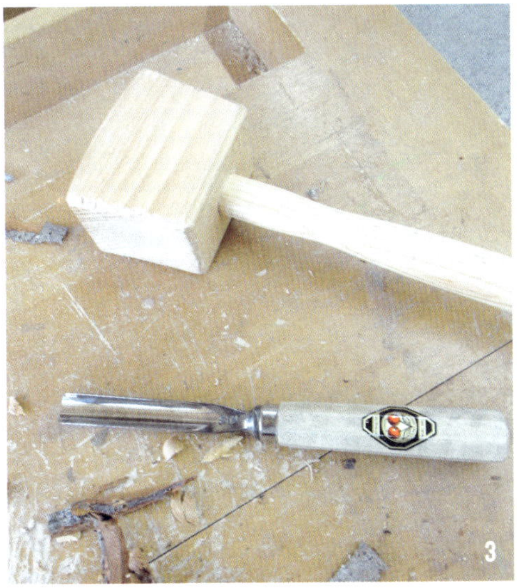
3

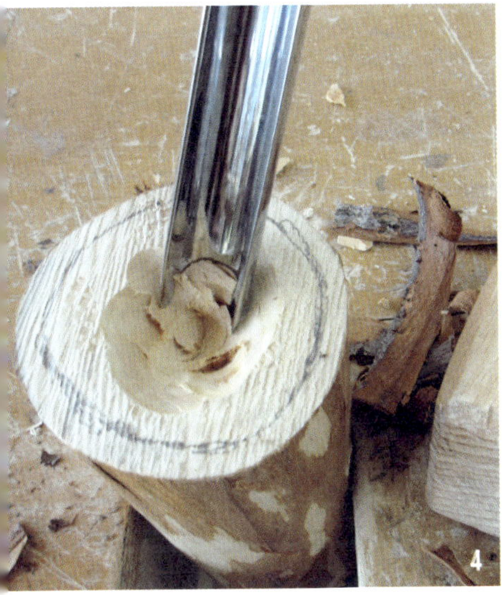
4

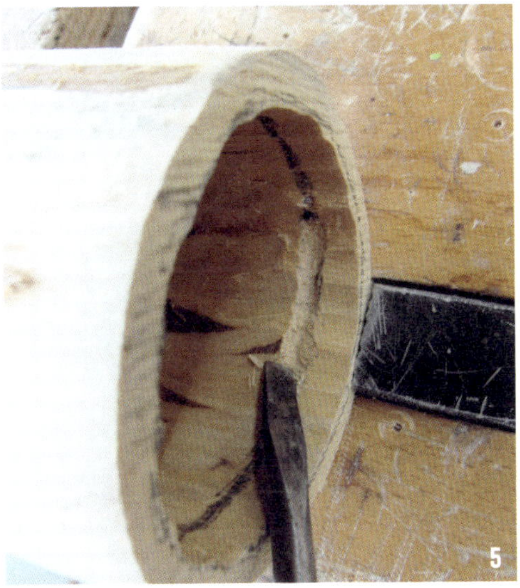
5

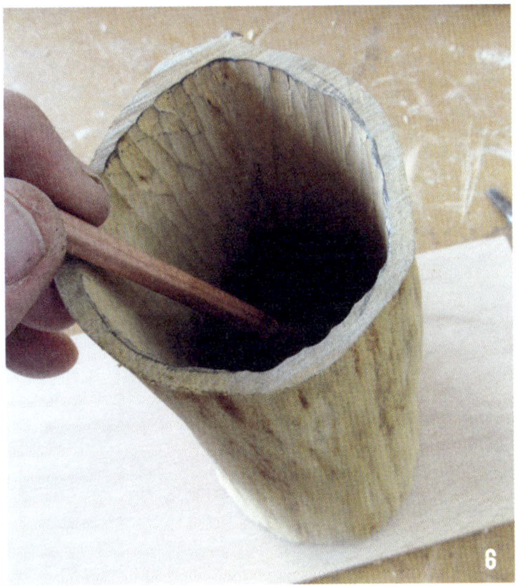
6

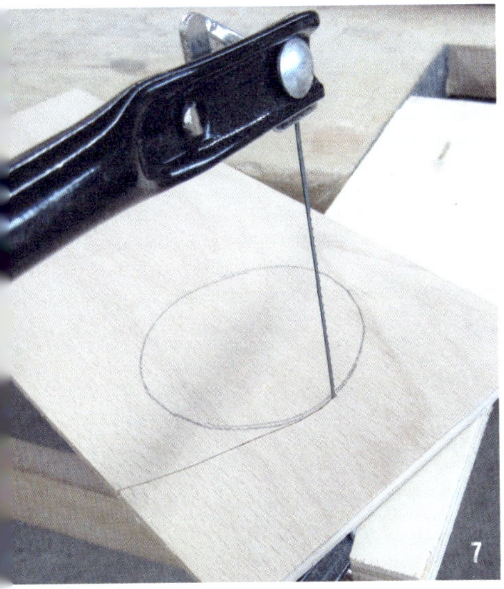
7

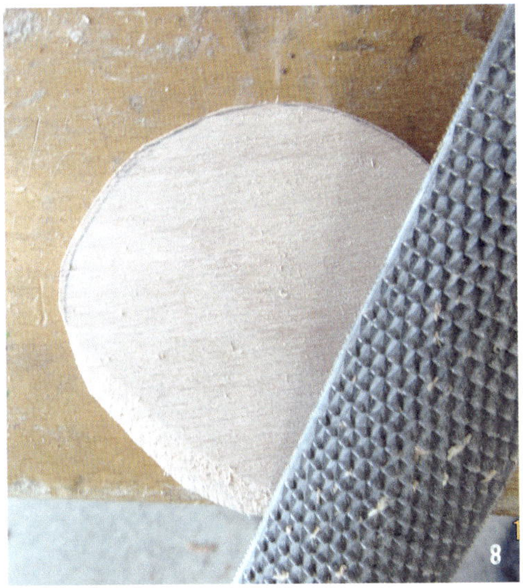
8

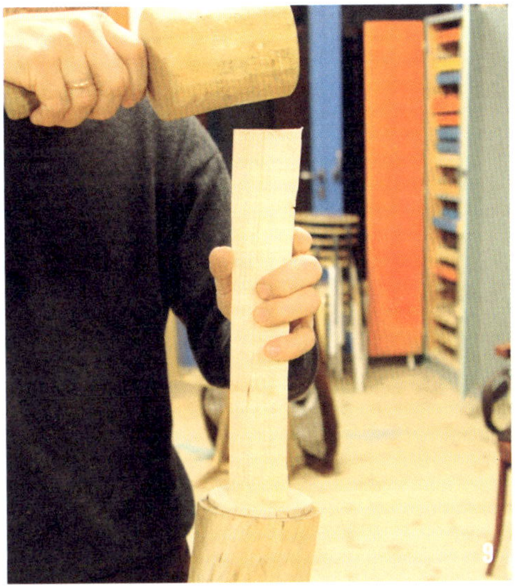
9

Dieses Bodenstück wird nun mit einer Laubsäge genau ausgesägt. ▸ Bild 7

Den Rand raspelt man mit einer Raspel von oben und unten etwas nach außen laufend konisch zu. ▸ Bild 8

Jetzt drückt man den Boden mit sanftem Druck von unten her in die eingekerbte Nut. Noch ist das Holz nass und elastisch. Darum wackelt der Boden auch noch ein wenig in der Nut. ▸ Bild 9

Beim *Trocknen* schrumpft das Holz jedoch so stark, dass der Boden stramm an seiner Stelle sitzt und sogar wasserdicht werden kann. Wegen dieses Schrumpfungsprozesses nennt man es eben auch Schrumpfbox (dänisch «krympeboks»).

Jetzt kann das Ganze noch oberflächenbearbeitet und unter Umständen sogar farblich ausgestaltet werden. ▪

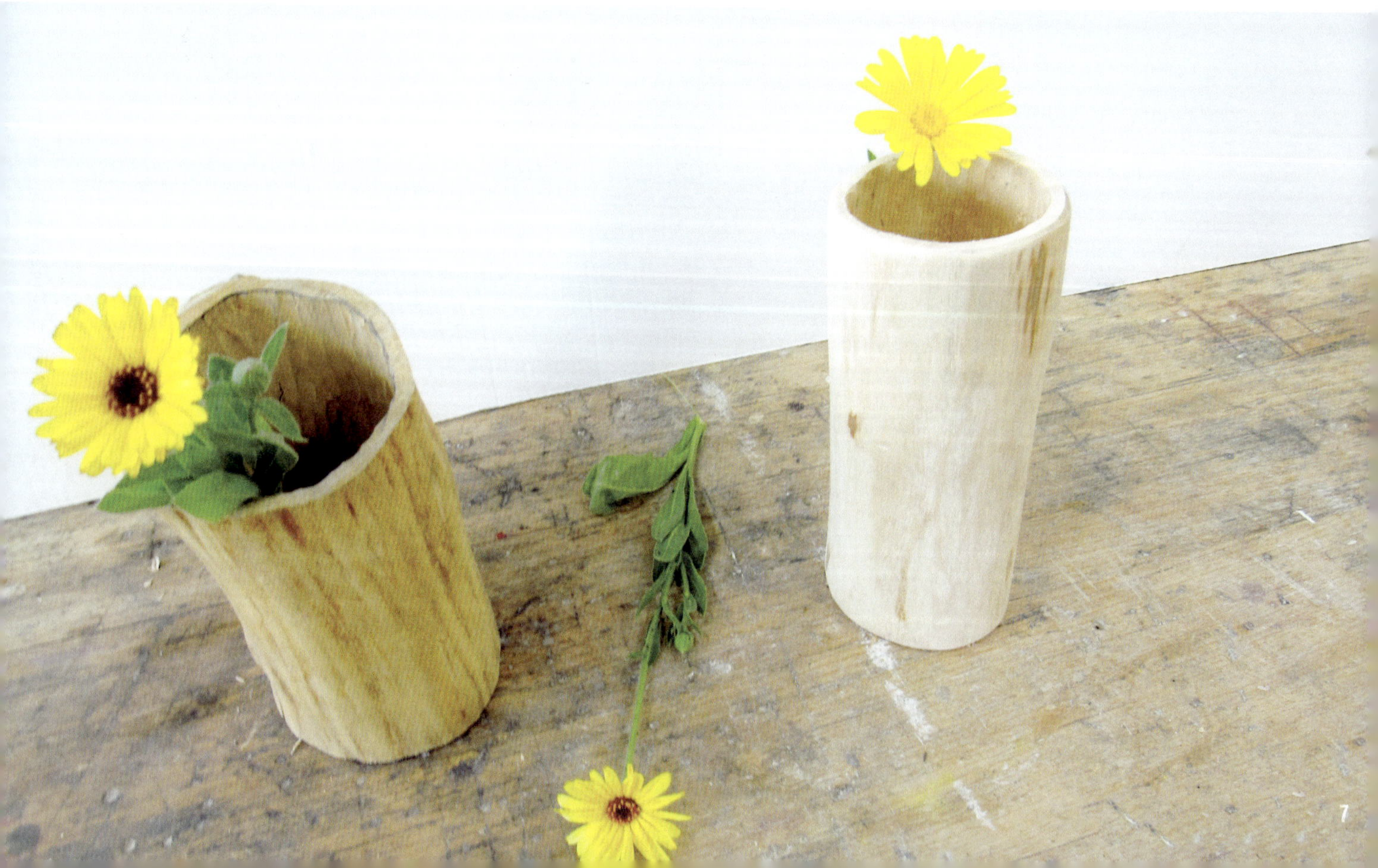

Trommel

Für das Schnitzen einer Trommel benötigt man einen *Holzklotz* von etwa 40 x 20 cm. Das entspricht etwa zwei Handspannen Länge und einem Durchmesser von etwa einer Handspanne. Das Holz sollte möglichst noch nicht durchgetrocknet sein. Wenn im Wald Brennholz gemacht wird, ist eine gute Gelegenheit, sich umzusehen, ob man sich ein entsprechendes Stück besorgen kann. Am besten geeignet ist Erlenholz, weil es schön aussieht und nicht so hart ist. Auch Birke ist ein vorzügliches Trommelholz. Im Prinzip geht aber jedes andere Holz auch. ▸ Bild 1

Man sollte sich ein Stück aussuchen, in dem keine Seitenäste vorhanden sind, weil diese Aststellen sehr hart sind und das Schnitzen sehr erschweren. Das Holz muss bis kurz vor Fertigstellung des Werkstücks immer *feucht gelagert* werden und darf nicht der direkten Sonnenwärme oder der trockenen Heizungsluft ausgesetzt werden, weil es sonst Risse bekommt und unbrauchbar wird. Am geschicktesten ist es, wenn man es in eine Plastiktüte wickelt und an einen schattigen Platz legt, solange man nicht daran arbeitet.

Für diese Arbeit braucht man eine stabile Werkbank, denn man kann das große Werkstück nicht so gut festspannen, wenn man nur Schraubzwingen zur Verfügung hat.

Der erste Arbeitsschritt besteht im *Entfernen der Rinde*. Man spannt den Klotz liegend zwischen die Bankhaken und schnitzt in langen Bahnen die Rinde bis auf das feste Stammholz einmal rundherum ab. Dabei muss man das Werkstück mehrere Male drehen. Für diese Arbeit kann man auch ein Zieheisen verwenden, falls man eines besitzt. ▸ Bild 2

Jetzt spannt man den Klotz hochkant ein und kennzeichnet am oberen Rand einen fingerbreiten Rand als *Stärke der Trommelwand*. Mit dem bekannten 11/16er-Eisen beginnt man nun von der oberen Mitte aus Späne herauszuarbeiten, indem man das Messer schräg ins Holz schlägt und von der anderen Seite schräg den Span herausarbeitet.

▷

Material

Holzklotz (z.B. Erle oder Birke), ca. 40 x 20 cm | Butterbrotpapier | Paketschnur | Holzleim

Werkzeug

Werkbank | 11/16er-Schnitzmesser | Zieheisen | Raspel | Pinsel

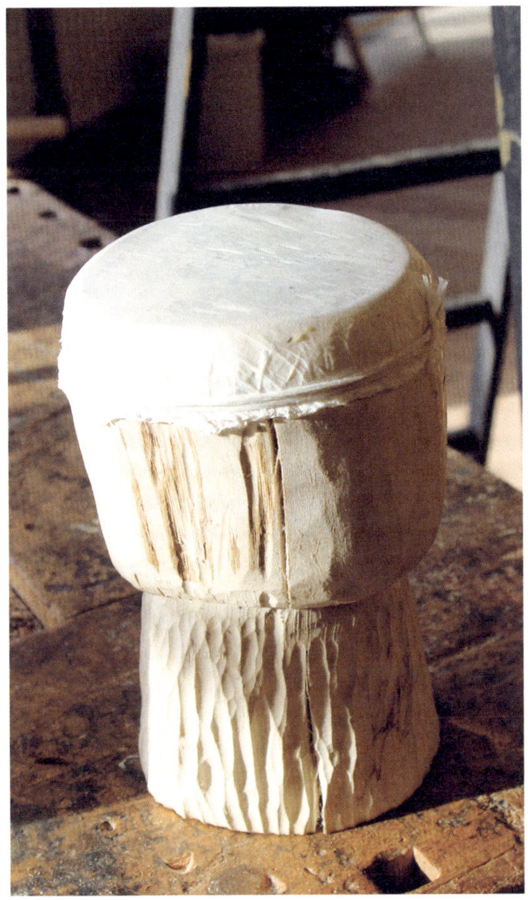

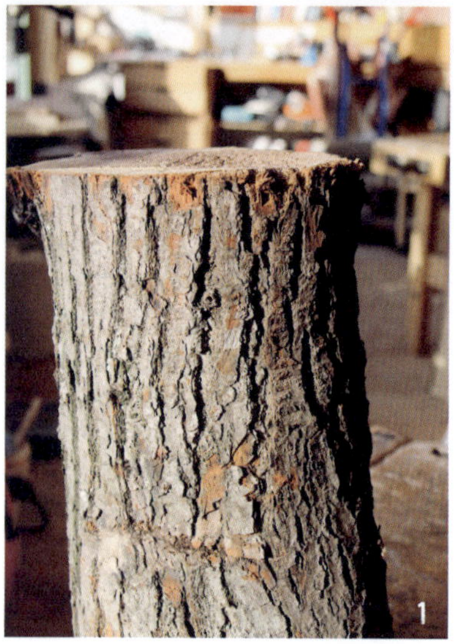

1

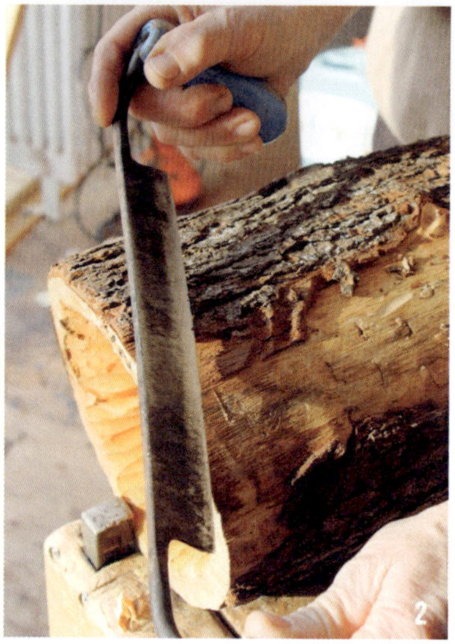

2

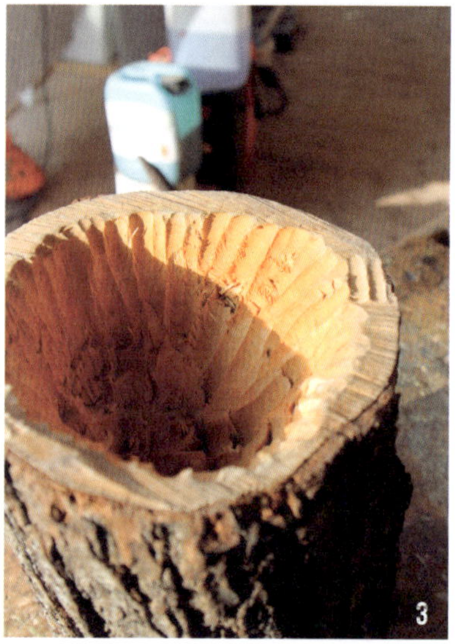

3

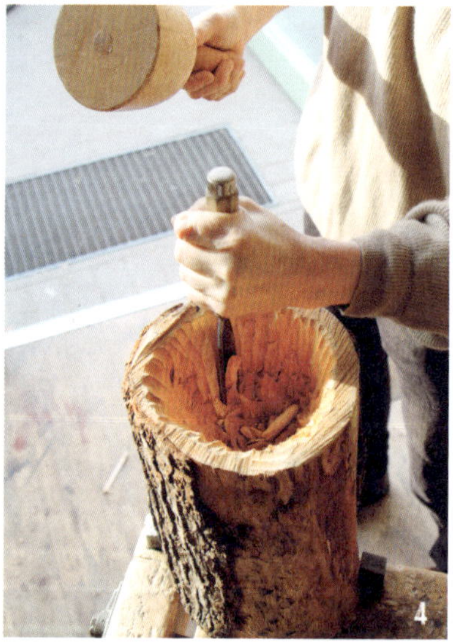

4

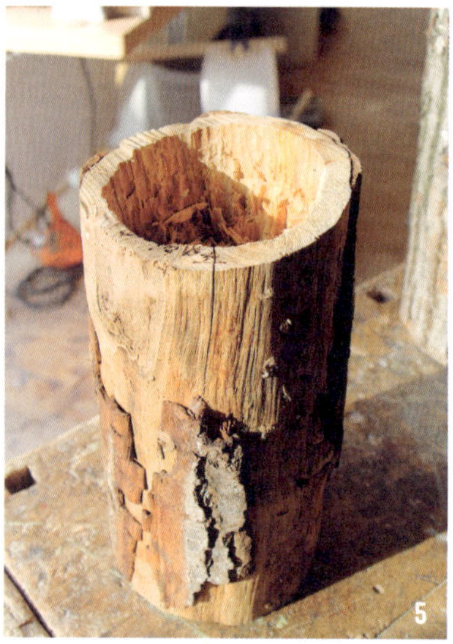

5

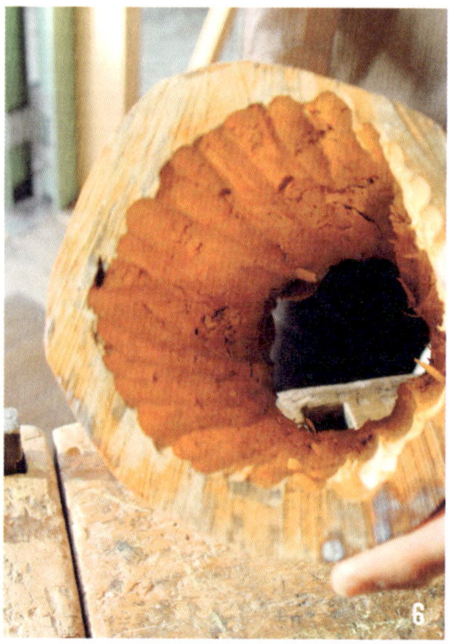

6

Weil man hierbei im sogenannten Hirnholz schnitzt, müssen alle Späne sorgsam schräg zur Maserung aus der aufrechten Wachstumsrichtung des Baumes herausgearbeitet werden. In der Mitte beginnend und immer weiter nach außen gehend, schnitzt man bis an den markierten Rand heran und beginnt eine Lage tiefer innen von Neuem. So entsteht nach einiger Zeit eine Art Trichter mit relativ steilen Wänden. ▸ Bild 3-4

Ist man dabei bis zur Hälfte vorgedrungen, dreht man das Werkstück um und wiederholt das Ganze auf der anderen Seite. Schließlich wird in der Mitte durch die Begegnung beider Trichter ein Durchbruchsloch entstehen.

Im folgenden Schritt erweitert man diesen Durchbruch auf die Weite, die dem späteren *Innenraum* der Trommel entspricht. ▸ Bild 5-6

Nun kann mit der *Außenarbeit* begonnen werden. Stück für Stück gestaltet man die Form, wie man sie sich wünscht. Schön sieht es später aus, wenn die Seite, auf der man später trommelt, weitläufiger bleibt und die andere, offene Seite durch einen kleinen Absatz in einen dünneren Hals übergeht. Im Prinzip kann man jedoch seinem Geschmack folgen und die Trommel danach gestalten. ▸ Bild 7

Man muss lediglich darauf achten, dass das Holz nicht zu dünn wird. Allerdings sollte die Trommel auch nicht zu dick bleiben, weil sie sonst nicht so gut mitschwingt und weniger Klangstärke entwickelt. Als Anhaltspunkt kann man sagen: Sie sollte nicht dünner als 2 cm sein. Man kann zwischen zwei Fingern die *Dicke* des vorhandenen Materials auch erstaunlich gut erfühlen. ▸ **Bild 8**

Ist die Trommel im «Rohbau» fertig, ebnet man die Oberfläche noch einmal möglichst genau, indem man mit sorgfältigen kleinen Spänen alles noch einmal fein nach schnitzt.

Im nächsten Schritt muss der *obere Rand* so stark abgerundet werden, dass das Trommelfell nicht an scharfen Kanten aufgescheuert wird. Das gilt besonders für den Außenrand, jedoch sollte auch der innere Rand des Trommelholzes möglichst glatt und absatzlos sein. Hierbei kann man entweder schnitzen oder auch eine Raspel benutzen.

Auch die Gestaltung des *unteren Randes* sollte nicht vergessen werden, weil man dort die Trommel beim Transport anfasst.

Nun ist am oberen Ende noch eine umlaufende *Kerbe* nötig, die ein späteres Abrutschen des Trommelfells verhindert. Sie sollte etwa daumenbreit vom Rand entfernt liegen. Auch hier ist eine möglichst glatte Oberfläche anzustreben, und man sollte eventuelle Unebenheiten möglichst genau wegschnitzen oder -raspeln. ▸ **Bild 9**

Als nächsten Arbeitsschritt legt man fünf große Streifen Butterbrotpapier bereit; sie müssen so groß sein, dass sie jeweils die obere Öffnung abdecken und beim Herunterklappen ein kleines Stück über die eingearbeitete Kerbe reichen, damit man eine Paketkordel herumspannen kann. Diese Paketkordel sowie Holzleim und eventuell noch ein Pinsel zum Auftragen des Leims müssen ebenfalls griffbereit sein. ▸ **Bild 10**

Nun legt man eine alte Zeitung als Unterlage auf den Tisch, streicht mit der Hand oder dem Pinsel eine dicke Schicht Leim auf das erste Butterbrotpapier und klebt es gleichmäßig auf die obere Seite der Trommel. Beim folgenden Leimauftrag auf der noch unbeleimten äußeren Seite drückt man das Papier noch einmal sorgsam auf das Holz. Auf diese jetzt aufgetragene Leimschicht

▷

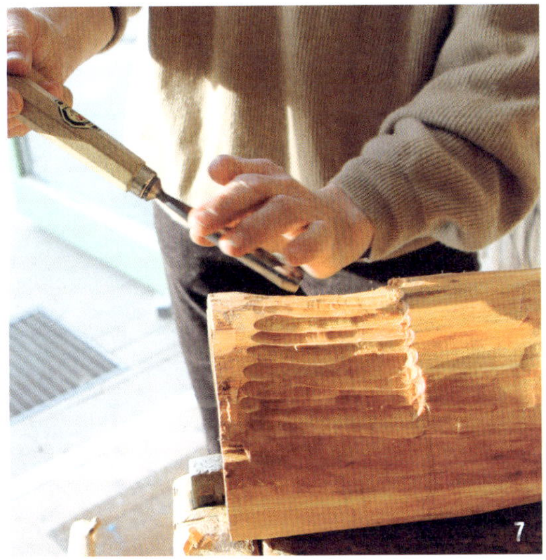

7

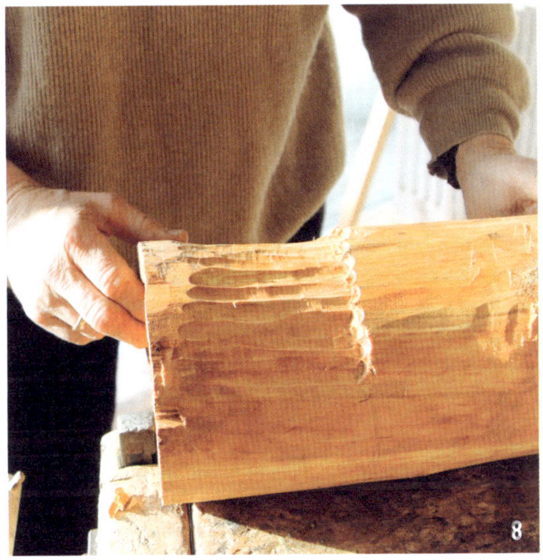

8

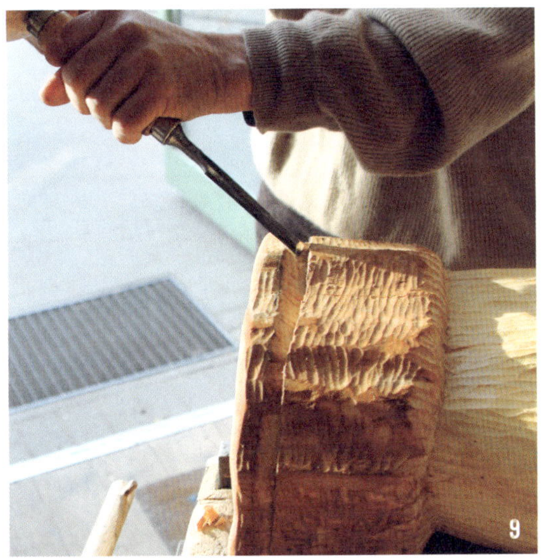

9

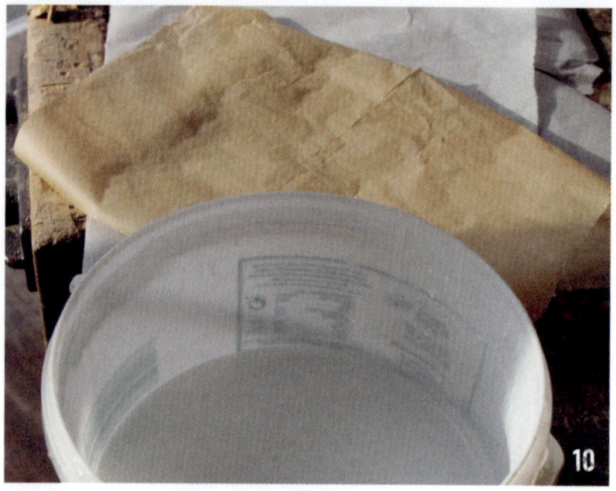

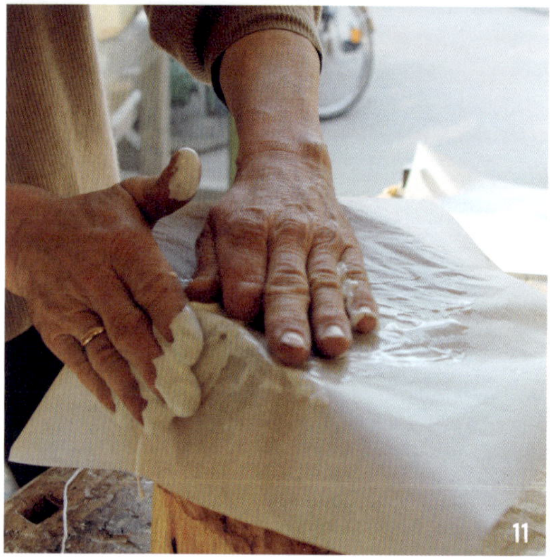

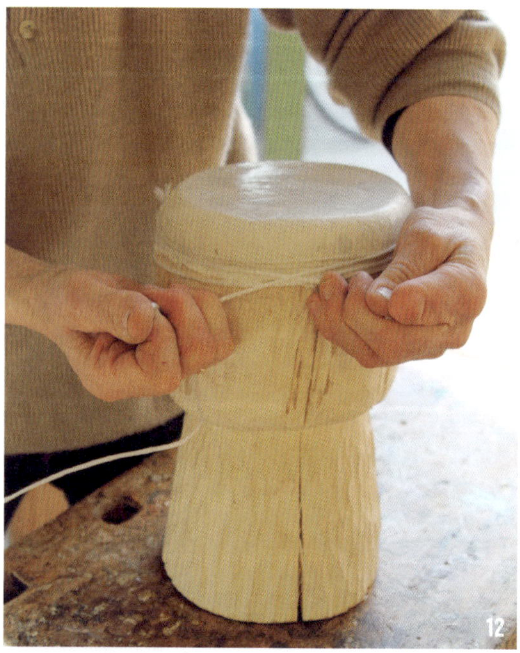

legt man die nächste Lage Butterbrotpapier und verfährt so Schicht für Schicht. Nur die letzte Lage muss von außen nicht mehr mit Leim bestrichen werden. ▸ Bild 11

Anschließend spannt man die Paketkordel drei- bis viermal stramm um die Trommelkerbe; dabei achtet man darauf, dass die Papierlagen möglichst gespannt sind. Bei diesem Arbeitsgang kann es von Vorteil sein, wenn einem jemanden hilft, weil das Spannen und gleichzeitige Knoten nicht ganz so einfach ist. ▸ Bild 12

Jetzt kann man mit einer Schere die nach unten überstehenden Papierenden auf einen gleichmäßigen Abstand zurechtschneiden. Das gelingt in diesem noch feuchten und elastischen Zustand leichter als im getrockneten. Allerdings muss man die Schere möglichst schnell abwaschen und dann sorgfältig abtrocknen, weil sie sonst durch den getrockneten Leim nicht mehr so gut schneidet. Nach 24 Stunden Trocknungs- und Aushärtezeit ist das Papier geschrumpft und dadurch gespannt. Die Trommel ist fertig. ■

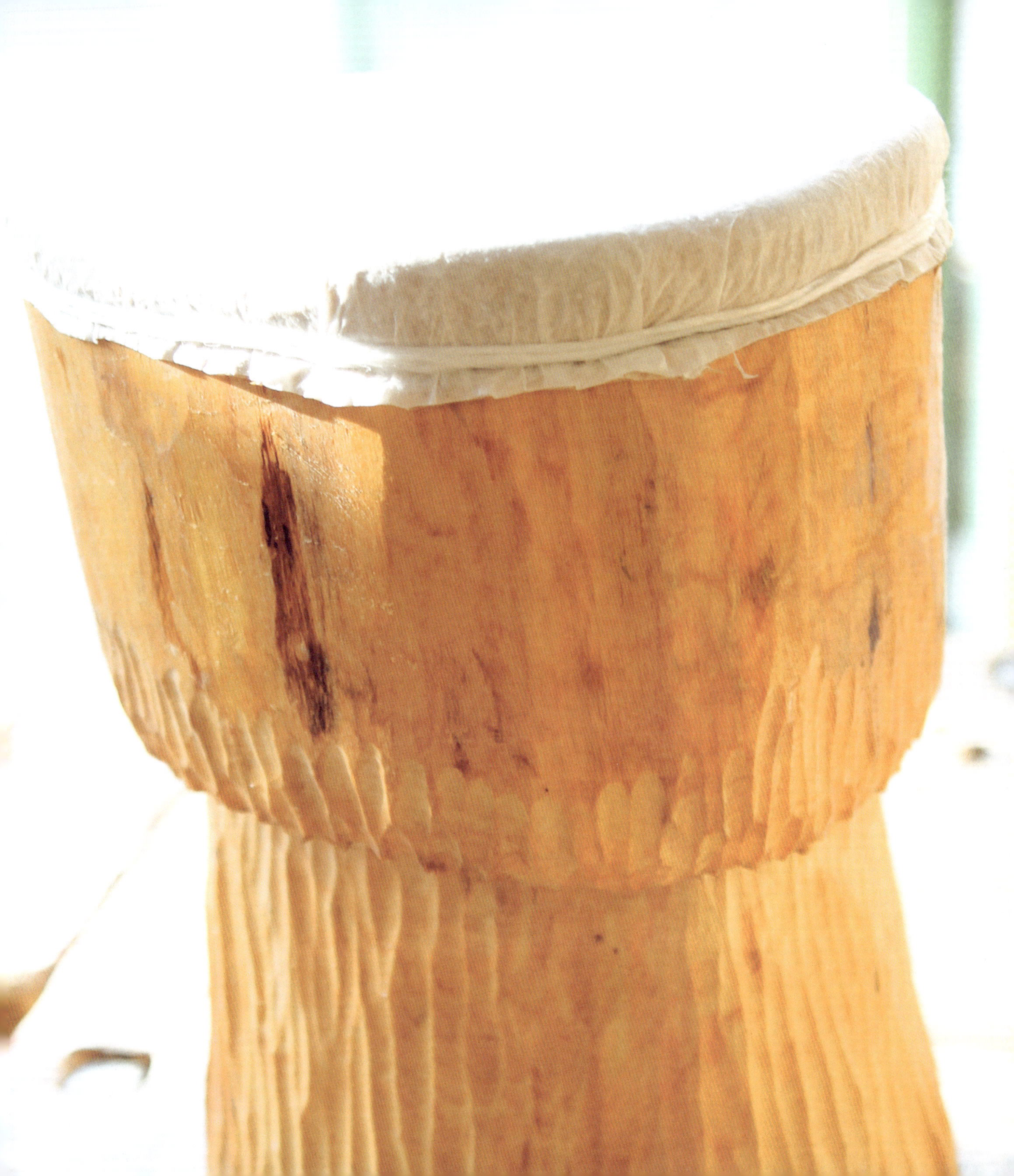

Material

Brett aus Linde, Birke oder Eiche (oder aus anderem Holz), ca. 2,5-3 cm dick, 20 x 30 cm | Ton | Papier und Bleistift

Werkzeug

Schnitzmesser 11/16 | gerades Stemmeisen oder Taschenmesser | Werkbank (oder 2 Schraubzwingen)

Holzrelief

Für das Schnitzen eines Reliefs verwendet man ein etwa 2,5 - 3 cm dickes Brett. Am ehesten ist Lindenholz geeignet, weil es eine gleichmäßige Oberfläche hat und verhältnismäßig weich ist. Auch Birke hat eine verhältnismäßig ruhige Maserung, ist aber bedeutend härter als Linde. Eiche ist zwar sehr hart, besitzt jedoch große Beständigkeit und ist daher gut geeignet, wenn das Relief z.B. an einer Hauswand befestigt und damit der Witterung ausgesetzt werden soll. ▸Bild 1

Das Besondere eines Reliefs ist die Mischung aus zweidimensionaler Zeichnung und dreidimensionaler Skulptur. Für den Gegenstand, den man darstellen will, hat man ja nur diese Tiefe von maximal 2,5 - 3 cm Verfügung. Es entsteht dennoch der Eindruck von räumlicher Figürlichkeit. Damit das gelingt, ist es sinnvoll, zunächst einige Bleistiftentwürfe vom angestrebten Motiv anzufertigen.

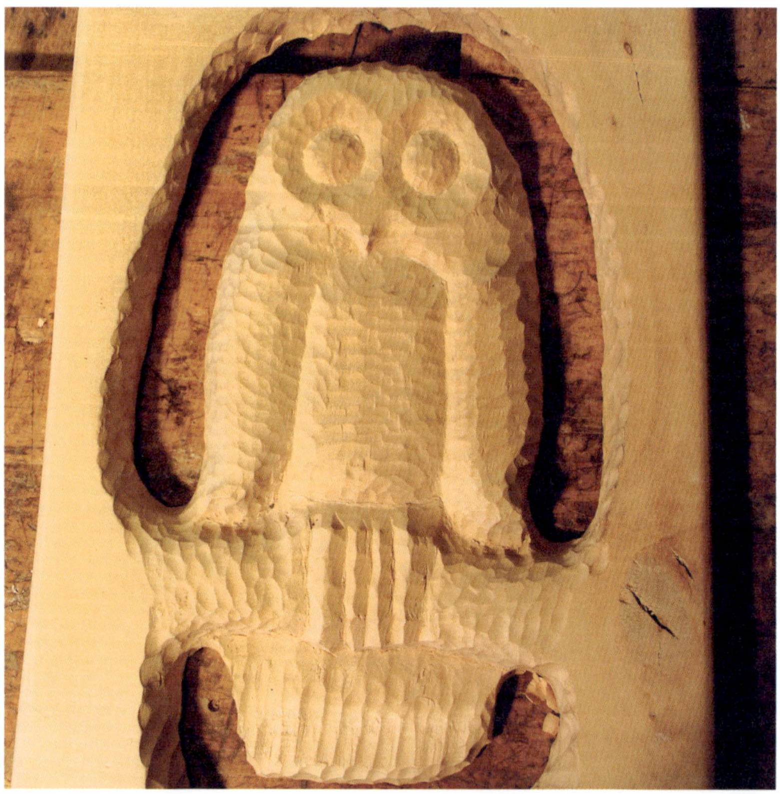

Beispiel: Eule

Im Folgenden soll die Vorgehensweise an einer Eule erläutert werden.

Im ersten Schritt fertigt man einige Entwurfszeichnungen an. Durch das *Zeichnen* verinnerlicht sich das Motiv. In dieser Phase hilft es, wenn man sich mit der Eule etwas mehr beschäftigt, in Büchern nachschlägt, im Internet recherchiert oder sich Eulen im Tierpark ansieht. Am besten fertigt man mehrere Zeichnungen aus unterschiedlichen Perspektiven an und versucht sich auch an verschiedenen Eulenarten. Dabei ist es das Ziel, dem «Eulenartigen» so weit wie möglich auf die Spur zu kommen, ohne sich zu sehr in Details zu verlieren. ▸ Bild 2

Der Übergang vom flächigen Zweidimensionalen der Zeichnung zum Relief geschieht am besten durch das *Plastizieren* des angestrebten Motivs. Das muss nicht im gleichen Maßstab geschehen, sollte aber immer in der Ausführung flach bleiben und nicht in die volle Dreidimensionalität gehen. Man gestaltet dabei sozusagen ein kleines Übungsrelief aus Ton. Das Schöne hierbei ist, dass man wegen der Weichheit des Materials jederzeit neuen Ton zufügen kann, wenn man zu viel weggenommen hat. Das ist ein Prozess, der später beim Holz nicht mehr möglich ist. Auch hier kann man mehrere Entwürfe gestalten und sich am Ende den besten aussuchen. ▸ Bild 3-4

Hat sich bei diesem Prozess das Motiv herauskristallisiert, kann man es *auf das Holzstück übertragen*. Soll die Eule, wie in unserem Fall, in einer Baumhöhle sitzen, ist es sinnvoll, diese Höhle zuerst anzuzeichnen. Der Rand soll dabei nicht schmaler als 3 cm sein. Auch ein Ast zum Sitzen ist mit einzuplanen. In diesem Innenraum platziert man nun seine Eule in der angestrebten Form durch markante Striche.

Zum Schnitzen wird das Brett flach auf der Unterlage festgespannt und im ersten Schritt der Zwischenraum zwischen Eule und Höhle herausgeschnitzt. Bei diesem Vorgang dringt man immer tiefer in das Holz ein und muss immer steiler schnitzen. Kurz vor dem Durchbruch gilt es, sehr vorsichtig zu schnitzen,

▷

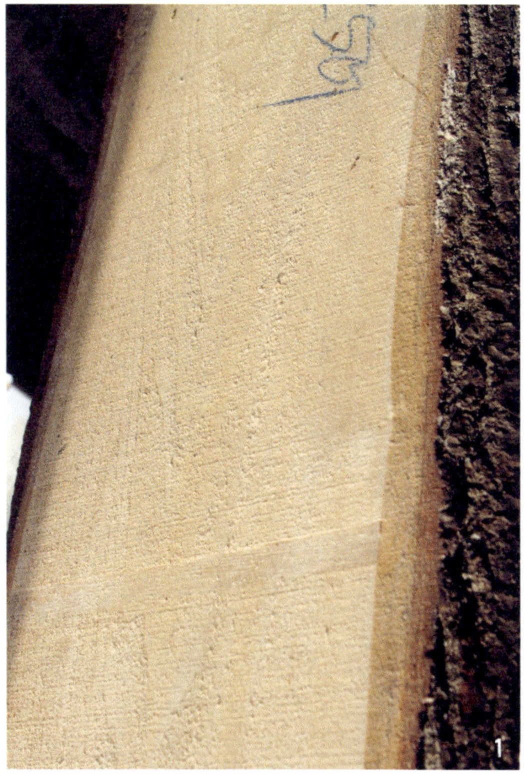
1

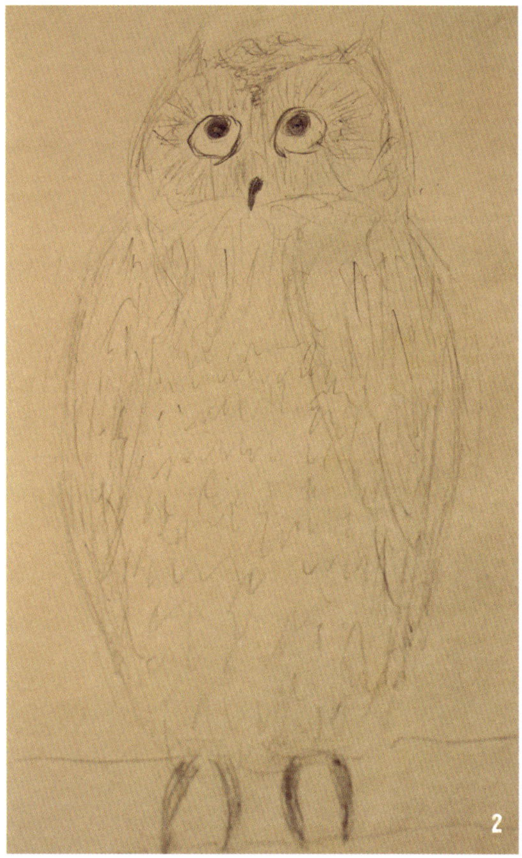
2

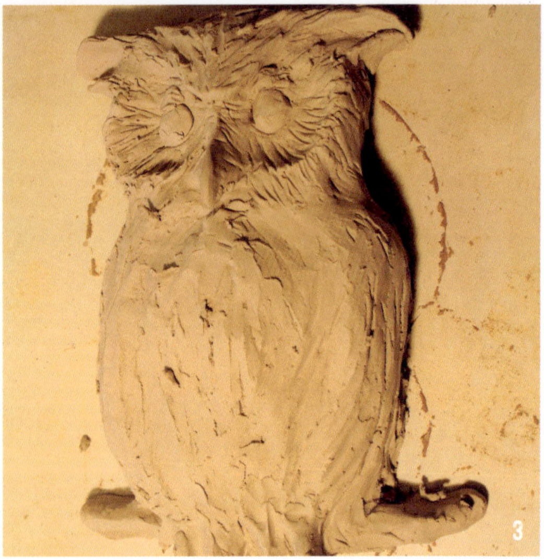

3

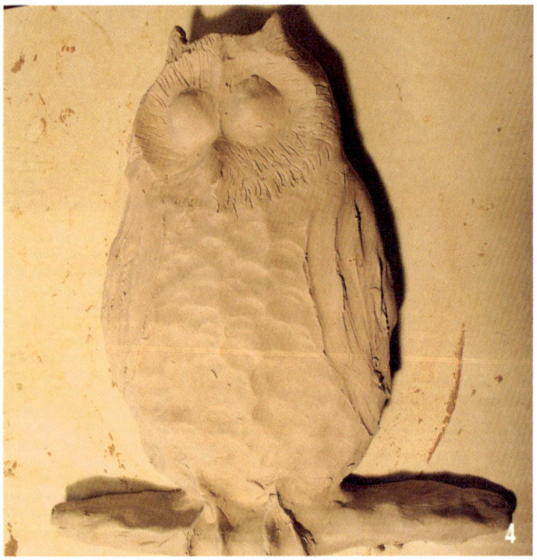

4

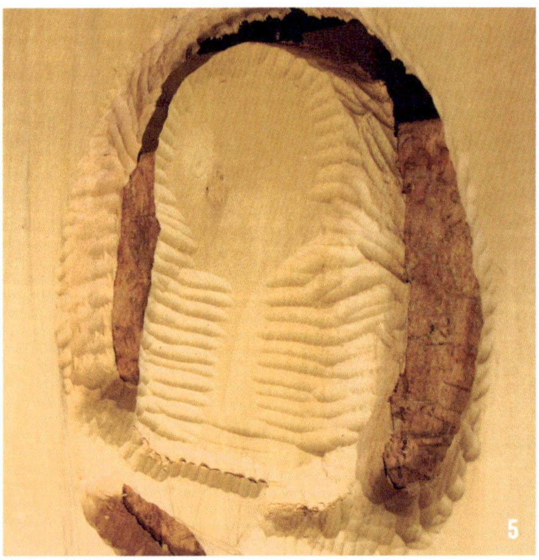

5

damit das Holz nicht nach hinten wegbricht. Schließlich ist die Eule bis auf ihren Sitz auf dem Ast vom umgebenden Holz befreit und hebt sich markant vom Hintergrund ab. ▸ Bild 5

Jetzt wird die Eule im *Detail* herausgearbeitet. Dazu rundet man im oberen Bereich die Außenkanten des Eulenkörpers und des Kopfes nach außen hin gleichmäßig ab. ▸ Bild 6

Die Eule streckt ihren Schwanz ja sozusagen hinter dem Ast aus, deshalb muss der Ast zuerst gerundet und dann die Ebene des Schwanzes so tief geschnitzt werden, dass es den Anschein erweckt, als liege er hinter dem Ast. Gleichzeitig werden die Klauen, die um den Ast greifen, angelegt (siehe S. 72, Ausschnitt 12).

Damit die an dieser Stelle erforderlichen Kerben entstehen, muss der Schnitt des Messers erst von einer Seite den Span anstechen und diesen dann von der Gegenseite mit einem passenden Gegenschnitt. ▸ Bild 7-8

Nun kann es an die Gestaltung der Flügel gehen. Hierbei sticht man vom Bauch aus flach einen Span an und löst ihn durch einen Gegenschnitt von der Flügelseite. Dies wiederholt man so lange, bis zwischen Körper und Flügel auch eine markante Kerbe entstanden ist. ▸ Bild 9

Mit kleinen, sorgfältigen Schnitten kann man nun die Rundung des Flügels anlegen. Werden die einzelnen Schnitte in schräger Richtung angelegt, sehen sie wie die Federn aus. Wenn beide Flügel fertig sind, kann mit dem dazwischenliegenden Bauch ähnlich verfahren werden. Die Übergänge am Hals und an den Füßen werden aus einer Mischung aus Kerbe und Rundung geschnitzt. ▸ Bild 9-10

Etwas schwieriger ist es mit den Augen. Sie sollten vorher genau mit dem Bleistift aufgezeichnet werden. Auch hier wird der erste angestochene Span durch einen Gegenschnitt gelöst, nur dass dabei das Vorgehen in Kreisform angelegt wird. Zusätzlich muss das Zentrum des Auges – da, wo sich die Pupille befindet – möglichst gleichmäßig erhöht stehen bleiben. Es lohnt sich, diesen Vorgang an einem Abfallstück vorher zu üben. ▸ Bild 11

Für die letzte Ausarbeitung der Klauen und des Schnabels nimmt man am besten ein gerades Stemmeisen oder auch ein scharfes Taschenmesser, denn deren Ränder müssen möglichst gerade als deutliche Ecken hervortreten. ▸ Bild 12-13

Nun kann man den Rand des Brettes noch fein schleifen, und damit ist das Eulenrelief fertig.

Bildausschnitte aus dem Eulenrelief S. 72:

▸ Bildausschnitt 9 Gestaltung von Brust- und Bauchbereich
▸ Bildausschnitt 10 Rundung der Flügel
▸ Bildausschnitt 11 Gestaltung der kreisförmigen Augenbereiche
▸ Bildausschnitt 12 Bereich der scharfkantigen Klauen
▸ Bildausschnitt 13 Ausarbeitung des markanten Schnabels

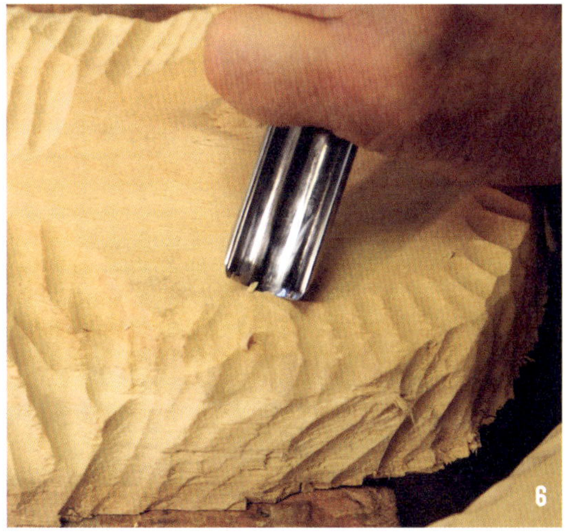
6

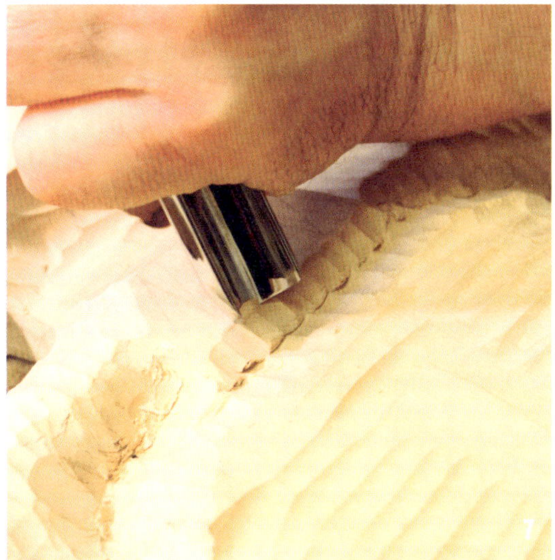
7

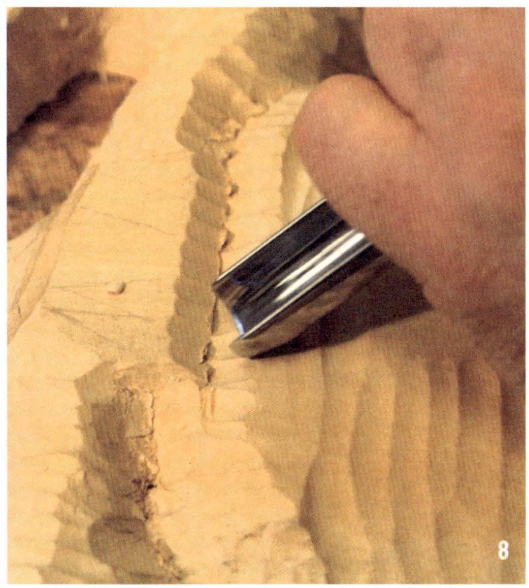
8

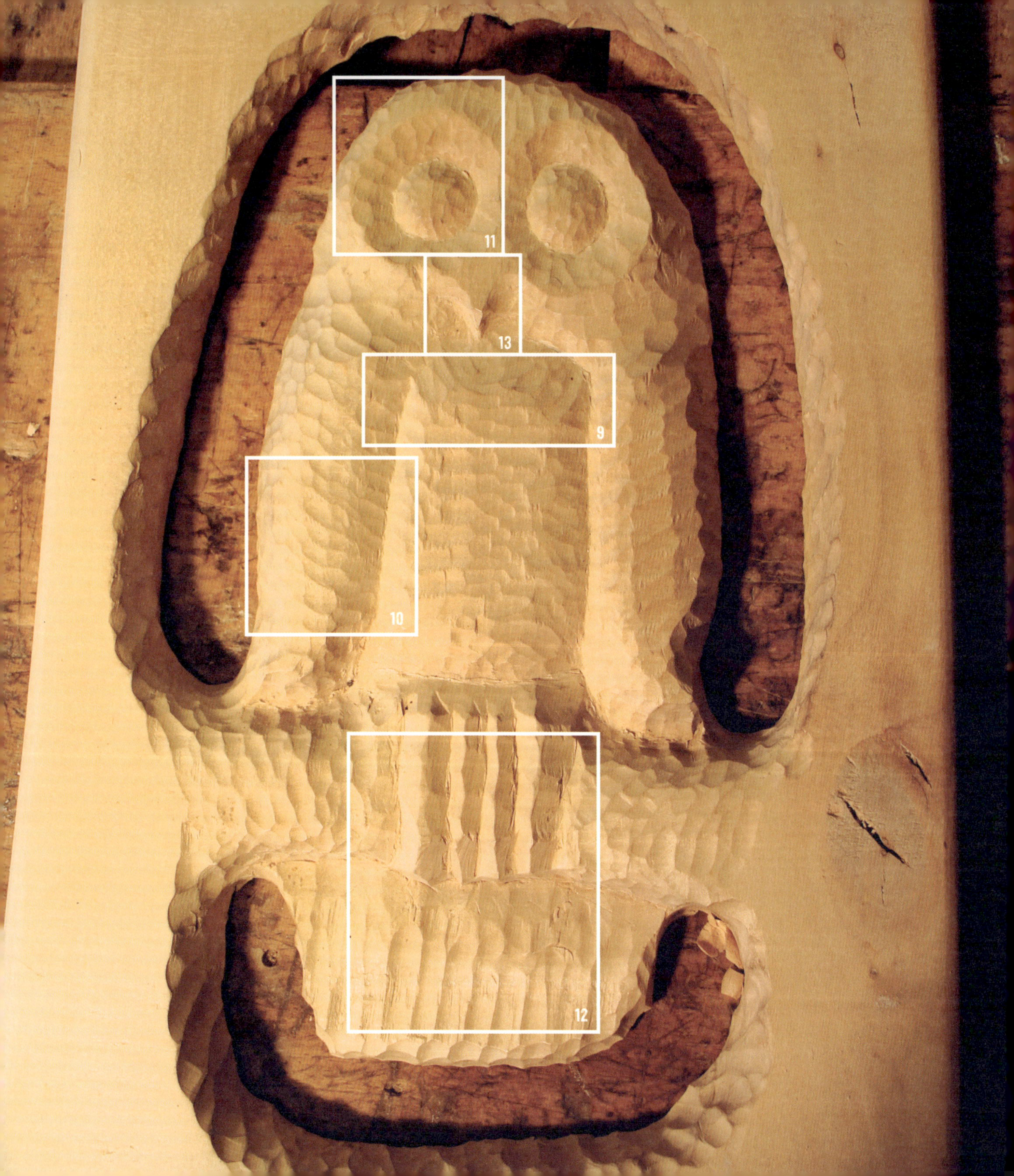
11
13
9
10
12

Masken

Eine andere spannende Möglichkeit, das Schnitzen zu vertiefen, ist das Herstellen einer Maske. In solch einer Maske kann etwas Dämonisches, Überirdisches zum Ausdruck kommen, aber auch eine bestimmte Rolle oder Stimmung dargestellt werden. Zunächst sollte sich jeder das zu ihm passende Motiv selbst aussuchen.

Es ist hilfreich, im ersten Schritt einige etwa maßstabsgetreue Entwürfe zu *zeichnen*. Man kann dabei noch ohne Probleme mit der jeweiligen Stimmung spielen, wobei es nicht auf Detailgenauigkeit ankommt. ▸ **Bild 1**

Steht dieser erste Entwurf, wird er in etwas kleinerem Maßstab in *Ton* nachmodelliert. Der Ton führt etwas näher an den Prozess der Herstellung heran, es geht gewissermaßen einmal «durch die Hände». Jetzt findet die erste Korrektur durch das Material statt. Beim Anfügen und Wegnehmen und durch die Plastizität des Tones kommt man ein Stück von der «Fessel» der ersten Idee weg. Das ist wichtig, denn ein streng vorgefasster Entwurf lässt sich beim späteren Schnitzen nur selten umsetzen. Das Holz, die Möglichkeiten des Werkzeuges und das eigene Vermögen verwandeln den Prozess stets auf eindrucksvolle Weise und prägen ihn. ▸ **Bild 2**

Im Folgenden werden zwei Varianten für das Schnitzen einer Holzmaske vorgestellt: zum einen die flache Maske aus einem 5 cm dicken Brett (*Variante 1*), zum anderen die Stammmaske aus einem Holzklotz (*Variante 2*).

▷

Material

Ton für Entwurf / **Variante 1**: Brett aus Linde, 25 x 30 x 5 cm, oder **Variante 2**: Holzklotz aus frischer Pappel, Erle oder Linde, ca. 20-25 cm dick und ca. 30-35 cm groß

Werkzeug

Papier und Bleistift | Axt (zum Halbieren des Holzklotzes) | Schnitzmesser | Holzklüpfel

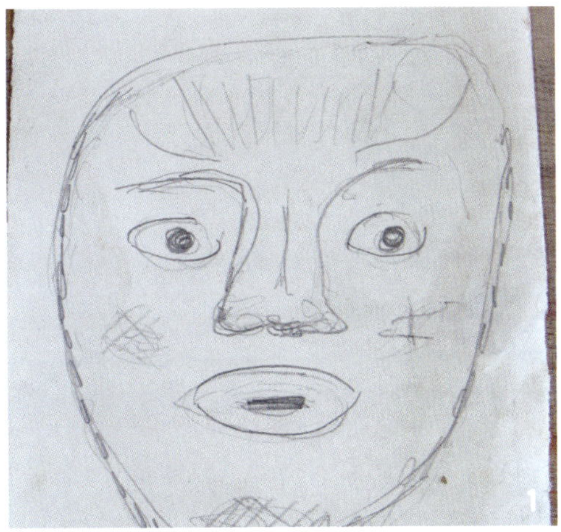
1

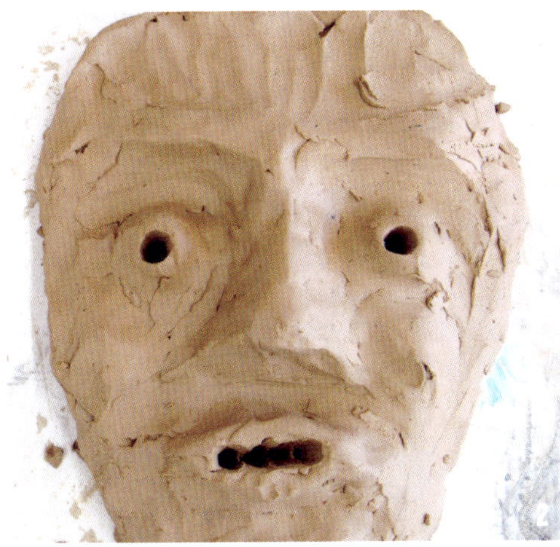

Variante 1

In nächsten Schritt kann der Entwurf auf das *Brett* übertragen werden. Zuerst werden alle hochstehenden Stellen mit dem Bleistift deutlich *schwarz markiert*. Diese dunklen Stellen lässt man zunächst stehen und vertieft Stück für Stück die anderen Stellen. ▸ Bild 3

Es erfordert am Anfang etwas Mut, die Flächenhaftigkeit des Materials zu überwinden und in eine anfänglich erkennbare Form zu kommen. Man sollte immer wieder einmal innehalten und mit etwas Abstand sein Werkstück betrachten. So kann man rechtzeitig korrigieren und im laufenden Prozess Stellen, die erhöht stehen bleiben sollen, erneut schwarz markieren. Dieses Markieren ist wichtig, weil man sonst im Schnitzprozess leicht die erforderliche Orientierung verlieren kann.

Es stellt sich jedoch nach kurzer Zeit ein Gefühl für die entstehende Form der Maske ein. An dieser Stelle ist es wichtig, seine Ursprungsidee wieder etwas loszulassen und sich von dem gerade ablaufenden Prozess leiten zu lassen. So wird man nicht ausschließlich von der engen ursprünglichen Vorstellung geführt, sondern von der «Weisheit der Hände» und den Möglichkeiten des Materials und des Werkzeugs.

Man muss jetzt aufmerksam sein und verhindern, dass im Eifer des Gefechtes zu viel von Stellen weggenommen wird, bei denen es nicht angebracht ist. Steht allmählich die grobe Form der Maske immer mehr fest, kann es Stück für Stück an die Ausarbeitung der *Details* gehen. Konvexe und konkave Formen gehen überall ineinander über und erfordern immer größere Fertigkeiten und damit auch Konzentration.

Vor dem letzten Durchschnitzen der Außenseite können noch die *Löcher* für Augen, Mund und Nase angebracht werden.

Im letzten Schritt wird die Maske von innen vorsichtig überall dünn ausgearbeitet, und es kann noch ein letztes *Feingestalten* der Oberfläche geben. ▸ Bild 4-5

Jede Maskie hat ihren eigenen Ausdruck.

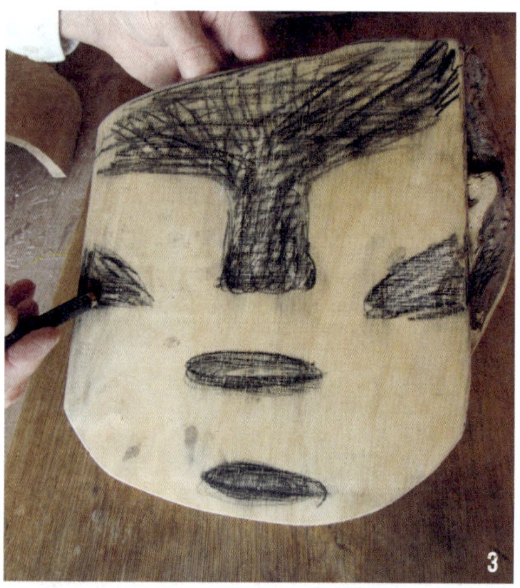
3

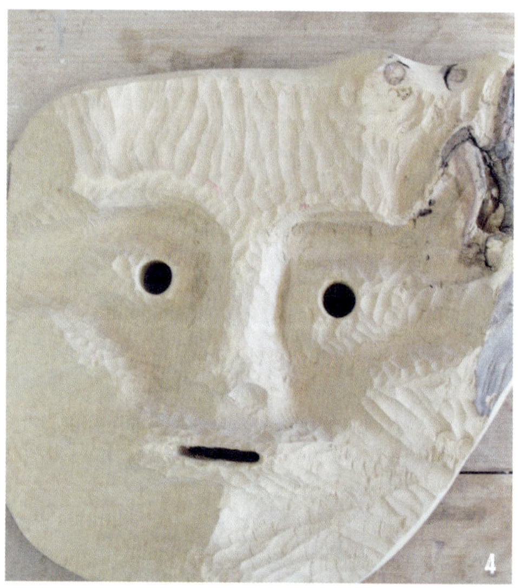
4

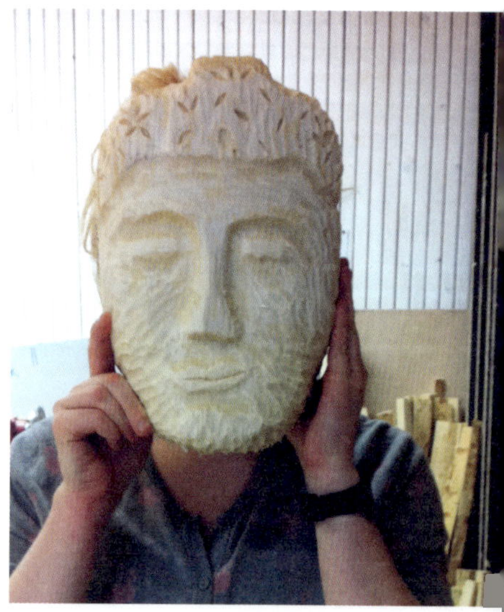

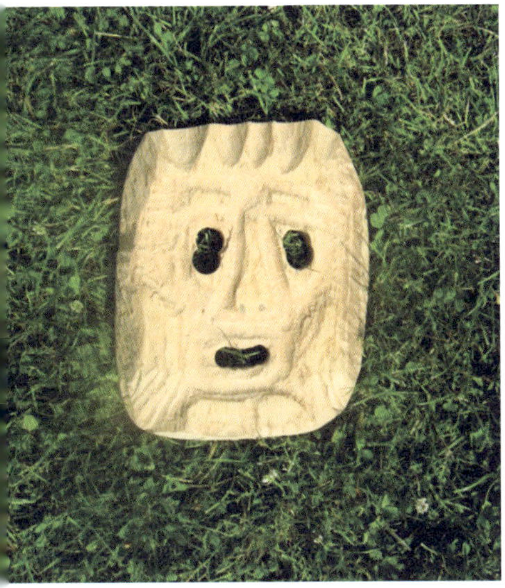
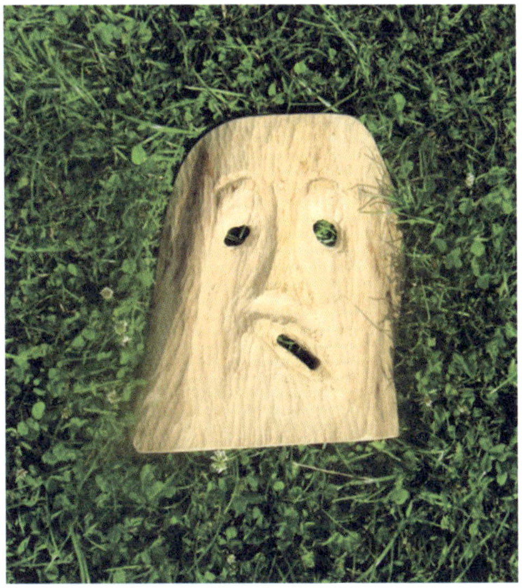
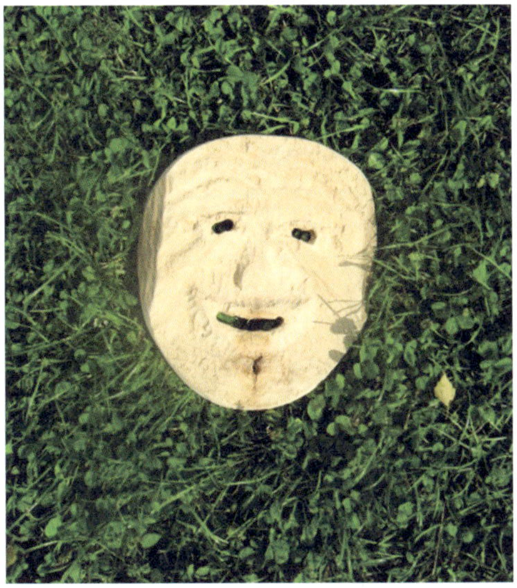
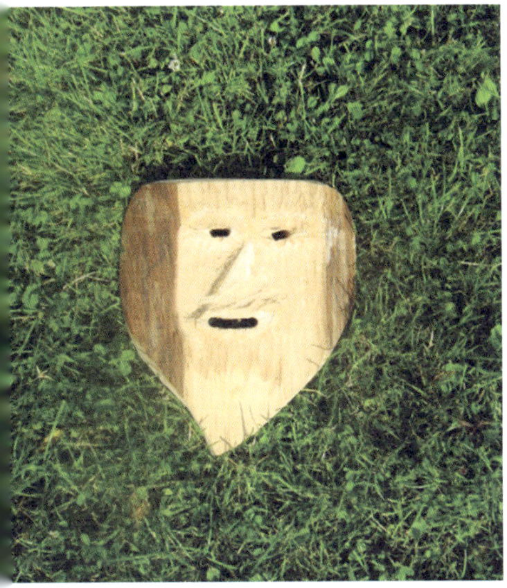
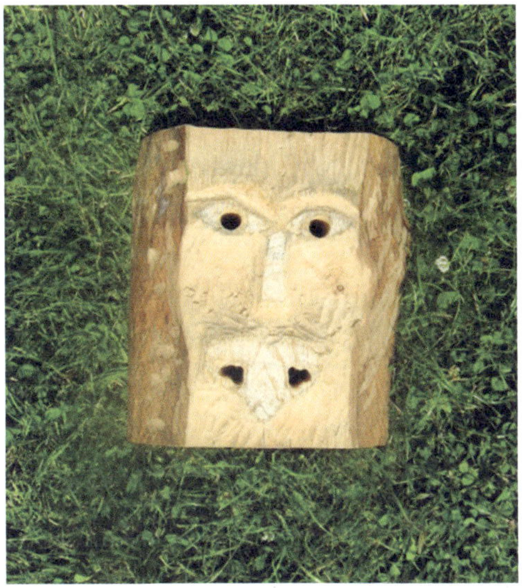
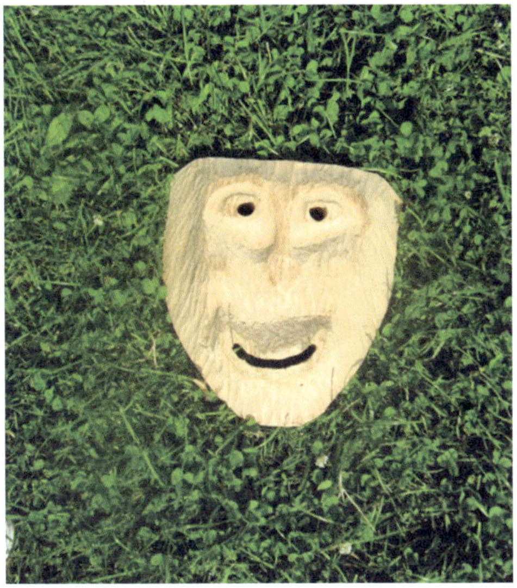
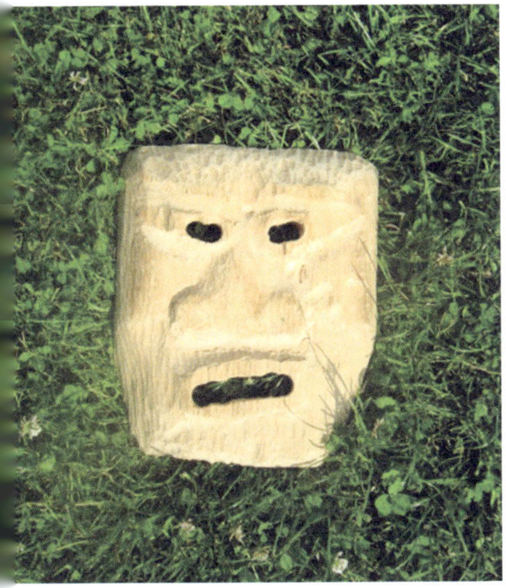
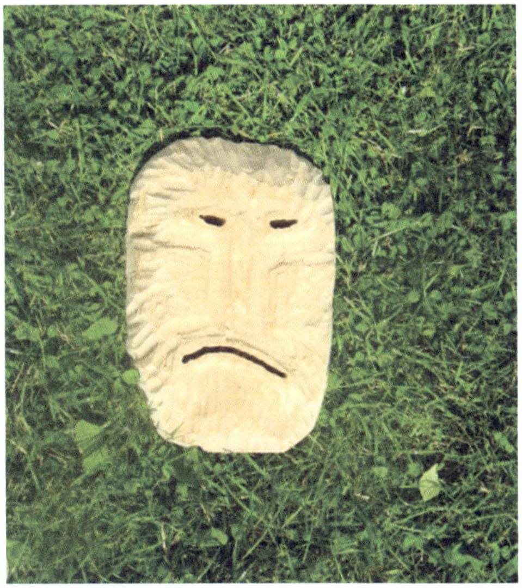
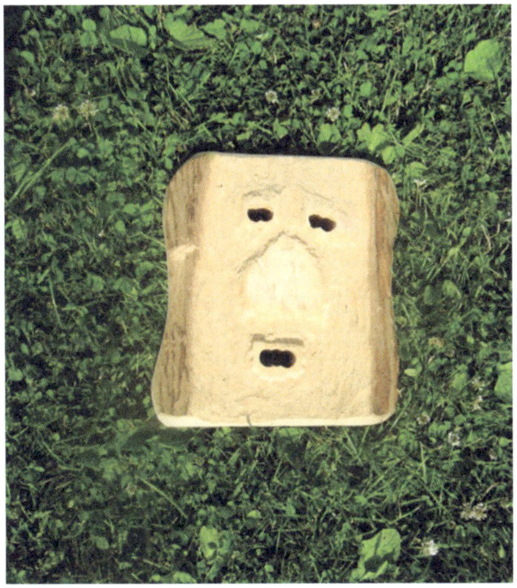

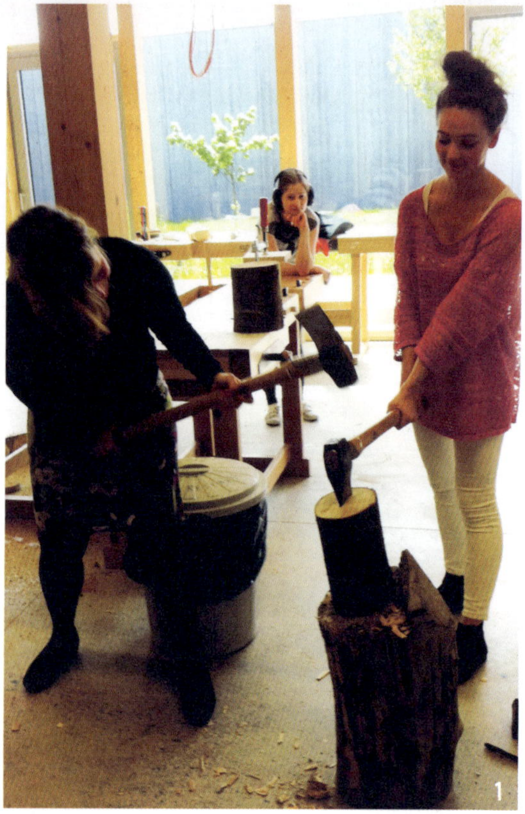

1

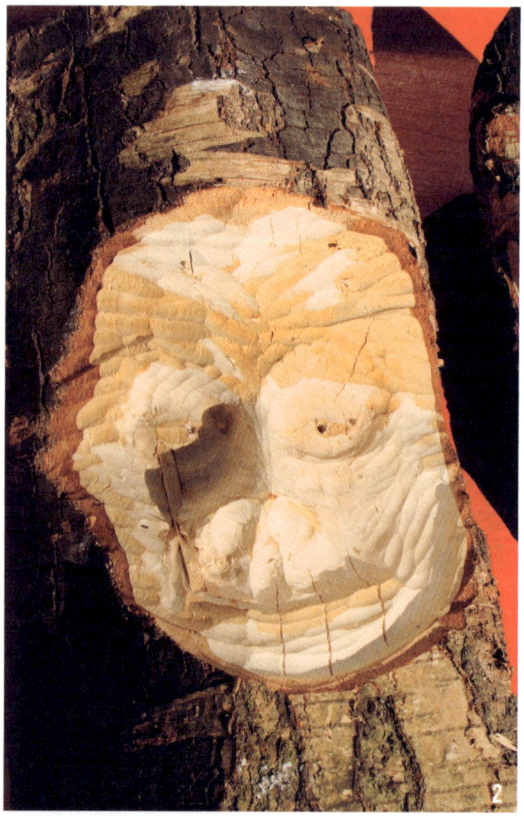

2

Variante 2

Man kann das Gleiche auch aus einem Linden-, Erlen- oder Pappelklotz herstellen. Der Prozess ist dabei ähnlich wie oben, nur dass die Maske gewölbter erscheint.

Dazu wird ein etwa 20 – 25 cm dicker und etwa 30 – 35 cm großer *Holzklotz* möglichst aus frischer Pappel, Erle oder Linde mit einer Axt halbiert, denn man benötigt nur eine Hälfte. ▸ Bild 1

Es geht auch, wenn das Holz schon durchgetrocknet ist, nur ist das Schnitzen dann bedeutend schwerer.

Das Vorgehen am halbrunden Klotz ist ähnlich wie beim Brett, nur dass hier der gestalterische Effekt der *Rinde* genutzt werden kann. ▸ Bild 2 ■

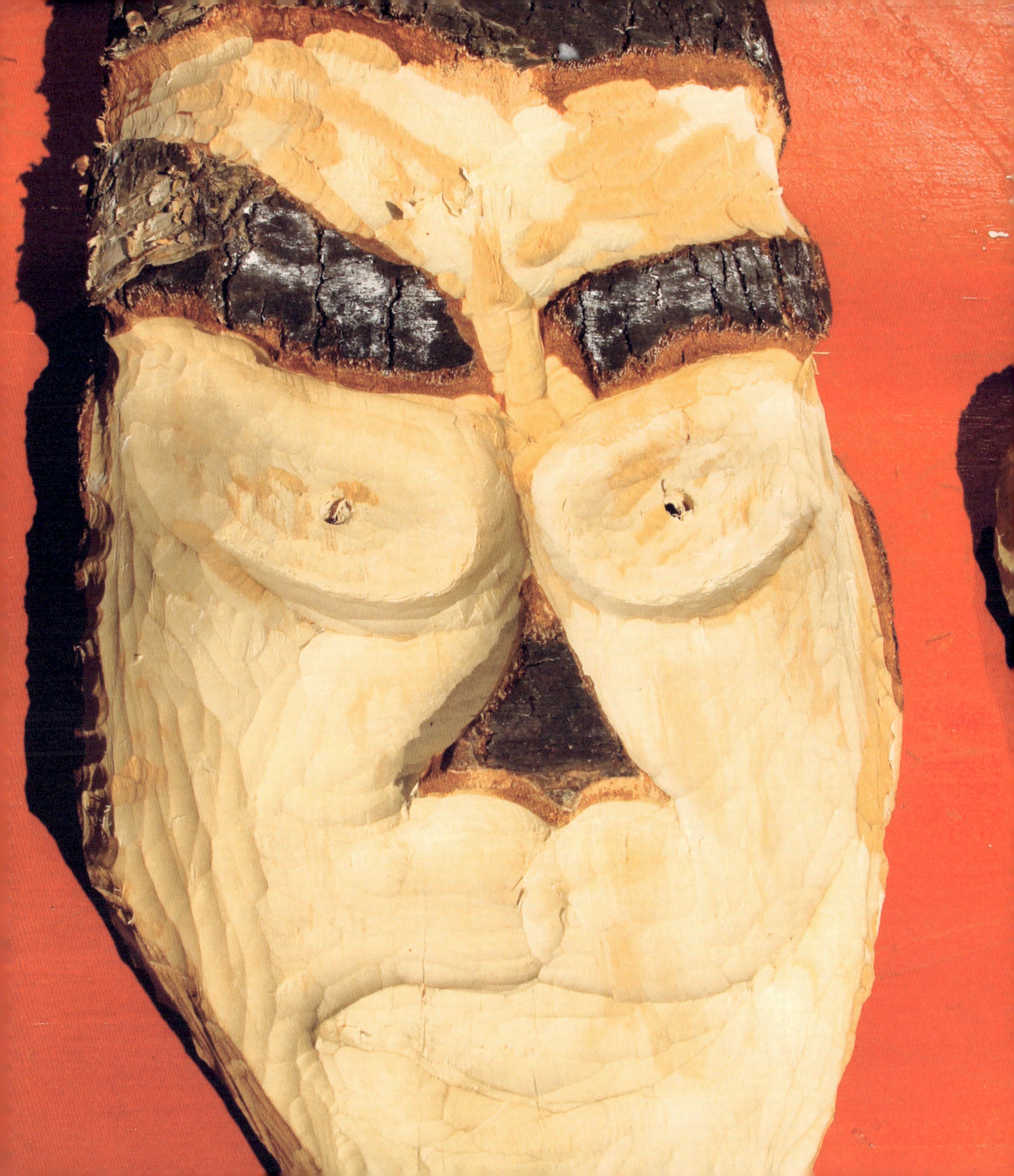

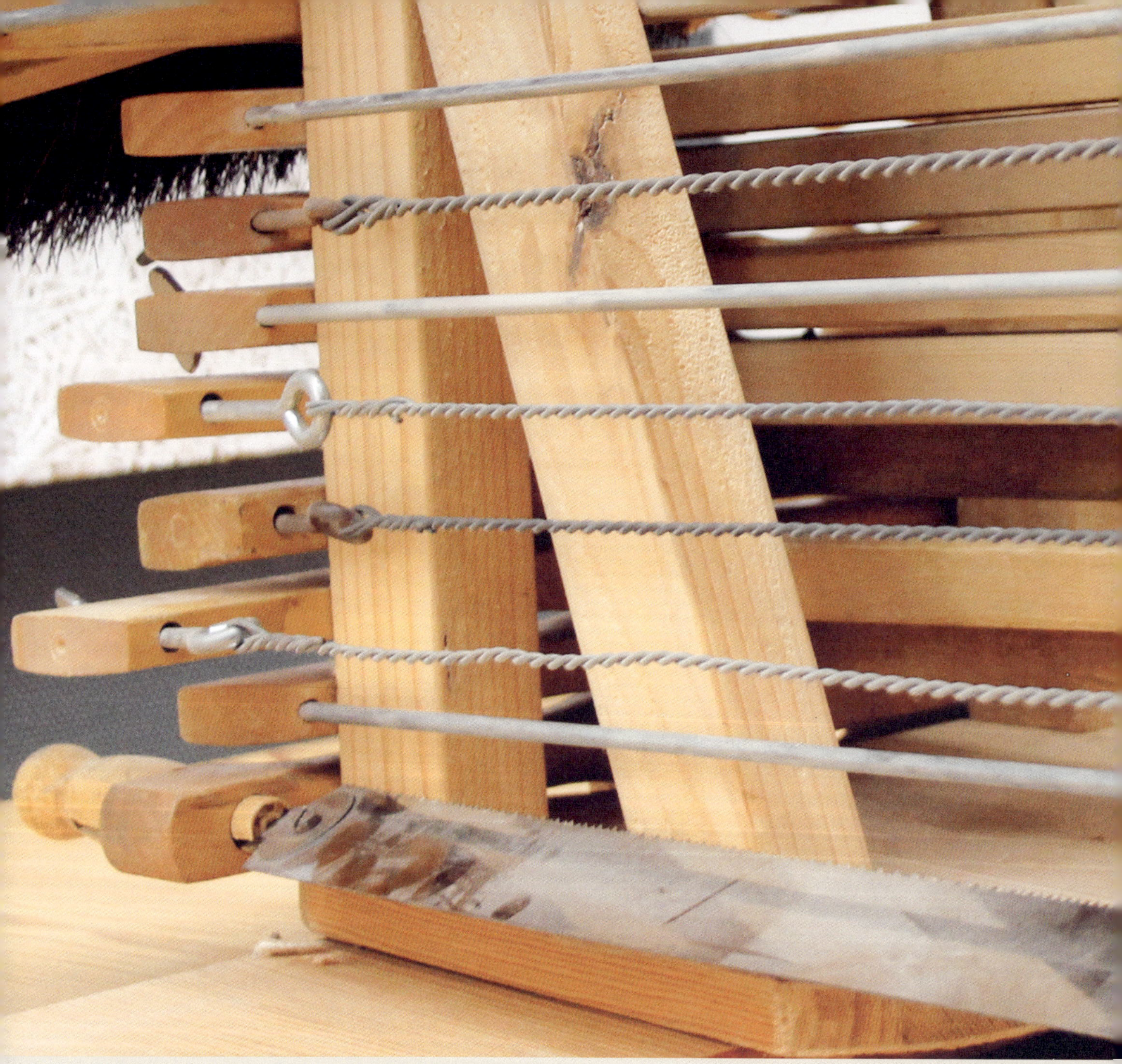

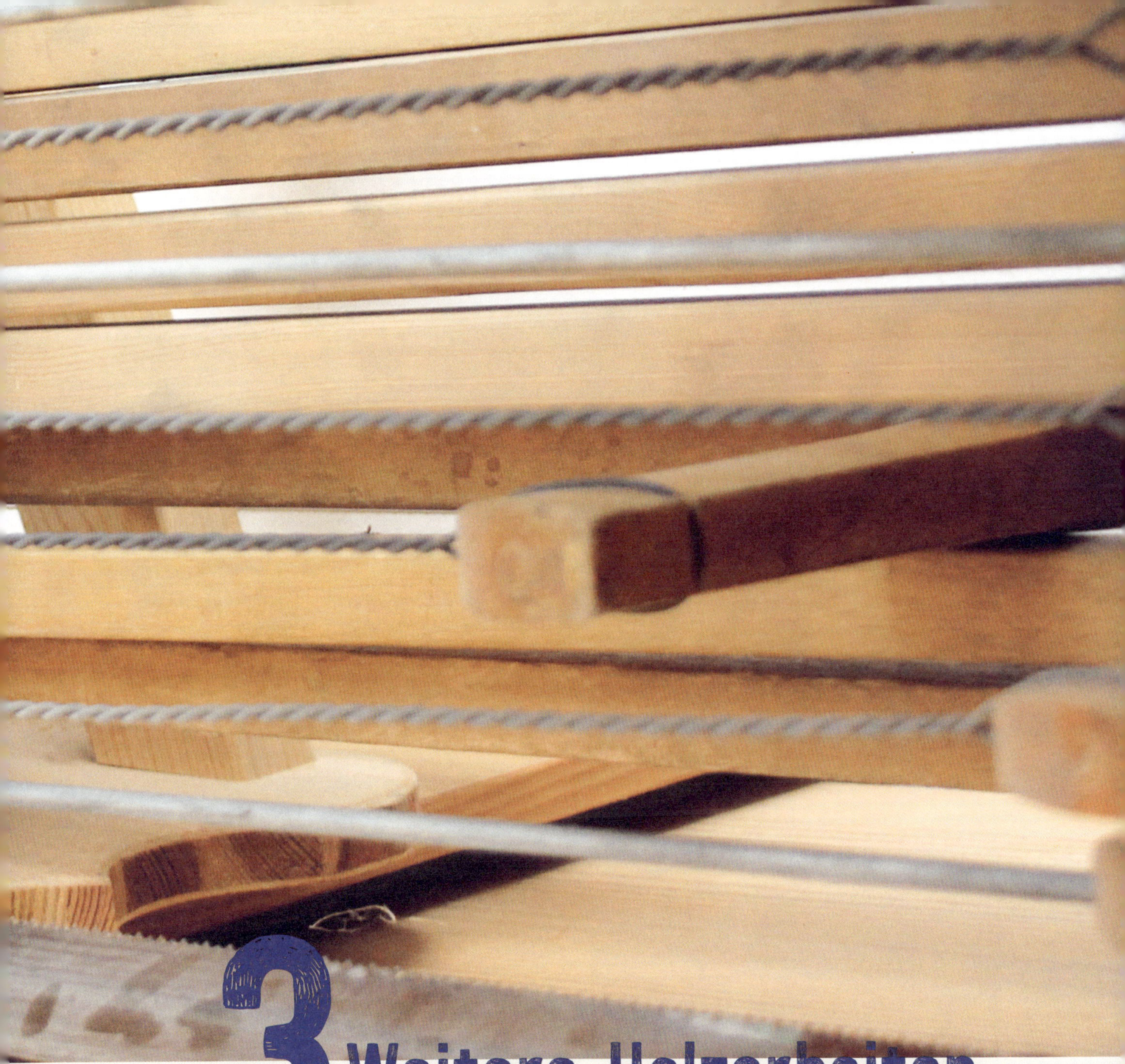

3 Weitere Holzarbeiten

Schlauchhocker

Material

Ast (45 cm lang, Ø ca. 8-10 cm) | 4 Rundhölzer (30 cm lang, Ø 1,5 cm) | 4 Rundhölzer (30 cm lang, Ø 2 cm) | 10 alte Fahrradschläuche | Holzleim | Leinöl

Werkzeug

Raspel | Feile | Sandpapier | Bohrmaschine mit 20mm- und 15 mm-Bohrer | Hammer | Vorschlaghammer | Spaltkeil | Zieheisen | Pinsel

Für diesen Hocker wird ein 45 cm langer, ca. 10 cm dicker Ast benötigt, vier Rundhölzer von 1,5 cm Durchmesser und vier Rundhölzer von 2 cm Durchmesser sowie ungefähr zehn alte Fahrradschläuche. ▸ Bild 1

Zunächst wird der Ast mithilfe eines Spaltkeils und eines Vorschlaghammers in vier gleich große Teile aufgespalten. ▸ Bild 2, 3

Jetzt entfernt man mit einem Zieheisen die Rinde und glättet die Oberfläche mit Raspel, Feile und Sandpapier. ▸ Bild 4

Mit einem 20-Millimeter-Bohrer wird an den flachen Seiten der Beine etwa 2 cm von oberen Rand entfernt jeweils ein Loch von 20 mm gebohrt. Das Gleiche wird mit einem 15-Millimeter-Bohrer etwa in der Mitte der Beine gemacht. Man muss darauf achten, dass man nur anbohrt und nicht durchbohrt. Damit hat jetzt jedes Bein zwei größere und zwei kleinere Löcher. ▸ Bild 5

Vor dem Zusammenleimen steckt man alles einmal zusammen, um zu sehen, ob es passt.

Jetzt können alle Teile zusammengeleimt werden. Das macht man am besten zu zweit, denn es ist nicht ganz so leicht, die jeweiligen Teile allein zu halten. Mit leichten Hammerschlägen von der Seite schlägt man die Rundhölzer so fest wie möglich in die Löcher. ▸ Bild 6-8

▷

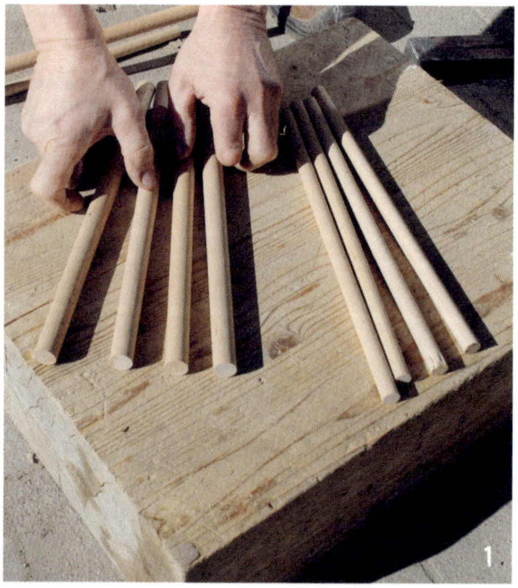

1

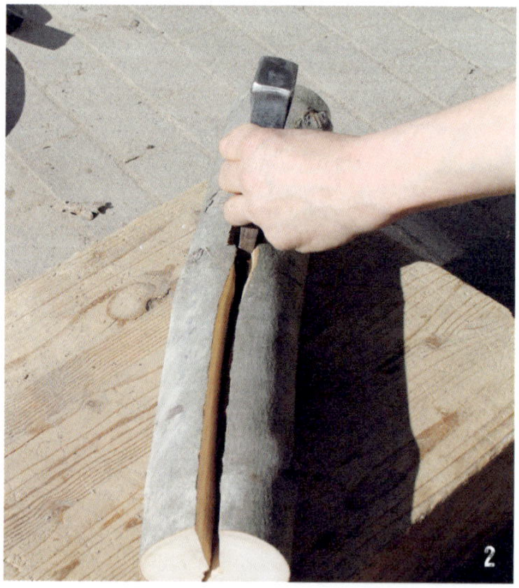

2

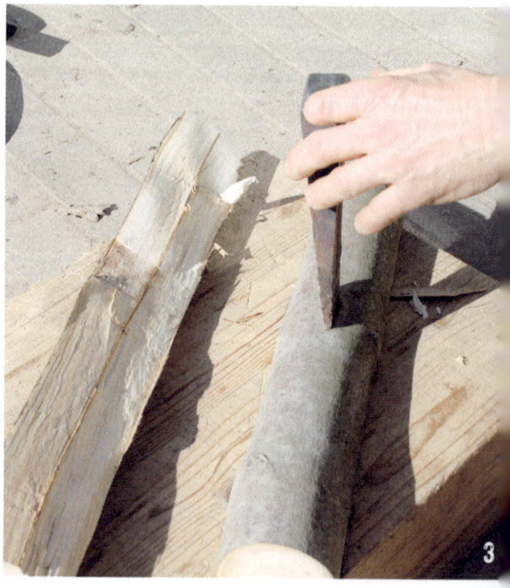

3

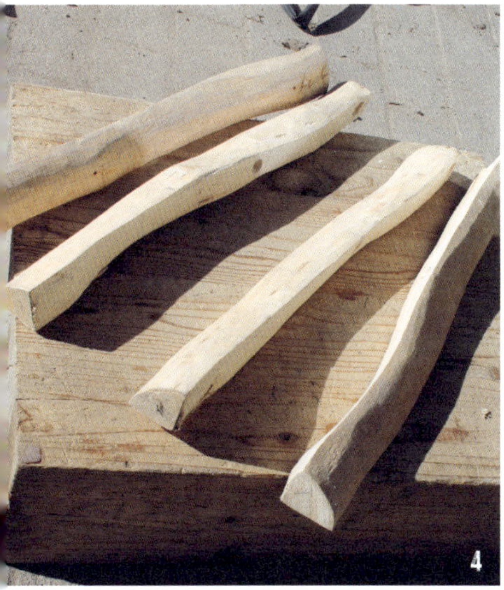

4

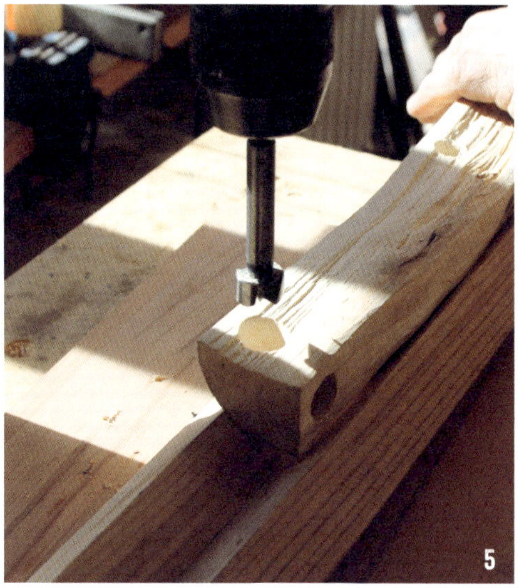

5

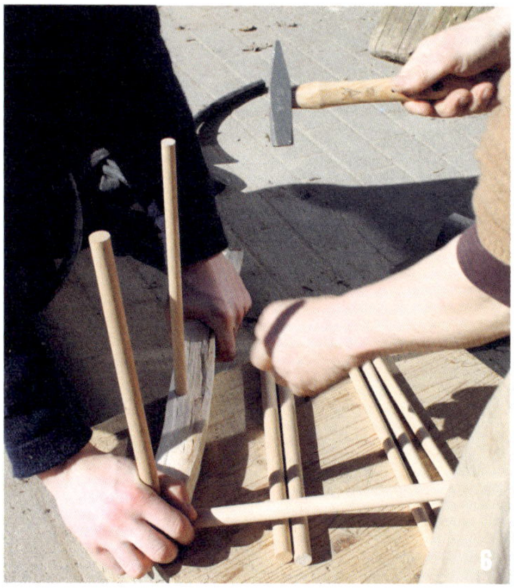

6

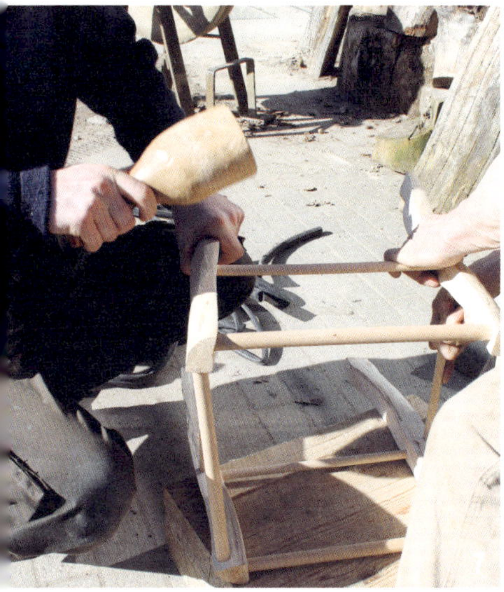

7

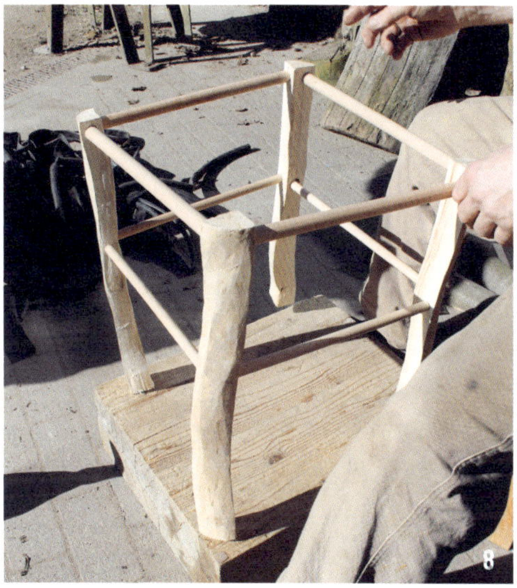

8

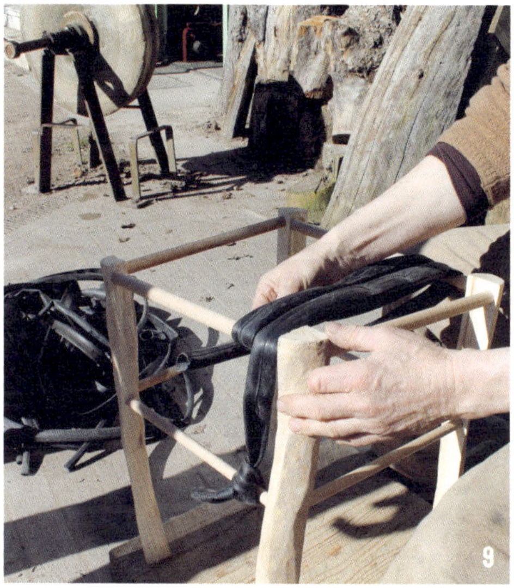

9

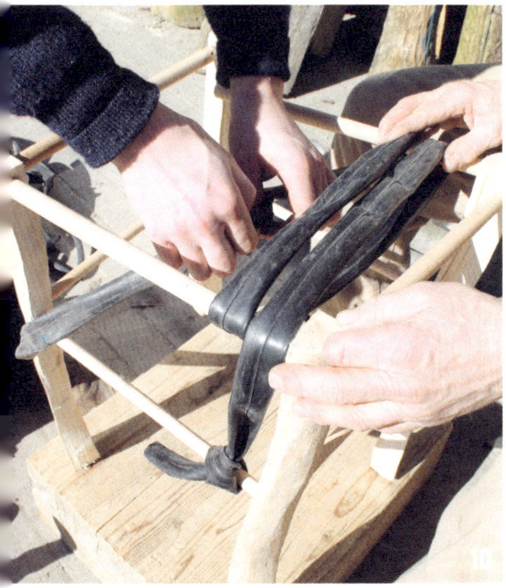

10

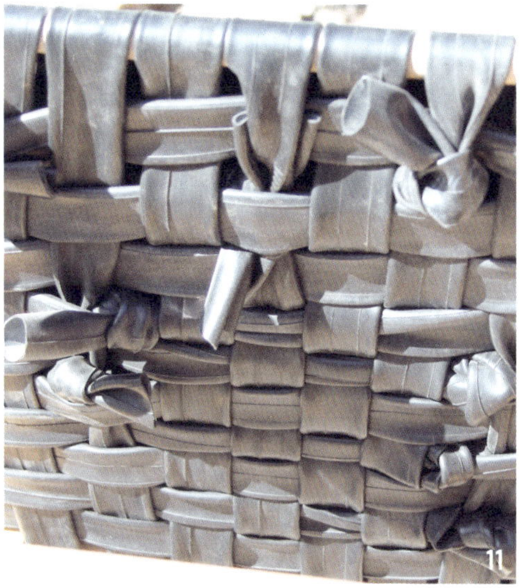

11

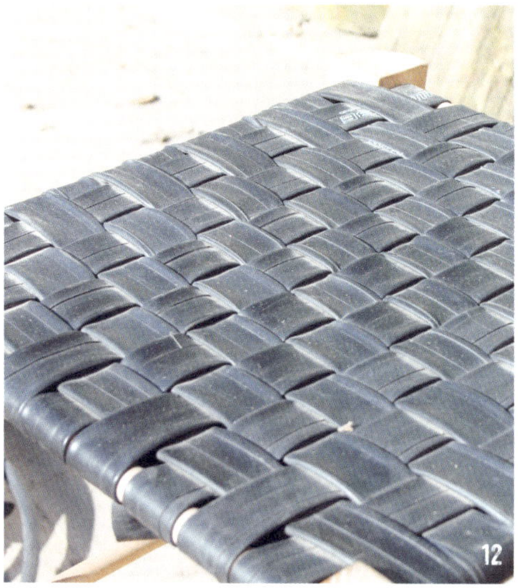

12

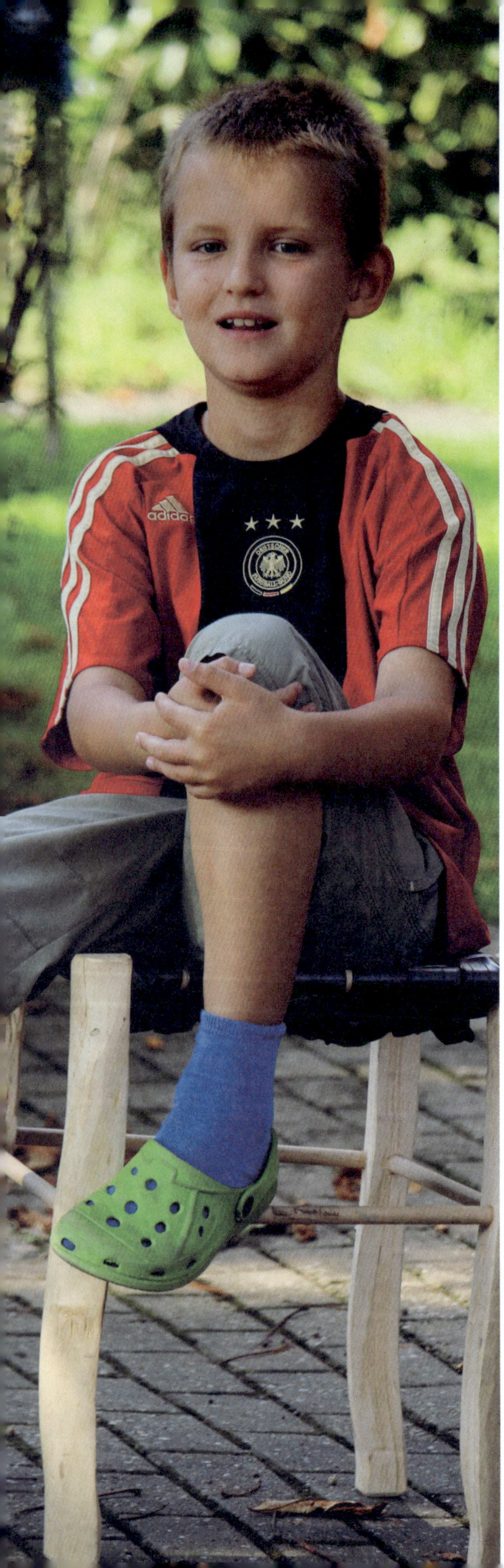

Nach einer Härtung von vierundzwanzig Stunden kann in kreuzweise gewebten Bahnen die Sitzfläche mit den aufgeschnittenen Fahrradschläuchen geflochten werden, wobei die Knoten bei deren Zusammenfügen unterhalb der Sitzfläche angelegt werden. ▸ Bild 9-12

Zum Schluss wird das Holz noch geölt, dann ist der Hocker gebrauchsfertig.

Früher hat man solche Stühle auch mit Binsen bespannt (sogenannte Worpsweder Möbel). Wer möchte, kann es auch mit einem starken Sisalbindegarn oder einem anderen Seil versuchen. (Siehe dazu die Anleitung bei Frank Egholm, *Das große Buch vom Schnitzen*, Verlag Freies Geistesleben, Stuttgart ³2018.) ■

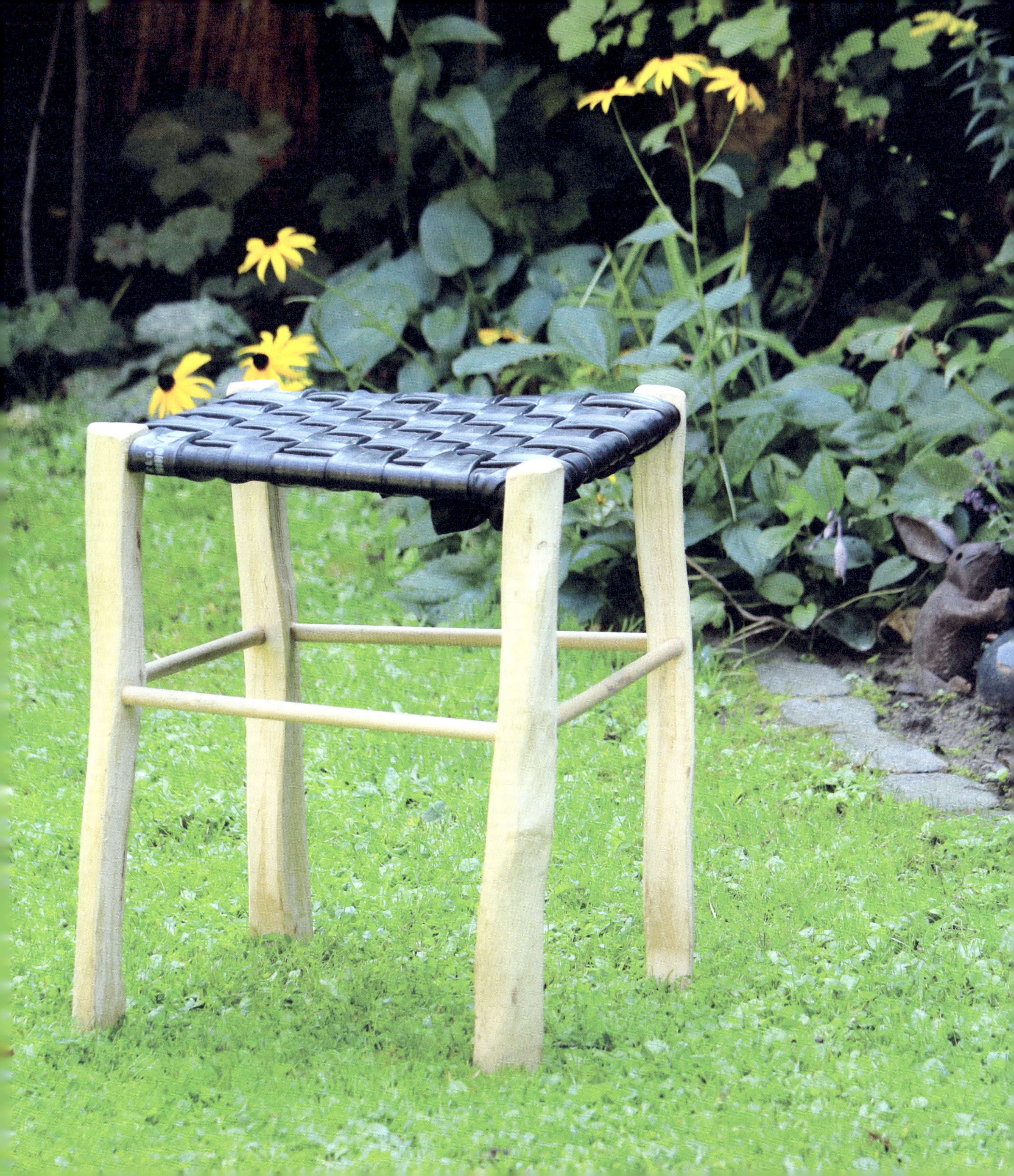

Bandpuzzle

Material

2 Holzstücke, ca. 10 x 10 x 1,5 cm | Band: 100 cm Kordel, Ø 3 mm | Leinöl

Werkzeug

Säge oder Laubsäge | Feile | Sandpapier | Bleistift | Bohrmaschine oder Handbohrer mit 10 mm und 5 mm

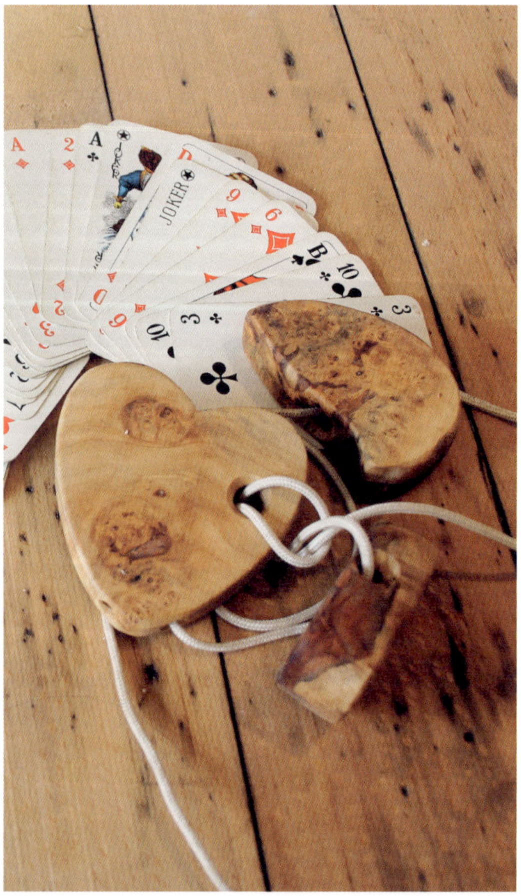

Bei vielen Menschen ist das Kniffeln eines Puzzles sehr beliebt. Darum soll im Folgenden die Herstellung eines Bandpuzzles beschrieben werden.

Man benötigt dazu zwei einfache Holzstücke. Wenn man sie mit der Laubsäge aussägen will, dürfen sie nicht zu dick sein. In unserem Beispiel wurden zwei besonders gemaserte Lindenstücke benutzt. Als Motiv bietet sich jedes Thema an, denn es hat mit der eigentlichen Aufgabe des Puzzles nichts zu tun. Auch die Größe ist frei wählbar. Die Puzzleaufgabe besteht nämlich nur darin, zwei zusammengehörige Teile durch geschicktes Umfädeln nebeneinanderzubringen. Dazu sind mehrere Löcher nötig, durch die das Band in bestimmter Weise gefädelt und dann verknotetet wird.

Auf die ausgewählten Hölzer wird mit dem Stift ein Entwurf gezeichnet. ▸ Bild 1

Mit einer Laubsäge müssen die Teile ausgesägt und dann mit Feile und Sandpapier geglättet werden. Eines der beiden Motivteile wird nun noch zusätzlich halbiert. Das sind die Teile, die später zusammengebracht werden müssen. Auch dieser Sägeschnitt wird sorgfältig geglättet. ▸ Bild 2-3

Das nicht getrennte Stück bekommt ein großes Loch von etwa 10 mm und ein Loch in Bandstärke. ▸ Bild 4

Die getrennten Paarteile erhalten ein gemeinsames, ineinander übergehendes Loch in Bandstärke, sodass sie sich am Band direkt nebeneinanderlegen lassen. ▸ Bild 5

Wenn man möchte, kann man die Teile auch noch farbig gestalten. In dem Beispiel wurde nur geölt und poliert, damit die schöne Maserung erhalten blieb. Jetzt wird das Band in der abgebildeten Weise eingefädelt und an den Enden verknotet. ▸ Bild 6-7

Durch geschicktes Führen der Kordel können die beiden getrennten Herzteile nebeneinandergebracht werden. ▸ Bild 8 ■

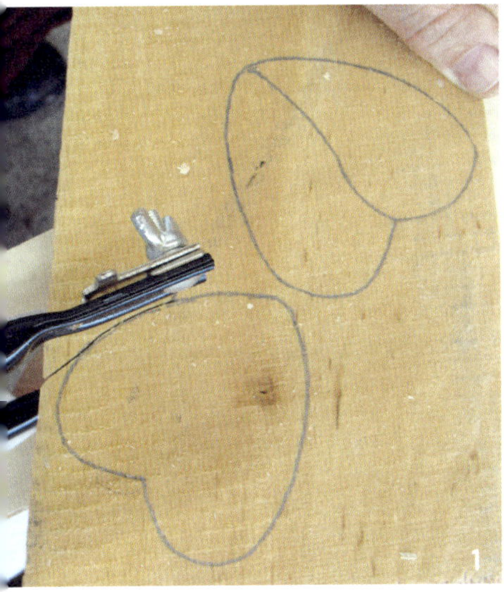
1

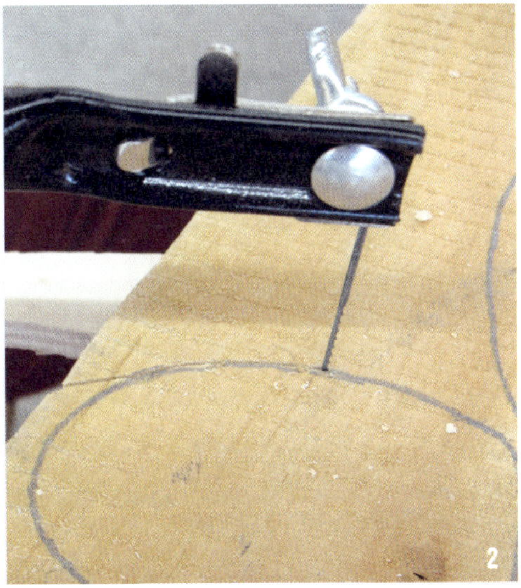
2

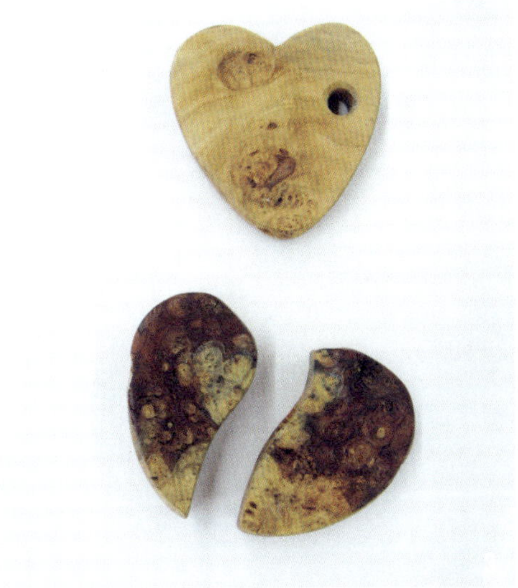

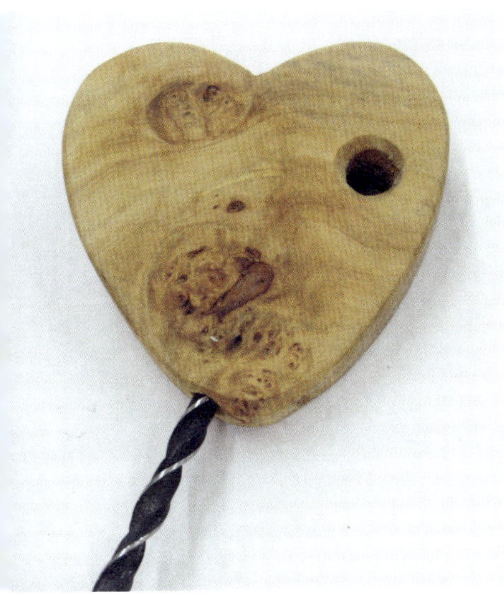

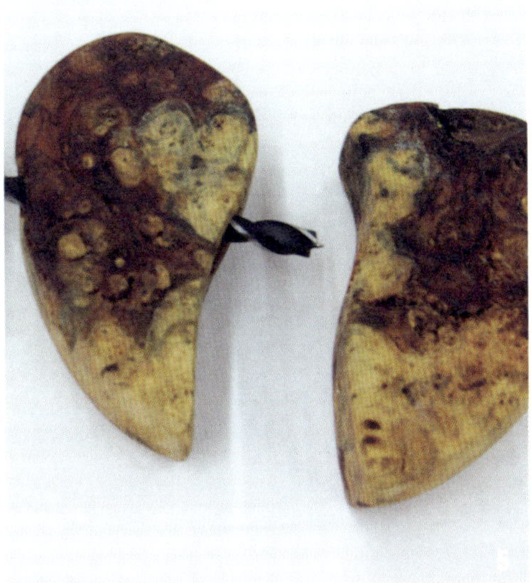

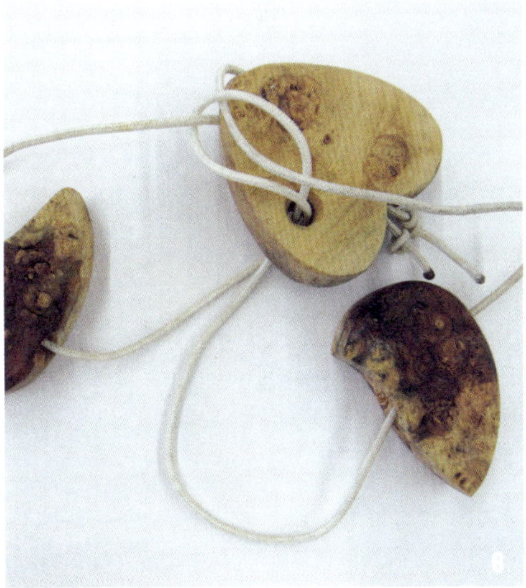
6

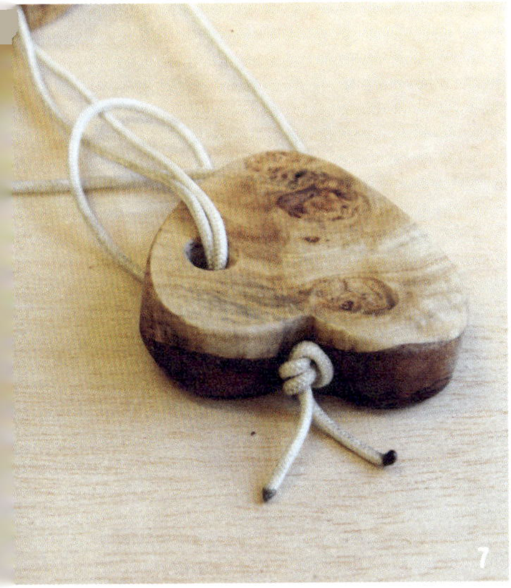
7

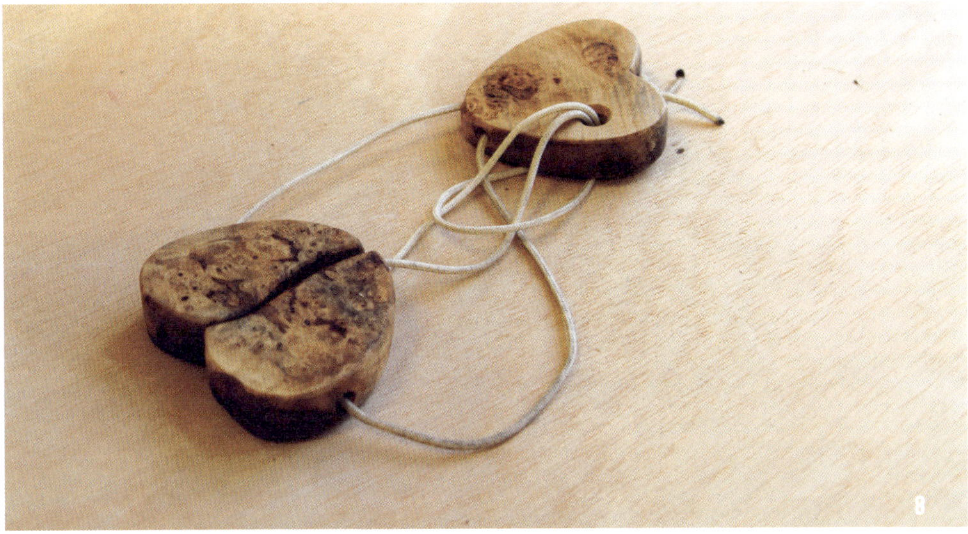
8

Material

Haselnusszweig, 100-120 cm lang, Ø 20-25 mm | Kordel oder Sehne, z.B. Maurerschnur

Werkzeug

Messer | Raspel

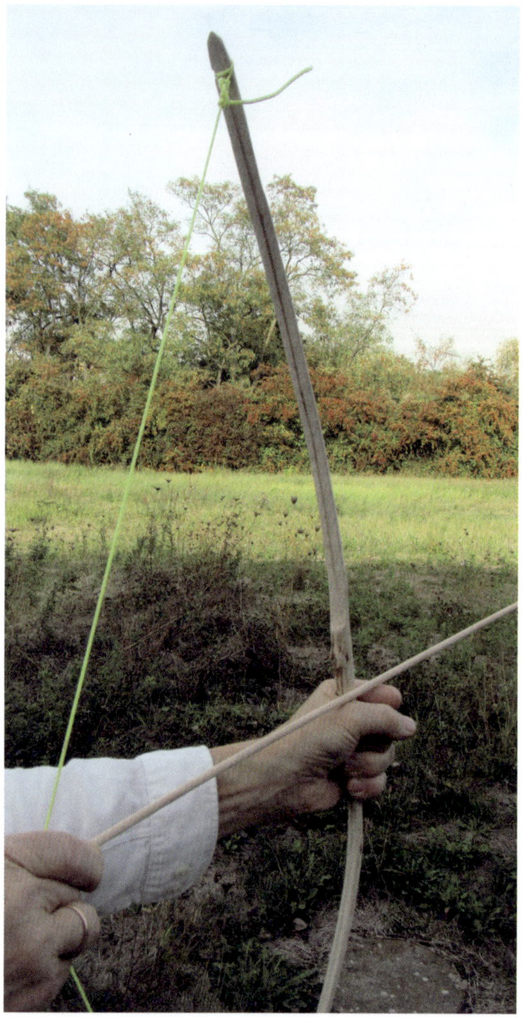

Einfacher Bogen

Es gibt die unterschiedlichsten Möglichkeiten, einen Bogen herzustellen. Die einfachste Form ergibt sich, wenn man einen passenden Haselnusszweig an den Enden einkerbt und dann eine Kordel spannt. Im noch nassen Zustand hat der Bogen dann allerdings nicht sonderlich viel Spannkraft. Dafür lässt er sich unterwegs relativ schnell und einfach herstellen und kann auch zum Zeitvertreib verwendet werden.

Kann man den Zweig erst noch trocknen lassen, erhöht sich die Spannkraft erheblich. Mit häufiger Nutzung wird jedoch auch ein solcher Bogen brüchig, weil das Holz sich innen stauchen und außen dehnen muss.

Besser ist folgende Methode: Im ersten Schritt wird vorsichtig sämtliche Rinde entfernt. Abschaben mit einem Messer ist die sicherste Methode, weil dabei die Gefahr der Faserverletzung am geringsten ist. Man schabt dabei sämtliche Wachstumsschichten bis auf das reine Holz weg. ▸Bild 1

Jetzt kann man an der Innenseite mit der Verdünnung des Bogens beginnen, indem man vom mittleren Griffstück gleichmäßig zum jeweiligen Bogenende arbeitet. Das geht mit dem Messer oder mit einer groben Raspel sehr gut. Zwischendurch lohnt es sich, die Biegemöglichkeit immer wieder zu überprüfen, damit man auf gar keinen Fall irgendwo zu dünn wird. ▸Bild 2

Hat der Bogen an beiden Armen bzw. Enden eine gleichmäßige Biegekraft, kann an den Enden die Kerbe für die Sehne angebracht werden. ▸Bild 3

Anschließend kann die Maurerschnur als Sehne gespannt werden. ▸Bild 4

Nun ist der Bogen bereit zum Schießen. ■

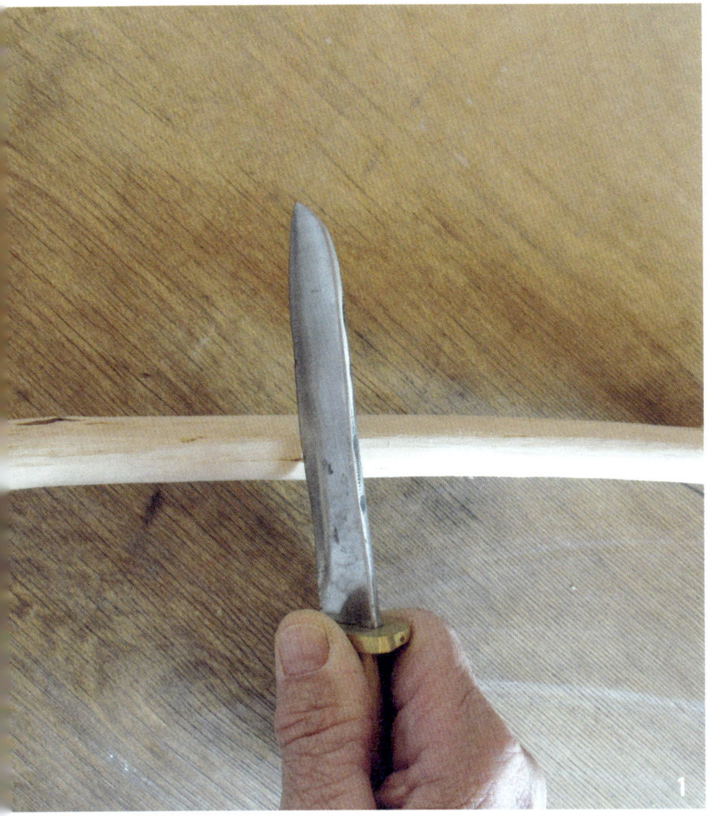
1

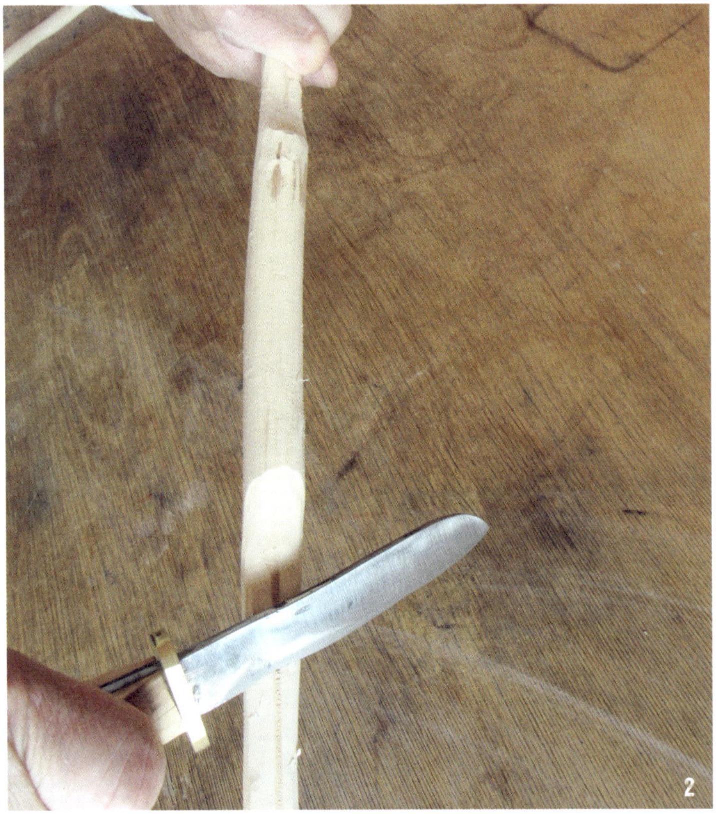
2

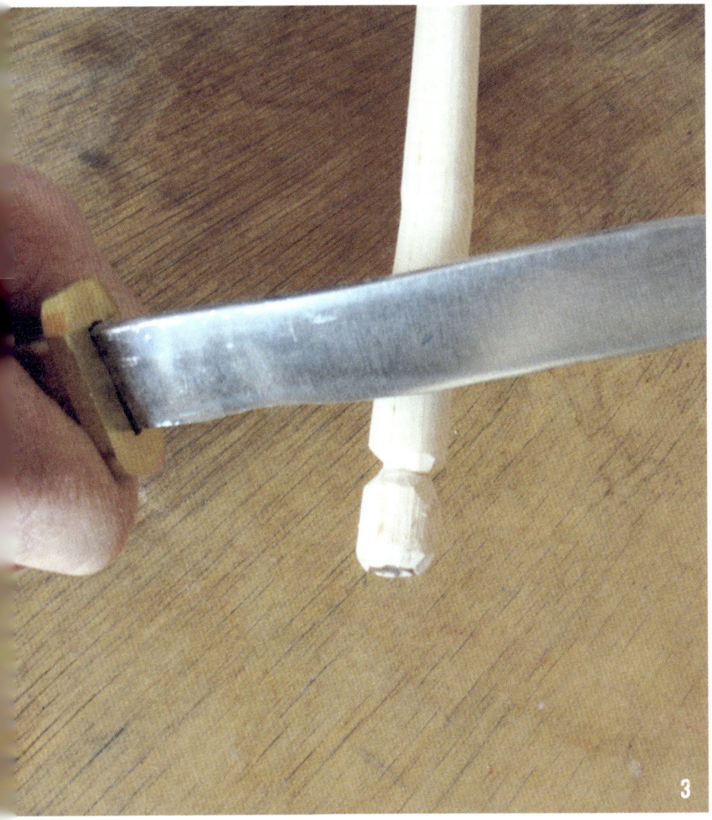
3

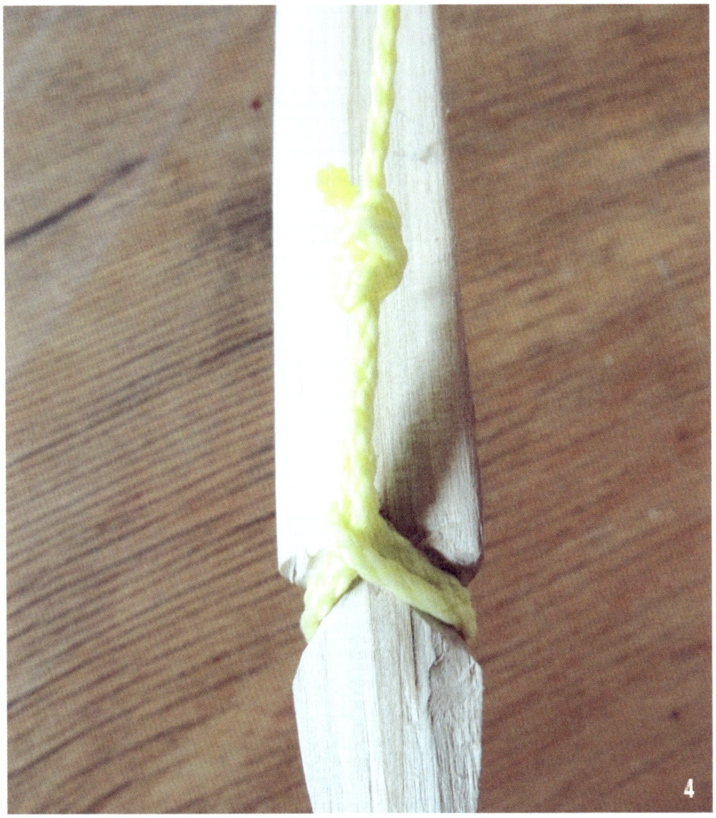
4

Recurvebogen

Material

Recurvebogen: Eschenholz, 55 x 9 x 4,2 cm | Federleisten von einem Lattenrost: 2 Leisten à 60 cm (4,2 cm breit), 2 Leisten à 30 cm (4,2 cm breit) | Messingblech 1,2 mm oder nichtrostendes Schutzblech vom Fahrrad, 2 x 50 cm | 8 Torxschrauben 2,5 x 1,5 | 2 NiRo- oder Messingschloss-schrauben 8 x 70 | 2 Hutmuttern oder Flügelmuttern 8 mm | 2 Unterlegscheiben 8 mm | ca. 2 m von der Litze einer Motorsense (aus einem Garten-baubetrieb) oder 12 m Leinen-faden (vom Schuster) | Klarlack oder Öl

Pfeile: 1 Rundholz 6 mm oder 8 mm (vom Baumarkt), je Pfeil 50 cm lang | Federn von Flügeln (Huhn, Ente, Gans)

Werkzeug

Fuchsschwanz | Raspel | Sandpapier | Bohrer 8 mm, 6 mm, 2 mm | Pinsel

Eine ganz andere Bogenart ist erforderlich, wenn man ein wettkampfmäßiges Schießen üben möchte. Die dafür verwendeten Bögen nennen sich Recurvebögen; sie sind aus einem Korpus und anschraubbaren Wurfarmen zusammengesetzt.

Den *Korpus* stellt man am besten aus Eschenholz her. Andere schöne Hölzer gehen jedoch auch. Die weiteren Materialien, die man benötigt, sind links aufgeführt.

Entsprechend dem Foto 1 überträgt man die Form auf das Holz und sägt den Korpus aus. ▸ Bild 1-3

Auch die seitlichen Ausbuchtungen lassen sich grob aussägen; das geht schneller, als wenn man alles raspelt. ▸ Bild 4

Die genaue und feine Ausformung erfolgt mit Raspel, Feile und Sandpapier. ▸ Bild 5

Wenn alles gefeilt oder geschmirgelt ist, kann man das Holz entweder ölen oder lackieren.

Aus einem 1,2 mm dicken Stück Messingblech oder Fahrradschutzblech wird nun eine Führungsschiene gebogen und mit vier kleinen Schrauben (2,5 x 1,5) an den beiden Enden des Bogens fixiert. Jetzt kann von oben das Loch für die beiden Schlossschrauben gebohrt werden. ▸ Bild 6-8

Geeignete *Wurfarme* lassen sich mithilfe von Buchenholzleisten eines ausgedienten Lattenrostes herstellen. Dazu legt man zwei Latten übereinander, von denen die äußere 60 cm ist, die innere Lage nur etwa halb so lang. Sie werden auf 4,2 cm Breite zugesägt und dann geschmirgelt. Anschließend werden sie mit einer Leinenschnur (vom Schuster erhältlich) an zwei Stellen stramm aneinandergebunden. ▸ Bild 9

Seitlich wird mit einem 6 mm dicken Rundholz eine Pfeilauflage angebracht. ▸ Bild 10

▷

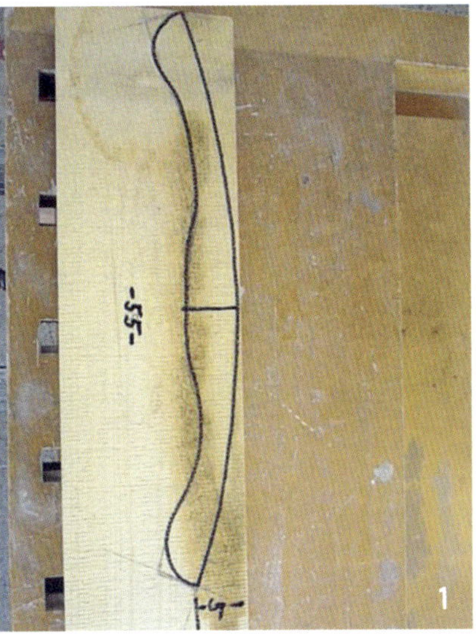

1

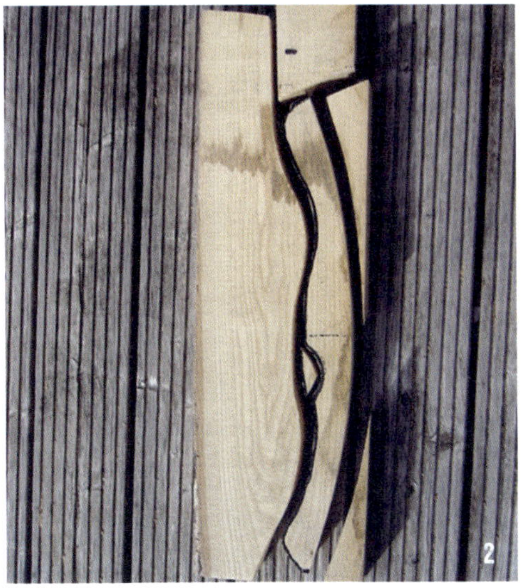
2

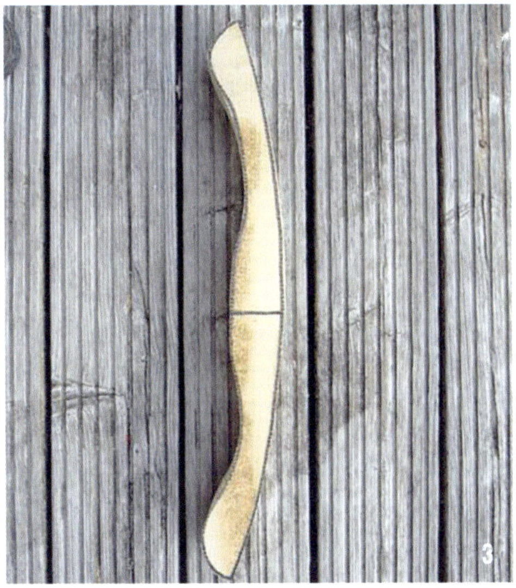
3

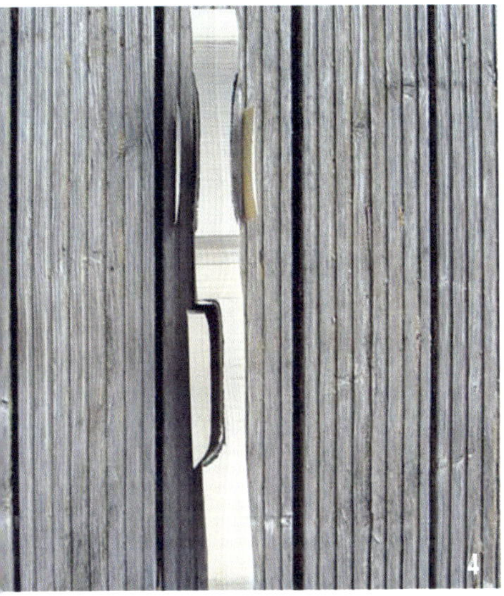
4

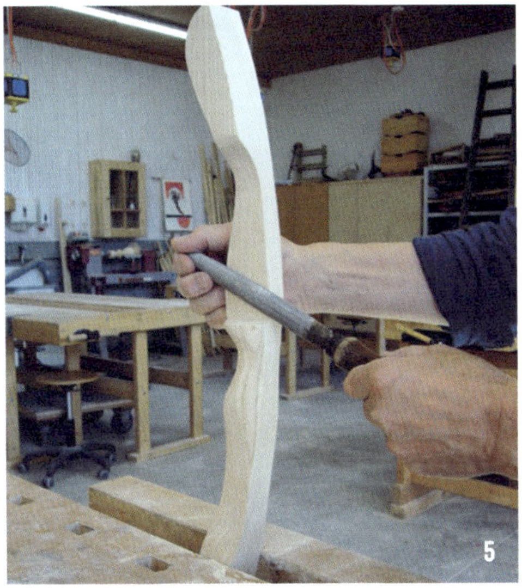
5

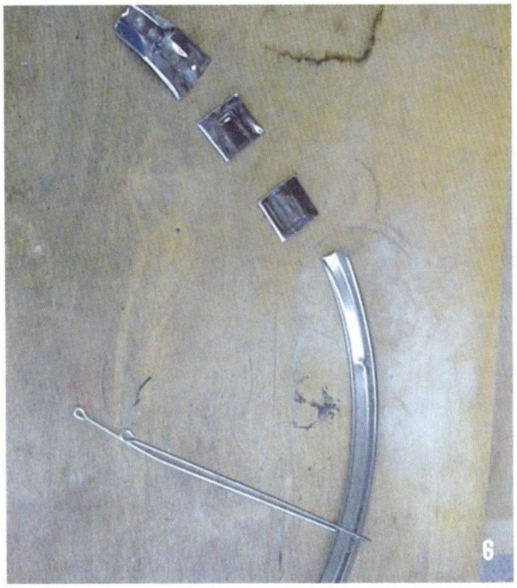
6

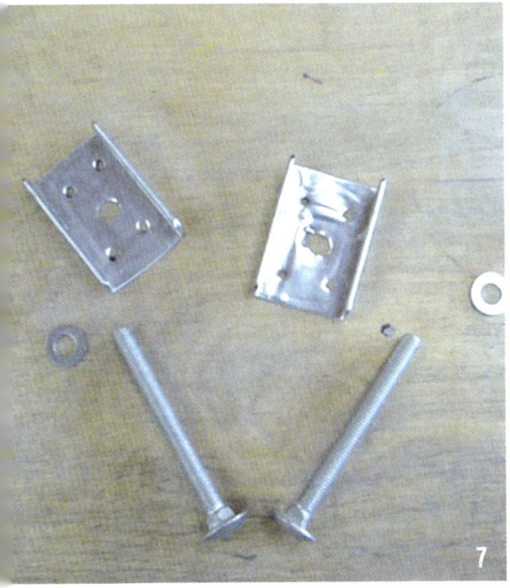
7

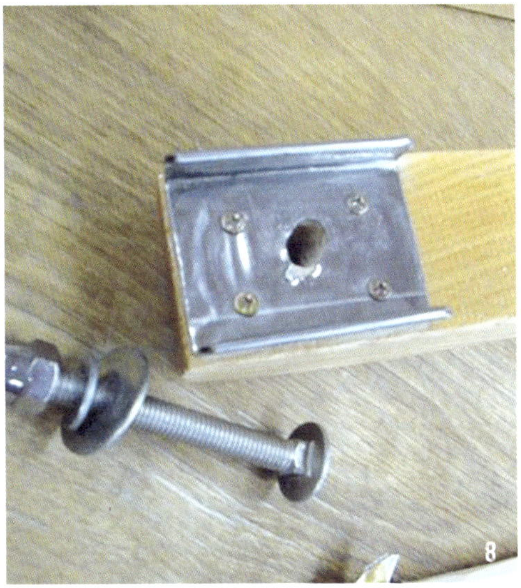
8

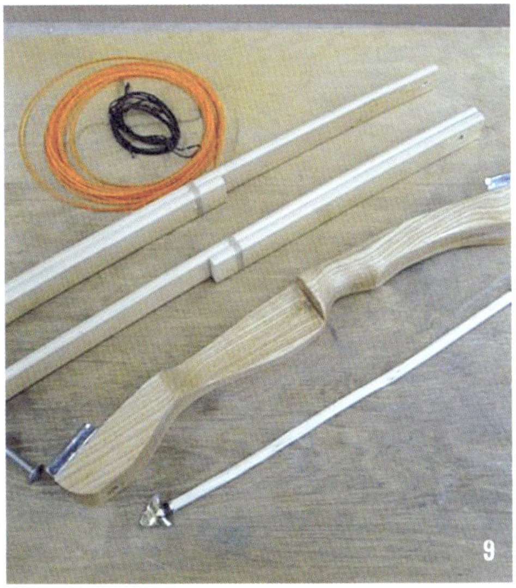
9

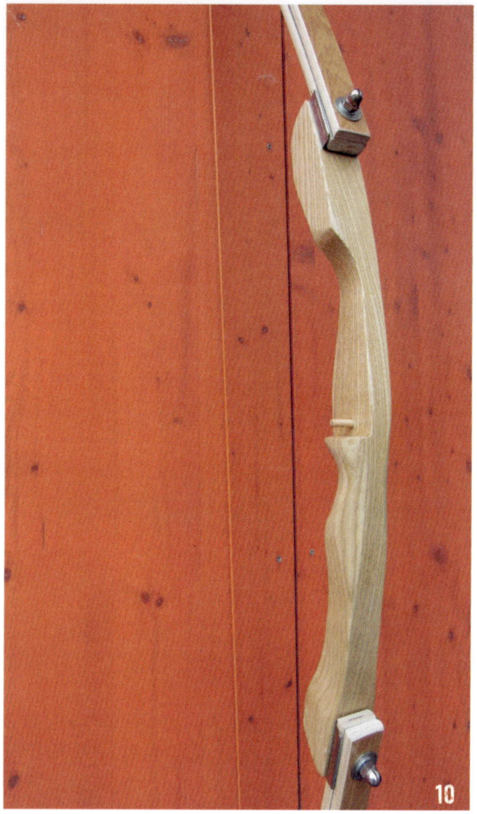
10

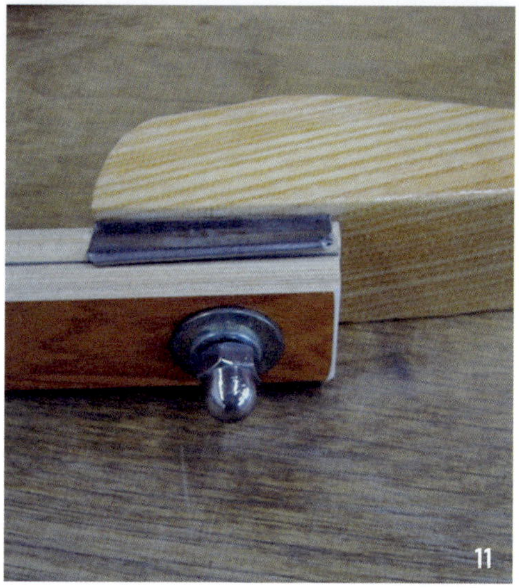
11

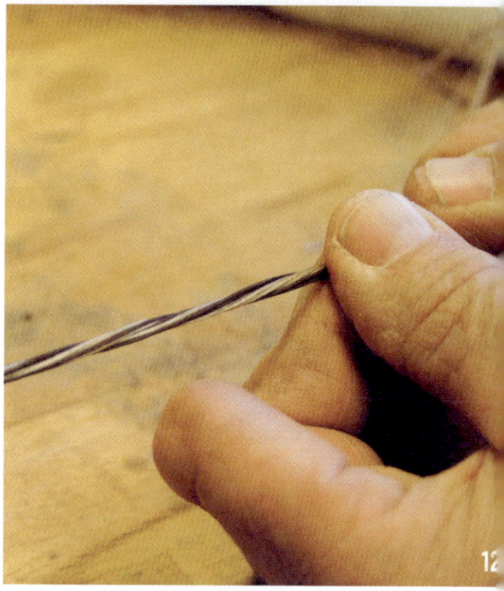
12

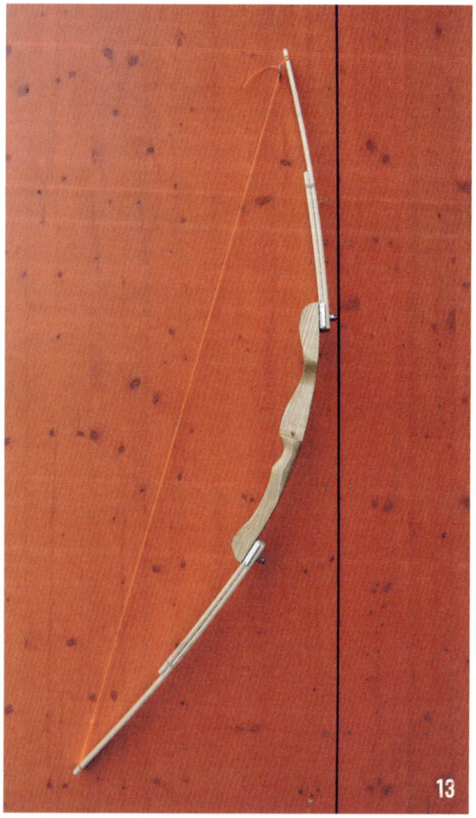
13

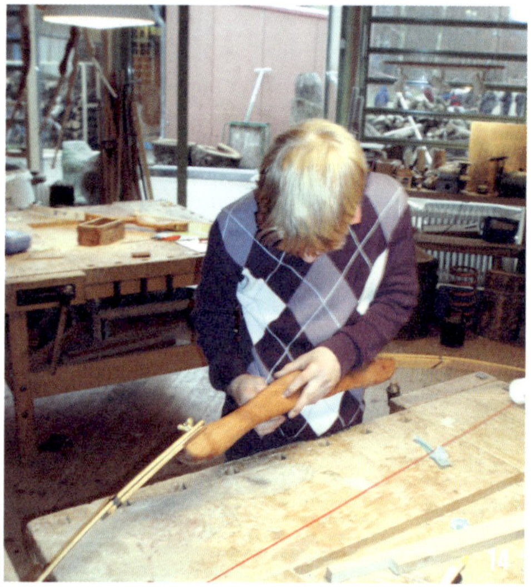
14

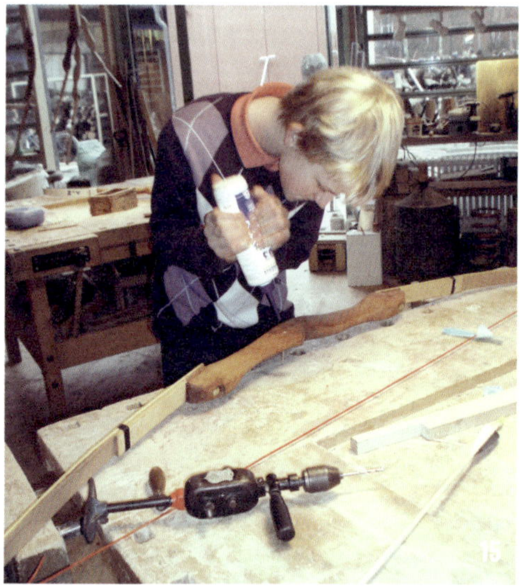
15

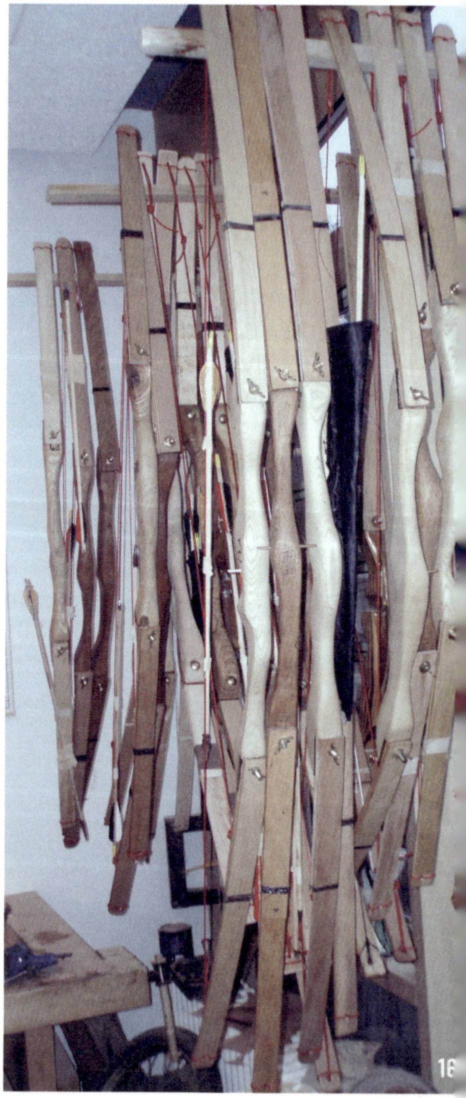
16

Wenn man die Kordel mit Holzleim bestreicht, hält sie sich gut an der vorgesehenen Stelle. Schließlich legt man die Wurfarme in die Führungsschiene und bohrt an der vorher angelegten Stelle ein ebenfalls 8 mm großes Loch von unten hindurch.

Mit einer Messing- oder NiRo-Schlossschraube, einer Unterlegscheibe und einer Flügelmutter oder einer Hutmutter lassen sich die Wurfarme am Korpus anschrauben. ▸ Bild 10-11

An der Spitze der Wurfarme kann an einem mittig gebohrten Loch die Sehne angebracht werden. Als Sehne hat sich die Litze einer Motorsense gut bewährt. ▸ Bild 9

Eine gedrehte Sehne aus gewachstem Leinen ist ebenfalls gut. ▸ Bild 12

Nachdem wir das Holz schließlich noch mit Klarlack oder mit Leinöl präpariert haben, ist unser selbst gebauter Recurvebogen fertig. ▸ Bild 13-16

Wenn die oben angegebenen Maße eingehalten worden sind, kann auf dem Korpus auch ein Wurfarm aus Glasfaser angeschraubt werden (siehe das Foto auf S. 93). Ob nun mit selbst hergestellten Wurfarmen oder mit Wurfarmen aus Glasfaser – mit solch einem Bogen kann man sich gut auf ein wettkampfmäßiges Schießen vorbereiten. ▸ Bild 17-18

▷

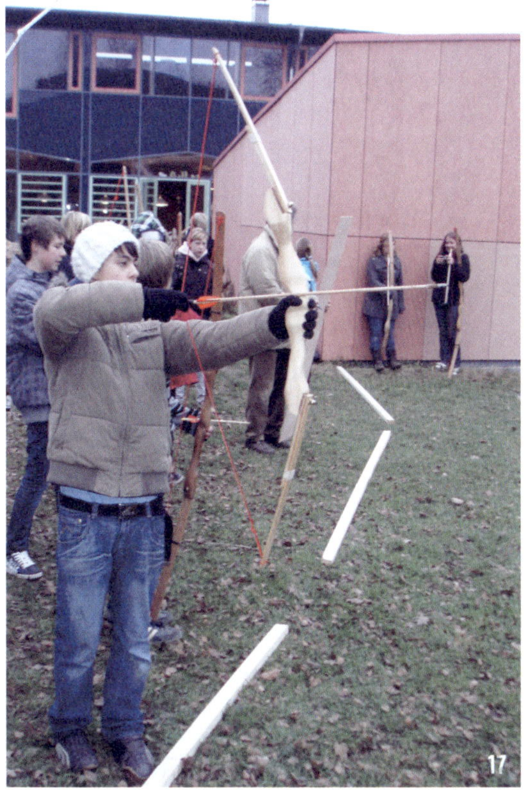
17

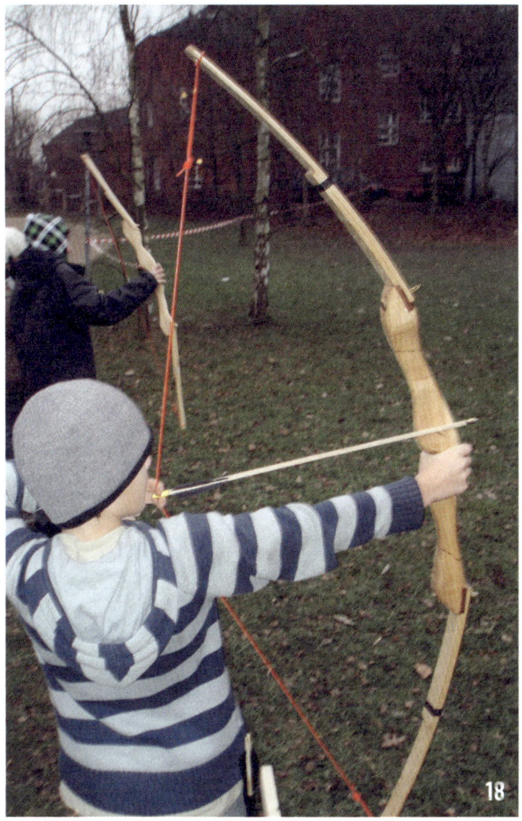
18

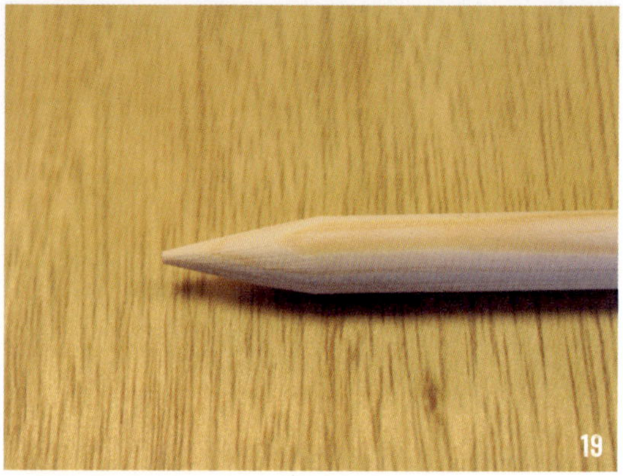

19

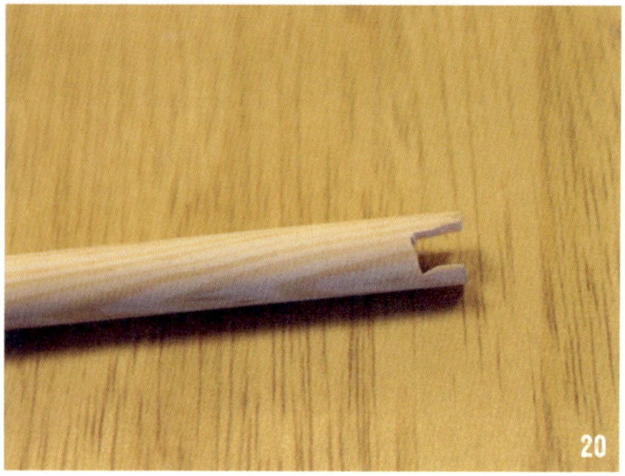

20

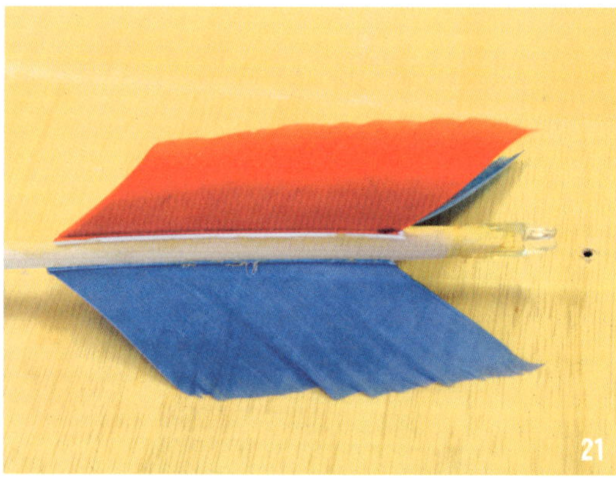

21

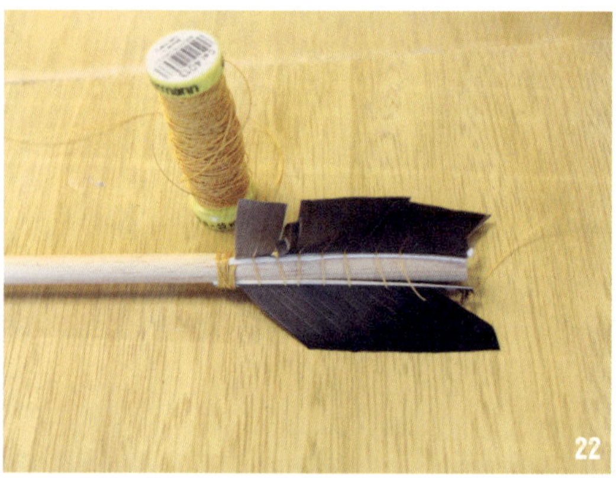

22

Pfeile

Als Pfeile lassen sich gerade und angespitzte Rundhölzer vom Baumarkt (Durchmesser 6 oder 8 mm) verwenden. Die Länge eines Pfeils beträgt etwa 50 cm. Er wird vorne angespitzt und am Ende mit einer Kerbe für die Sehne versehen. ▸ Bild 19-20

Noch besser fliegen die Pfeile, wenn sie am gekerbten Ende mit drei Federstücken (Huhn-, Enten- oder Gänsefeder) beklebt oder die Federstücke mit Nähgarn fest umwickelt werden. ▸ Bild 21-22 ■

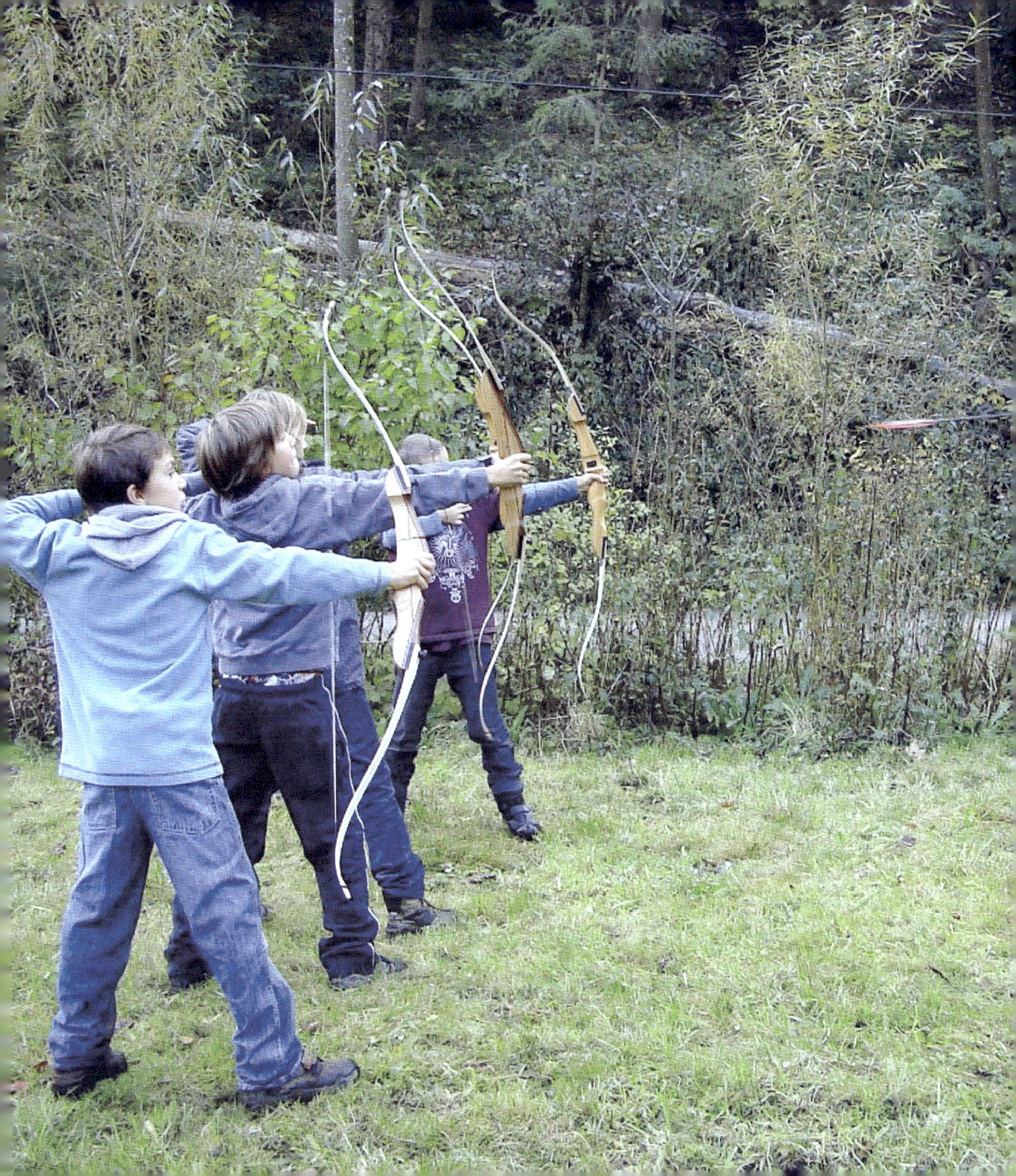

Handfeger und Schaufel

Material

Variante 1 (Handset): Sperrholz (23 x 23 cm, 5 mm dick) | Massivholz (60 x 12 cm, 3 cm dick) | 1 Stück altes Schiffstau oder Bindegarn aus Sisal | 4 Holzdübel (Ø 10 mm) | Holzleim | Leinöl

Variante 2 (Besen und Schaufel mit langem Griff): zusätzlich 1 Besenstiel, mind. 150 cm Länge

Werkzeug

Säge | Raspel | Feile | Sandpapier | Bohrer (Ø 6 mm und 10 mm) | für Variante 2: Forstnerbohrer in Besenstielstärke | spitzer Holzspan o.Ä. | große Schere | Bleistift | Dübellehren

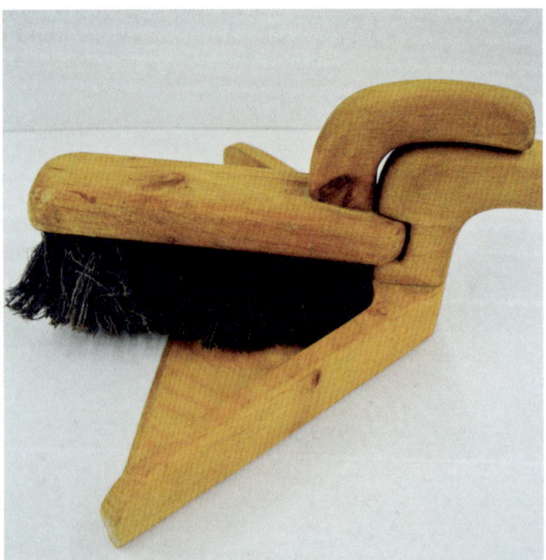

Eine interessantes Projekt ist das Herstellen von Handfeger und Schaufel aus Holz. Man benötigt dafür ein Stück Sperrholz und ein Stück Massivholz in den links angegebenen Maßen. Für die Borsten eignet sich ein Stück altes Schiffstau oder Bindegarn aus Sisal vom Bauern. Vier zehn Millimeter dicke Holzdübel (und entsprechende Dübellehren) sind für das kleine Handset erforderlich. Soll der Besen einen langen Griff bekommen (Variante 2), braucht man noch einen Besenstiel aus Holz.

Variante 1: Handset

Im ersten Schritt wird ein 25 x 5 cm großes Stück aus dem Massivholz ausgesägt.

Bei dem kleinen Handset lässt man an einer Seite ein ca. 5 cm großes Stück für den Griff frei. Die restliche Fläche teilt man in Längsrichtung in vier gleich große Streifen ein. Jeweils sieben Punkte werden versetzt auf den Streifen angezeichnet. ▸Bild 1

Für das Set mit dem langen Stiel (siehe Variante 2) können die Löcher bis an den Rand gehen; es ist also Platz für mehr Löcher in einer Reihe.

An den markierten Stellen wird jeweils ein Loch von 6 mm Durchmesser und einer Tiefe von 20 mm gebohrt. Damit man nicht aus Versehen durchbohrt, markiert man sich am Bohrer mit einem Klebestreifen die gewünschte Tiefe. ▸Bild 2-3

Jetzt schneidet man sich etwa 15 cm lange Borstenstücke aus dem alten Seil. ▸Bild 4

Immer drei dieser Streifen werden nebeneinandergelegt, einmal in der Mitte scharf geknickt und mit Leim in jeweils eines der Löcher geklebt. ▸Bild 5-7

Mit einem spitzen Holzspan kann man dafür sorgen, dass die Borsten auch wirklich tief genug im Loch verankert sind. ▸Bild 8

▷

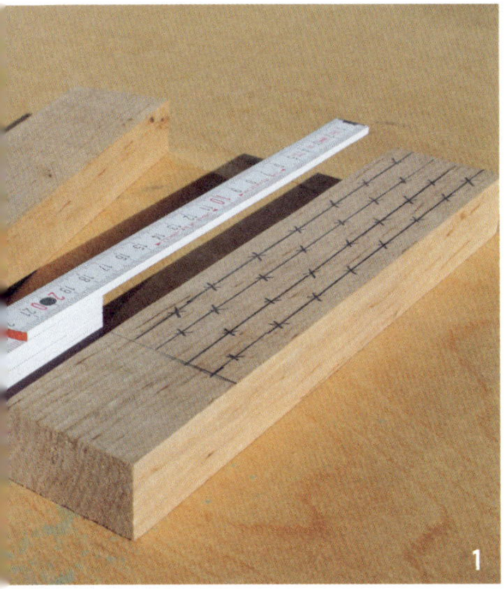
1

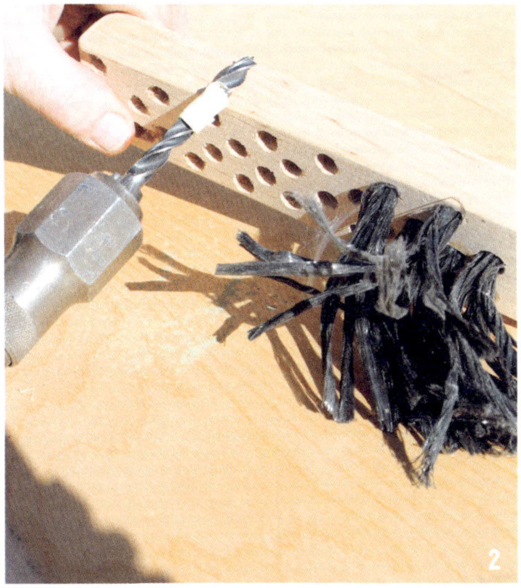
2

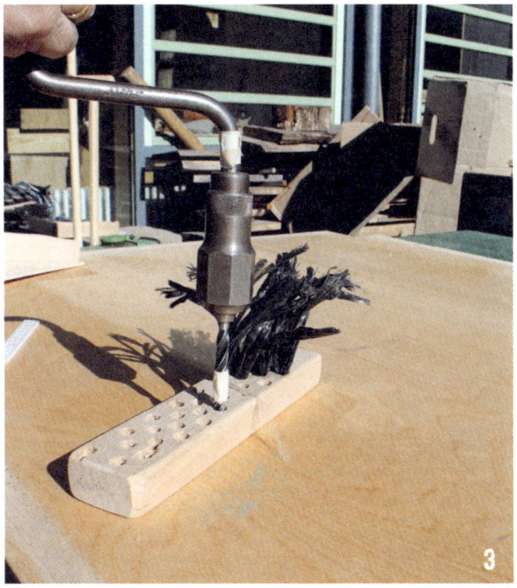
3

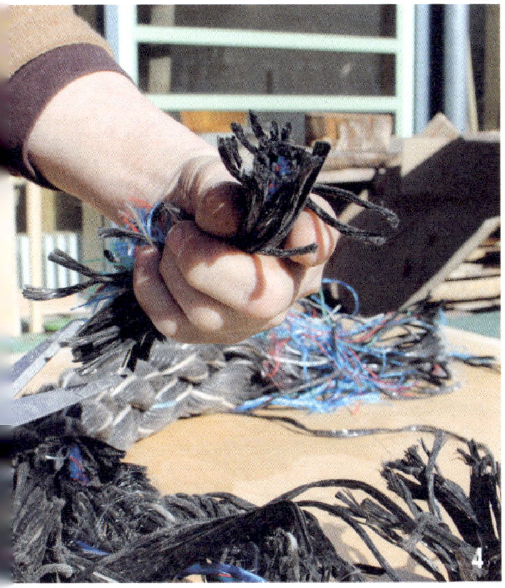
4

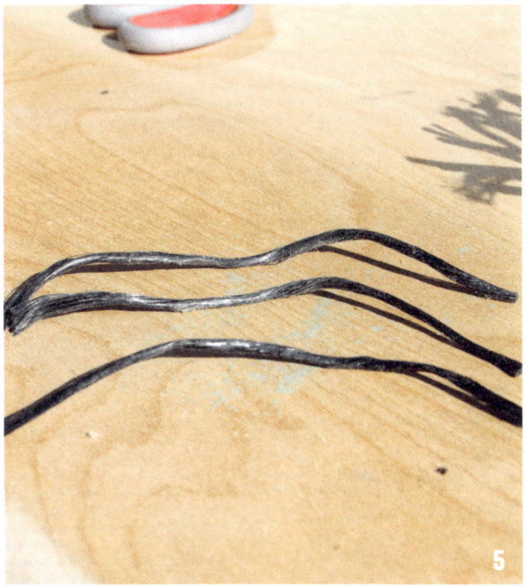
5

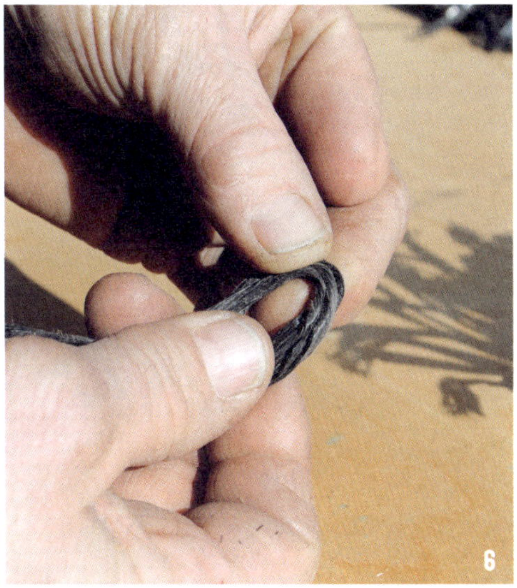
6

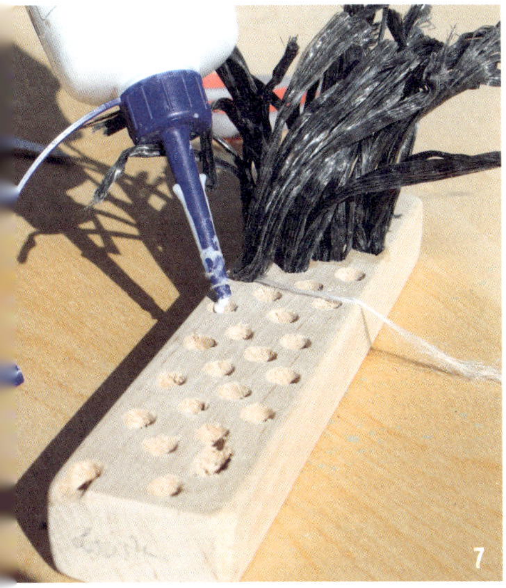
7

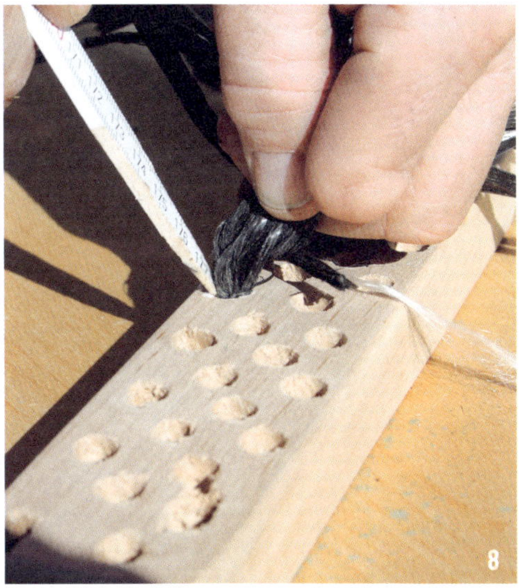
8

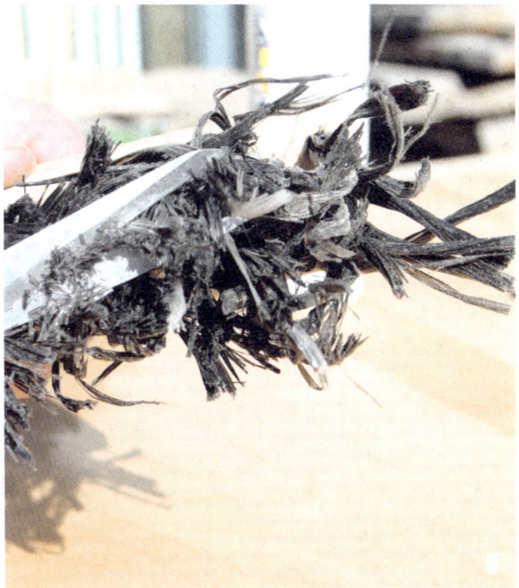

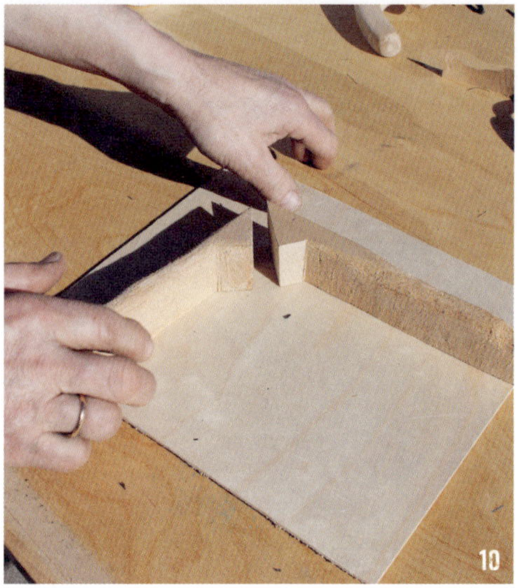
10

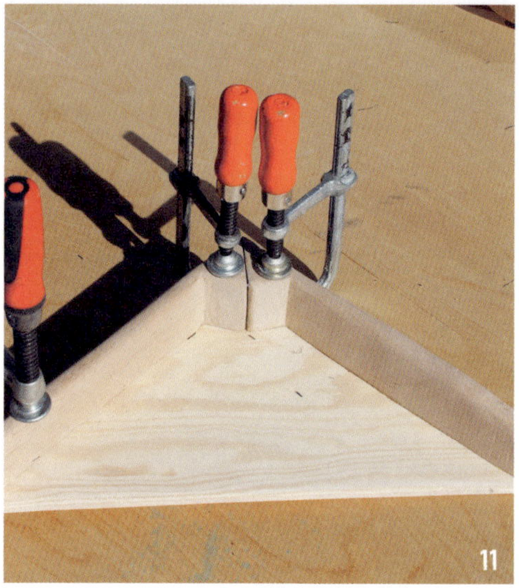
11

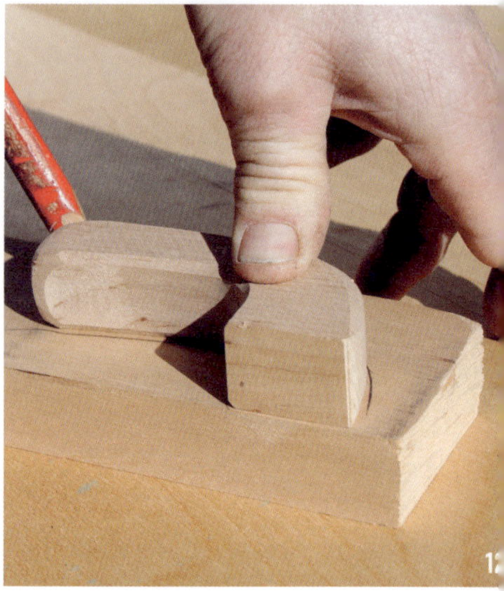
1

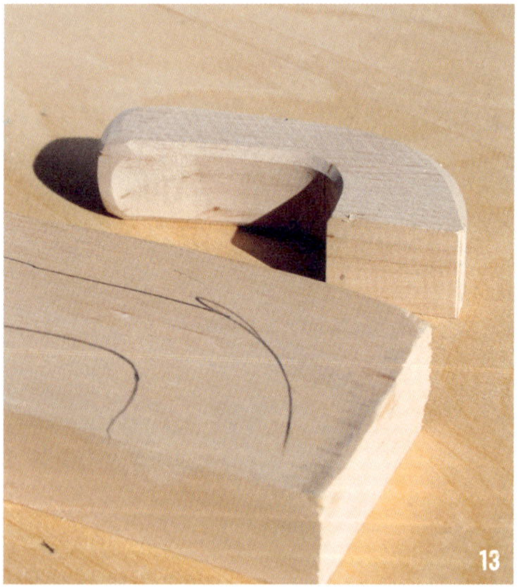
13

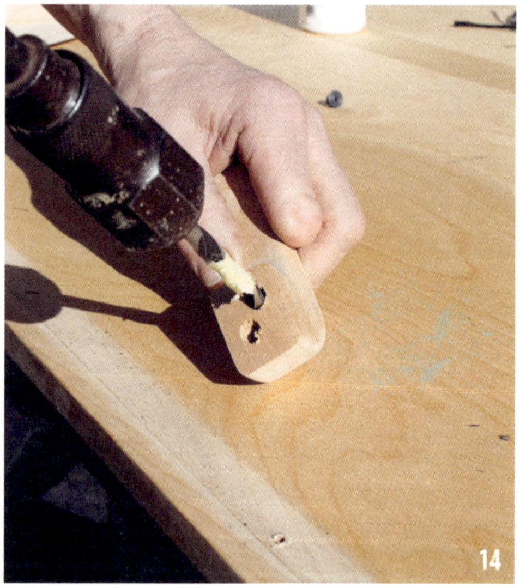
14

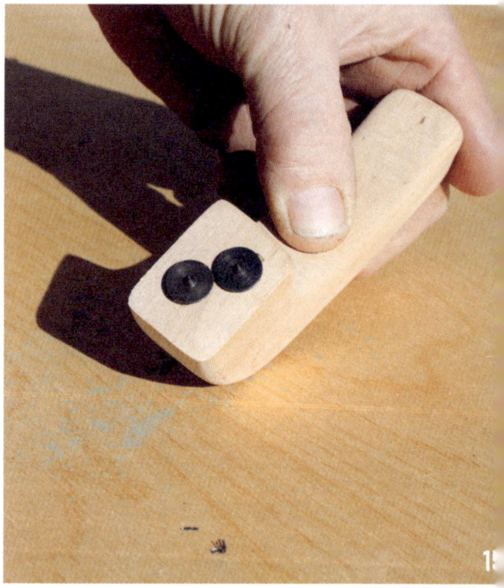
1

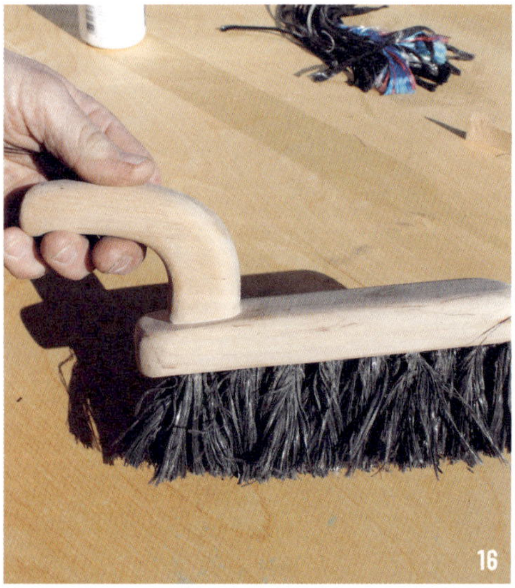
16

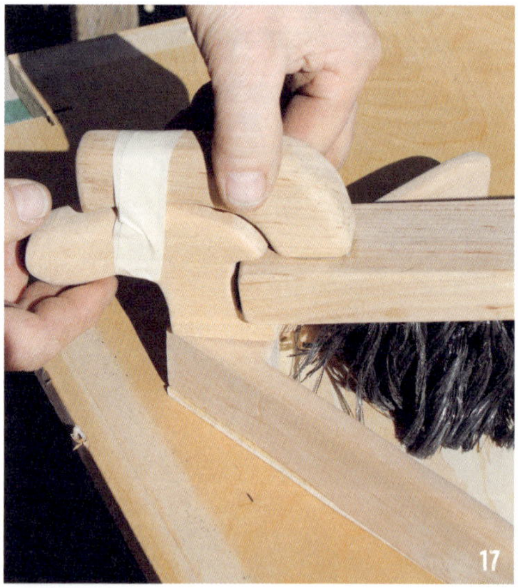
17

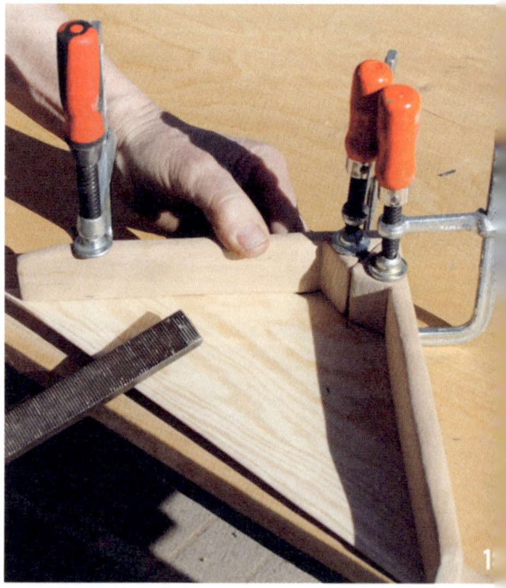
1

Nach dem Trocknen des Leims können die Borstenstücke auf die gewünschte Länge geschnitten werden. ▸ Bild 9

Mithilfe einer Feinsäge halbiert man die quadratische Sperrholzplatte. Man benötigt nur eines der beiden gleichseitigen Dreiecke. Aus zwei 3 cm breiten Massivholzstreifen werden die Seitenstücke der Schaufel ausgesägt. In der Mitte müssen sie mit 90 Grad genau aneinanderpassen.

Dort muss so viel Holz zur Verfügung stehen, dass der Griff der Schaufel von oben genügend Fläche zum Anleimen hat. Die sonstige Gestaltung kann nach eigenem Geschmack ausgeführt werden. ▸ Bild 10

Beide Teile werden nun gut auf dem Sperrholzdreieck angeleimt. ▸ Bild 11

Für die beiden Griffe zeichnet man die zusammenpassenden Umrisse auf das Massivholz auf und sägt sie sorgfältig aus. ▸ Bild 12-13, 16-17

Mithilfe von Dübellehren werden passende Löcher für die Dübel gebohrt. ▸ Bild 14-15

Es ist sinnvoll, erst den Griff auf die Schaufel zu leimen und den Griff des Handfegers in der Position abzustimmen, damit beide hinterher auch ineinanderpassen. ▸ Bild 17

Vor dem letzten Oberflächenschliff muss am vorderen Rand der Schaufel noch eine Schrägung geraspelt werden, damit sich der zusammengefegte Schmutz dann auch auf die Schaufel fegen lässt. ▸ Bild 18

Variante 2: Besen und Schaufel mit langem Griff

Bei einem Besen-und-Schaufel-Set mit langen Stielen sind die Arbeitsabläufe die gleichen. Nur gehen beim Besen die Borsten bis an den Rand, wie bereits auf S. 94 erwähnt. Außerdem sägt man den Besenstiel auf die gewünschte Länge der beiden Griffe; in unserem Beispiel sind es 65 und 85 cm.

▷

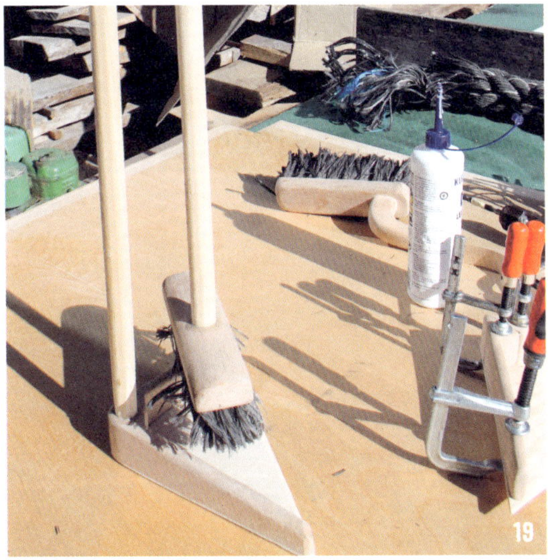

19

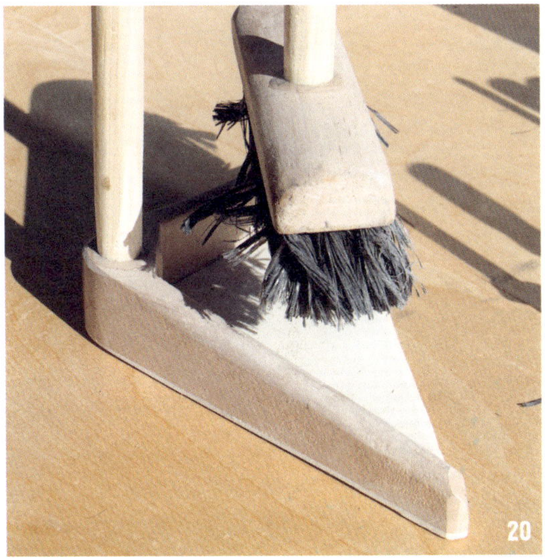

20

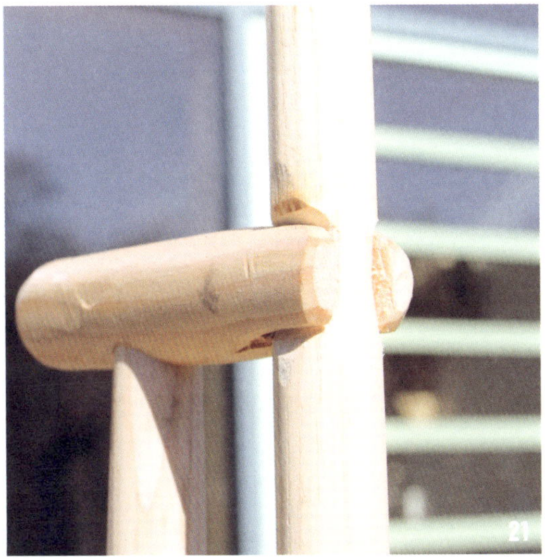

21

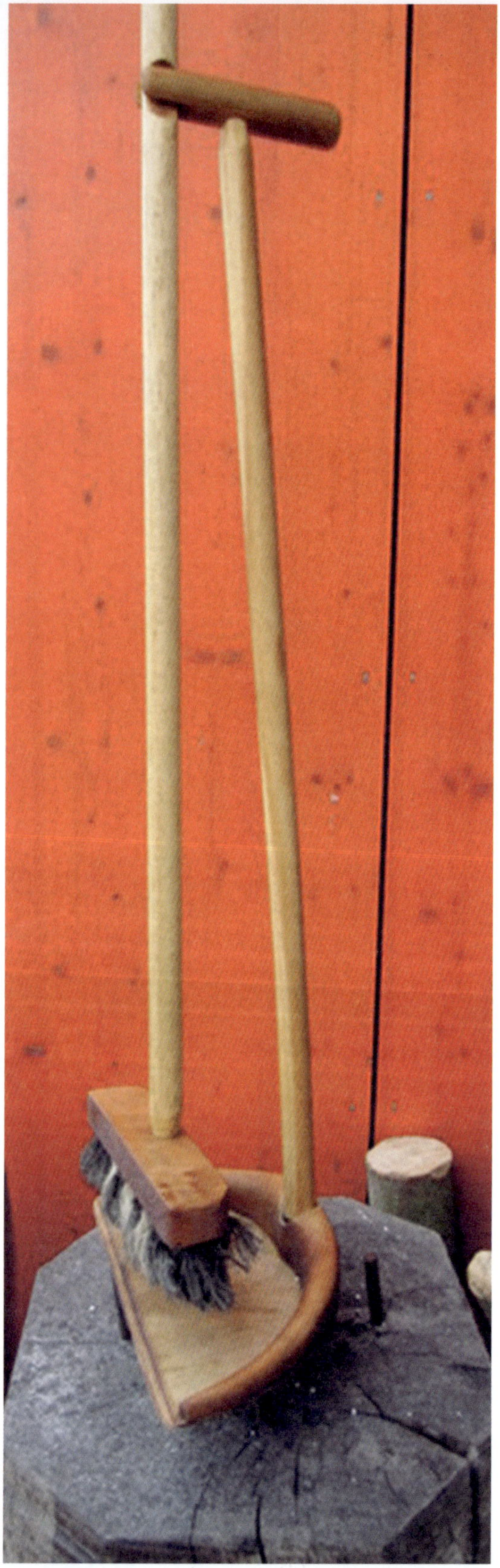

Auf der Oberseite der Bürste und der Schaufel bringt man jeweils ein Loch in der Dicke des Stiels an und leimt ihn dort ein. ▸ Bild 19-20

Wer möchte, kann auch noch mithilfe eines geschlitzten Querholzes eine zusammenführende Steckverbindung am oberen Ende herstellen. ▸ Bild 21

Fertig geschliffen und geölt, können beide Sets im täglichen Einsatz ihren Platz einnehmen. Das links abgebildete Besenset mit langen Stielen wird auch nach vielen Jahren noch regelmäßig benutzt und hat durch den täglichen Gebrauch seinen eigenen Charme entwickelt. ■

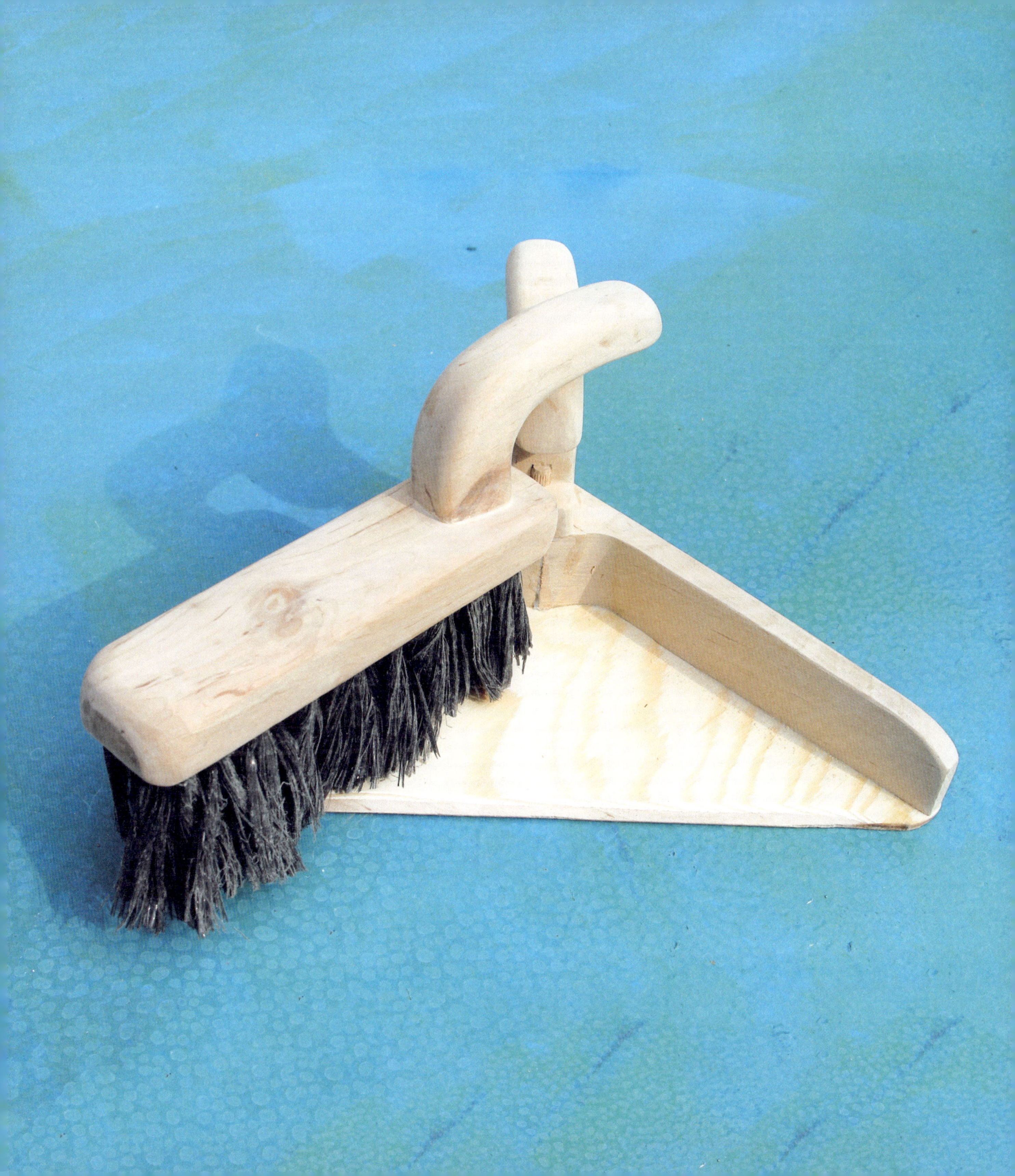

Material

Holzstab (70 cm lang, Ø 5 cm | 1 Konservendose | 1 Hartholzstäbchen, 10 cm lang (in **Variante 1**: Hartholzklötzchen) | 2 Holzschrauben 5 x 50 | 2 Holzschrauben 3 x 25 | 2 Drähte oder Gitarrensaiten (**Variante 1**: nur 1 Draht bzw. 1 Gitarrensaite) | **Variante 2**: hohle Kokosnuss

Werkzeug

Säge | Raspel | Feile | 3mm-Bohrer | Schraubendreher | Holzspan

Dosengeige

Mit wenigen Mitteln und einem überschaubaren Arbeitsaufwand lässt sich ein einfaches Zupf- oder Streichinstrument herstellen. Man benötigt dafür nur einen Holzstab, eine Konservendose, ein Hartholzstäbchen, vier Holzschrauben und zwei Drähte oder Gitarrensaiten. ▸ Bild 1, 4

Variante 1: Statt mit zwei Saiten kann man die Dosengeige auch mit nur einer Saite bauen. ▸ Bild 2-3

Variante 2: Und wer möchte, kann statt einer Konservendose als Resonanzkörper auch eine hohle Kokosnuss nehmen. ▸ Bild 12

Als Erstes flacht man den Holzstab in dem Abschnitt, der 20 – 30 cm vom Ende entfernt ist, etwas ab, damit die Dose eine stabile Auflage bekommt. ▸ Bild 1

An dieser Stelle kann nun die Dose mit den kleinen Schrauben fixiert werden. ▸ Bild 5

▷

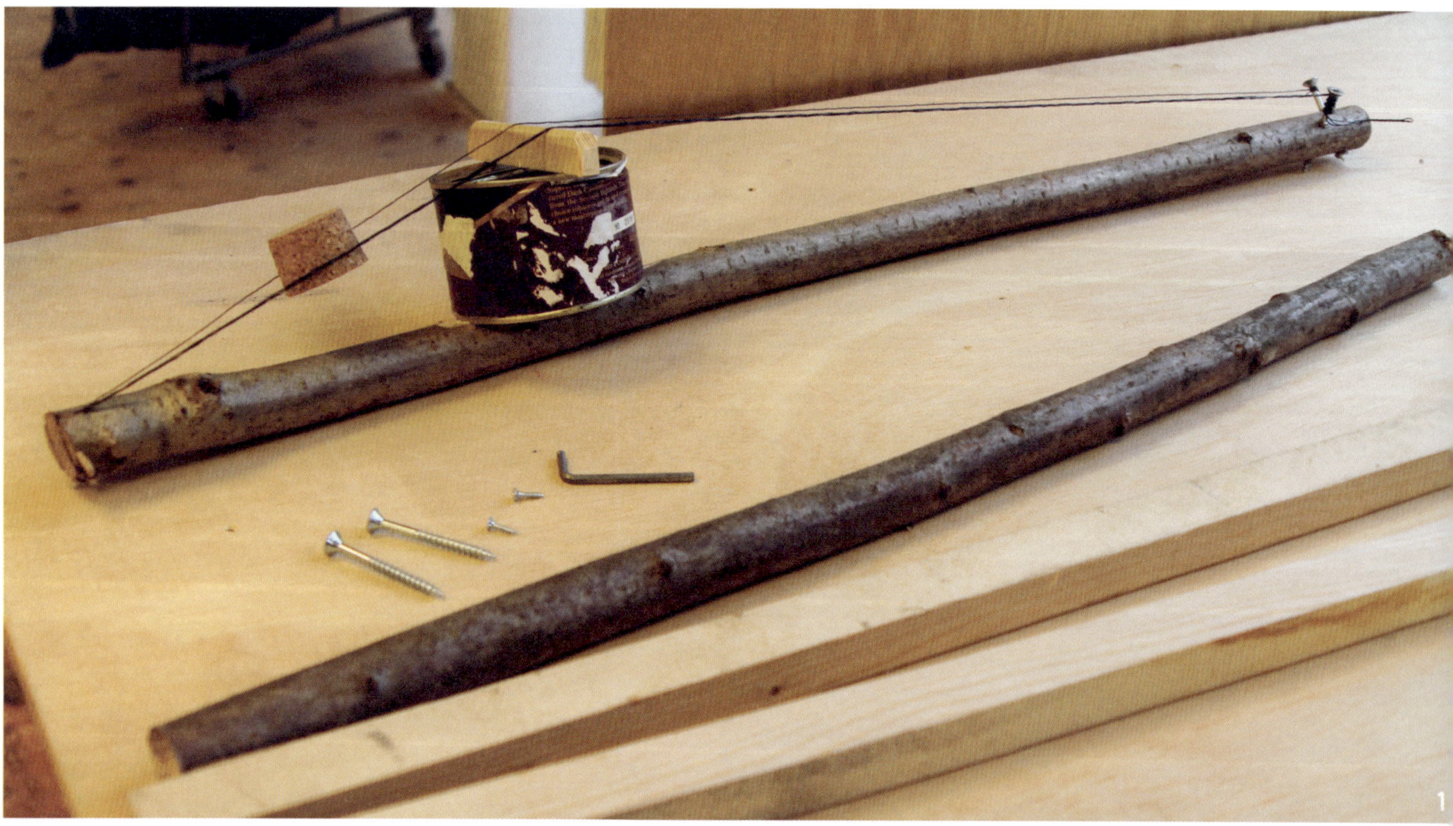

1

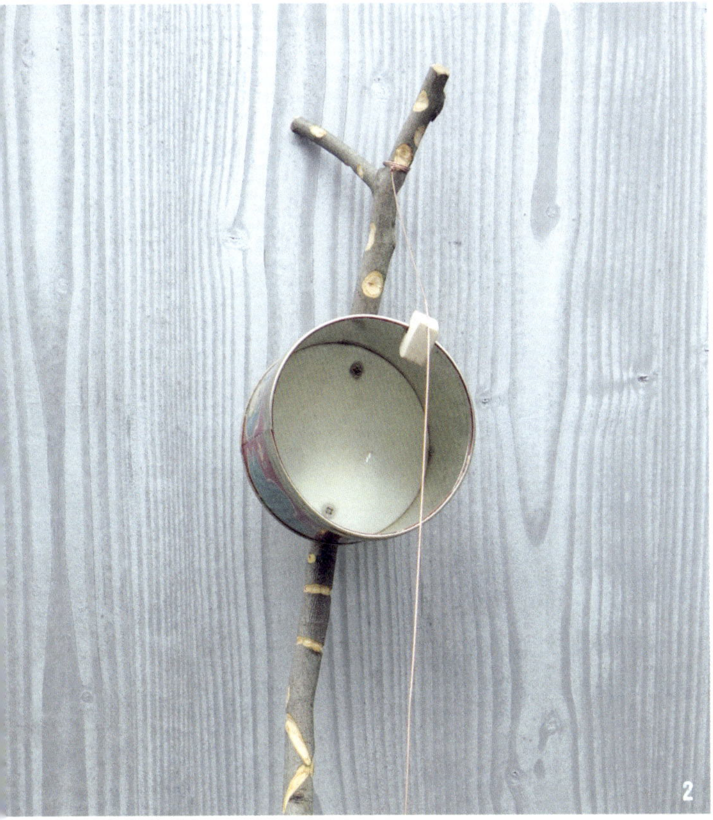
2

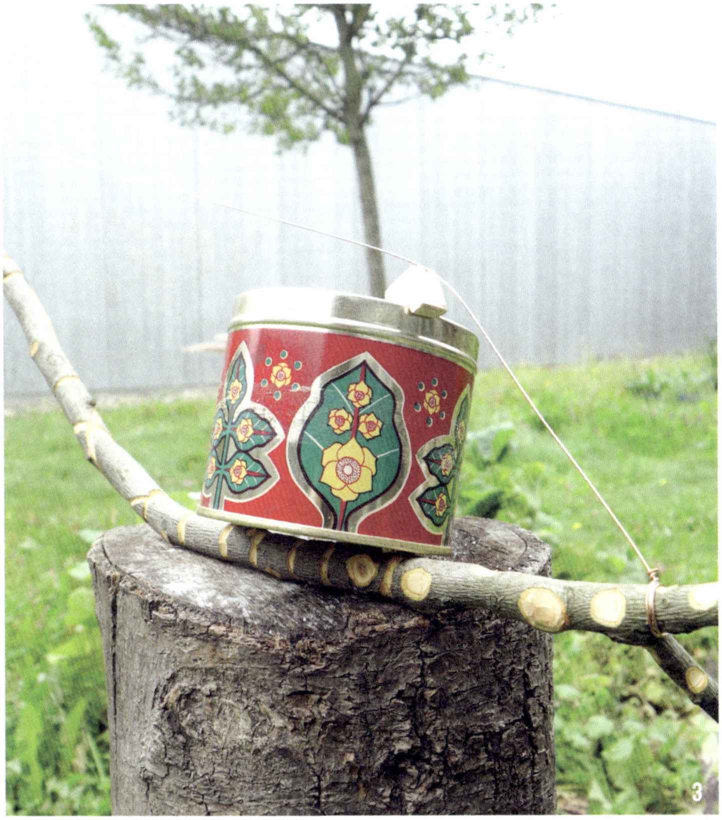
3

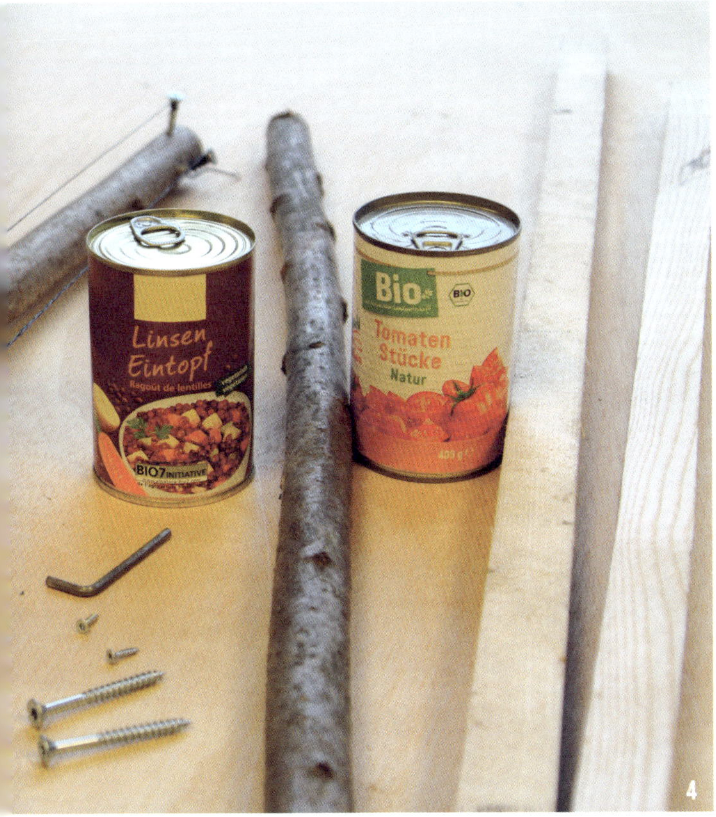
Linsen
Eintopf
Ragout de lentilles
Bio
Tomaten
Stücke
Natur
4

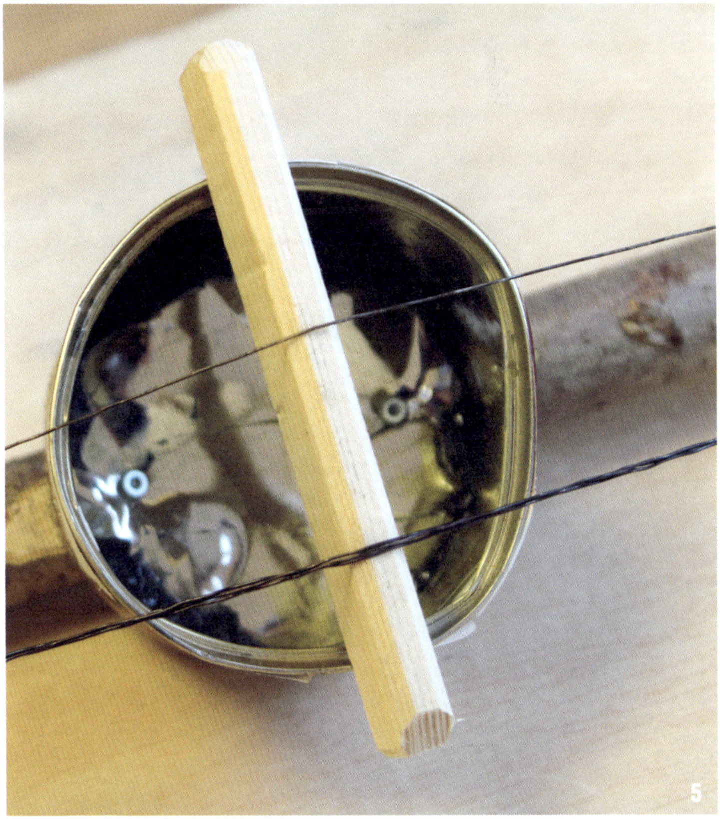
5

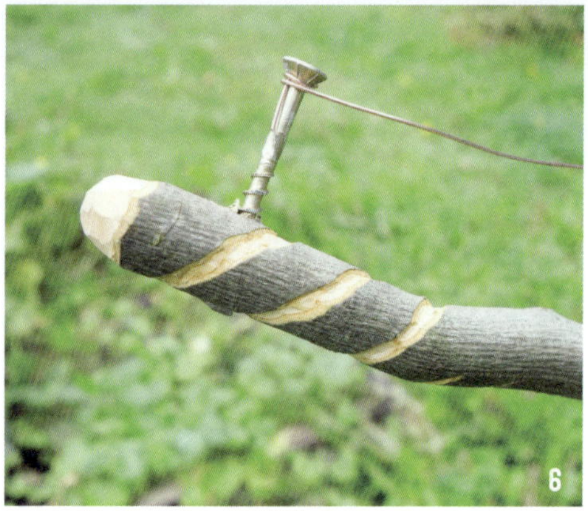
6

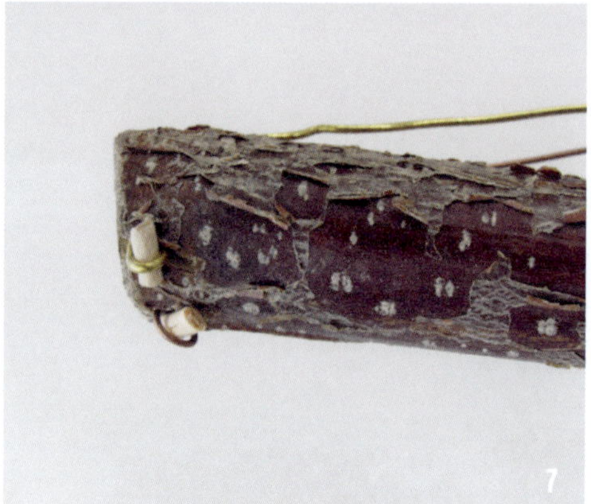
7

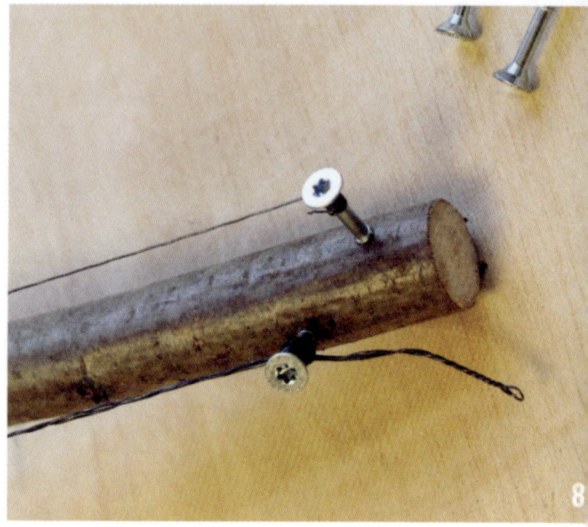
8

Die größeren Schrauben bekommen unterhalb des Kopfes eine Abflachung mit der Feile, damit die Saiten später nicht wegrutschen. ▸ Bild 6

Die Schraubenlöcher sollten mit 3,0 mm vorgebohrt und die Schrauben stramm eingeschraubt werden.

Mit einer Schlaufe und einem Holzspan werden die Saiten in den Aufnahmeschlitz gesteckt. ▸ Bild 7

Die Saiten werden an der angefeilten Stelle durch Drehen der Schraube eingespannt. ▸ Bild 8

Unter die Saiten legt man beim Spannen den Hartholzstab oder das Hartholzstückchen als Steg oben auf die Dose. ▸ Bild 9-10

Dicke Saiten machen einen tiefen Ton, dünne einen helleren. Je strammer die Saiten sind, desto höher wird der Ton. Gitarrensaiten klingen besser und halten den Ton länger, sind aber nicht ganz billig; einfache Drähte verlieren dagegen schneller die Spannung. Von einem Gitarristen kann man sich eventuell abgelegte Saiten besorgen.

Durch Drehen der Schrauben wird auf die gewünschte Tonhöhe gestimmt. Das Instrument kann nun gezupft, mit einem kleinen Hölzchen angeschlagen oder mit einem rauen Stab gestrichen werden. ▸ Bild 11

Der Stab der Dosengeige kann nach Belieben noch verziert werden; mit einem Schnitzmesser können schöne Muster in die Rinde graviert werden. ■

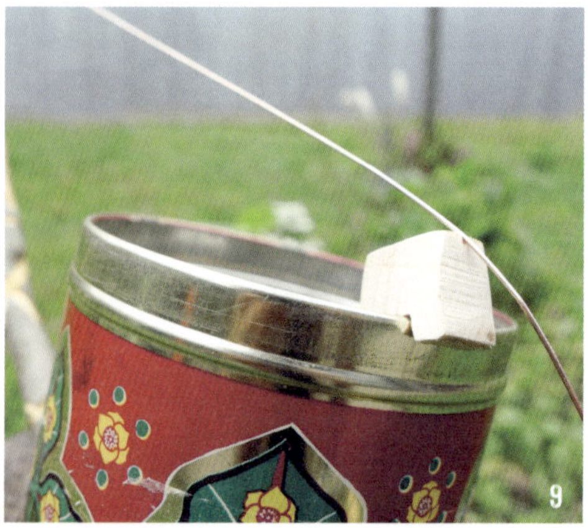
9

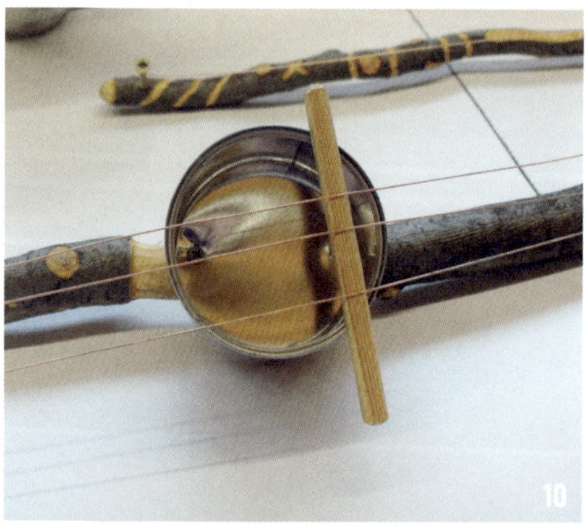
10

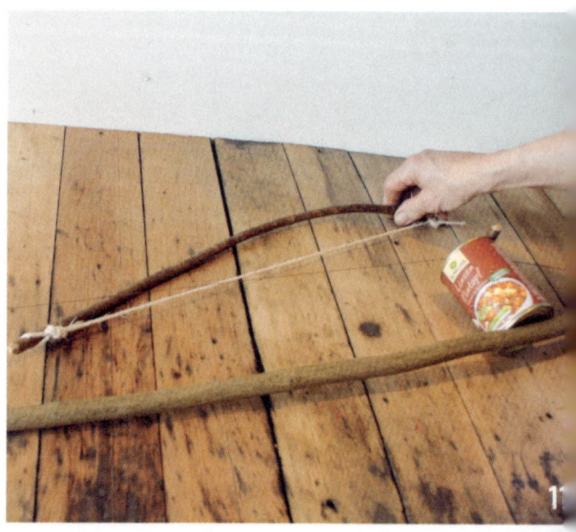
11

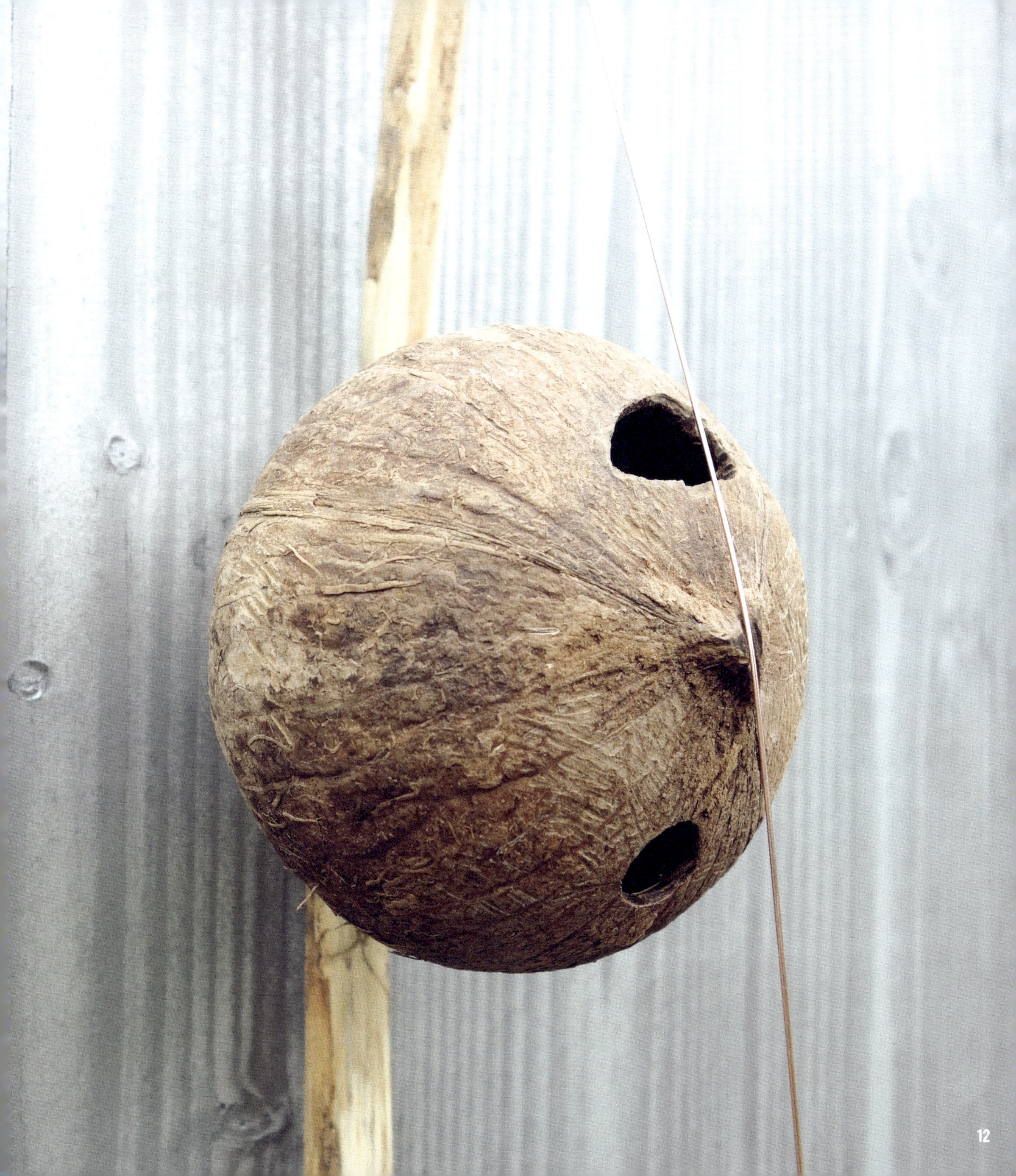

Zweisaitige Mandoline

Material

1 Eschenbrett, 70 x 5 x 2,5 cm | 3 Kiefernbretter, 25 x 5 x 25 cm | 1 Stück Sperrholz, 20 x 20 x 0,5 cm | 2 Hölzchen aus Esche, 5 x 1 x 0,3 cm (Sattel) und 5 x 2,8 x 2,5 cm (Steg) | 2 Torxschrauben 5 x 50 | 2 Torxschrauben 4 x 40 | 2 Torxschrauben 4 x 60 | 2 Gitarrensaiten | Holzleim | evtl. farbiger Holzlack

Werkzeug

Säge | Feile | Sandpapier | Schraubendreher | 3mm-Bohrer | Torxschlüssel | Senker

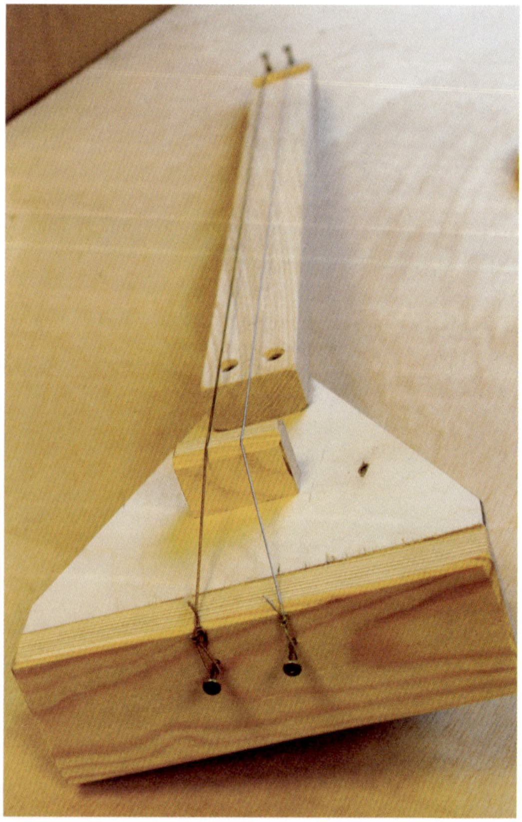

Auf der Sperrholzplatte wird mithilfe einer Halbierungslinie und zwei Diagonalen der Korpus der Mandoline aufgezeichnet. ▸ Bild 1

Auf den angezeichneten Korpus legt man hochkant zwei der drei 25-cm-Kiefernbretter und sägt den Stoß der Spitze genau ab. ▸ Bild 2

Die beiden zugesägten Teile werden auf der Sperrholzplatte verleimt; dabei wird auch die spitze Stoßstelle gut zusammengefügt. ▸ Bild 3

Nach dem Durchhärten können die überstehenden Enden am Rand der Sperrholzplatte abgesägt werden. ▸ Bild 4

Jetzt kann das dritte Brett auf die untere Kante und die abgesägten Enden geleimt werden. Nach dem Durchhärten werden die beiden überstehenden Enden abgesägt, und der *Korpus* hat seine fertige Gestalt bekommen. ▸ Bild 5

Aus den Eschenhölzchen wird ein *Sattel* (= das Hölzchen, das an das Ende des Griffbretts kommt) von 5 x 0,3 x 1 cm und ein *Steg* (= das etwas größere Hölzchen, das auf dem dreieckigen Korpus sitzt) von 5 x 2,5 x 2,8 cm ausgesägt. ▸ Bild 6-7

Jetzt wird das längere Eschenbrett als *Hals* an der spitzen Seite auf die Sperrholzplatte geleimt und zusätzlich verschraubt (2 Schrauben à 4 x 60). Dazu wird mit einem 3-Millimeter-Bohrer vorgebohrt und für den Schraubenkopf mit dem Senker eine keilförmige Vertiefung gebohrt. So stehen die Schraubenköpfe später nicht aus dem Holz heraus. ▸ Bild 8-9

Im nächsten Arbeitsschritt erfolgt das Vorbohren mit dem 3-Millimeter-Bohrer für die Spannschrauben der Saiten. Unten am Korpus werden die beiden Schrauben 4 x 40 und am oberen Ende des Halses die beiden Schrauben 4 x 50 angebracht. Der Abstand der Schrauben beträgt ca. 3 cm. ▸ Bild 10-11

▷

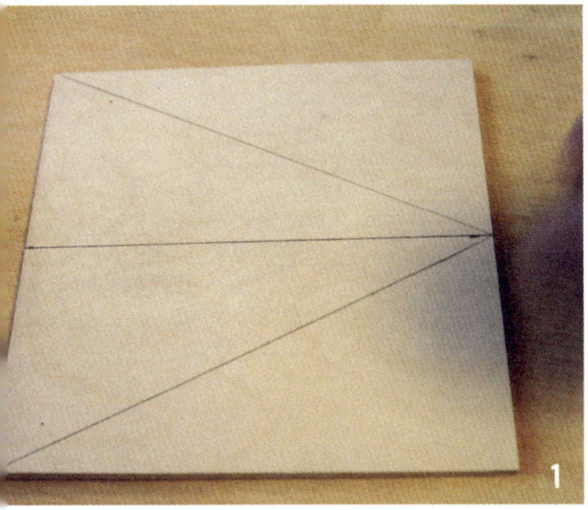
1

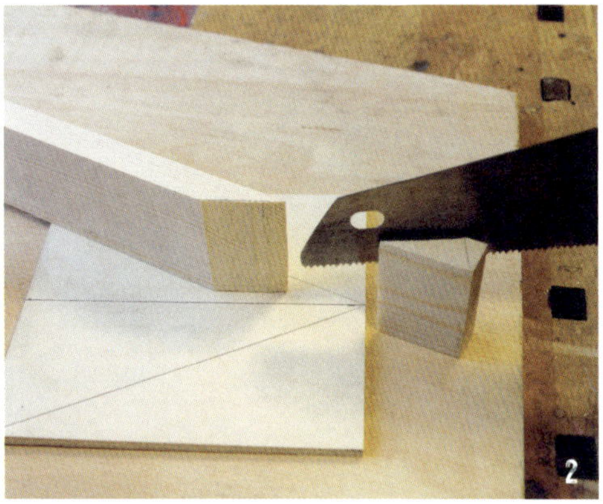
2

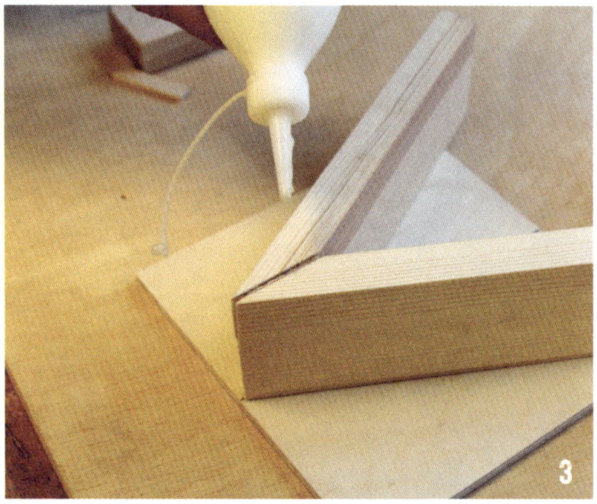
3

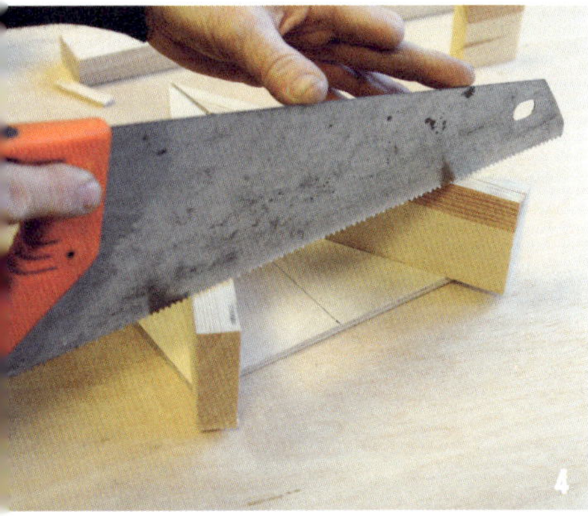
4

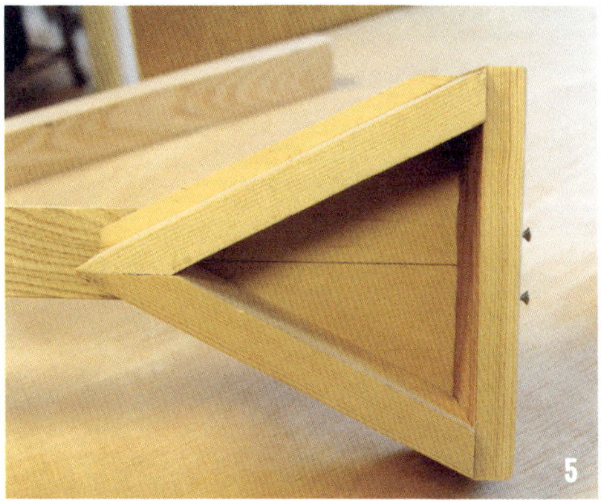
5

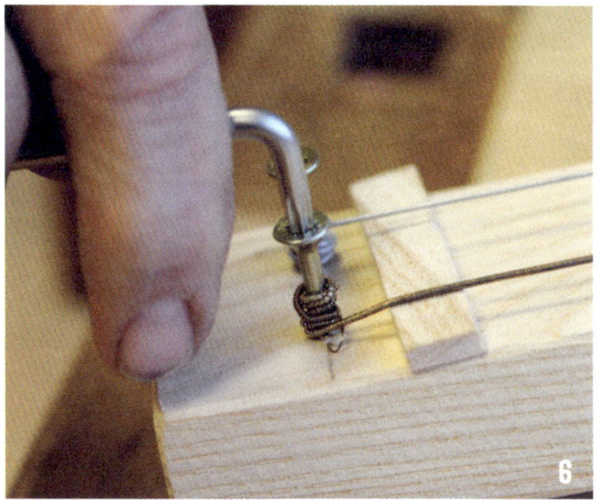
6

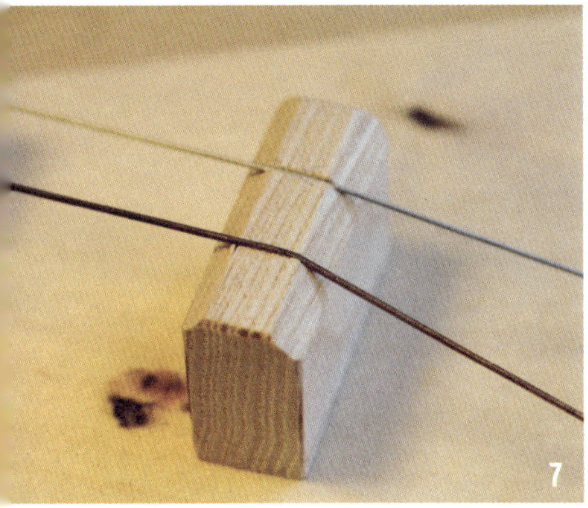
7

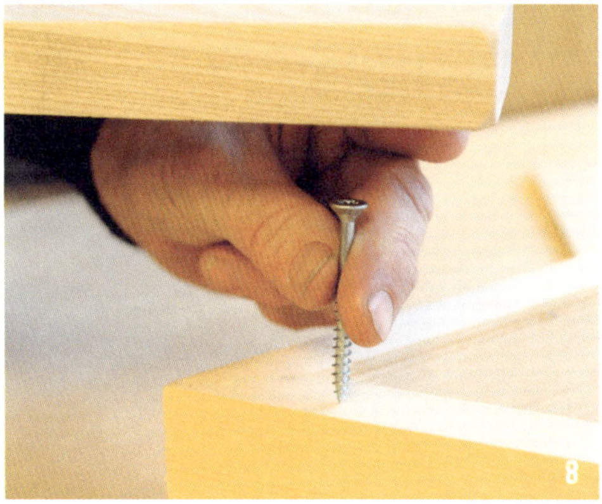
8

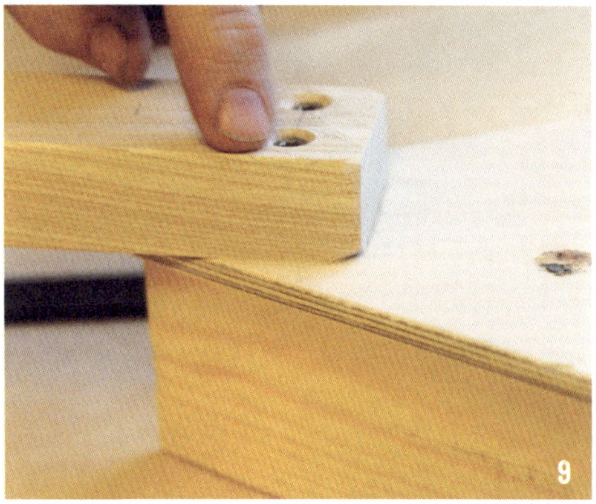
9

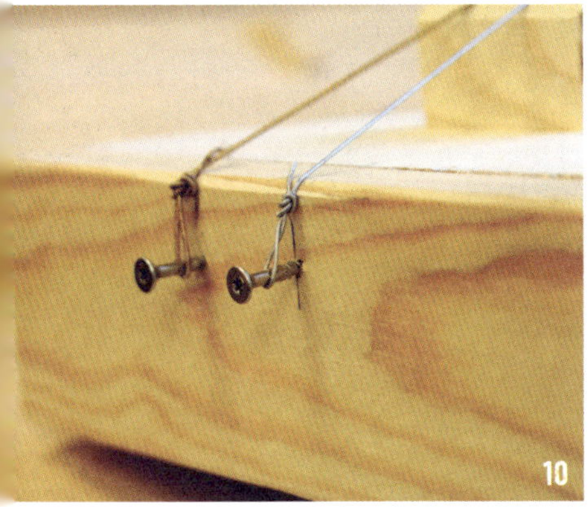
10

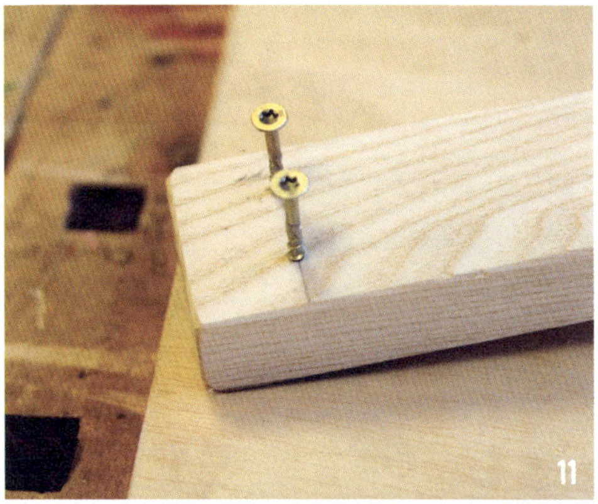
11

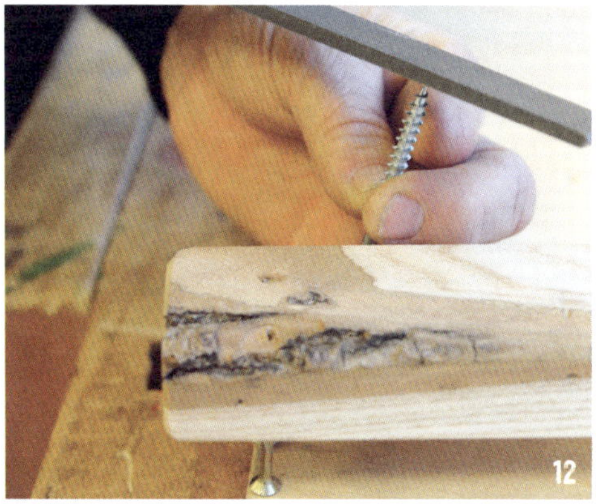
12

Am Korpus bekommen die Saiten eine Befestigungsschlaufe, am Hals werden sie durch eine Drehung der Schrauben gespannt. Damit die Saite nicht auf der Schraube abrutscht, flacht man sie unterhalb des Schraubenkopfes mit einer Feile ab.

Jetzt kann das Ende der Saite beim Spannen mit eingedreht werden und mithilfe eines Torxbits die richtige Tonhöhe eingestellt werden. ▸ Bild 6

Da die Schraube beim Stimmen auch auf der anderen Seite des Halses hervorkommen kann, ist es sinnvoll, die Spitze abzufeilen. ▸ Bild 12

Achtung: Wenn die Schraube nach vielem Stellen die Spannung der Saite nicht mehr richtig hält, nimmt man sie heraus und steckt zur Vorbeugung ein Streichhölzchen hinein. In dem jetzt engeren Loch klemmt sich die Schraube wieder gut fest.

Wer es wünscht, kann die zweisaitige Mandoline auch farbig gestalten. ▸ Bild 13-14 ■

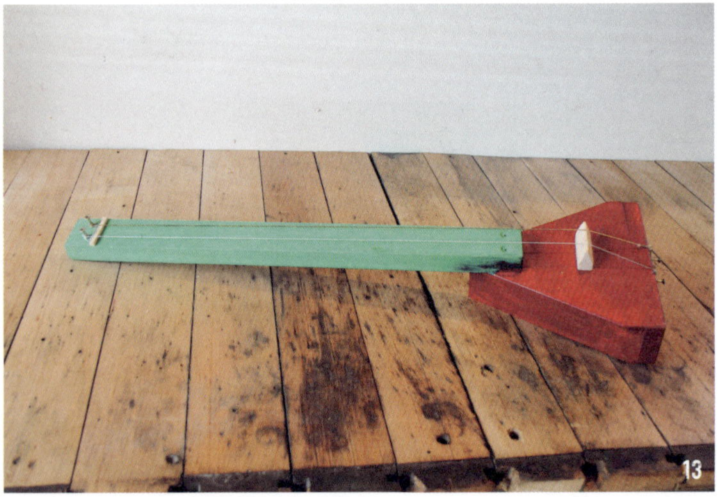
13

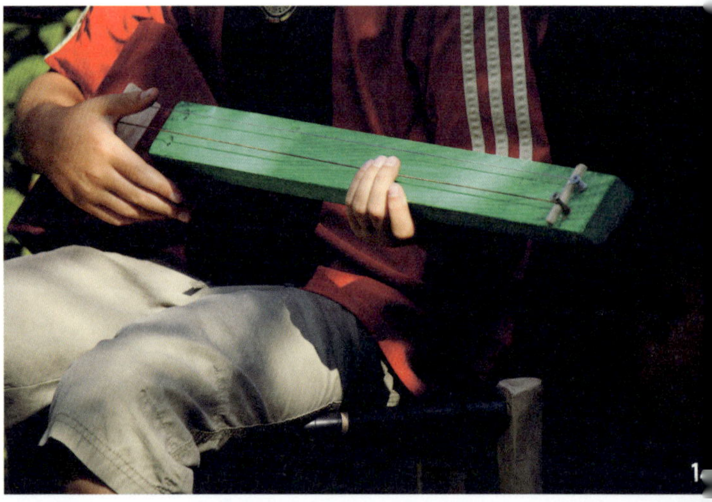
14

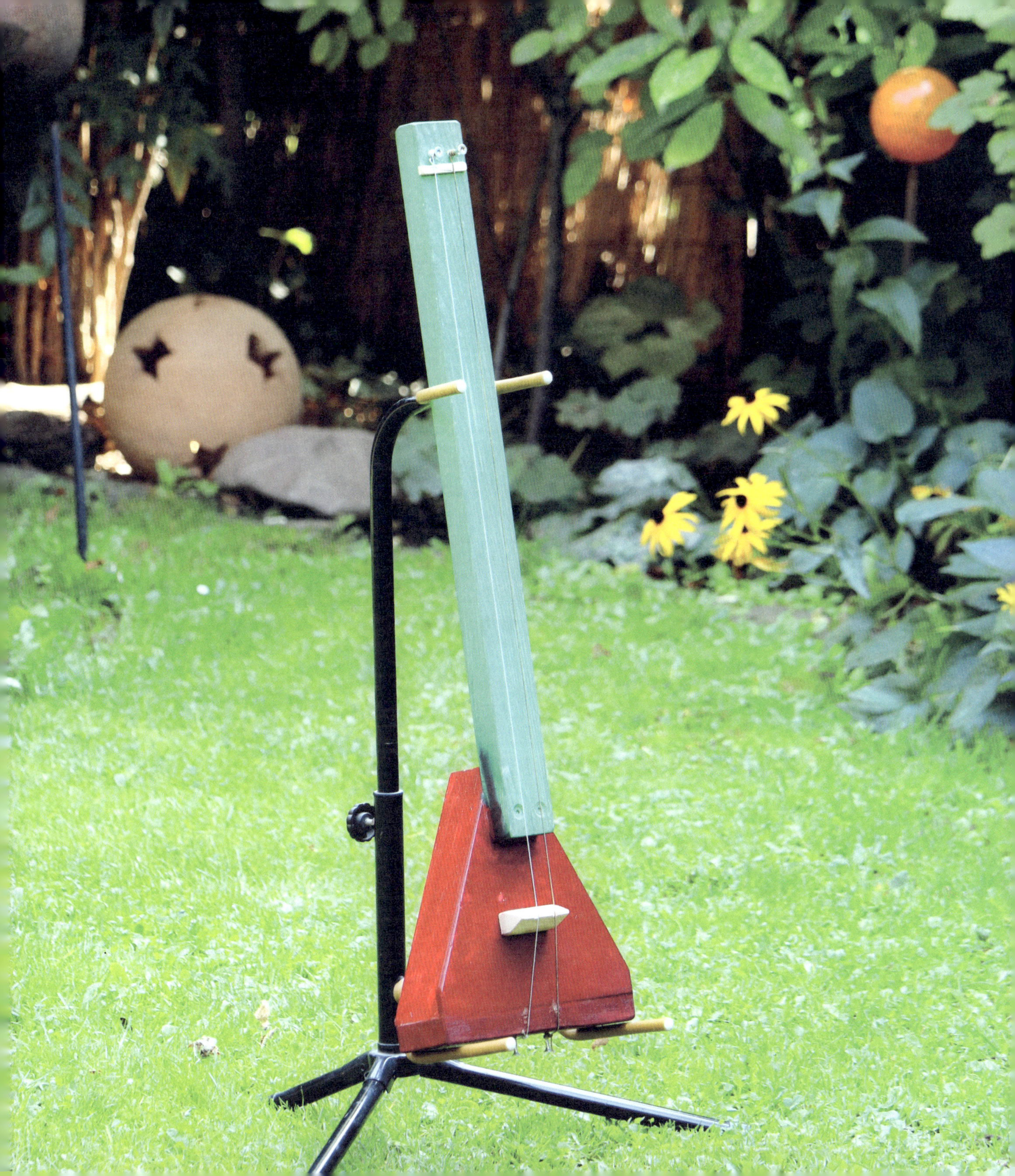

Notenständer

Material

1 Holzbrett (ca. 26 x 29 x 3 cm), z.B. aus Linde | Leinöl

Werkzeug

Säge (Fuchsschwanz) | Stemmeisen 20 mm | Bleistift | kleiner Bohrer 3 mm | Feile | Sandpapier | Pinsel

Eine interessante Aufgabe ist es, einen klappbaren Notenständer aus einem Holzstück herzustellen.

Man benötigt dazu ein Brett mit den links angegebenen Maßen. In unserem Beispiel ist es aus Lindenholz; das lässt sich gut bearbeiten und hat einen «milden Duktus», der gut zum Musizieren passt. Es können aber auch andere Holzarten verwendet werden.

Im ersten Schritt müssen die jeweils zu bearbeitenden Stellen markiert werden: Zum 26-cm-Rand wird im Abstand von 10 cm eine Parallellinie um das gesamte Holz herum angezeichnet. 3 cm weiter, also 13 cm vom Rand entfernt, kommt eine zweite Linie und genau zwischen diesen beiden, d. h. im Abstand von 1,5 cm, noch eine dritte Parallele dazu. ▸ Bild 1-2

Anschließend wird um das gesamte Holz an der 3 cm-Außenkante, genau in der Mitte, die spätere Aufspaltung markiert. ▸ Bild 3

An beiden Seiten schwärzt man sich jetzt das spätere Scharnier, wie auf dem Foto zu sehen ist. Das dient nachher der Orientierung beim Herausstemmen des Holzes. ▸ Bild 4

Im nächsten Arbeitsschritt sägt man das Holz von beiden Seiten entlang der markierten Linie genau in der Mitte auf, und zwar bis an das vorher geschwärzte Mittelscharnier. ▸ Bild 5

Hier muss sehr sorgfältig gearbeitet werden, denn die innere Sägefläche bildet später die Notenauflage. Auch darf das Mittelscharnier, also die mittleren 3 Zentimeter, auf keinen Fall mit angesägt werden, weil sonst der Notenständer auseinanderbrechen könnte. Also immer wieder kontrollieren! ▸ Bild 6-7

▷

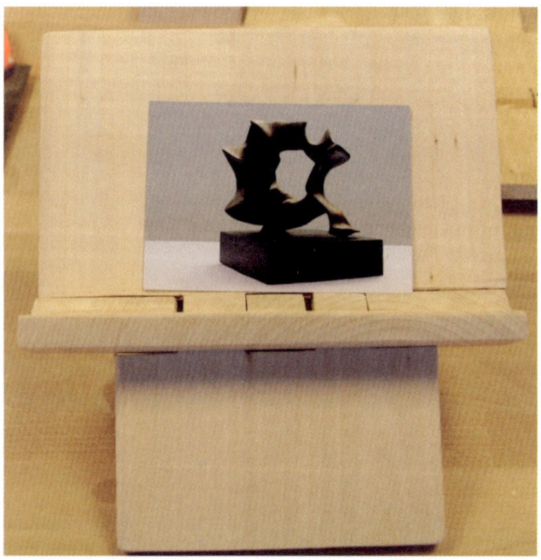

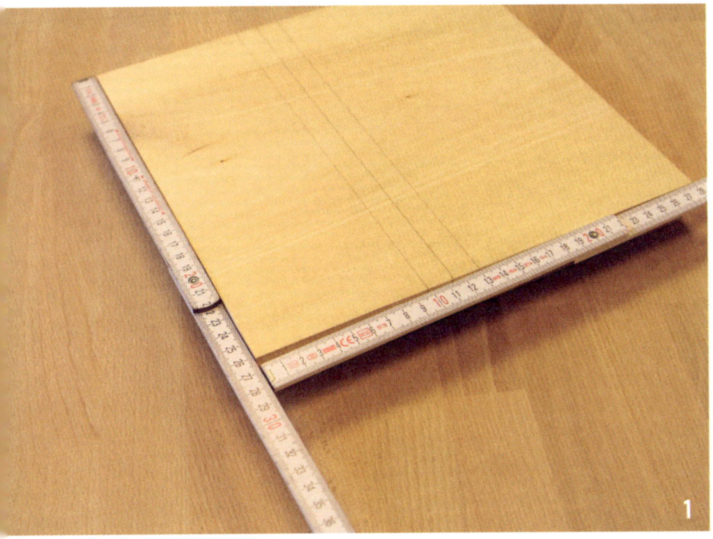

1

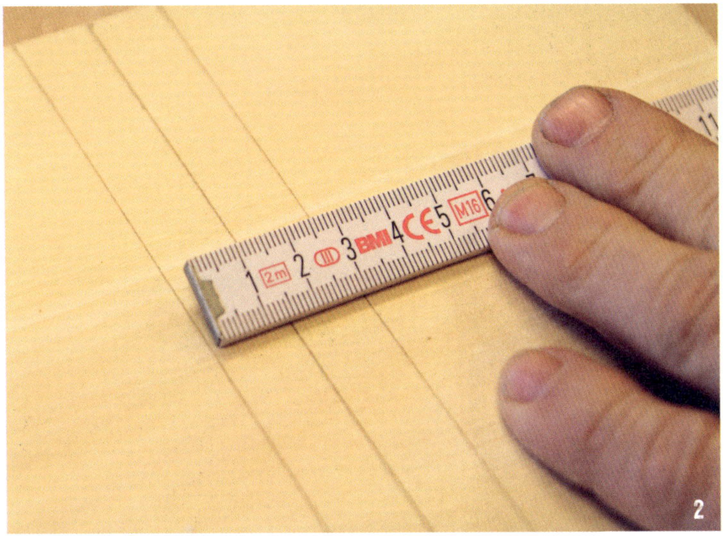

2

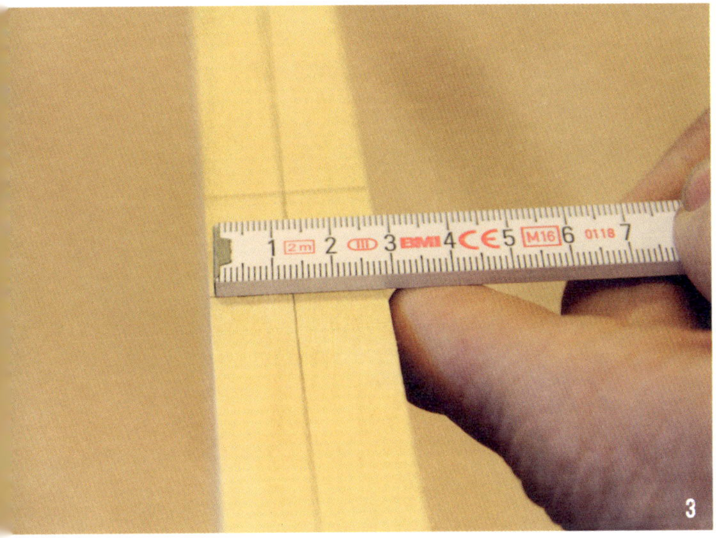

3

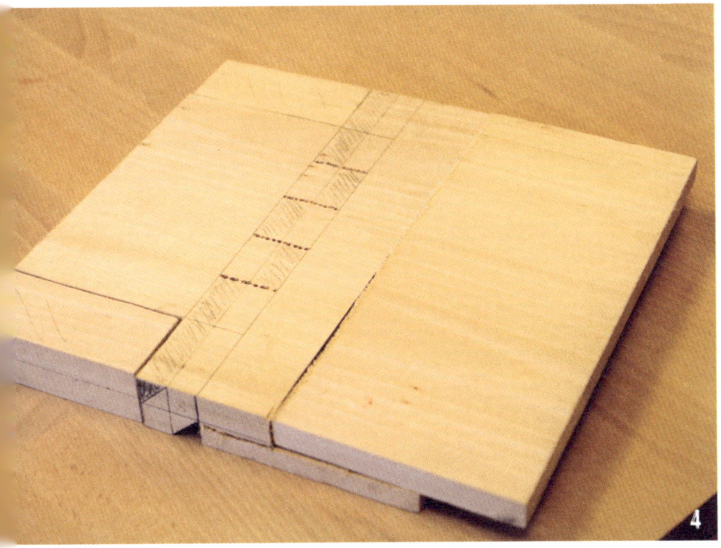

4

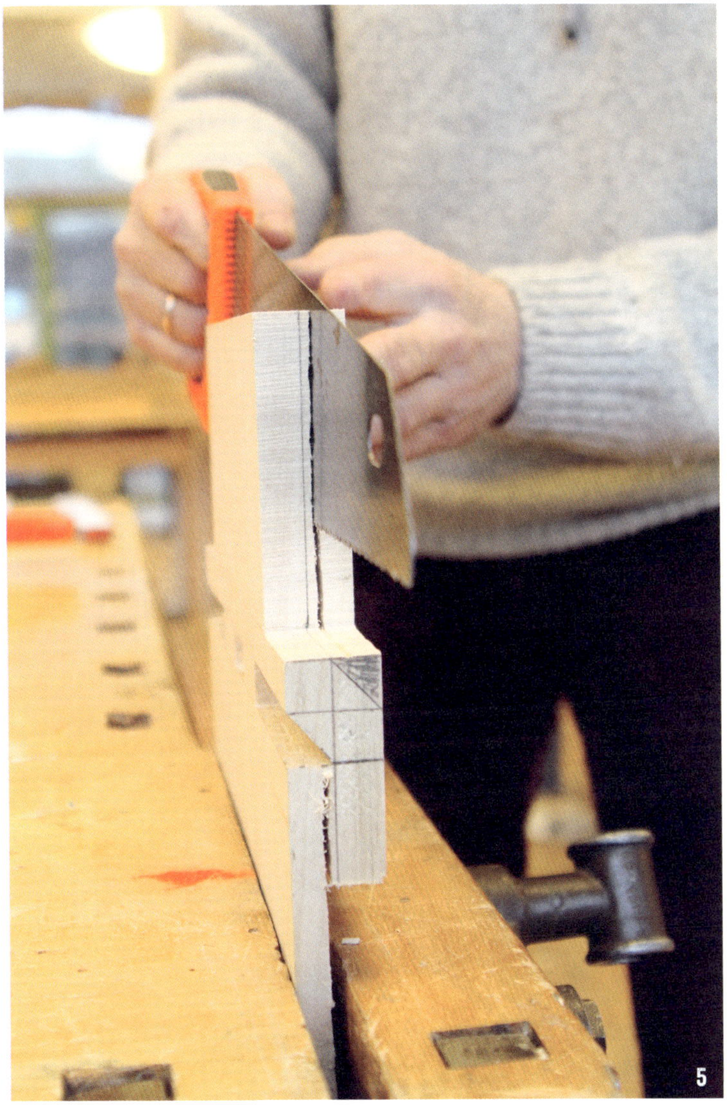

5

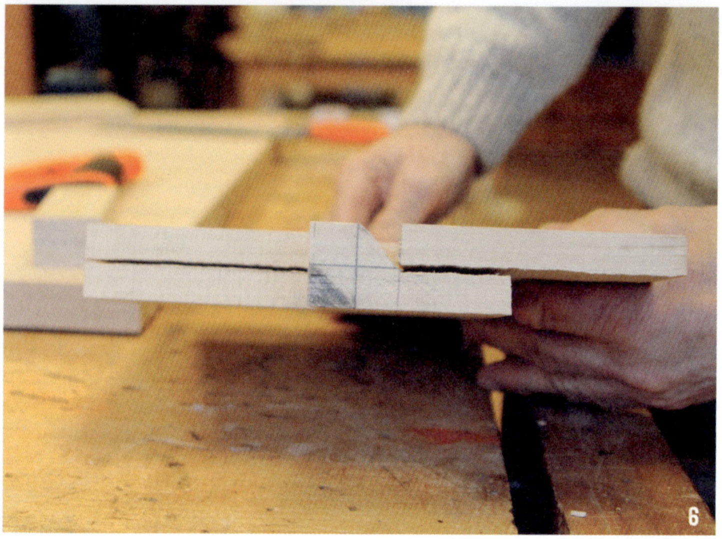

6

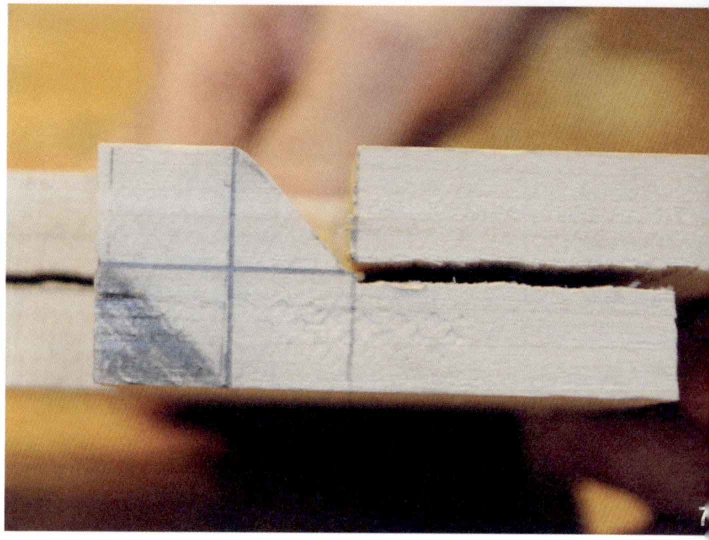

7

Man hat jetzt das Werkstück bis auf das mittlere Scharnier halbiert. Im nächsten Schritt sägt man am Fußteil an beiden Seiten einen 5 cm breiten Streifen heraus, sodass der spätere Fuß schmaler ist als die Notenauflage. Am oberen Teil lässt man am Scharnier nur einen 5 cm breiten Streifen als Ablage für die Noten stehen. ▸ Bild 8

Anschließend wird der Streifen des Scharniers oberhalb des Fußes in fünf gleiche Teile eingeteilt. ▸ Bild 9-10

Diese fünf Teile werden im Wechsel entsprechend der vorher an der Seite angebrachten Schwärzung des Scharniers ebenfalls markiert. Es ergeben sich also jeweils zwei schwarze Halbflächen gegenüber von drei schwarzen Halbflächen des Scharniers. Dabei stehen auf der Rückseite diesen schwarzen Markierungen immer jeweils weiße gegenüber.

Damit später die Beweglichkeit des Scharniers gewährleistet ist, muss eine seitliche Trennung erfolgen. Diese erreicht man, indem man mit einem kleinen Bohrer dicht bei dicht Löcher entlang der Trennungslinie bohrt und dann die Löcher miteinander verbindet. Das kann durch ein vorsichtiges seitliches Reiben mit dem Bohrer geschehen. Dabei muss man sich jedoch Zeit lassen, damit der Bohrer nicht abbricht. ▸ Bild 10

▷

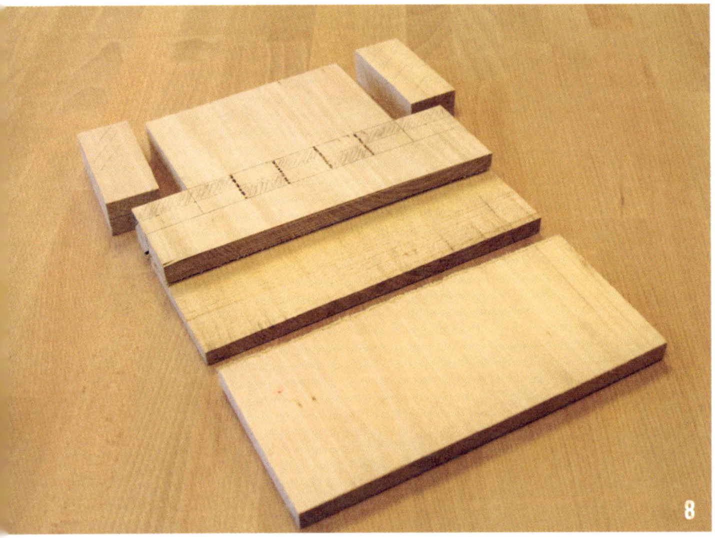
8

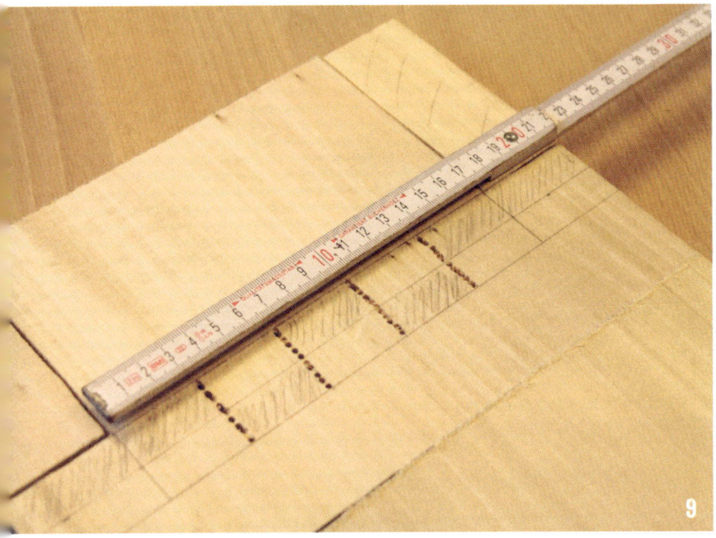
9

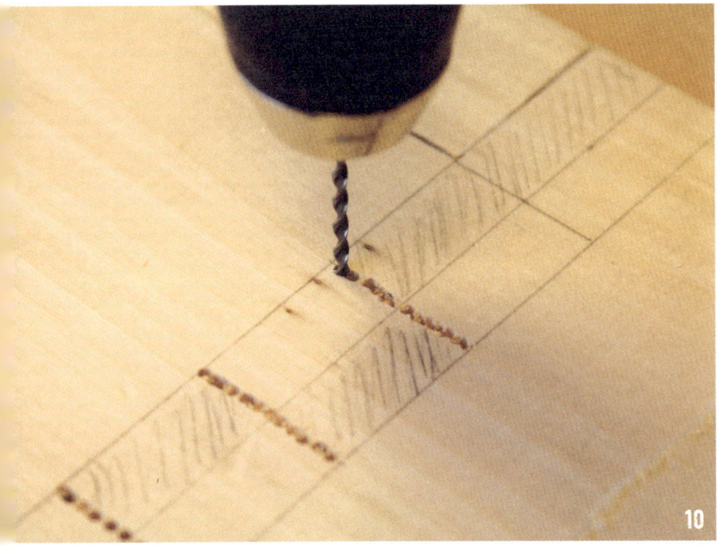
10

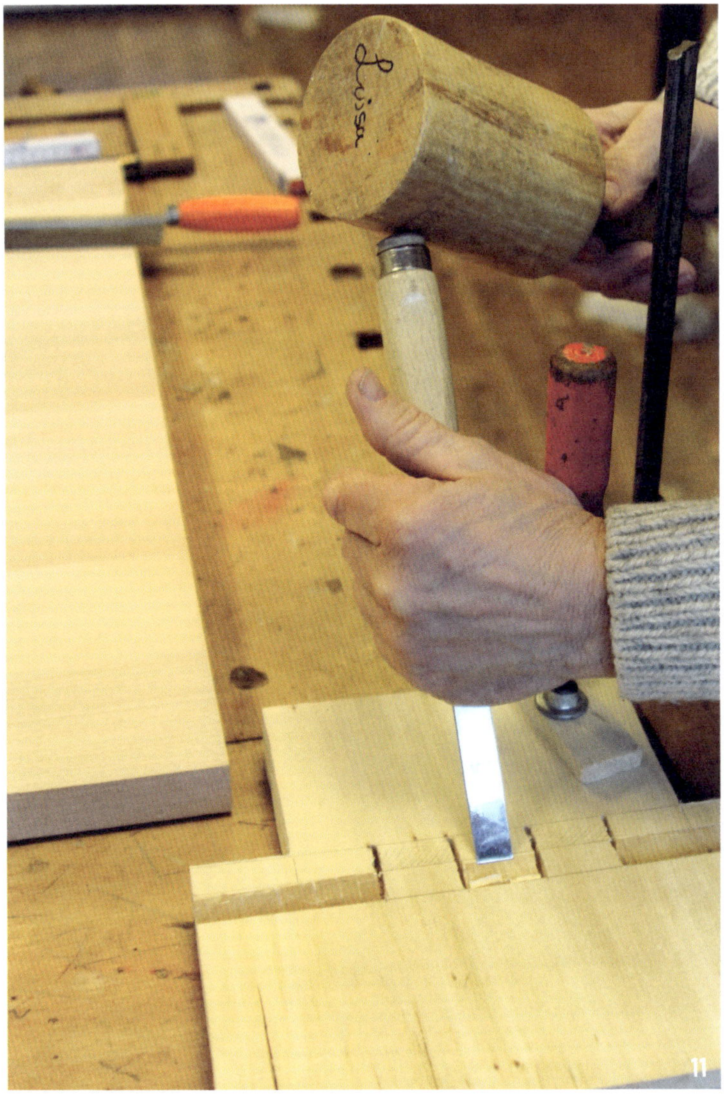
11

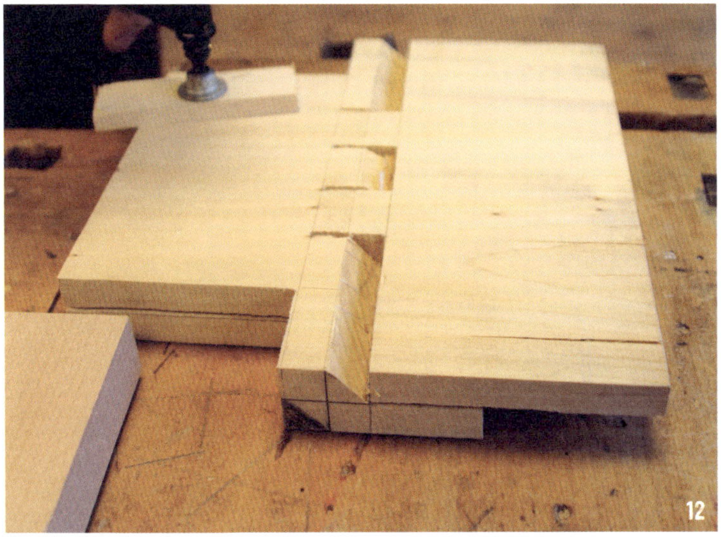
12

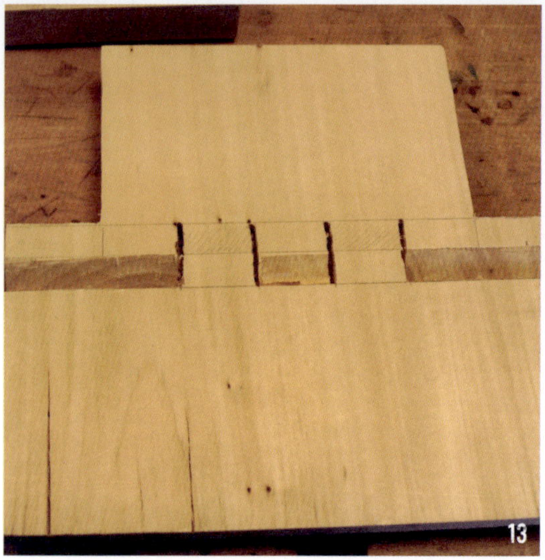

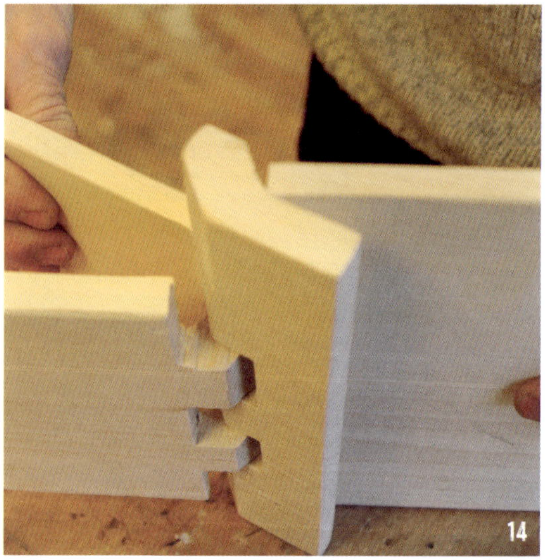

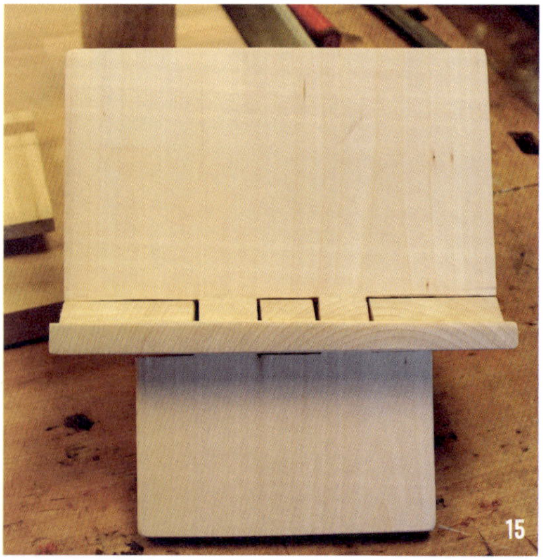

Jetzt ist es so weit, dass das Scharnier mit einem Stemmeisen herausgestemmt werden kann. Stück für Stück arbeitet man sich von der erhöht bleibenden Mitte zum in der Holzinnenseite liegenden Sägeschnitt durch, immer an der vorher schwarz markierten Stelle. ▸ Bild 11-13

Achtung: Auf der Gegenseite erfolgt das Herausstemmen immer auch an den entgegengesetzten Teilstücken!

Sind alle Stellen in der Mitte des Brettes auf den Sägeschnitt gestoßen, fällt der ganze Ständer wie von Zauberhand auseinander. Man darf an dieser Stelle keine Gewalt anwenden – es muss so lange gearbeitet werden, bis das Auseinanderklappen leicht geht. ▸ Bild 14

Jetzt folgt lediglich noch die Oberflächenbearbeitung durch sorgfältiges Schleifen aller Flächen.

Wer will, kann das Holz auch noch ölen. Selbstverständlich muss das Öl vollständig eingezogen sein, bevor man Noten auflegt, sonst erhält man unschöne Ölflecken. ▸ Bild 15 ■

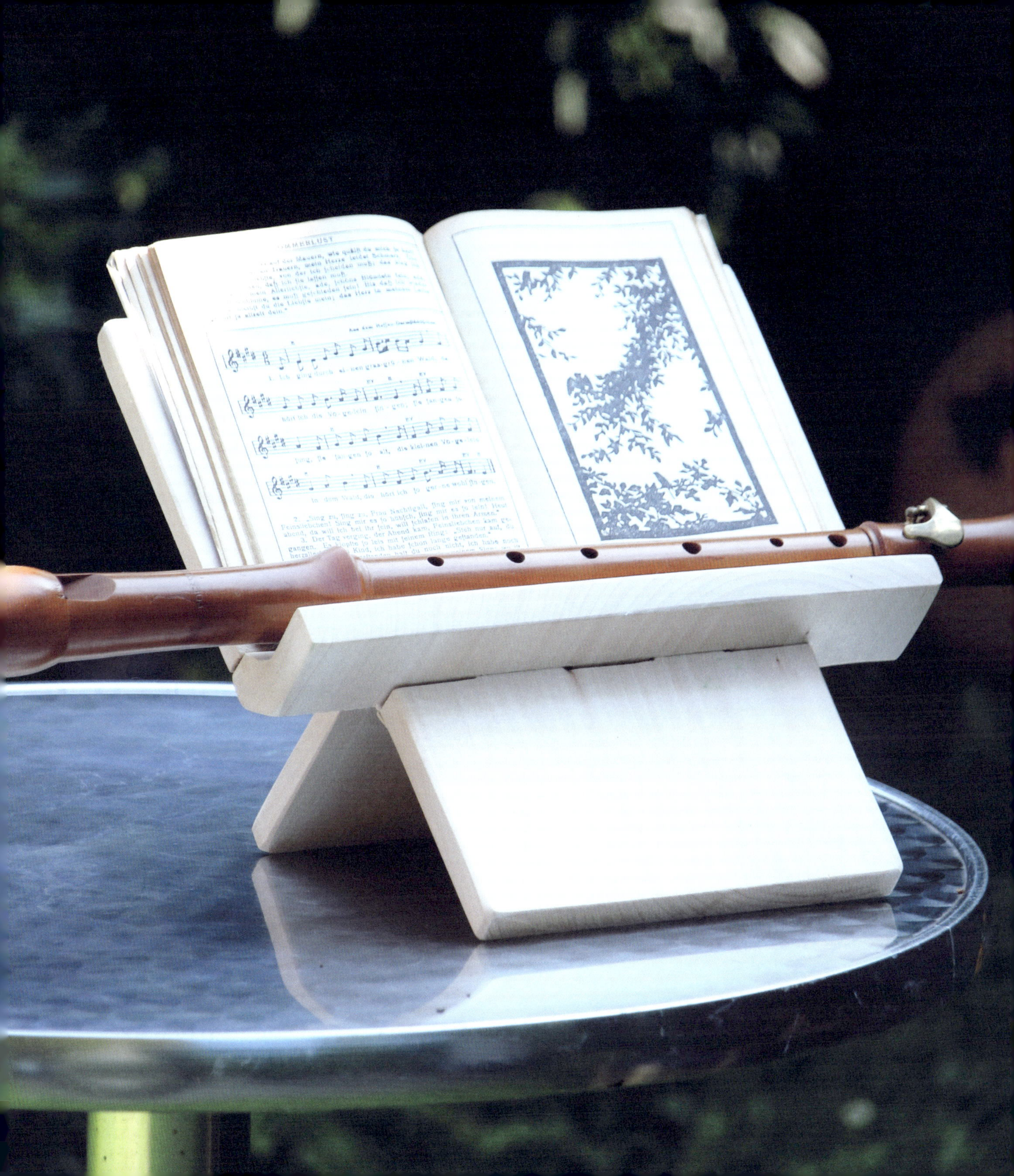

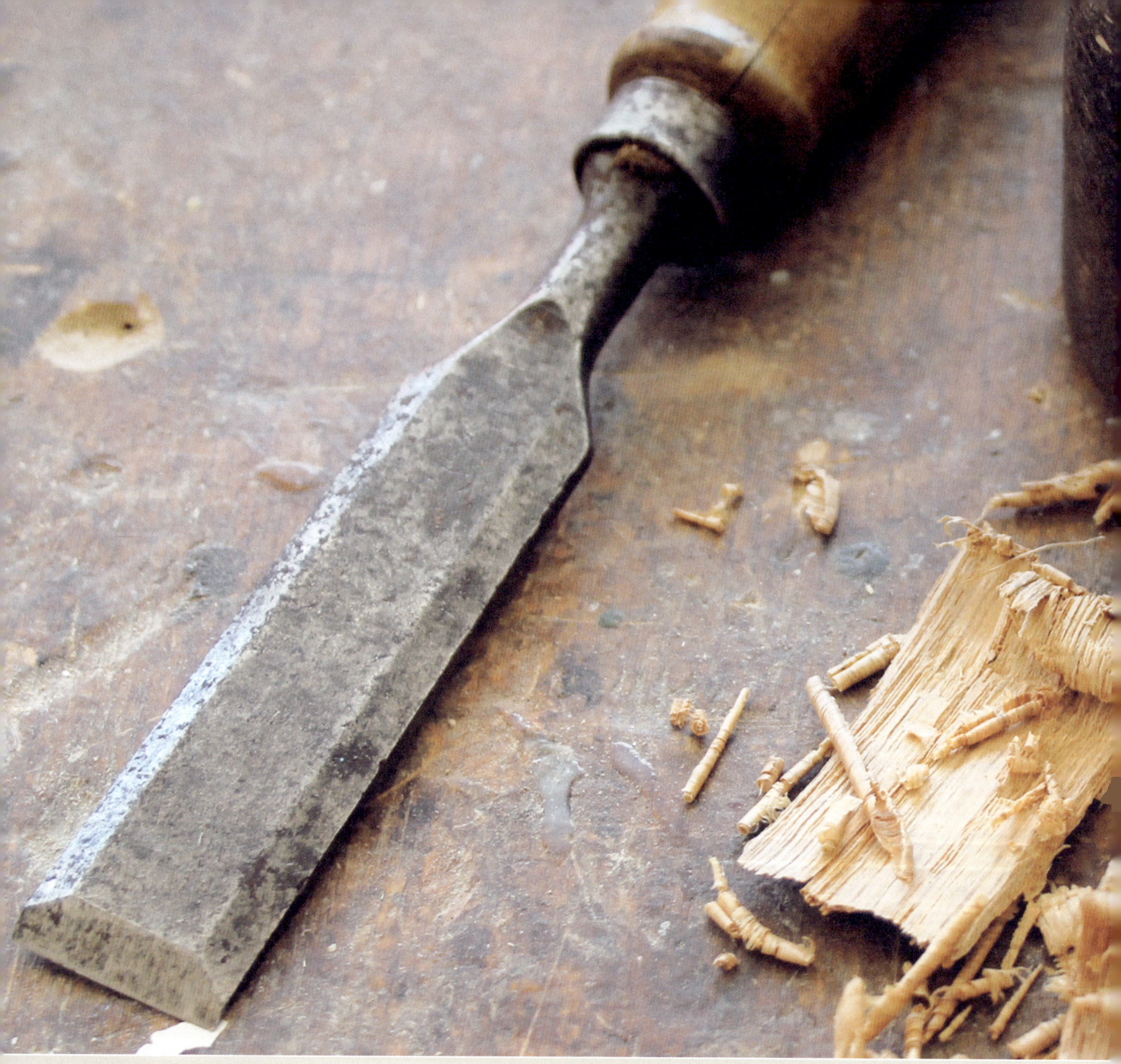

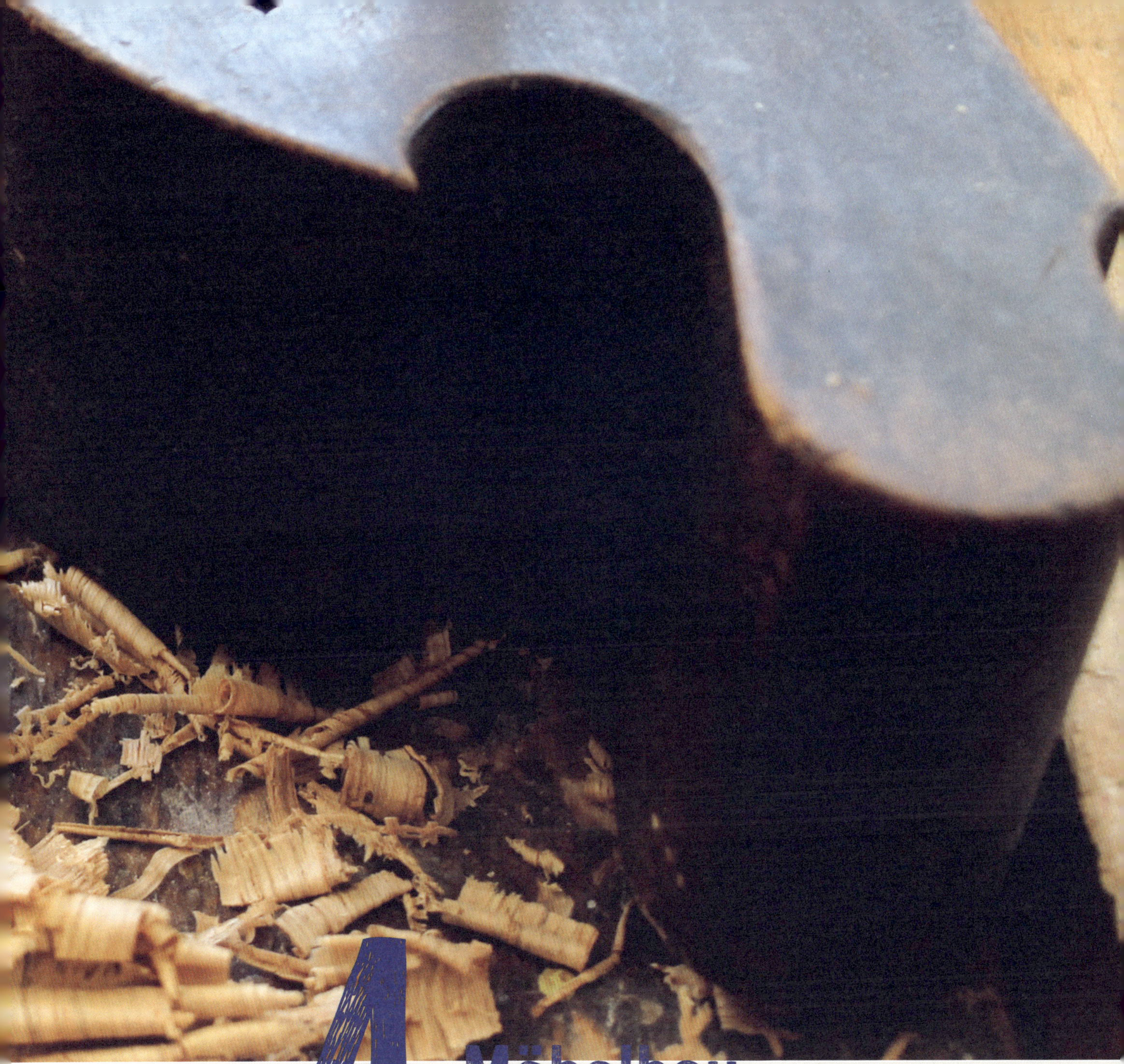

4 Möbelbau

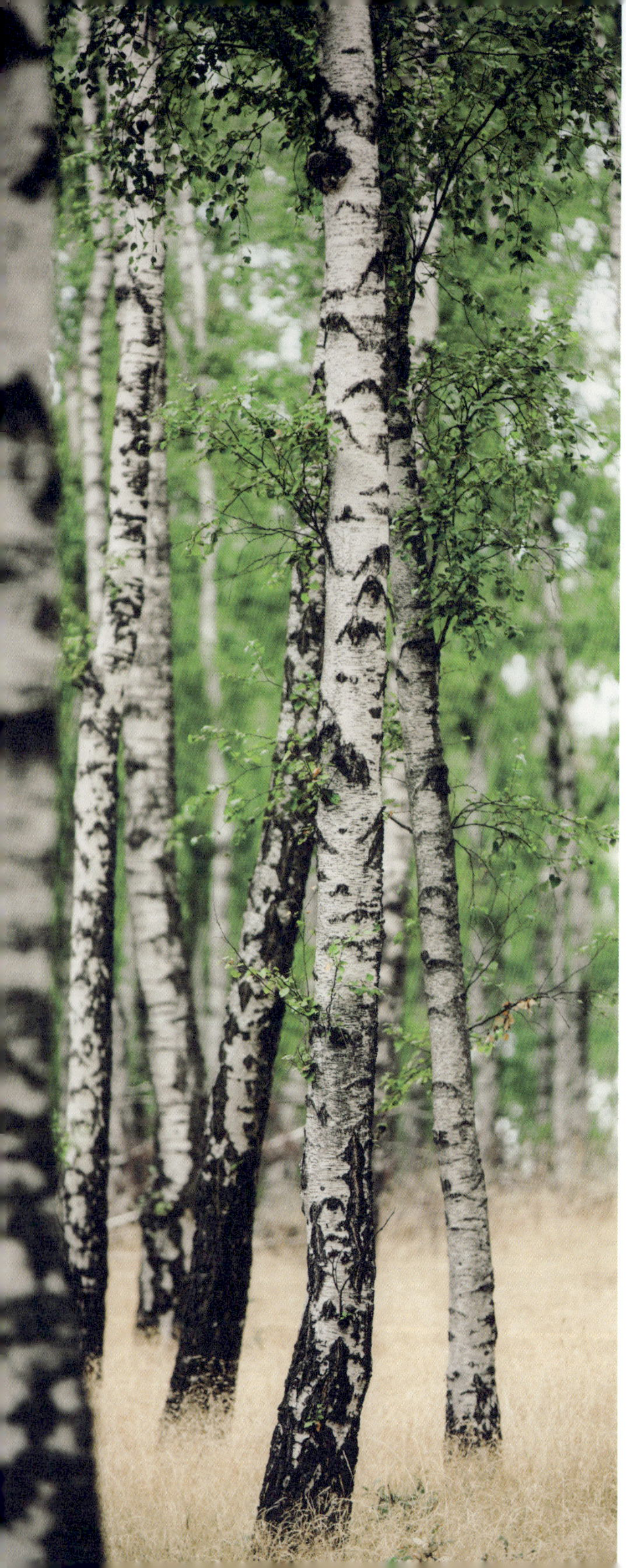

Holz für den Möbelbau

Holz als Werkstoff entsteht im Wald. Förster pflegen die Bäume und kümmern sich um gute Wachstumsbedingungen. Sie legen nach den Jahren des Wachstums schließlich den besten Zeitpunkt für das *Einschlagen* fest und sorgen für das entsprechende Nachwachsen der Bäume. Das Fällen geschieht immer im Winter, weil die Bäume sich dann im Ruhezustand befinden und kein Wasserstrom vorhanden ist.

In einem Sägewerk werden die Stämme für den späteren Gebrauch in entsprechend dicke *Bretter* oder *Balken* aufgesägt.

Darauf folgt eine mehr oder weniger lange Zeit des *Trocknens*. Für Nadelbäume beträgt sie etwa zwei bis drei Jahre, für Laubbäume kann sie sogar bis zu fünf Jahre betragen. Zu diesem Zweck wird das Holz aufgestapelt.

Dabei sorgen sogenannte Stapelhölzer für genügend Abstand zwischen den einzelnen Lagen und ermöglichen es der Luft, ungehindert hindurchzustreichen. Heutzutage werden Hölzer auch in beheizbaren Kammern getrocknet. Dadurch kann die Trocknungszeit zwar auf acht Wochen begrenzt werden, doch luftgetrocknetes Holz besitzt oft eine bessere Qualität.

Für die im Folgenden vorgeschlagenen Projekte im Möbelbau kann man sich im Fachhandel die jeweils benötigten Hölzer besorgen.

Das Brett

In den meisten Fällen werden Bretter als Ausgangsmaterial benötigt, so z.B. nordische Kiefer oder Erle. Angeboten wird *ungesäumte* Ware; das bedeutet, dass noch eine gewachsene Kante am Brett vorhanden ist. ▸ **Bild 1**

Die Bretter werden vom Sägewerk aus dem Stamm in der Dicke von 20 mm, 26 mm (zöllig), 32 mm, 50 mm, 60 mm, 80 mm zugeschnitten; ab 40 mm nennt man es dann allerdings nicht mehr *Brett*, sondern *Bohle*.

Zum sogenannten *Besäumen* zieht man mithilfe einer exakt geraden Leiste aus Holz oder Aluminium einen Strich parallel zum Rand des Brettes. ▸ **Bild 2**

Jetzt kann man mit einer Säge, z.B. einem Fuchsschwanz, am Strich entlangsägen. Dabei hält man sich im Abfallholz und lässt den Strich stehen (man hat dadurch eine Möglichkeit der Kontrolle). So gerät man nicht in den Bereich, den man später verwenden will. ▸ **Bild 3**

Vom Sägeschnitt aus misst man die schmalste Stelle des Brettes und zieht in diesem Abstand einen parallelen Strich zum ersten Sägeschnitt. ▸ **Bild 4-5**

Anschließend lässt sich auch auf dieser Seite ein Sägeschnitt neben dem Strich möglichst im Abfallholz durchführen. Jetzt hat man ein beiderseits besäumtes Brett ▸ **Bild 6**

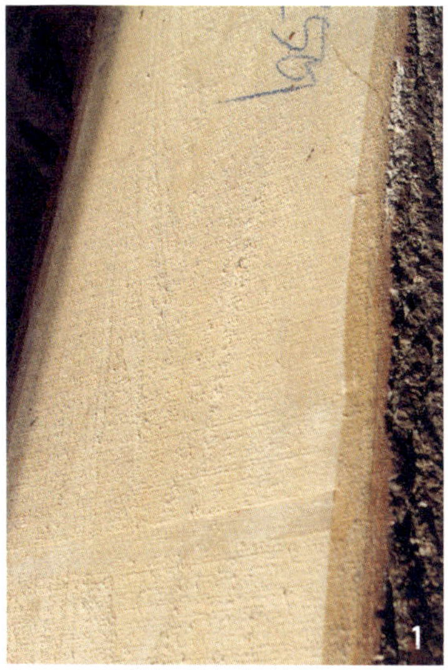

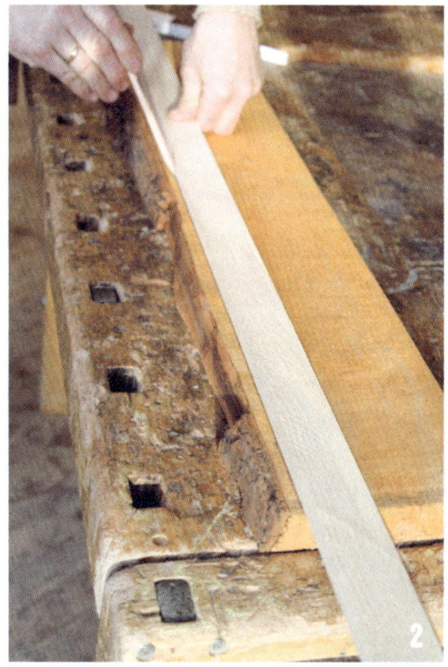

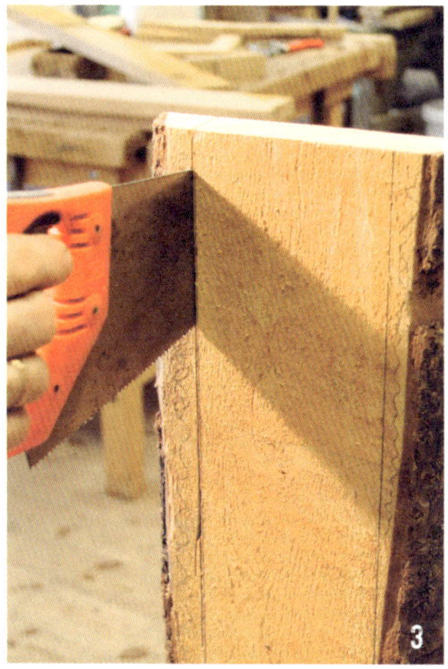

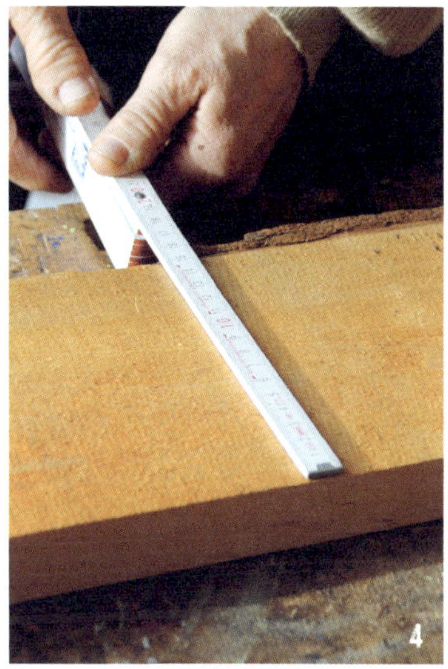

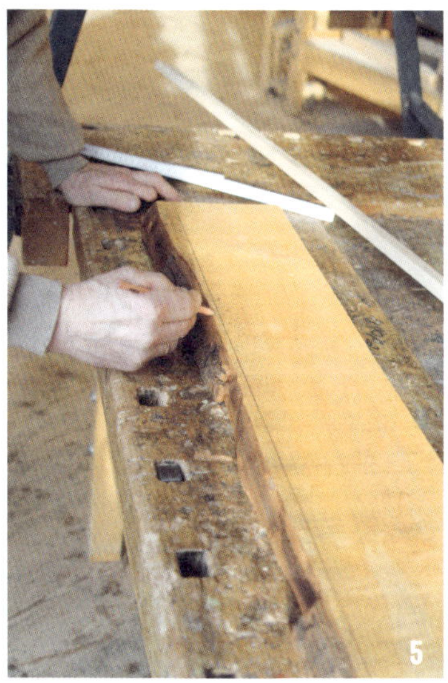

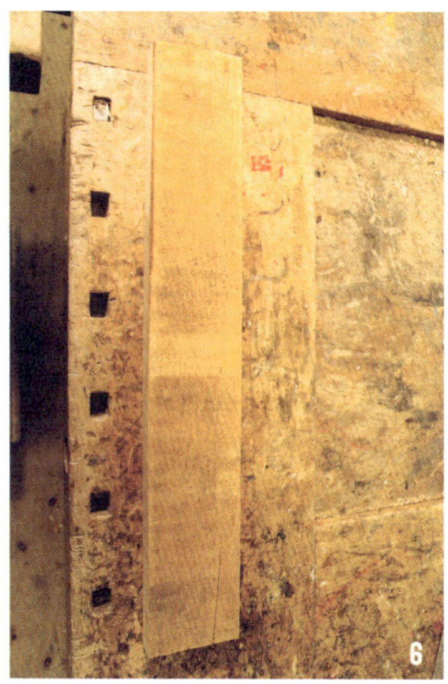

Das fertig gesäumte Brett wird mit einem *Schrupphobel* geglättet. Dieser Hobel hat eine gewölbte Klinge, die das erste Glätten erleichtert. ▸ Bild 7-8

Im Anschluss werden die grob gehobelten Flächen mit einem *Putzhobel* geglättet. Dieser Hobel hat eine gerade Klinge. ▸ Bild 9

Das Glätten der Holzoberfläche auf der flachen Seite nennt sich *Abrichten*. ▸ Bild 10

Das Glätten auf der schmalen Seite wird dagegen als *Fügen* bezeichnet. ▸ Bild 11

An dieser schmalen Seite können zwei Bretter exakt aneinander verleimt und gefügt werden (siehe dazu das Kapitel « Das Fügen», S. 122). Jetzt hat man ein besäumtes und rundherum gehobeltes Brett. ▸ Bild 12

Man kann aber auch fertige Brettware im Handel kaufen, z.B. Bretter mit Nut und Feder. *Rauspund* ist die einfachste Sorte. Diese Bretter sind auf der unteren Seite noch rau und nur auf der oberen Seite glatt gehobelt. Sie passen durch die Nut und die Feder fest ineinander und bilden so eine geschlossene Fläche. Meist bestehen sie aus einfacher *Fichte*. ▸ Bild 13

Bessere Bretter bestehen in der Regel aus *Kiefer* oder *Lärche*. Es gibt aber auch Hölzer von Laubbäumen, beispielsweise von *Obstbäumen* oder von *tropischen Bäumen*. Diese Bretter in sogenannter *Tischlerqualität* sind haltbarer, stabiler und auch teurer und werden für anspruchsvollere Flächen verwendet. ▸ Bild 14-16

Da Massivholz schrumpfen und sich verformen kann, bietet der Handel eine ganze Reihe von *vorgefertigten* Brettern und Platten; dadurch kann bei dem späteren Holzobjekt eine sehr große Formstabilität erreicht werden. So gibt es beispielsweise im Handel sogenannte *Tischlerplatten*; sie sind auf der Ober- und Unterseite mit einer dünnen Schicht Furnier versehen. ▸ Bild 17

Des Weiteren werden *Multiplexplatten* angeboten, die aus vielen dünnen Schichten bestehen. ▸ Bild 18

Viel verwendet werden die bekannten *Sperrholzplatten*, die aus kreuzweise verleimten dünnen Holzschichten bestehen.

▷

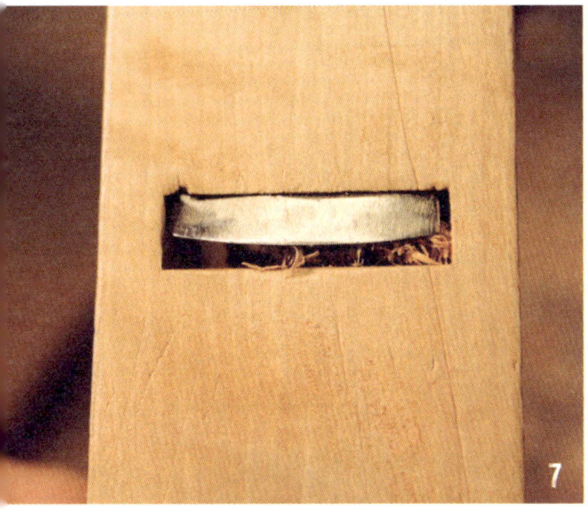
7

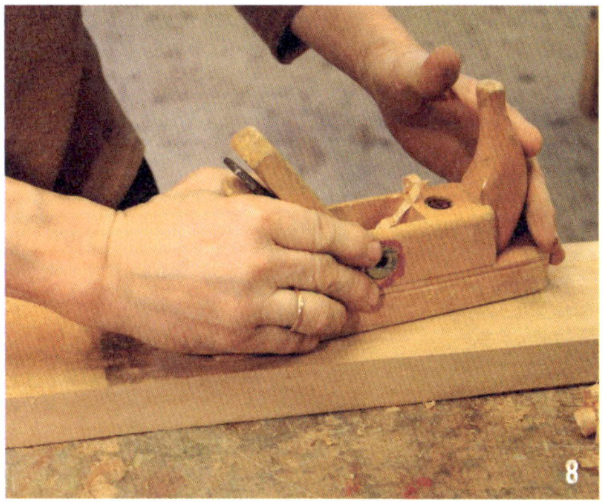
8

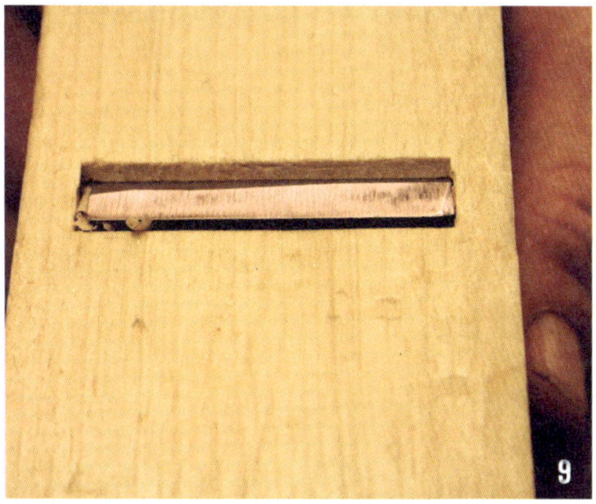
9

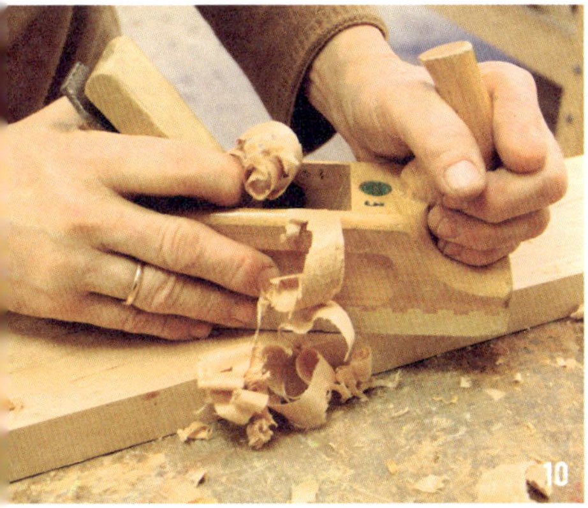
10

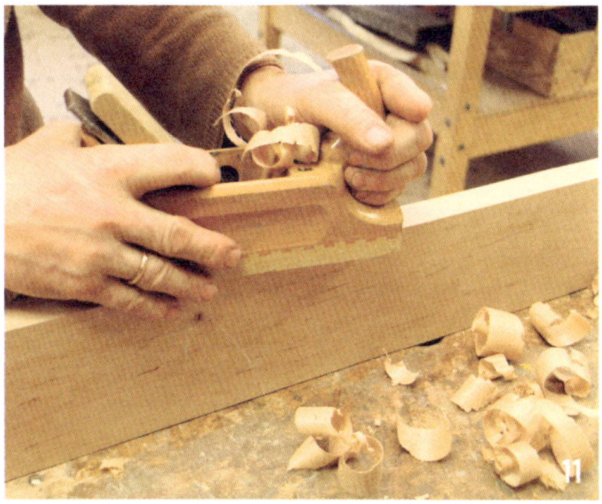
11

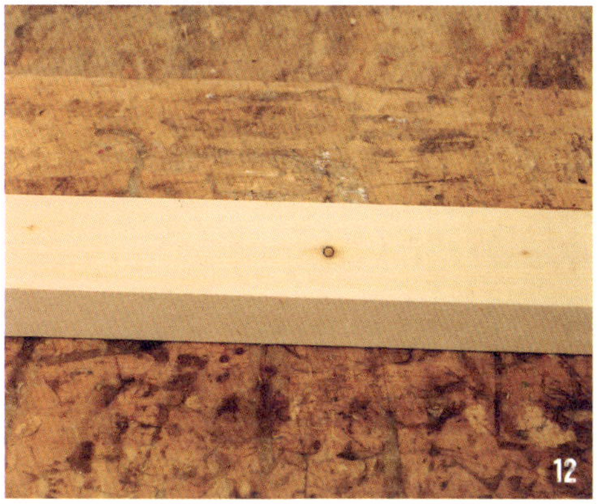
12

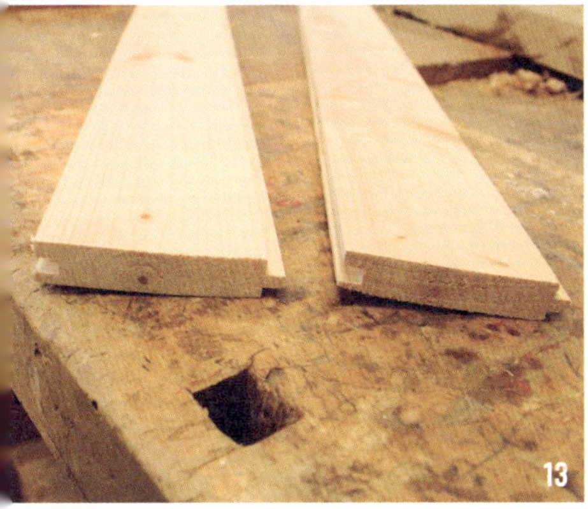
13

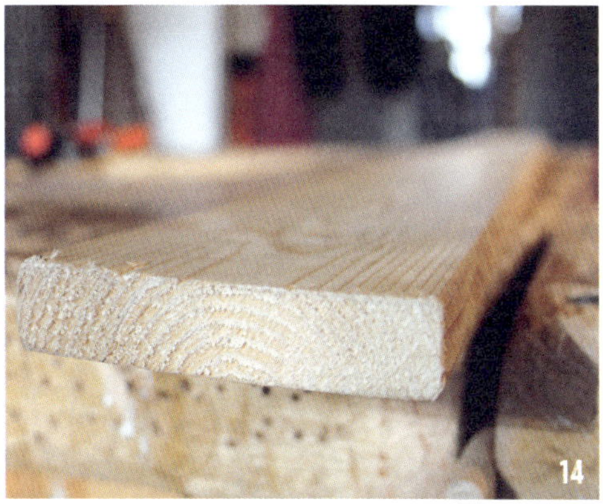
14

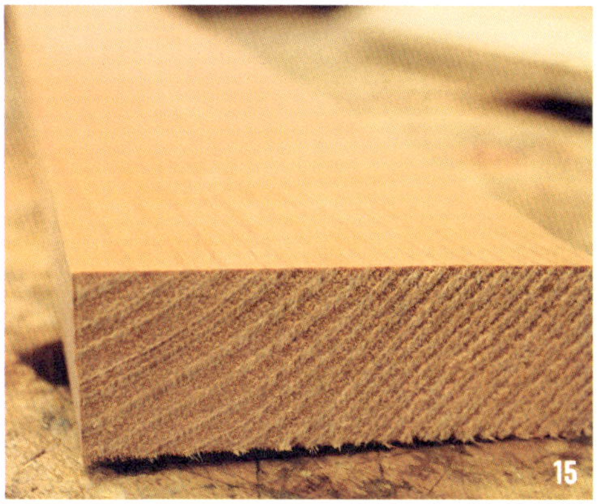
15

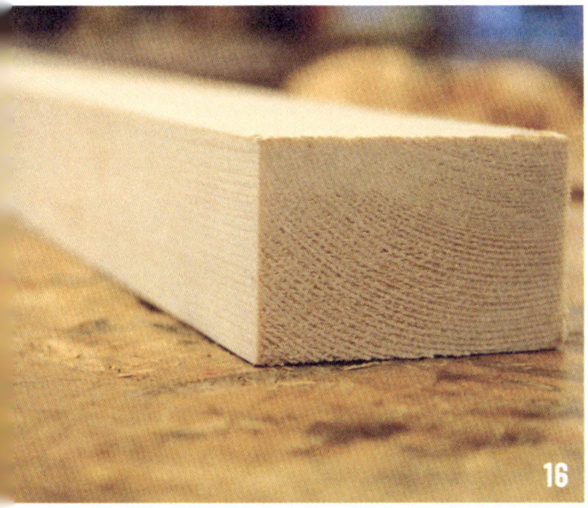
16

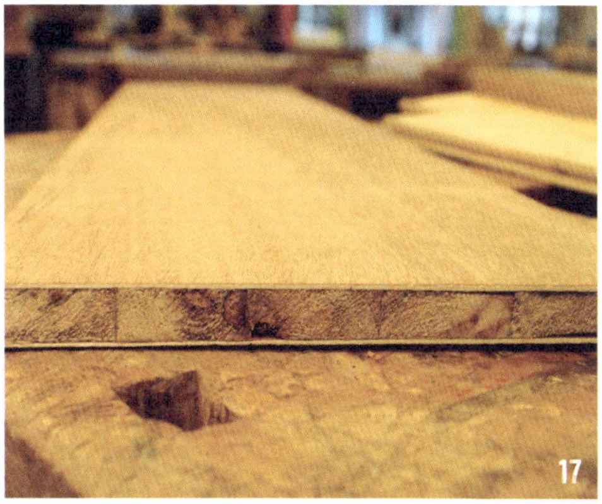
17

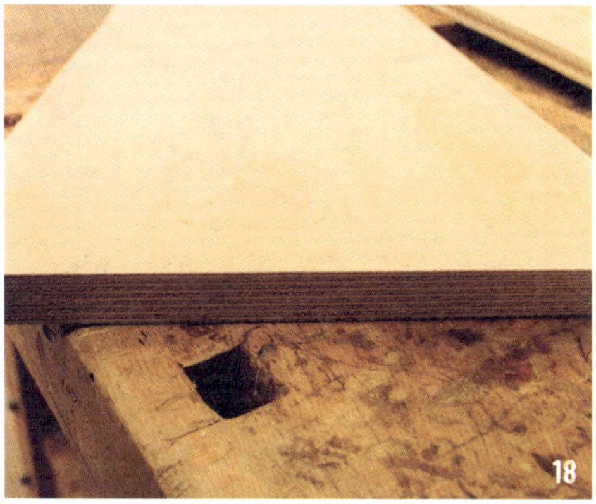
18

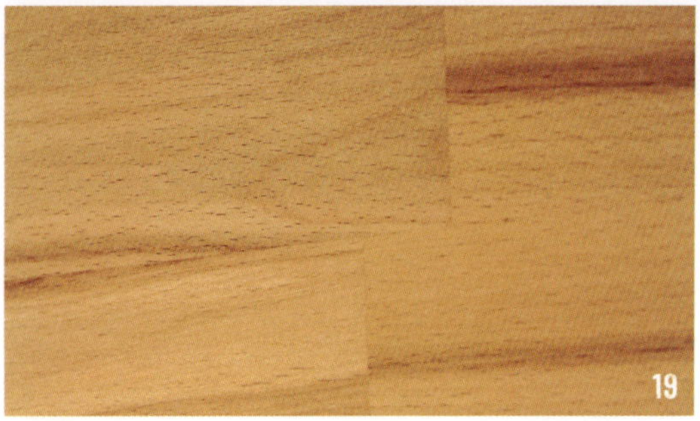

19

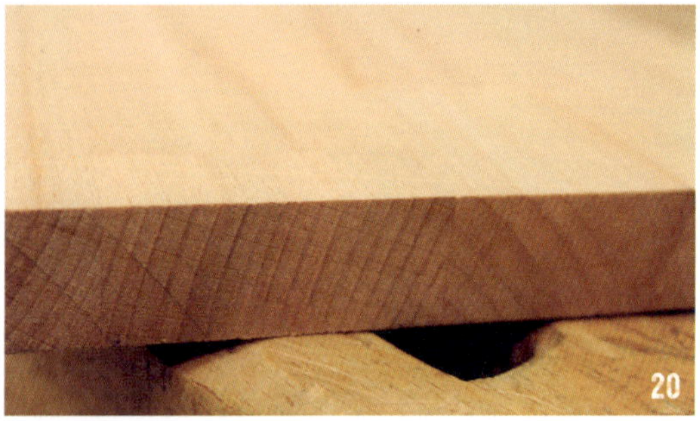

20

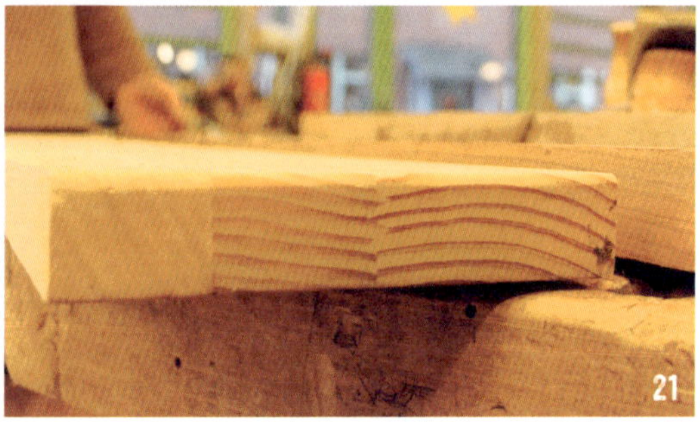

21

Außerdem gibt es *Leimholzplatten*, bei denen Holzleisten fest aneinandergeleimt sind. ▸ Bild 19-21

Bei der Bearbeitung von Holz, besonders beim Möbelbau, muss man einige grundlegende Eigenschaften des Materials beachten: Holz «arbeitet». Das heißt: Je nach Feuchtegehalt und Temperatur schrumpft oder quillt es. Dabei kann es sich auch mehr oder weniger stark verbiegen. Diese Eigenschaft bleibt beim Holz immer erhalten, egal wie alt es ist. Der Grad der Veränderung ist von Holzart zu Holzart verschieden. So sollte man beispielsweise beachten:

- Lärche und Buche verbiegen gerne.
- Nadelhölzer schrumpfen mehr als Laubhölzer.
- Birnenholz verdreht sich gerne.
- Tropenhölzer bleiben relativ stabil.

Es gibt drei *Holzrichtungen*:

- Längsholz
- Querholz
- Hirnholz

Holz schrumpft beim Trocknen etwa 1 - 2 % in Längsrichtung, aber bis zu 8 % in Querrichtung. ▪

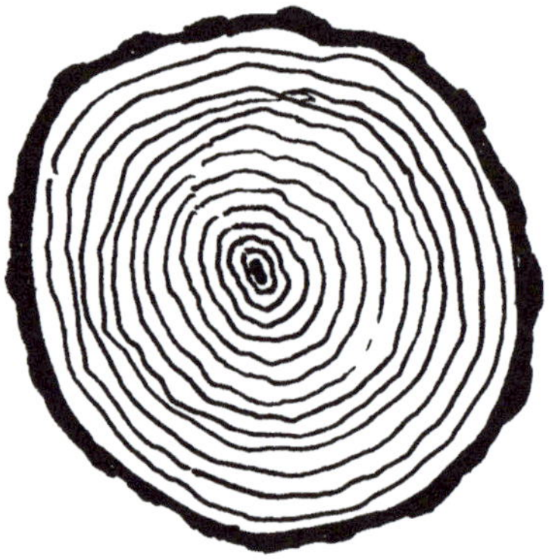

Hirnholz

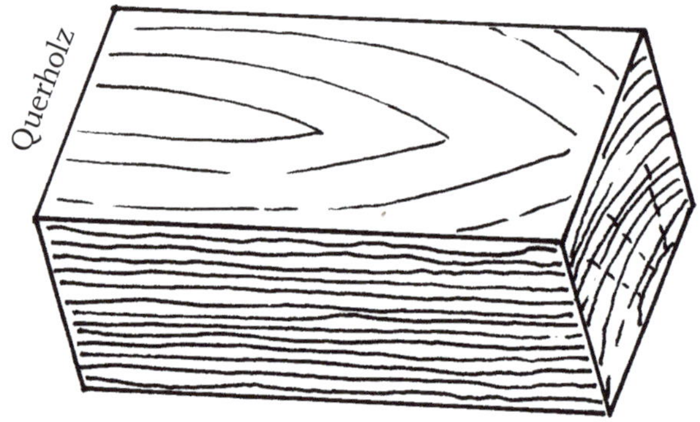

Längsholz

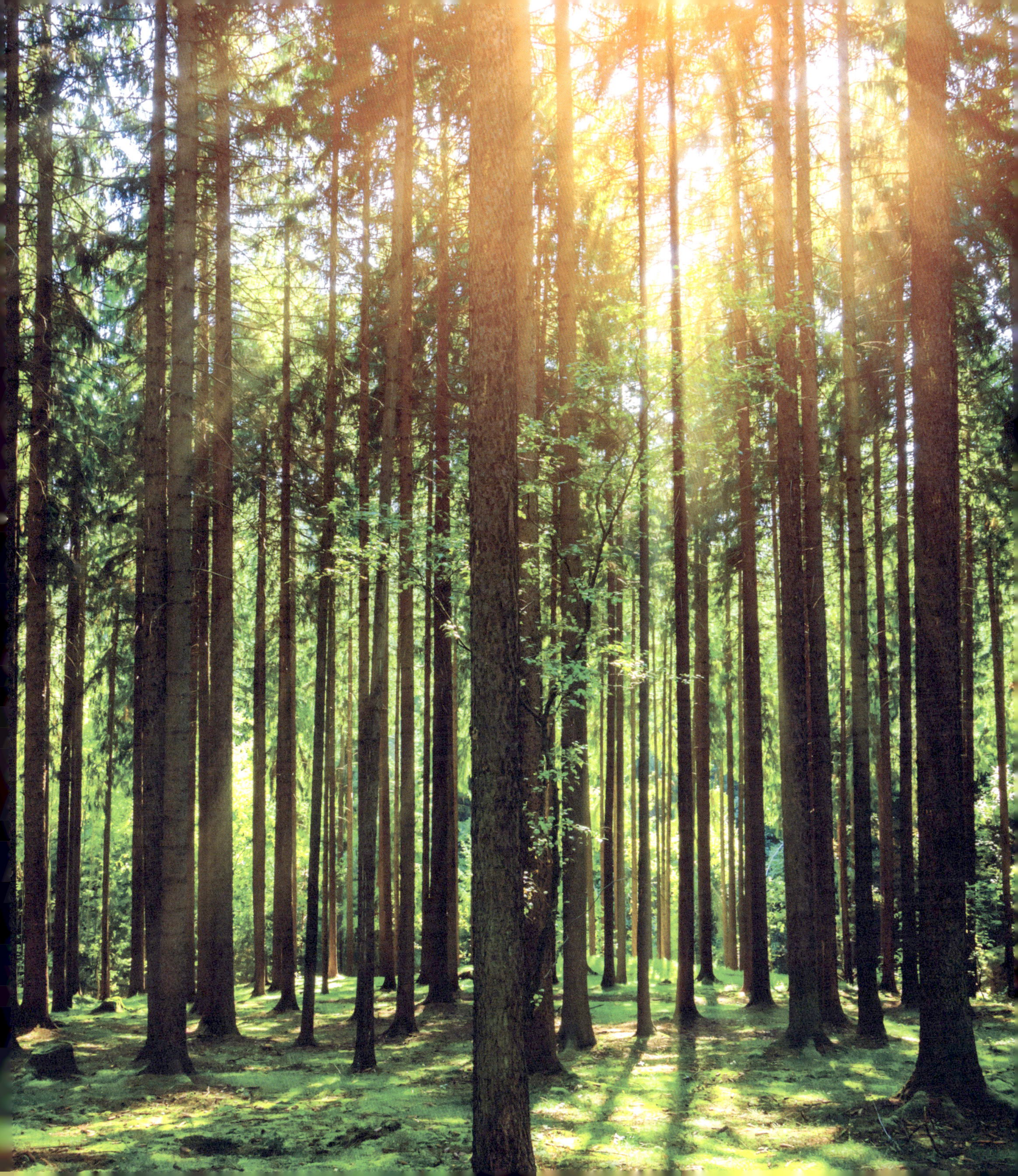

Das Fügen

Wenn man eine größere Holzfläche nicht fertig kaufen, sondern selbst herstellen will, braucht man dazu mehrere besäumte Bretter. Sie müssen etwa gleich dick sein. Es ist sinnvoll, die Flächen wie oben beschrieben abzurichten. Die schmalen Seiten müssen an den später aufeinanderstoßenden Seiten genau mit dem Putzhobel im rechten Winkel geglättet (d.h. gefügt) werden. Beim Nebeneinanderlegen darf keine Fuge frei bleiben. ▸ Bild 1

Passen die Bretter, die die gewünschte Fläche ergeben sollen, fugenfrei nebeneinander, benötigt man Unterlagepapier, mehrere dünne Leisten gleicher Stärke als sogenannte Zulagen und mehrere Schraubzwingen.

Zwei der Zulagen werden im Abstand der Brettlänge auf die Werkbank gelegt. Über die Zulagen legt man dünnes Papier (hier Toilettenpapier), damit die Bretter nicht auf den Zulagen festkleben. ▸ Bild 2

Nachdem auf die zusammenstoßenden Seiten gleichmäßig Leim aufgetragen wurde, werden die zu verleimenden Stücke dicht nebeneinandergelegt. Gerne kann man die mit Leim bestrichenen Seiten ein wenig gegeneinanderreiben, sodass sich der Leim gleichmäßig zwischen den Flächen verteilt. ▸ Bild 3

Damit sich die Leimkanten beim Zusammenzwingen nicht verschieben, presst man sie ober- und unterhalb an jedem Ende mit zwei Zulagehölzern auf eine Höhe. Auch hier legt man Papier dazwischen, damit die Zulagen nicht etwa auf der Fläche festkleben. ▸ Bild 4

Im nächsten Schritt presst man mit kräftigen Schraubzwingen die Leimfugen fest aneinander. Je mehr Schraubzwingen und je fester die Pressung, desto besser hält die Leimfuge. Bei den meisten modernen Holzleimen reicht eine Presszeit von etwa 20 Minuten (siehe Gebrauchsanweisung). Die völlige Durchhärtung dauert allerdings 24 Stunden. ▸ Bild 5

Nach dem Durchhärten können alle Schraubzwingen und Zulagen entfernt werden.

Jetzt wird die gesamte Oberfläche mit einem Putzhobel auf eine gleichmäßige Fläche glatt gehobelt und anschließend geschliffen. ▸ Bild 6-7 ■

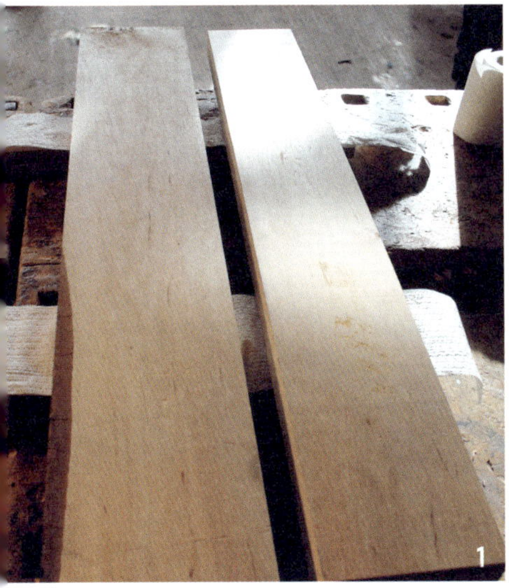
1
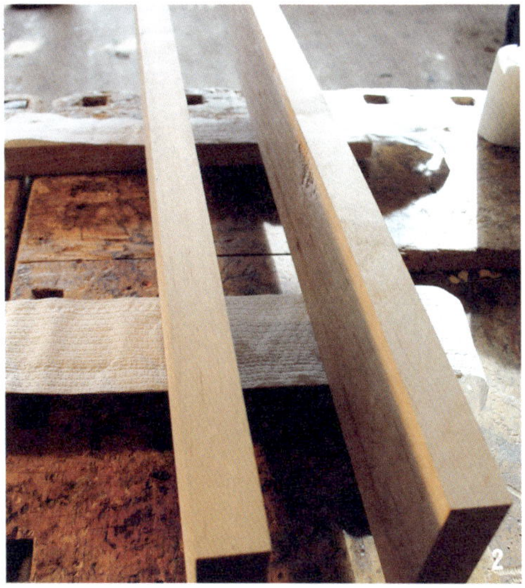
2
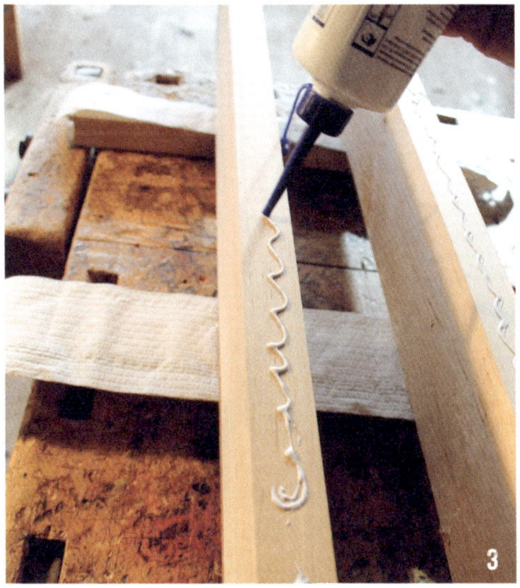
3
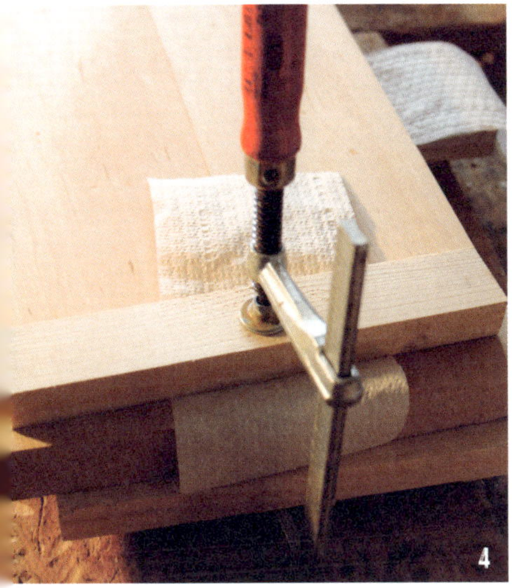
4
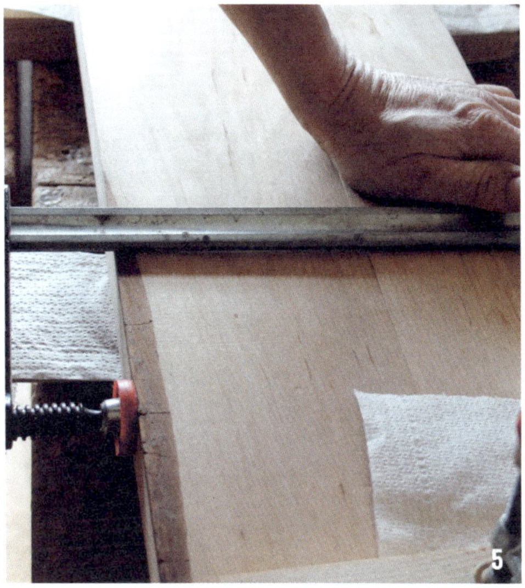
5
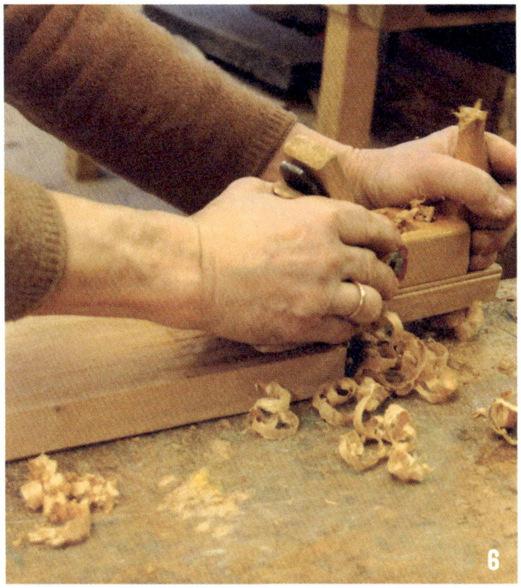
6
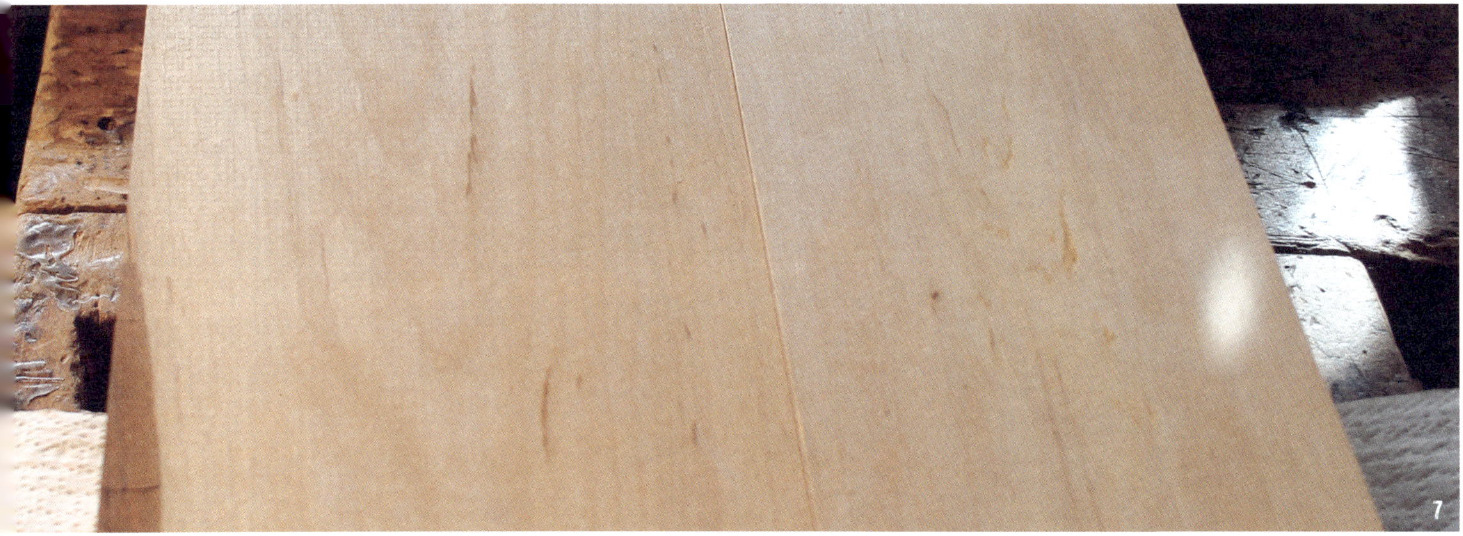
7

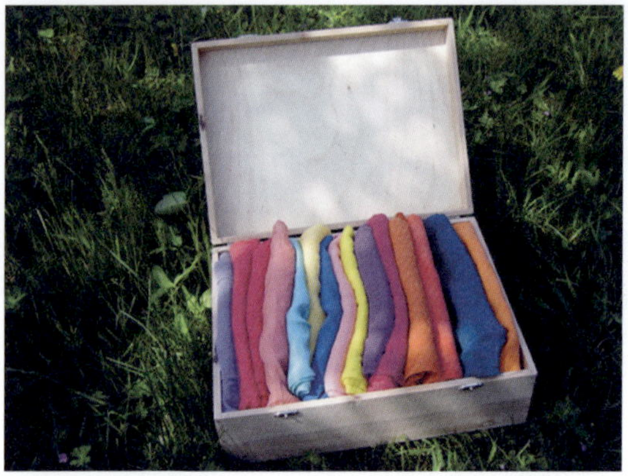

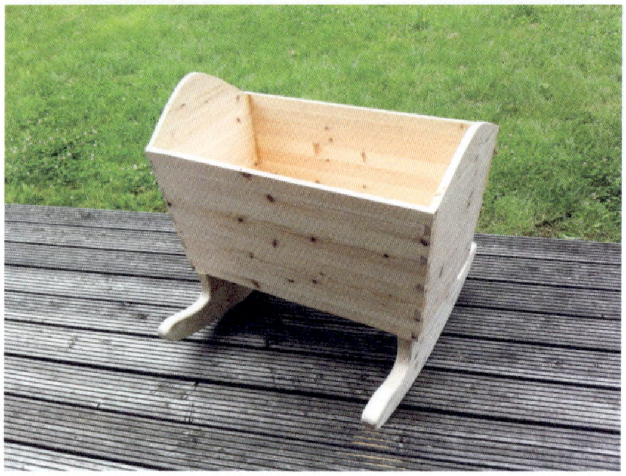

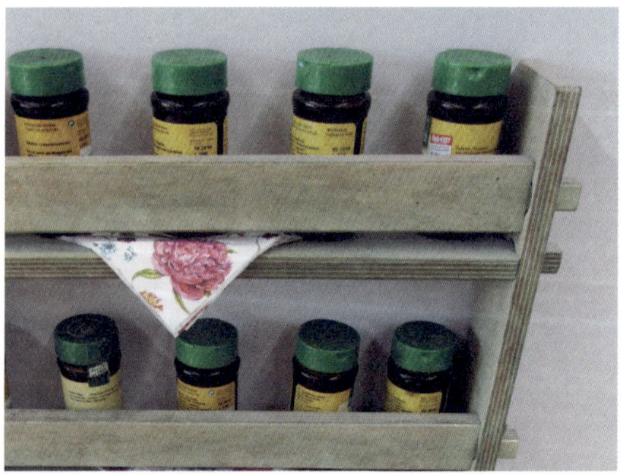

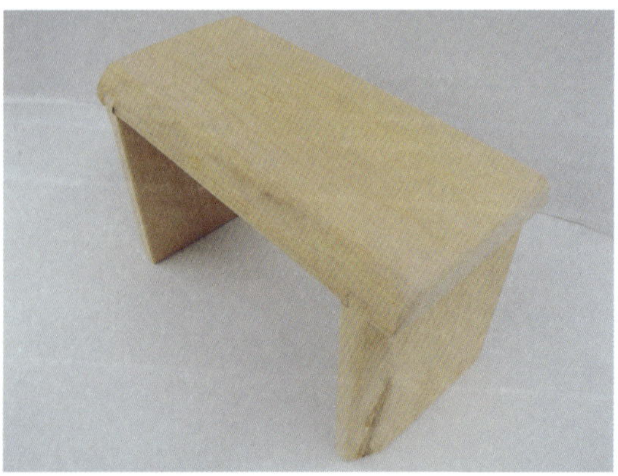

Holzverbindungen

Drei Arten der Holzverbindung haben sich im Schreinerhandwerk seit Langem bewährt.

1. Zinkung oder Schwalbenschwanzverbindung

Zunächst ist die sogenannte *Zinkung* zu nennen (siehe die Beschreibung auf S. 134 ff.); sie wird auch als *Schwalbenschwanzverbindung* bezeichnet, weil sie an den Schwanz einer Schwalbe erinnert. Sie ist etwas aufwendig herzustellen, jedoch vielseitig einsetzbar und sehr stabil. ▸ Bild 1-3

Die Zinkung wird im Folgenden beim Bau einer Schatulle (S. 138 f.) und einer Wiege (S. 140 ff.) angewendet.

2. Schlitz- und Zapfenverbindung

Etwas einfacher herzustellen ist die *Schlitz- und Zapfenverbindung.* Sie hat nur rechte Winkel und genügt bei guter Verleimung oder auch bei Verkeilung in vielen Fällen den Ansprüchen an das Werkstück (siehe die Beschreibung auf S. 126 ff.). ▸ Bild 4-6

Weil sie etwas einfacher ist als die Schwalbenschwanzverbindung, wird sie hier zuerst – am Beispiel eines Meditationshockers – vorgestellt. Sie kommt auch beim Bau eines Gewürzregals zur Anwendung (S. 130 ff.).

3. Gratleistenverbindung

Sehr urtümlich, aber dennoch stabil ist die *Gratleisten-* oder *Gratnutverbindung* (siehe dazu S. 144 ff.). Sie wurde früher in der Bauernmöbelproduktion gerne verwendet. ▸ Bild 7-9

Als Beispiel hierfür findet sich auf S. 148 f. der Bau eines weiteren Meditationshockers und eines Eckregals mit Gratnutverbindung.

Alle drei Verbindungsarten werden außerdem beim Bau eines Bücherregals angewendet (siehe S. 150 ff.).

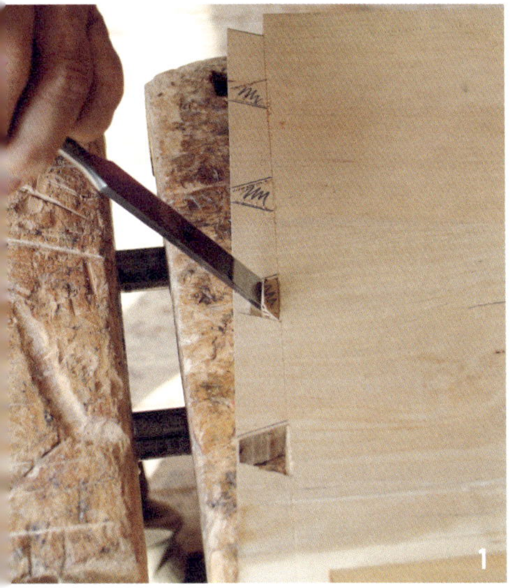
1

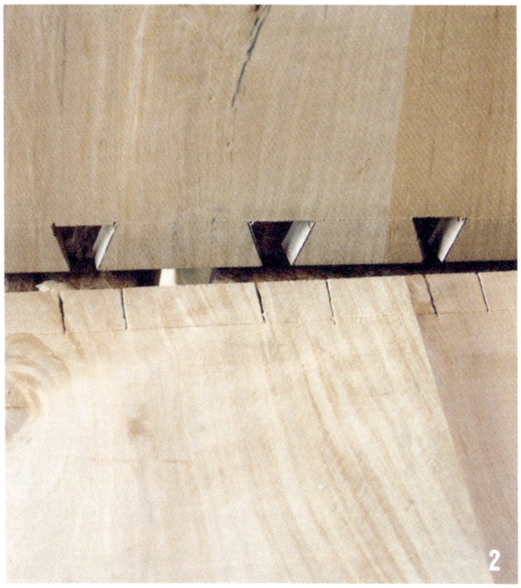
2

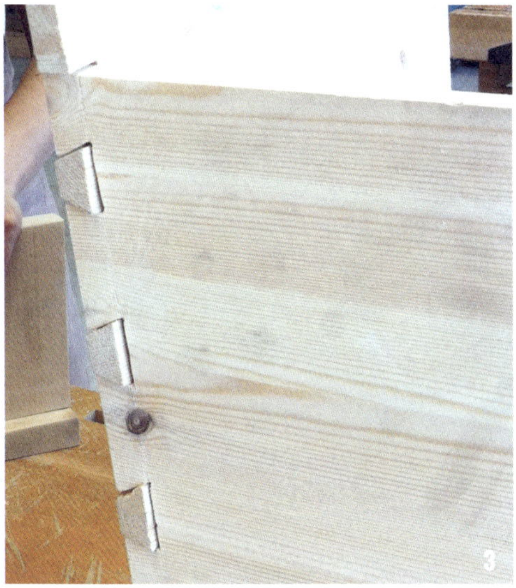
3

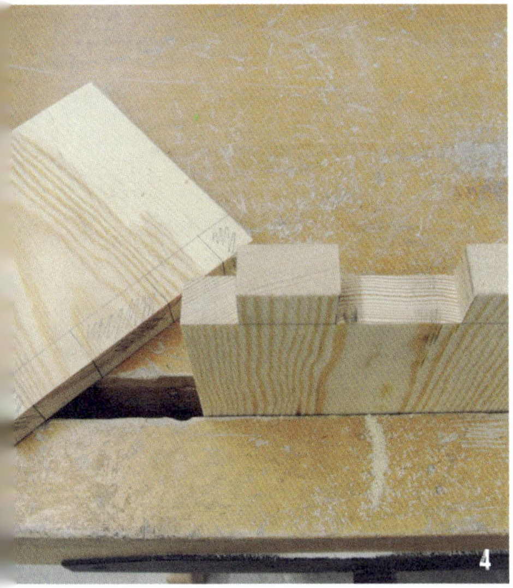
4

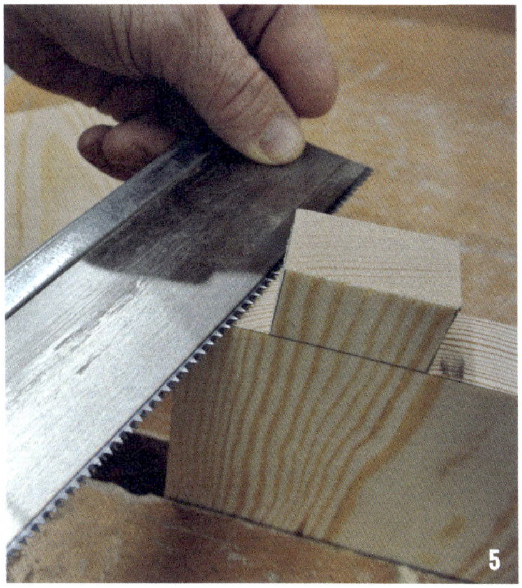
5

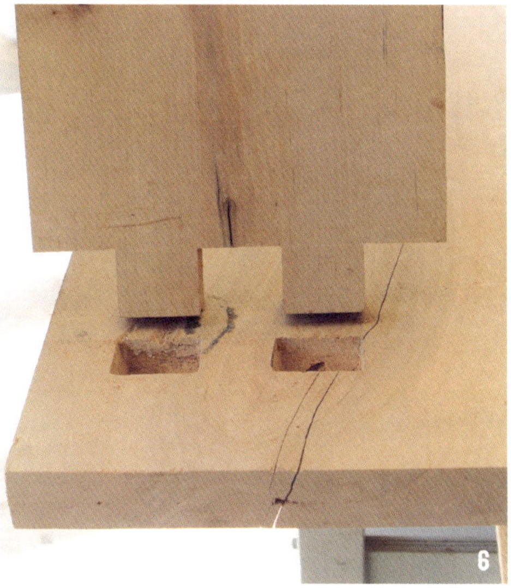
6

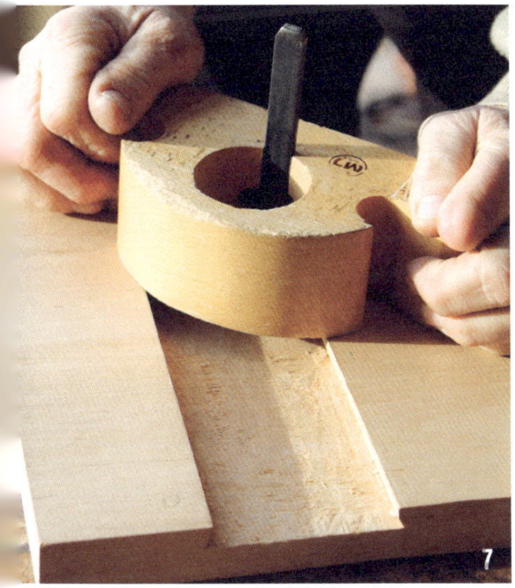
7

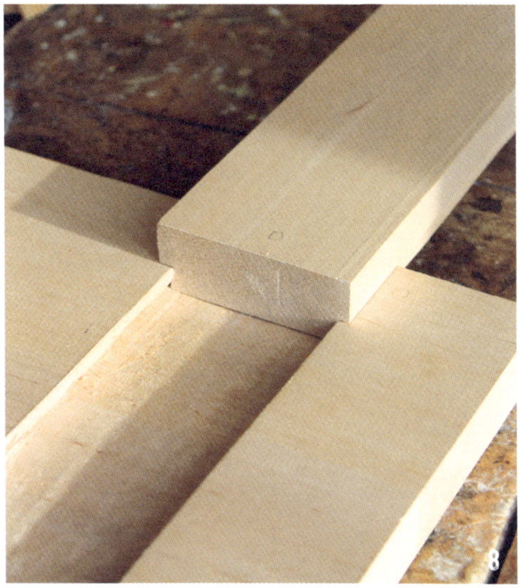
8

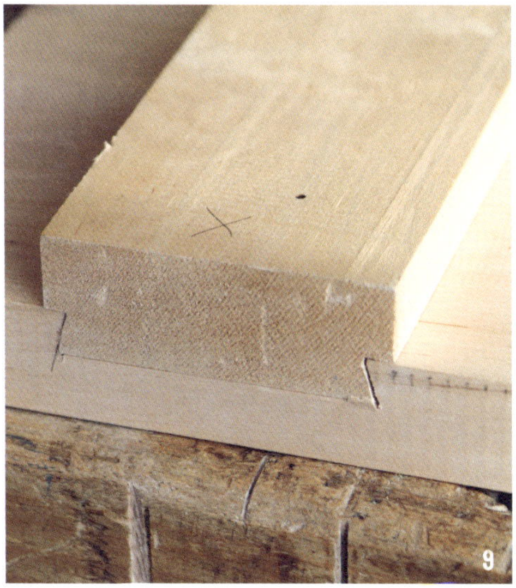
9

Meditationshocker mit Schlitz- und Zapfenverbindung

Material

Kiefernbretter: 32 x 20 x 2,5 cm (1 Stück); 16 x 20 x 2,5 cm (2 Stück) | Holzleim | Leinöl

Werkzeug

Streichmaß | Feinsäge | Stemmeisen 20 mm | Holzklüpfel | Schraubzwinge | Winkel

Bei vielen Holzkonstruktionen arbeitet man mit einer *Schlitz- und Zapfenverbindung* (sie wird manchmal auch nur als «Zapfenverbindung» bezeichnet). Diese Holzverbindung wird immer in 90-Grad-Schnitten angelegt und ist darum leicht herzustellen. Allerdings ist sie nicht so stabil wie eine Schwalbenschwanzverbindung. Die Schlitz- und Zapfenverbindung wird hier am Bau eines Meditationshockers und des nachfolgenden Gewürzregals demonstriert.

Für den Meditationshocker benötigt man ein Stück Massivholz in den angegebenen Maßen.

Es wird auf die Länge von 32 cm für die Sitzfläche und zwei Stücke von jeweils 16 cm Länge für die Beine abgesägt.

An den Beinen werden jeweils zwei Zapfen angebracht. Der Abstand der Zapfen vom Rand sollte etwa die Materialstärke, also 2,5 cm, betragen. Die Breite der Zapfen kann man nach Gefühl festlegen, in unserem Beispiel beträgt sie 4 cm. Alles wird sorgfältig mit dem Streichmaß angerissen und aufgezeichnet. ▸ **Bild 1-3**

Vier Schnitte können mit der Feinsäge eingesägt und die beiden äußeren Stücke ebenfalls mit der Feinsäge entfernt werden. ▸ **Bild 4-5**

Das mittlere Stück lässt sich nicht sägen, sondern wird mit einem Stemmeisen herausgearbeitet. Dazu muss das Werkstück fest auf der Werkbank liegen.

Beim Stemmen ist es wichtig, einen kleinen Rand stehen zu lassen und nur zur Hälfte durchzuarbeiten, damit an der Unterseite nicht ungewollt ein Stück Material herausbricht. ▸ **Bild 6**

Nach dem Wenden kann der Rest weggestemmt werden. ▸ **Bild 7**

▷

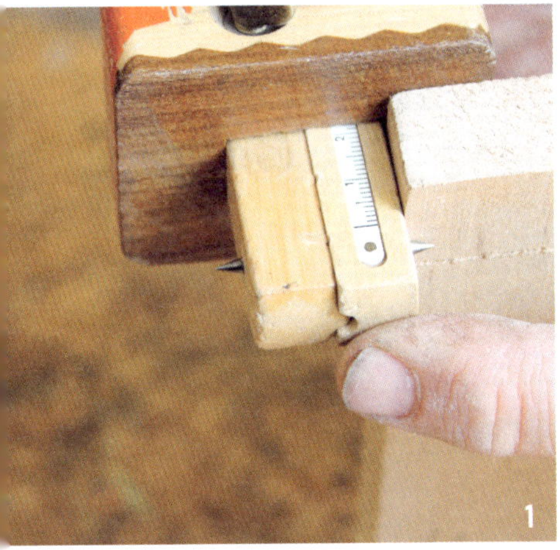
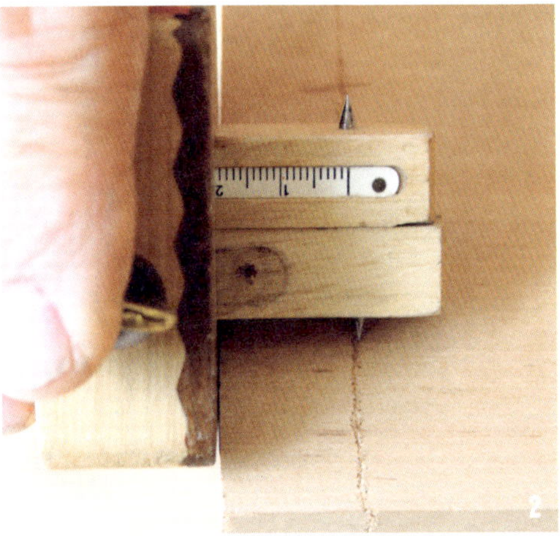
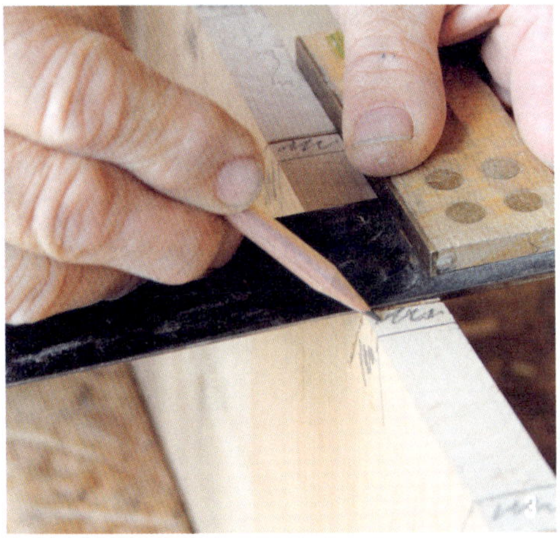
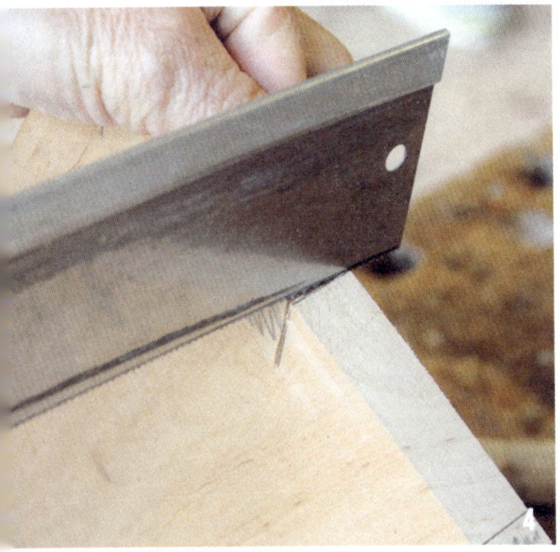
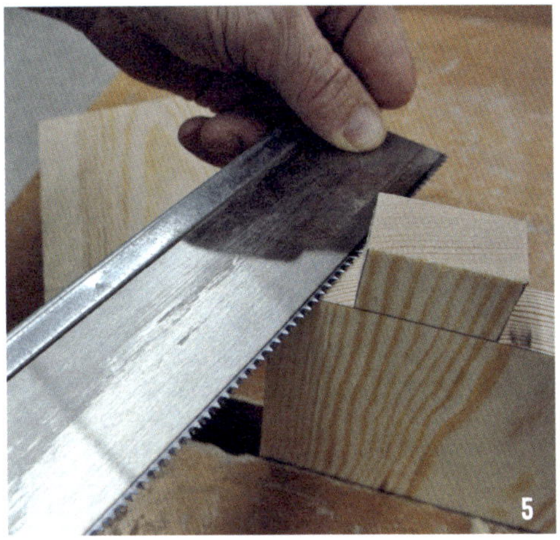
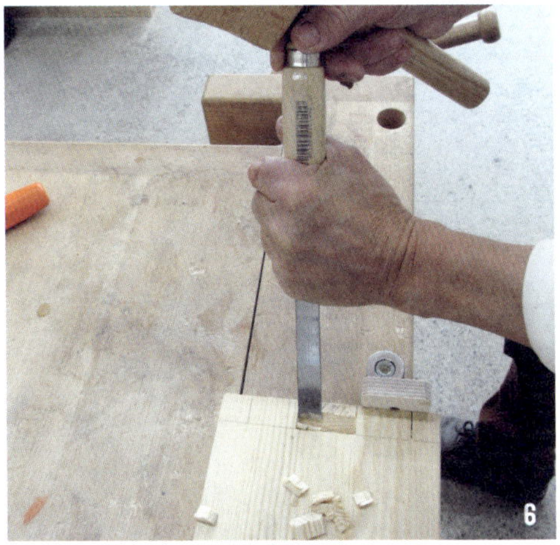
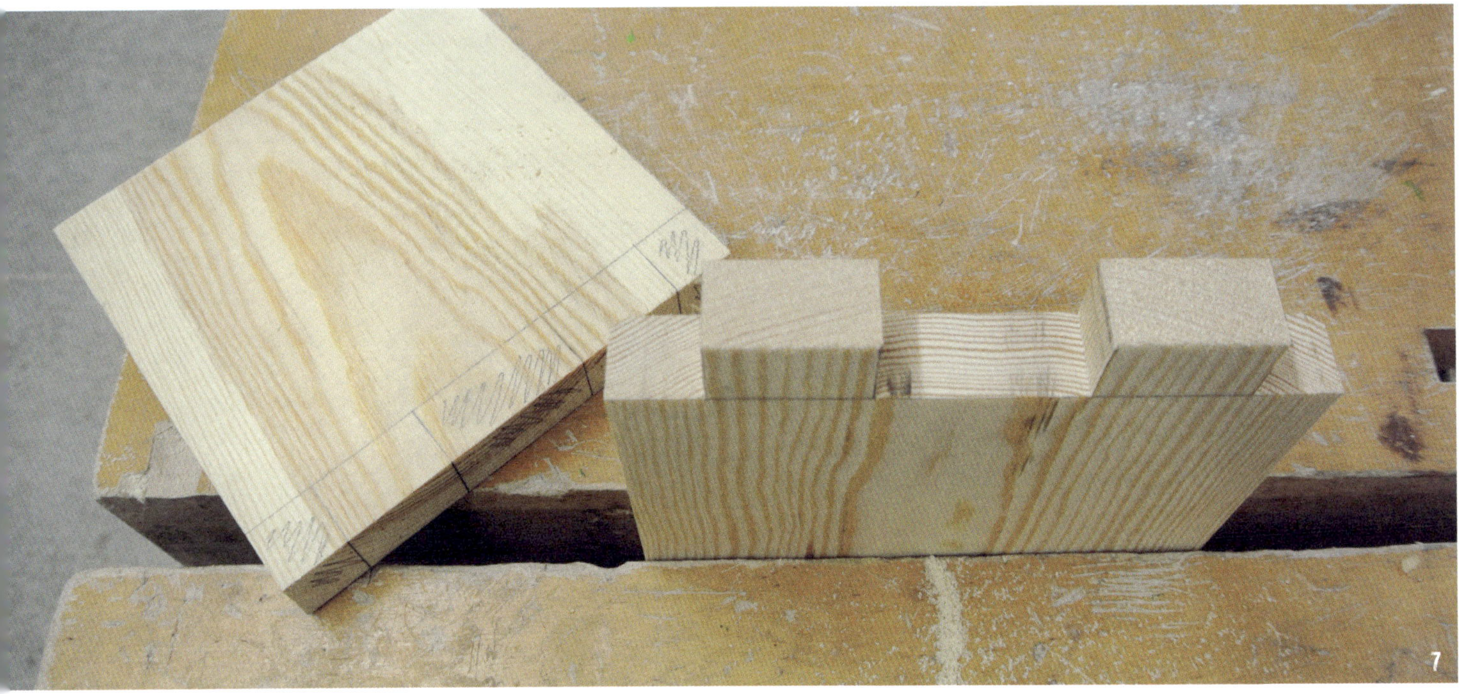

Im Abstand von 2,5 cm werden die Flächen für die entsprechenden Schlitze angezeichnet und mit dem Stemmeisen herausgearbeitet.

Achtung: Auch hier wieder das Holz nur zur Hälfte von jeder Seite wegstemmen, damit es nicht nach unten wegbricht. ▸ Bild 8

Wenn Schlitz und Zapfen fertig sind, können sie verleimt werden. ▸ Bild 9

Nach dem Durchhärten werden die Kanten und Ecken mit Feile und Sandpapier gerundet, und alles wird schön glatt geschliffen.

Zuletzt wird das Holz noch eingeölt, dann ist der einfache Meditationshocker fertig. ▸ Bild 10 ■

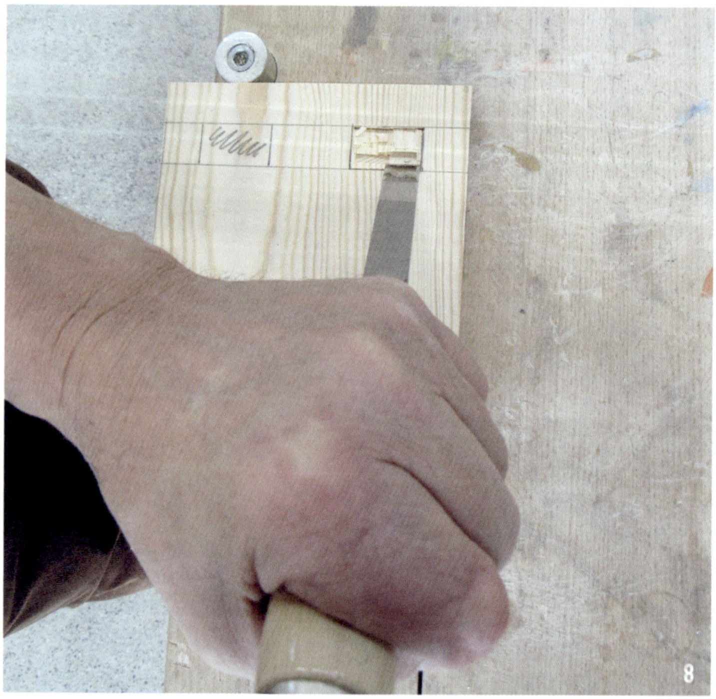

8

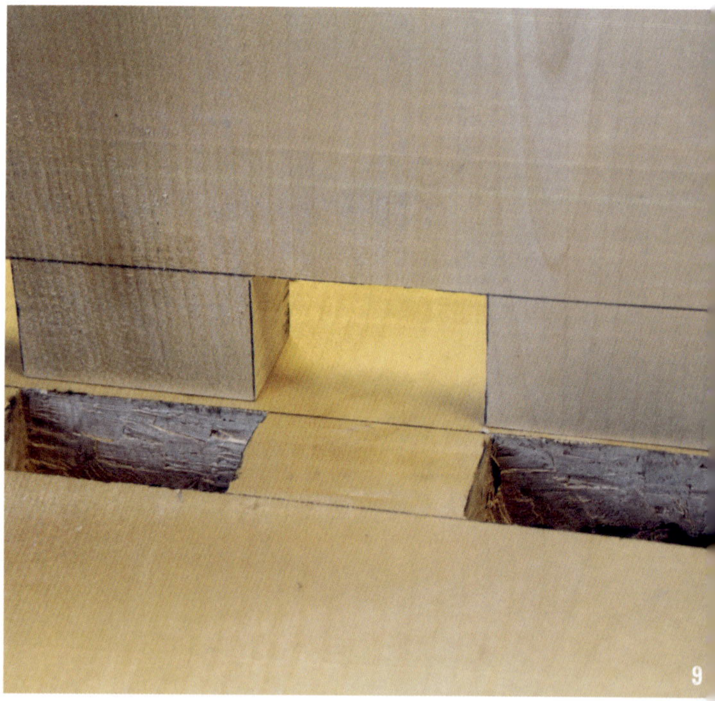

9

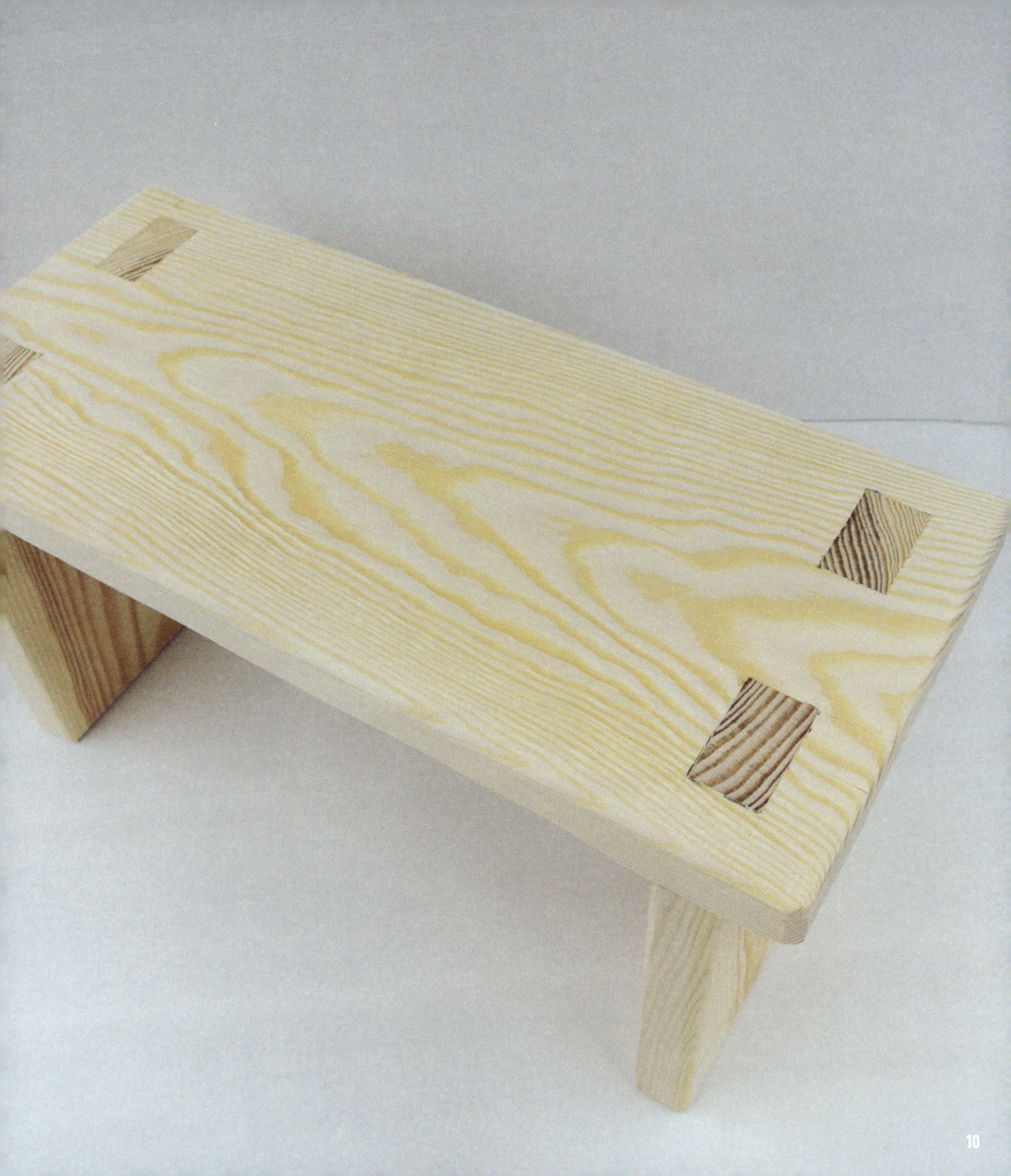

Material

Rundholz (Ø 6 mm, ca. 80 cm lang) | Multiplexplatte (15 mm dick, 3 Stück 40 x 4 cm; 5 Stück 40 x 9 cm) | farbige Holzlasur

Werkzeug

Säge | Forstnerbohrer, Ø 15 mm und 20 mm | Holzbohrer 6 mm und 15 mm | Stemmeisen 20 mm | Holzklüpfel | Feinsäge | Feile | Schleifpapier | Pinsel

Gewürzregal

Bei der Herstellung dieses Regals werden die Schlitze und Zapfen nur mit Säge und Bohrer angelegt und nicht – wie bei dem zuvor beschriebenen Meditationshocker – mit dem Stemmeisen. Auch wird Multiplex (siehe dazu S. 118) und nicht Massivholz verwendet.

Man benötigt ein Rundholz für die Keile sowie eine 15 mm dicke Multiplexplatte; aus ihr werden fünf Streifen von 40 cm Länge und 9 cm Breite sowie drei Streifen von 40 cm Länge und 4 cm Breite zugesägt. ▸ Bild 1

Zwei der 9 cm breiten Stücke sind für die Seitenwände. Bei den drei anderen werden an den Enden jeweils zwei Zapfen von 15 mm Breite angebracht.

Die äußeren Rechtecke lassen sich aussägen, der Raum zwischen den Zapfen muss durch eine 15 mm breite Bohrung mit einem Forstnerbohrer herausgearbeitet werden. ▸ Bild 2

An den 4 cm breiten vorderen Abgrenzungsbrettern wird an jeder Seite nur ein Zapfen von 15 mm Breite herausgesägt. ▸ Bild 3

In die Zapfen dieser Bretter wird jeweils quer ein Loch von 6 mm Durchmesser gebohrt. Die Mitte des Loches hat einen Abstand von 15 mm (Materialstärke der Seitenwände) und dient der Aufnahme der Keile. ▸ Bild 4

Bei den Regalflächen wird ebenfalls in jeden Zapfen ein 6 mm großes Loch im Abstand von 15 mm gebohrt. *Achtung*: Hier müssen die Löcher nicht quer gebohrt werden, sondern von oben, weil die Regalflächen ja waagerecht im Regal liegen. ▸ Bild 5

In das obere Regal werden hinten von unten noch zwei kleine Vertiefungen gebohrt, damit man das Regal später auch aufhängen kann. ▸ Bild 6

▷

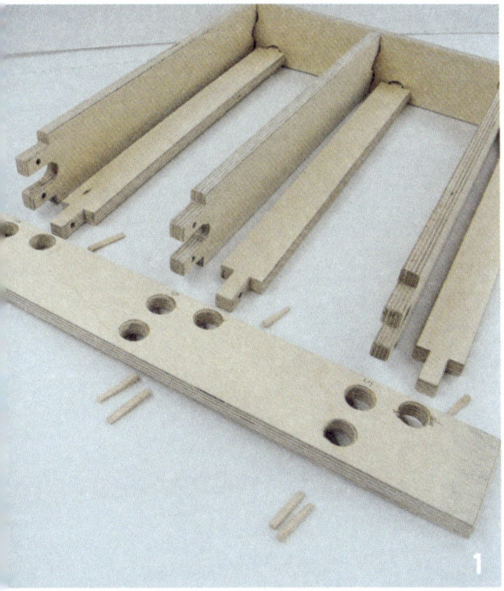
1

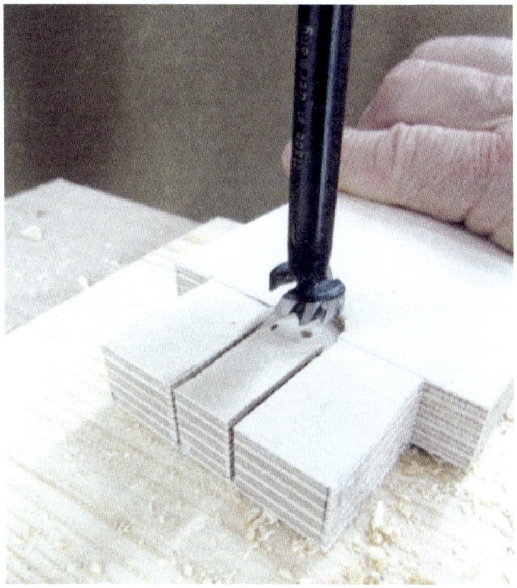

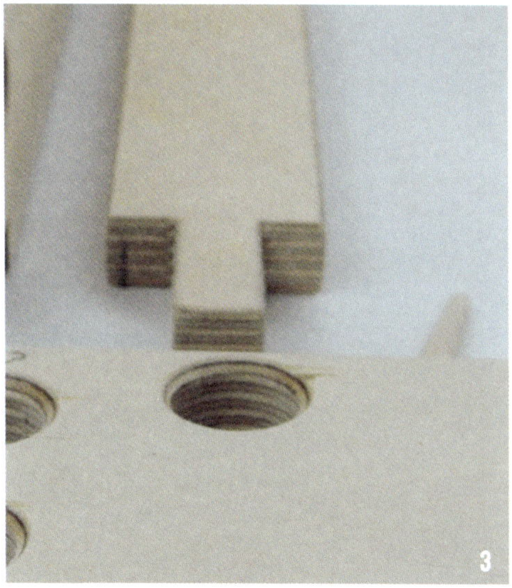
3

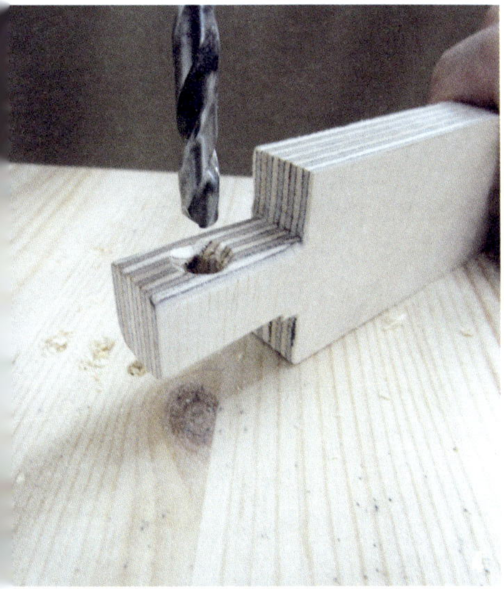

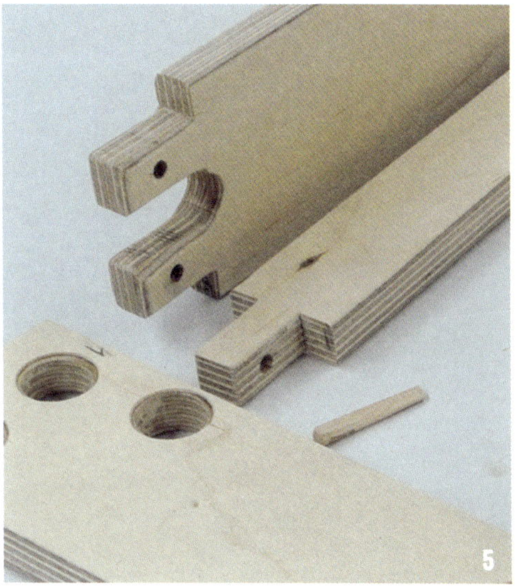
5

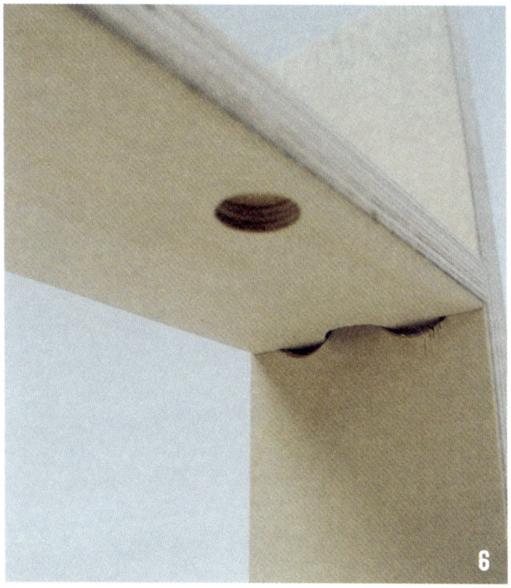
6

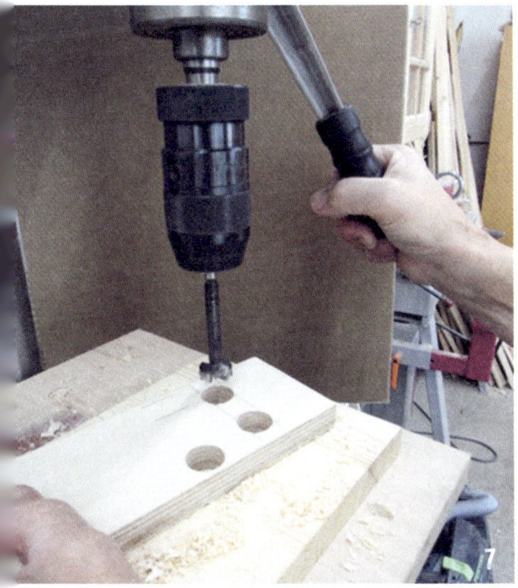
7

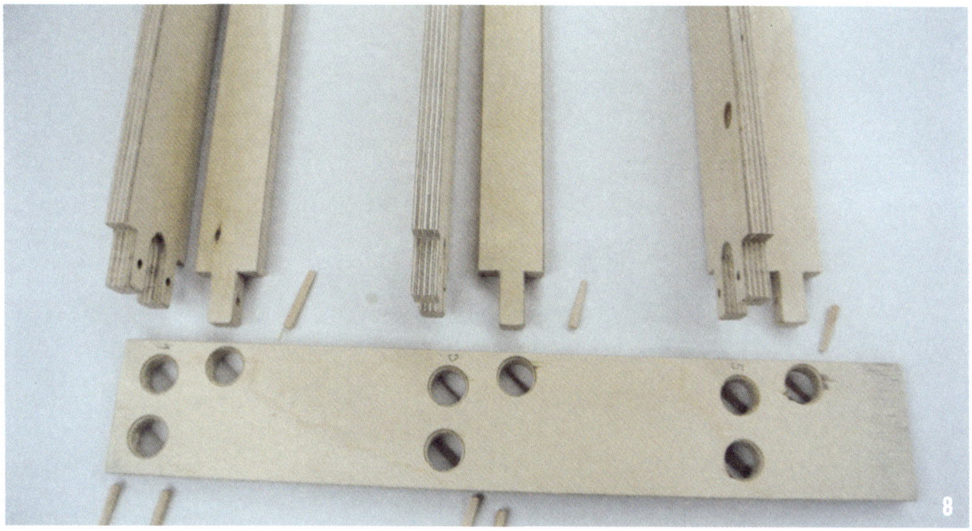
8

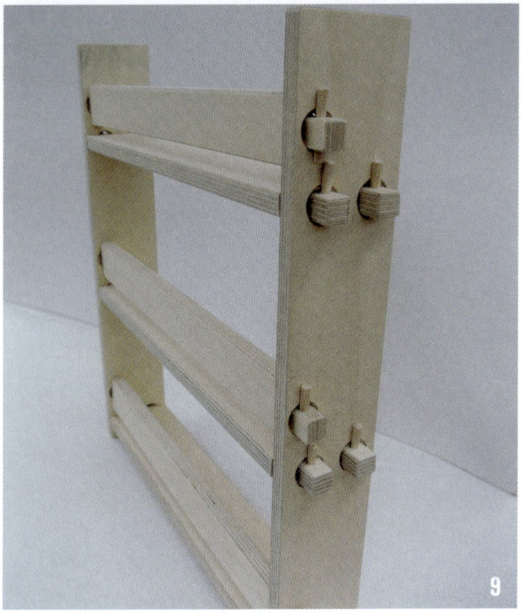

9

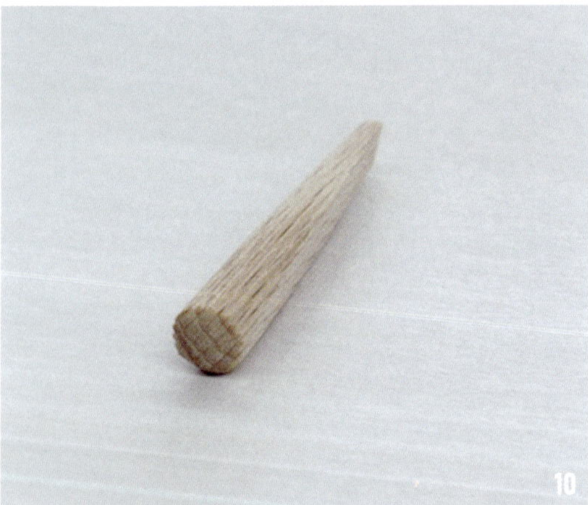

10

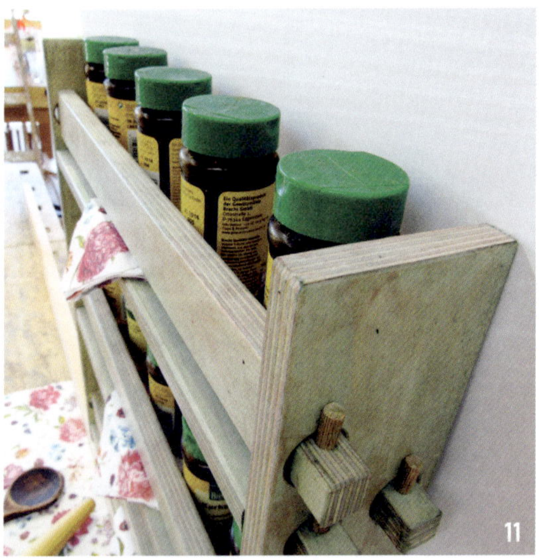

11

Nun werden in die Seitenteile mit einem 20-Millimeter-Bohrer die jeweiligen Löcher für die Zapfen gebohrt.

Der Abstand zwischen den Regalflächen beträgt 14 cm, wobei die unterste Regalfläche erst im Abstand von 1,5 cm angebracht werden kann. Es werden also für jede Regalfläche jeweils zwei Löcher und am vorderen Rand für die vordere Abgrenzung jeweils ein Loch gebohrt, also neun Löcher in jedem Teil.

Der Abstand des für die vorderen Abgrenzungsbretter vorgesehenen Lochs vom vorderen Rand sollte dabei etwa 5 mm und der Abstand zwischen Regal und Abgrenzung etwa 1 cm betragen. ▸ **Bild 7-8**

Wenn jetzt die Zapfen mit eine Feile etwas abgerundet werden, passen sie gut in die gebohrten Löcher, und das Ganze kann zusammengesteckt werden. ▸ **Bild 9**

Aus dem Rundholz lassen sich nun kleine Keile von etwa 4 cm Länge herstellen, die in die vorbereiteten 6 mm großen Löcher passen und dem Regal so Stabilität verleihen. ▸ **Bild 10-11**

Wenn alles schön geschliffen ist, kann das Holz auch noch mit einer Lasur farbig gestaltet werden. ▪

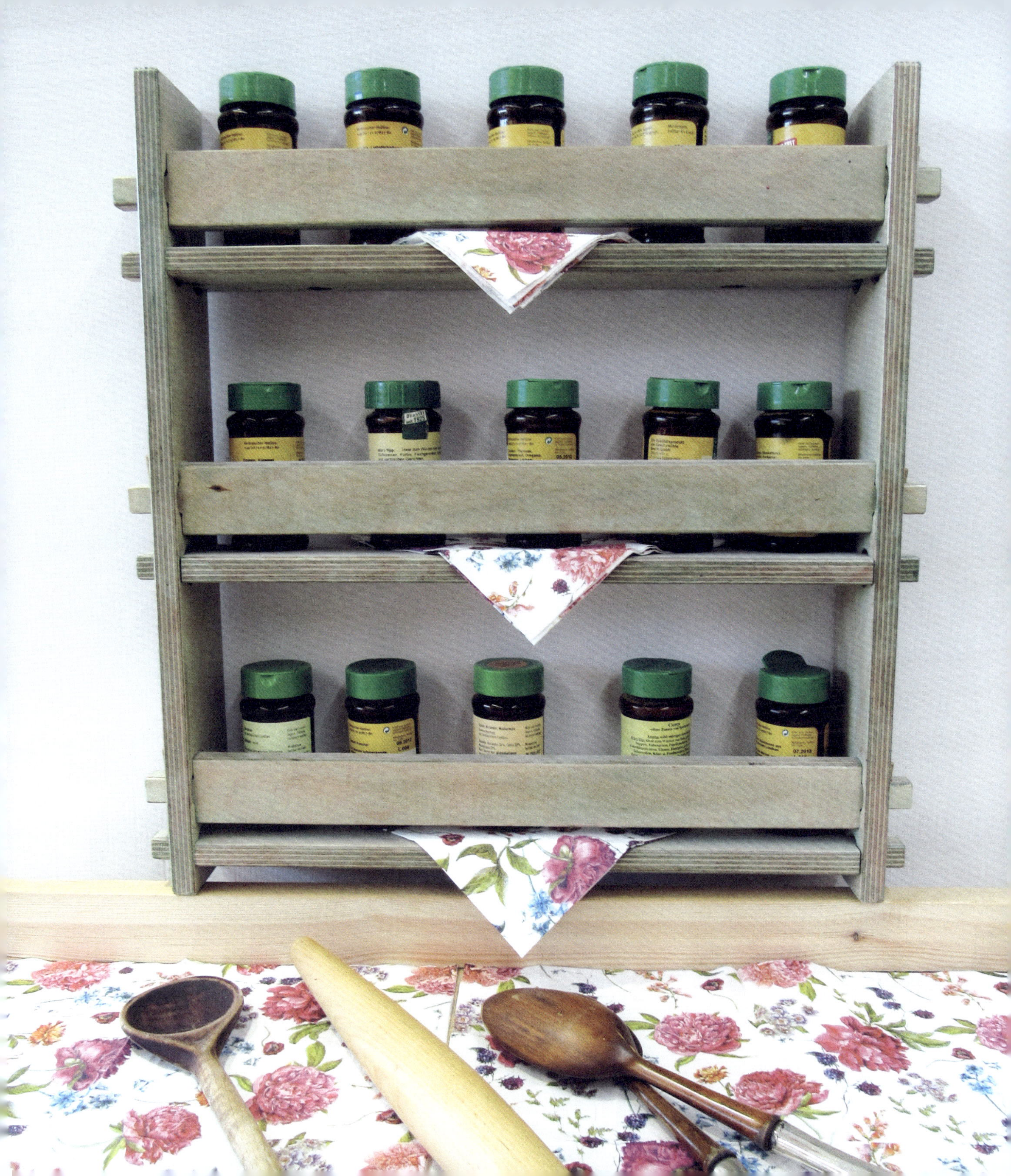

Schwalbenschwanzverbindung oder Zinkung

Werkzeug

Streichmaß | Schmiege | Winkel | Feinsäge | Stemmeisen (8 mm für die Schatulle, 20 mm für die Wiege) | Holzklüpfel | Schraubzwingen | Feile | Schleifpapier | Pinsel

Beim Herstellen einer Schwalbenschwanzverbindung werden zunächst die jeweils zueinandergehörigen Ecken innen mit einem gleichen Zeichen versehen. Am besten stellt man dazu die jeweiligen Bretter einmal probeweise auf und prüft dabei genau, welche Seite man später sichtbar haben möchte. Es ist wichtig, alle acht Zeichen jetzt anzubringen, weil im Folgenden nur an einer Ecke gearbeitet wird und die anderen Teile erst einmal zur Seite gelegt werden. Man arbeitet dann immer an den Ecken mit den gleichen Zeichen an der Innenseite, in unserem Beispiel zwei Dreiecke. ▸ Bild 1

Dann stellt man das Streichmaß genau auf die Holzdicke ein und reißt damit die zu bearbeitenden Enden einmal komplett rundherum an. ▸ Bild 2-3

Man bearbeitet zunächst nur eines der Bretter. Bei der Einteilung der Schwalbenschwänze ist darauf zu achten, dass man genügend Abstand vom Rand hält. Es sollte etwa Materialstärke sein.

Jetzt legt man die Schmiege auf dem Hirnholz an und wählt einen geeigneten Winkel für die Schrägung der Schwalbenschwänze. Die Schmiege wird fest fixiert und für alle folgenden Arbeitsschritte verwendet. ▸ Bild 4

Anschließend verteilt man die Schwalbenschwänze mithilfe des Zollstocks und der Schmiege gleichmäßig auf dem Rand. ▸ Bild 5

Durch einen rechten Winkel kann die Anordnung auch auf die andere Seite übertragen werden. Das Abfallholz wird jetzt deutlich markiert. ▸ Bild 6

Nun lassen sich die Schwalbenschwänze mit einer Feinsäge einsägen und die beiden äußeren Stücke absägen. Es ist dabei darauf zu achten, dass man beim Sägen immer im Abfallholz bleibt und den Schwalbenschwanz nicht mit einsägt. ▸ Bild 7

Um die nicht sägbaren Zwischenräume herauszuarbeiten, muss man das Werkstück flach auf der Werkbank befestigen und

▷

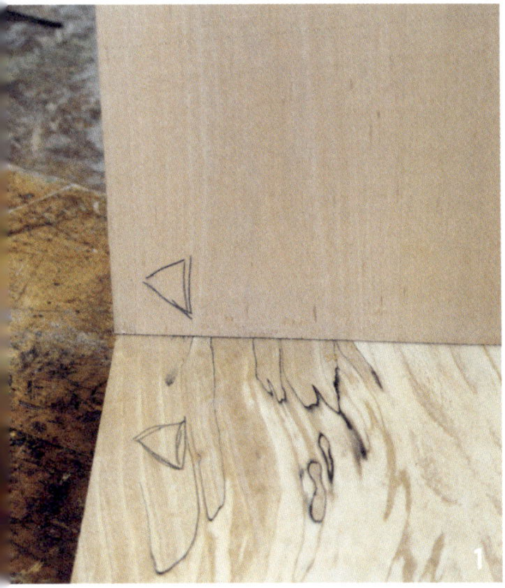
1

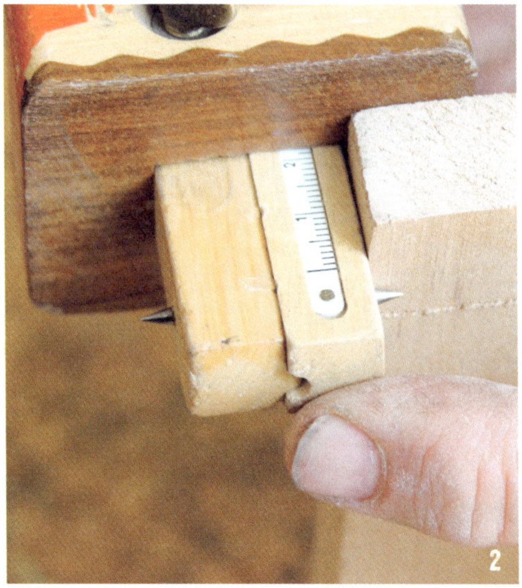
2

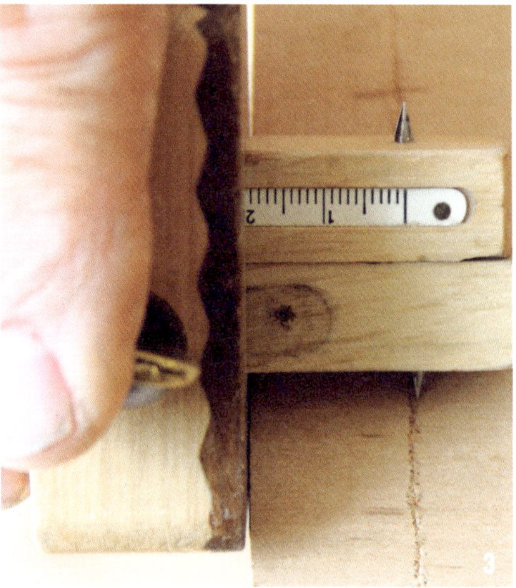
3

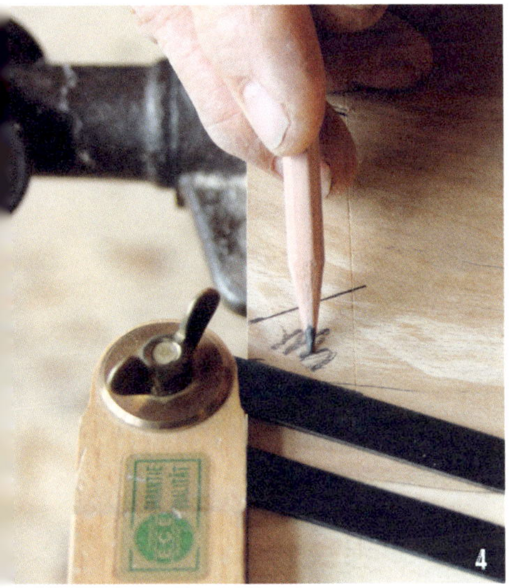
4

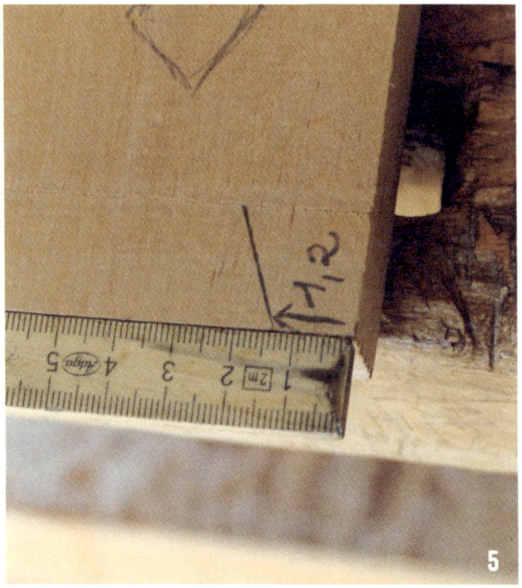
5

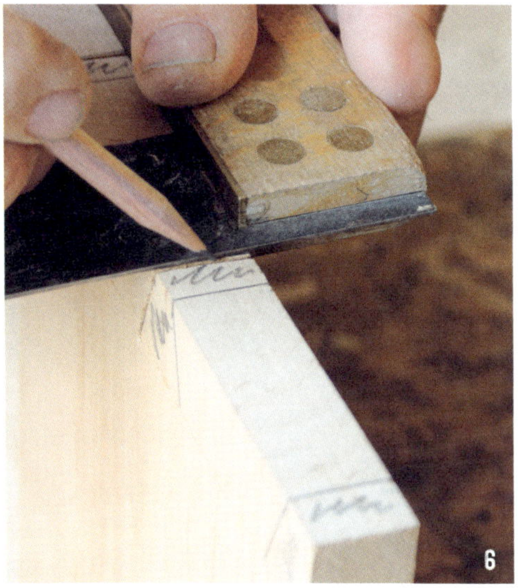
6

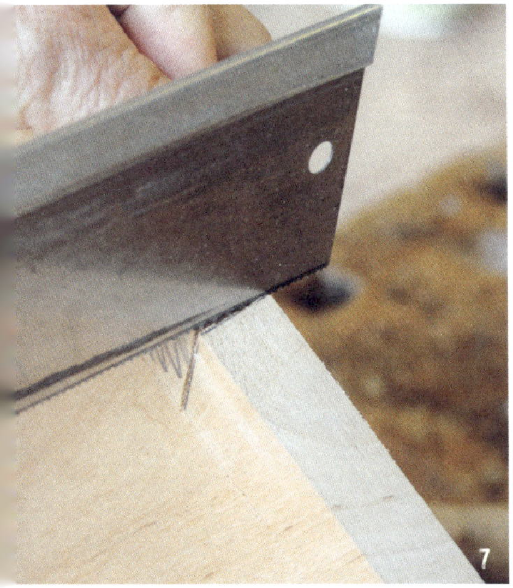
7

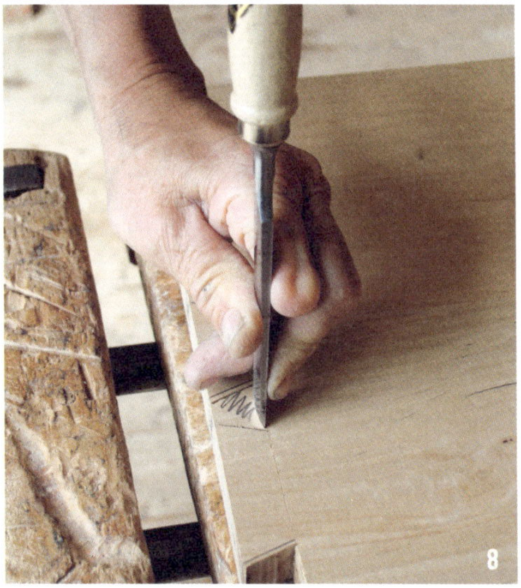
8

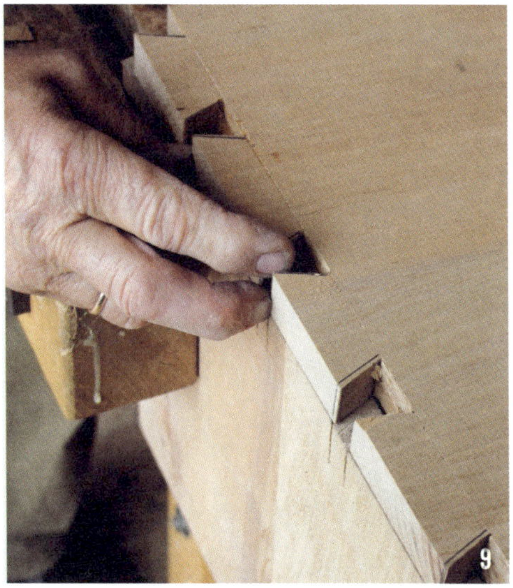
9

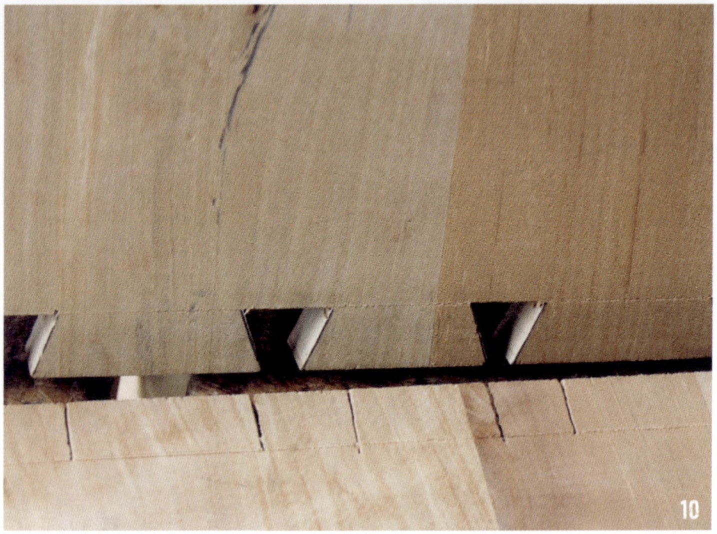

10

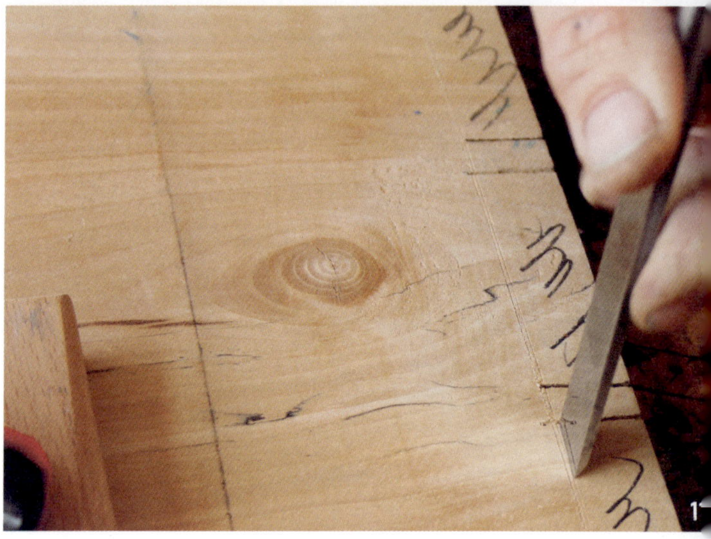

11

das Abfallholz mit einem Stemmeisen herausstemmen. Dabei ist es sinnvoll, von einer Seite nur zur Hälfte durchzustoßen und den Rest von der anderen Seite zu entfernen. Man verhindert so ein ungewolltes Herausbrechen. ▸ Bild 8

Diese jetzt fertige Seite legt man auf das Hirnholz des Gegenstückes mit dem gleichen vorher angebrachten Zeichen und markiert mit einem Bleistift exakt die Zwischenräume. ▸ Bild 9

Nun werden mit dem rechten Winkel die zu entfernenden Teile deutlich markiert. Das Ansägen erfolgt wie auf der ersten Seite mit einer Feinsäge exakt am Strich entlang, und zwar nur im Abfallholz; der Rest darf nicht angesägt werden, weil er ja später das Gegenstück zum Schwalbenschwanz ist. ▸ Bild 10

Alle Zwischenräume werden nun mit dem Stemmeisen jeweils, wie vorher bei der ersten Seite schon einmal geschehen, von jeder Seite herausgearbeitet.

Beim Zusammensetzen kann man noch etwas korrigieren denn es muss alles stramm ineinanderpassen. ▸ Bild 11

Mit den anderen Ecken wird in gleicher Weise verfahren.

Beim Zusammenfügen werden die Schwalbenschwänze innen mit Leim bestrichen und die Seiten des Werkstücks dann mit Schraubzwingen fest zusammengepresst.

Diese Holzverbindung ist sehr stabil und lässt dem Holz die Möglichkeit zu arbeiten, ohne zu reißen. Sie sieht sehr schön aus und ist für Kästen, Schubladen, Schränke oder Regale die passende Holzverbindung. ▪

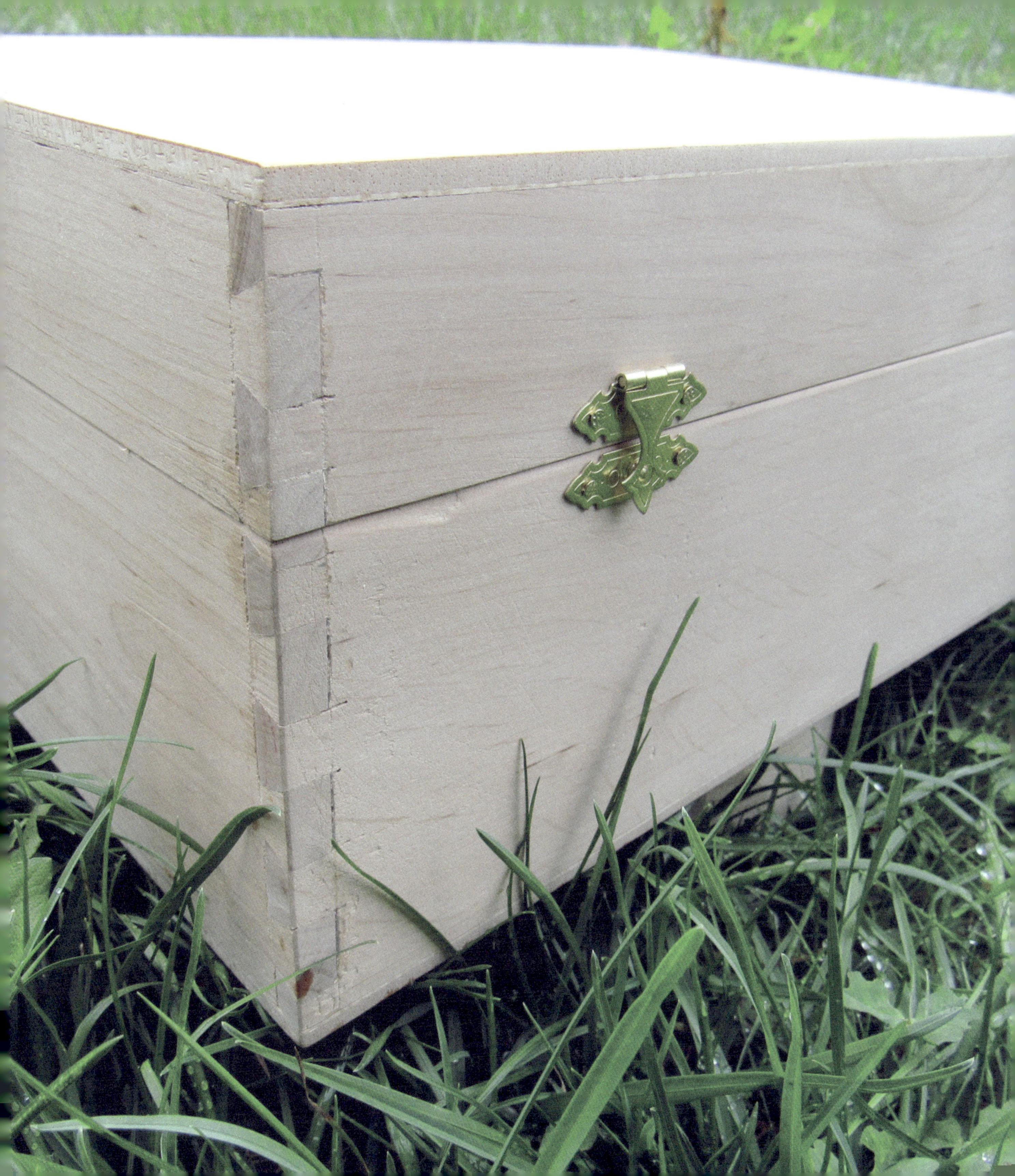

Erlenholzschatulle

Material

Erlenholz: 2 Bretter à 13 x 35 cm, 2 Bretter à 13 x 25 cm (8 mm dick) | **Sperrholz**: 2 Stücke à 25 x 35 cm (5 mm dick) | Scharniere | Verschlüsse | Holzleim | Leinöl

Werkzeug

Stemmeisen 8 mm | Holzhammer | Feinsäge oder Japansäge | Streichmaß | Schmiege | Winkel | Schraubzwingen | Pinsel

Beim Bau einer Schatulle, also eines kleinen Kästchens, ist relativ dünnes Holz erforderlich. In diesem Beispiel verwenden wir 8 mm dickes Erlenholz, das wegen seiner ansprechenden Maserung und Färbung für eine besondere Ausstrahlung sorgt. Deckel und Boden bestehen aus 5 mm dickem Sperrholz.

Im ersten Schritt werden alle benötigten Teile in der gewünschten Größe zugesägt. Die Eckverbindungen lassen sich gemäß der Anleitung im Kapitel «Schwalbenschwanzverbindung oder Zinkung» (S. 134 ff.) anfertigen. ▸ Bild 1

Nachdem der Rahmen zusammengesetzt und verleimt worden ist, können Deckel und Boden ebenfalls angeleimt werden.

Die jetzt noch geschlossene Schatulle wird anschließend mit einer feinen Säge in Deckel und Boden getrennt. Dabei ist es wichtig, dass der Sägeschnitt mitten durch einen der Schwalbenschwänze geht. ▸ Bild 2-3

Nach dem letzten Feinschliff werden noch die kleinen Beschläge angeschraubt oder auch genagelt. ▸ Bild 4-6

Zum Schluss kann das Werkstück auch geölt werden; dadurch kommt die Maserung noch stärker zum Ausdruck.

So ist eine leichte, feine Schatulle als Behältnis für besondere Dinge entstanden. ▸ Bild 7-8

TIPP ▸ Über den Bau dieser Schatulle gibt es ein etwa zwanzigminütiges Video, das über folgenden Link angesehen werden kann: https://bit.ly/2SuUR3s

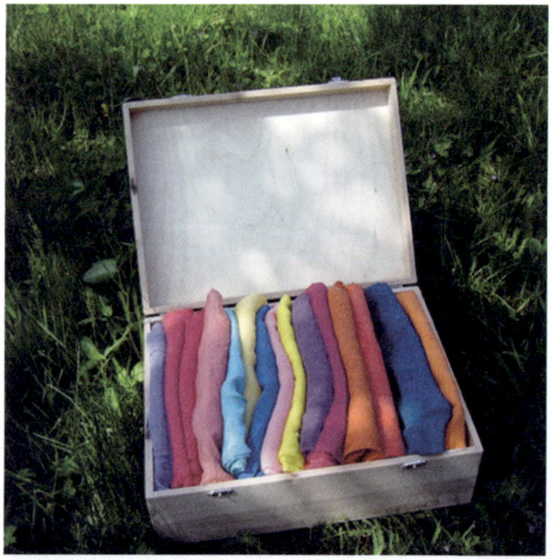

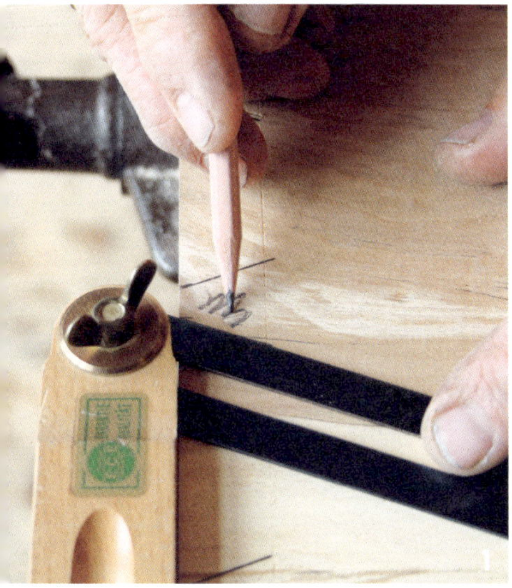
1

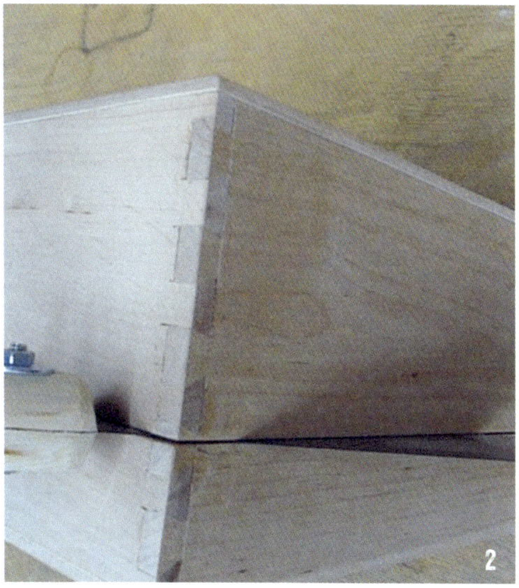
2

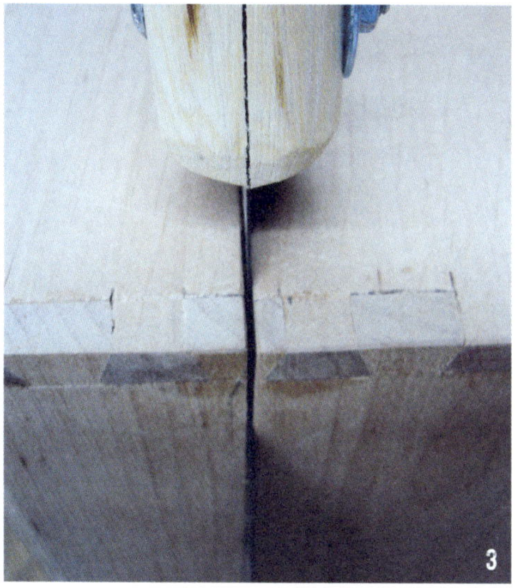
3

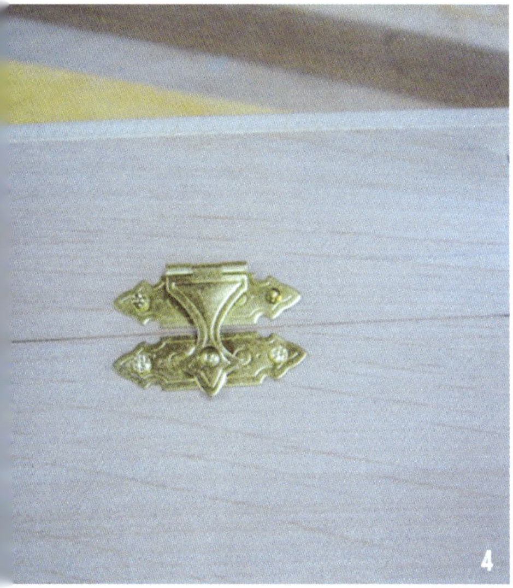
4

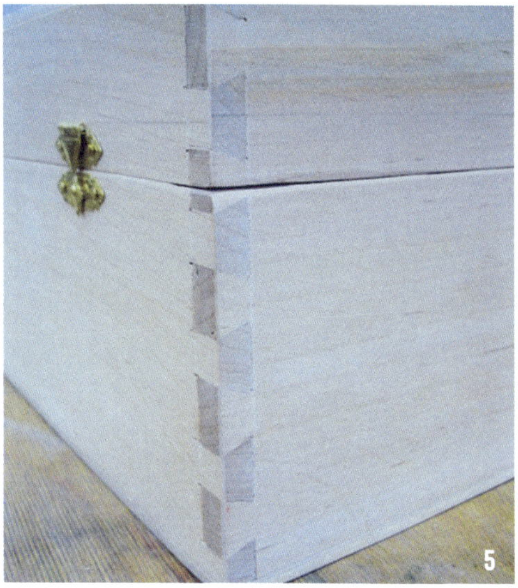
5

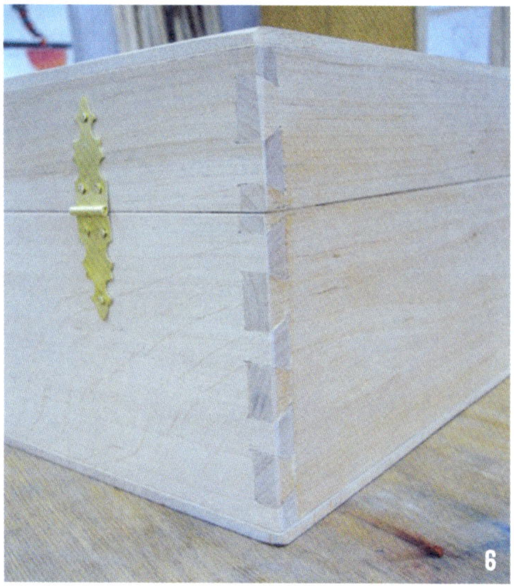
6

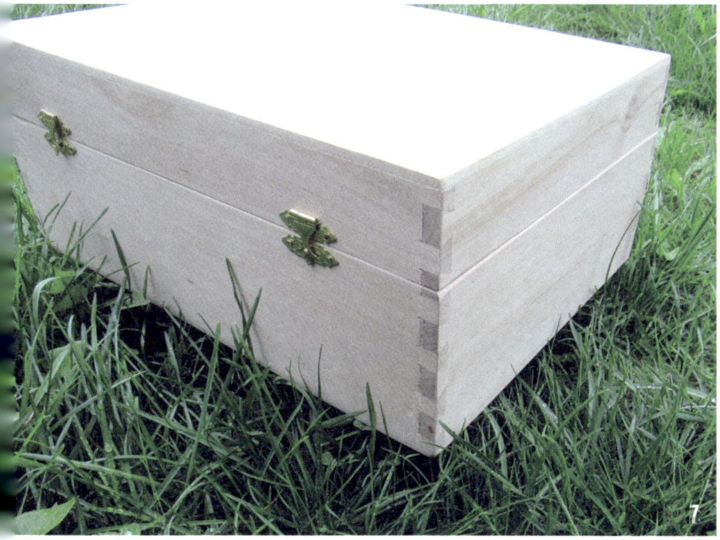
7

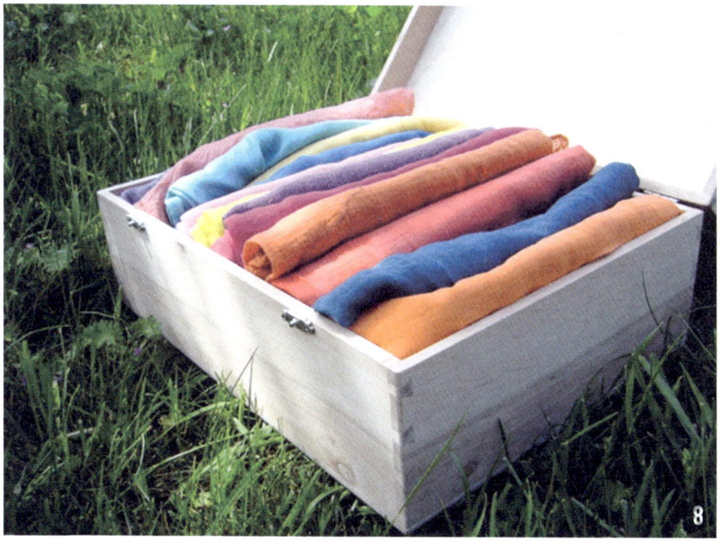
8

Kinderwiege

Material

Leimholz (22-25 mm dick) 60 x 280 cm | Sperrholzplatte (6 mm dick) 80 x 50 cm | Holzbohle (5 cm dick) 25 x 160 cm | Holzleiste 3 x 3 x 240 cm | ca. 50 Torxschrauben à 4 x 25 | 8 Torxschrauben à 4 x 50 | Holzleim | Leinöl

Werkzeug

Streichmaß | Schmiege | Winkel | Feinsäge | Stemmeisen 20 mm | Holzklüpfel | Schraubzwingen | Feile | Schleifpapier | Pinsel

Für das Herstellen einer Kinderwiege benötigt man eine Platte aus Leimholz (im Handel oft auch als BSH oder Brettschichtholz bezeichnet), eine Sperrholzplatte, eine Holzbohle und eine Holzleiste in den nebenstehenden Maßen, außerdem Torxschrauben in zwei verschiedenen Stärken.

Die Schrägungen der Seitenwände sollten nach individuellem Gefühl festgelegt werden, damit sie dem eigenen Geschmack entsprechen. Zu diesem Zweck kann es sinnvoll sein, sich aus Pappe ein Modell herzustellen. Auch die Gestaltung von Kopf- und Fußende kann nach eigenem Empfinden angelegt werden. Der Schwung der jeweils 80 Zentimeter langen Kufen sollte in einem gleichmäßigen Bogen verlaufen und an den Seiten etwa 10 cm vom Boden abstehen. ▸ Bild 1-2

Entsprechend dem Entwurf werden die beiden identischen Seitenteile ausgesägt, ebenso das Kopf- und das Fußende.

An den jeweiligen Ecken werden nun Schwalbenschwanzverbindungen nach der oben beschriebenen Vorgehensweise (S. 134 ff.) angebracht. ▸ Bild 3-6

Querschnitt

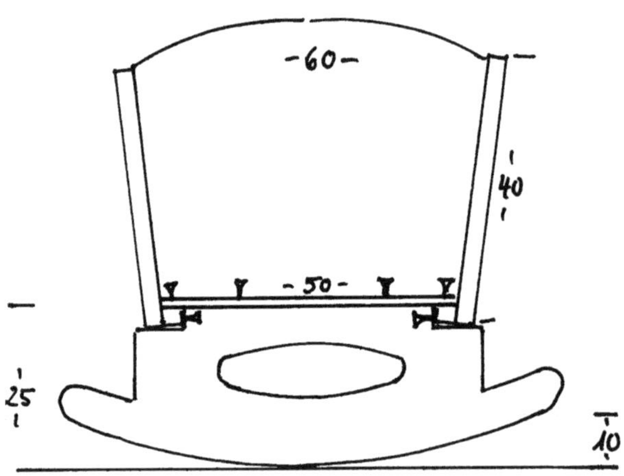

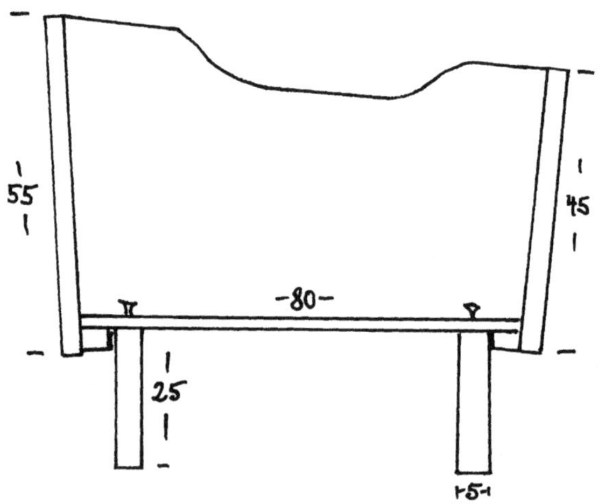

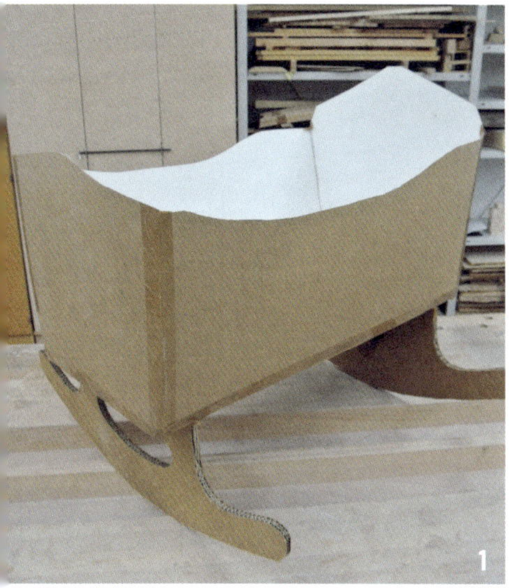
1

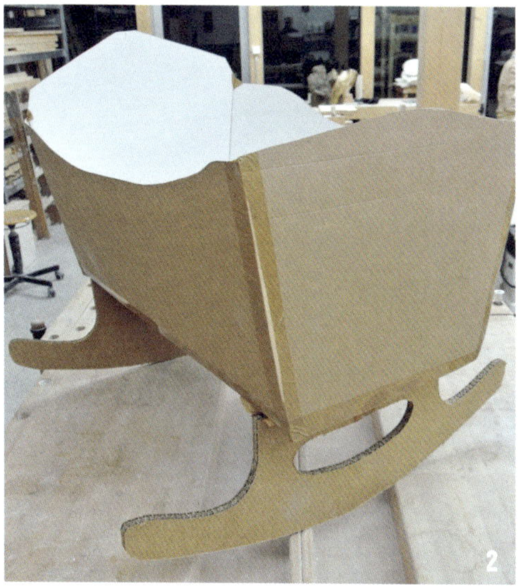
2

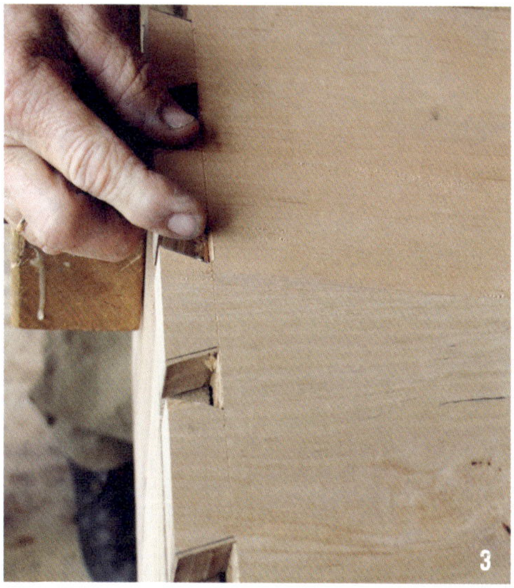
3

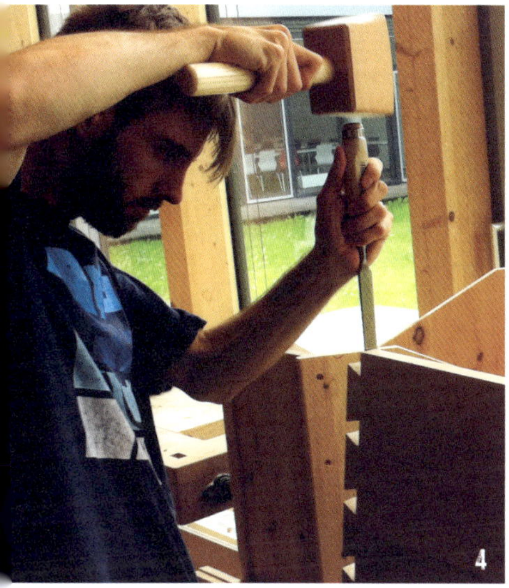
4

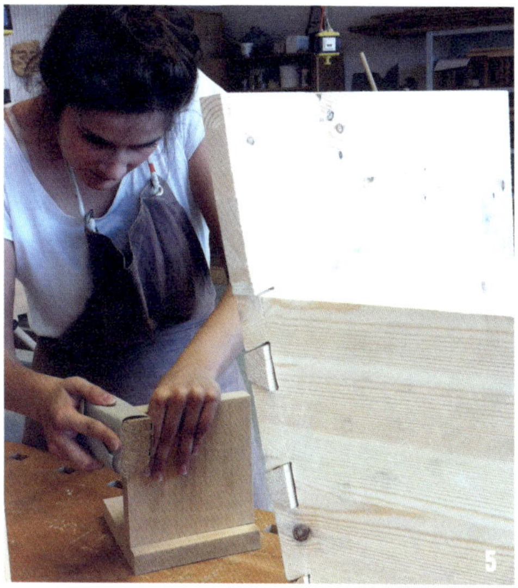
5

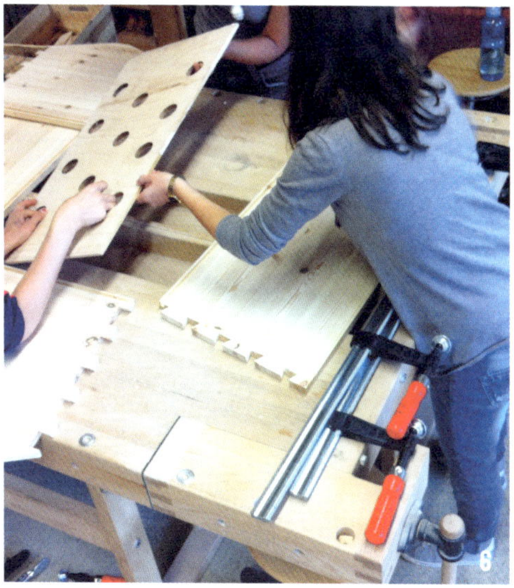
6

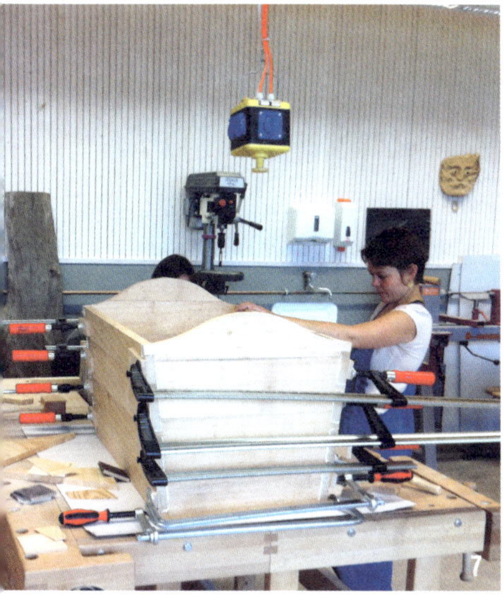
7

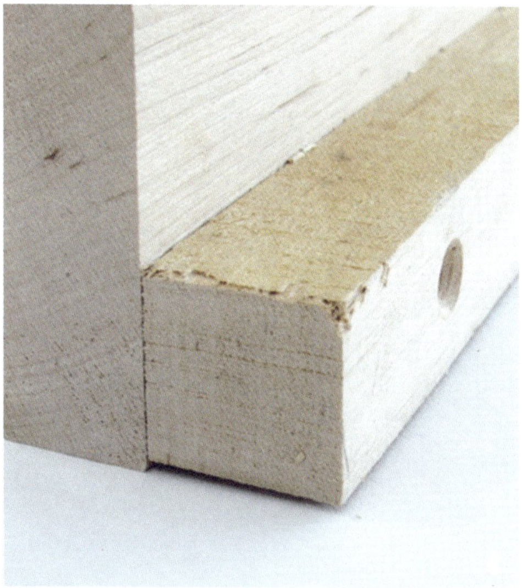
8

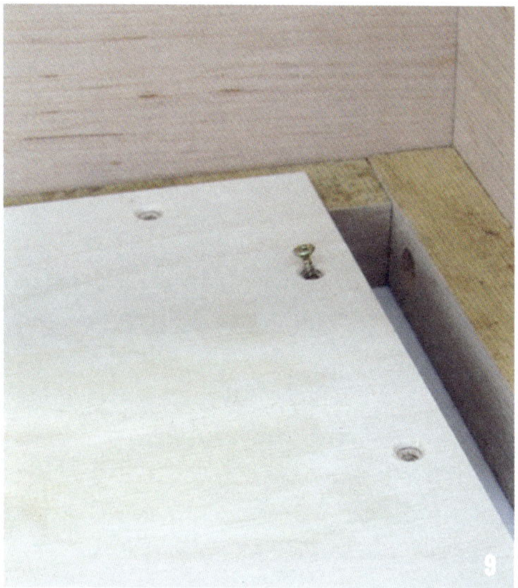
9

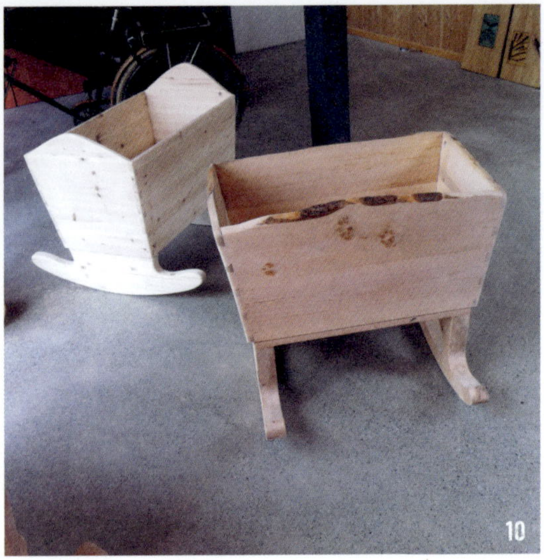

10

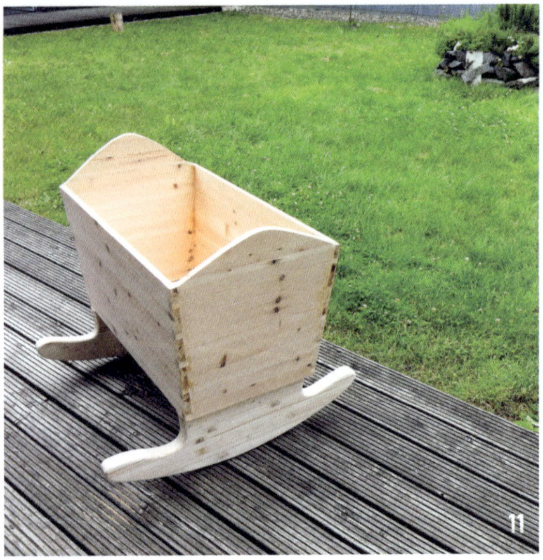

11

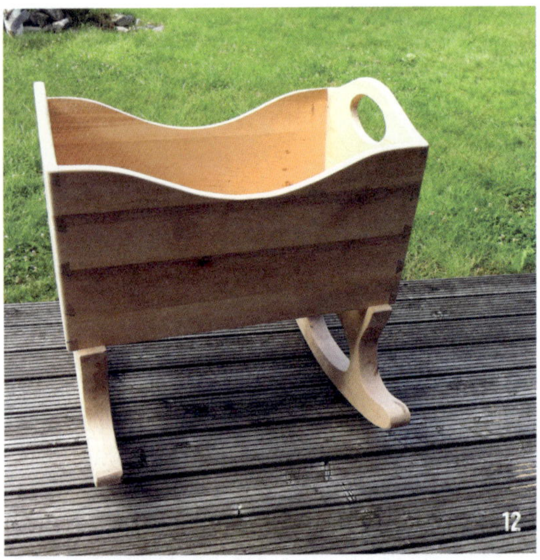

12

Anschließend werden die Teile zusammengesetzt und gut miteinander verleimt. ▸ Bild 7

Am unteren inneren Rand wird jeweils eine Holzleiste von 3 x 3 cm angeschraubt und verleimt. An dieser Leiste kann der Boden aus Sperrholz mit den Torxschrauben (4 x 25) angeschraubt werden. ▸ Bild 8-9

In unserem Beispiel sind noch Lüftungslöcher angebracht worden. ▸ Bild 6

Aus der 5 cm dicken Bohle werden mithilfe einer Stichsäge die Kufen ausgesägt und als letzter Schritt an der Bodenplatte mit den jeweils vier Torxschrauben (4 x 50) fest verschraubt (siehe dazu die Konstruktionszeichnungen).

Zuletzt wird alles fein geglättet und eingeölt.

Die Fotos links zeigen verschiedene Ausführungen von Kinderwiegen. ▸ Bild 10-12 ■

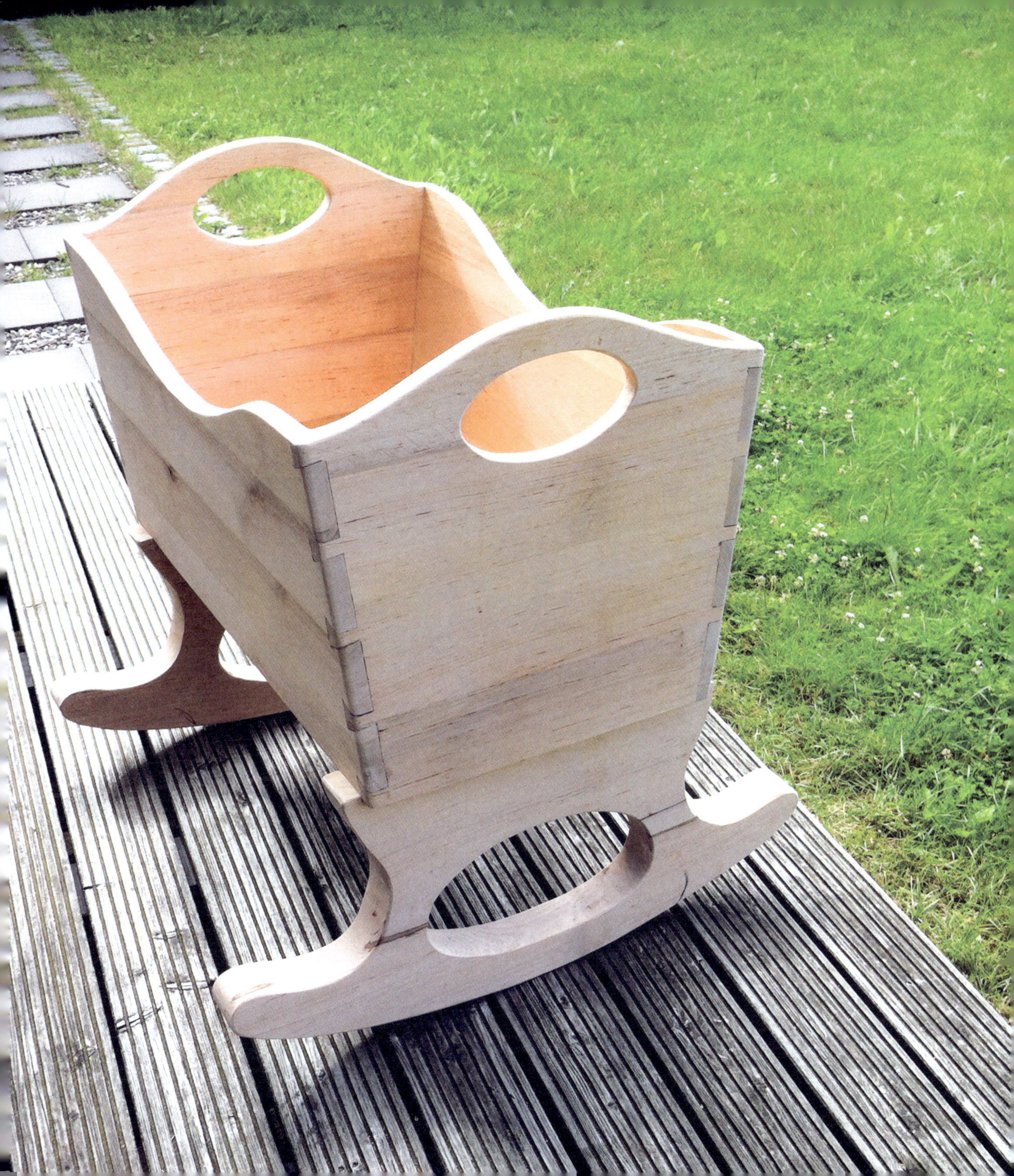

Werkzeug

Grathobel | Grundhobel | Schmiege | Winkel | Feinsäge oder Japansäge | Zollstock

Gratnutverbindung

Eine der ältesten Holzverbindungsarten ist die Gratnutverbindung. Soll eine dickere Holzfläche, etwa eine Tischplatte oder eine Massivholztür, gegen Verwindungen stabilisiert werden, ist die beste Methode, in Querholzrichtung eine *Gratleiste* in die *Gratnut* einzuarbeiten. Das Holz kann sich auf diese Weise je nach Trockenheit oder Feuchtigkeit ausdehnen und zusammenziehen, ohne dass es sich dabei in der Fläche verzieht.

Zum Herstellen einer Gratnutverbindung benötigt man einen Grathobel (siehe Bild 1-3) und einen Grundhobel (siehe Bild 4) als Spezialwerkzeuge, eine Schmiege, eine Feinsäge oder Japansäge (siehe Bild 5) und einen Zollstock. ▸ Bild 1-5

Im ersten Schritt stellt man die Gratleiste her. Mithilfe des Grathobels wird auf beiden Seiten der Gratleiste eine Schrägung gehobelt. ▸ Bild 6-7

Im zweiten Schritt wird dann in das andere Brett die entsprechende Gratnut eingearbeitet. Dazu wird zunächst die dünnste Stelle der Gratleiste gemessen und deren Breite mit dem Winkel auf das Gratnutbrett übertragen. ▸ Bild 8

▷

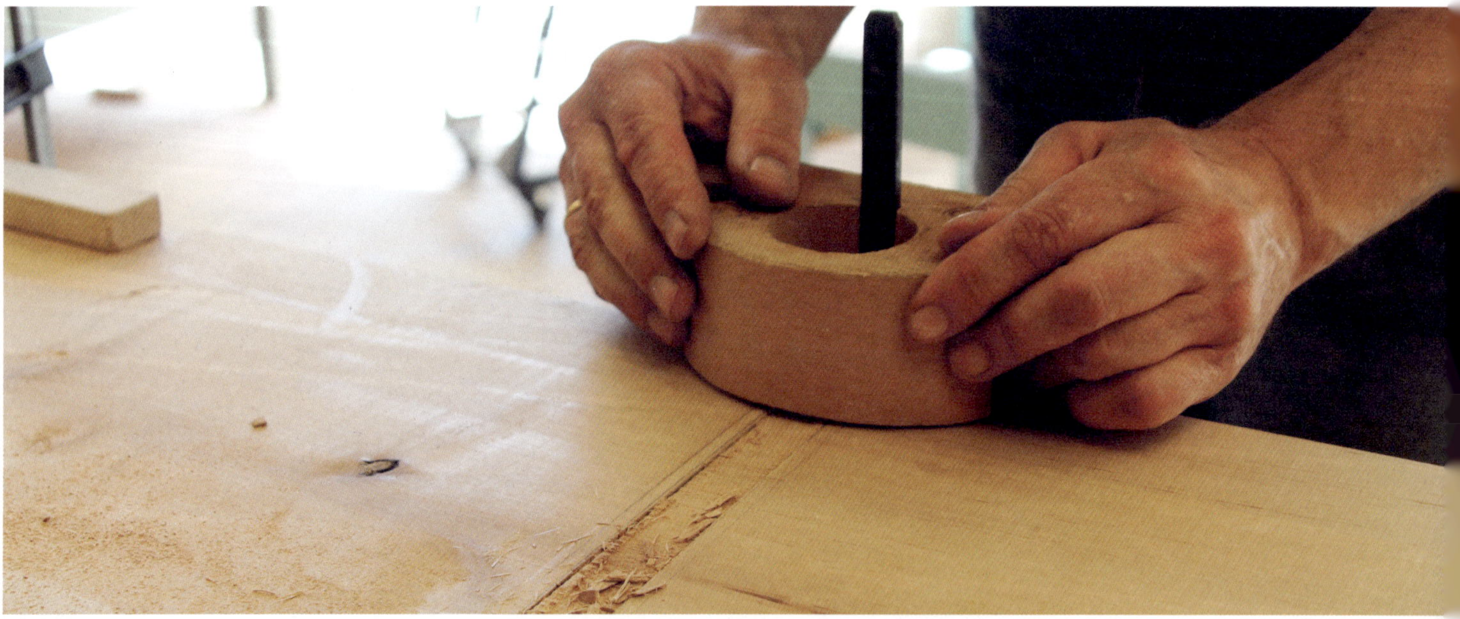

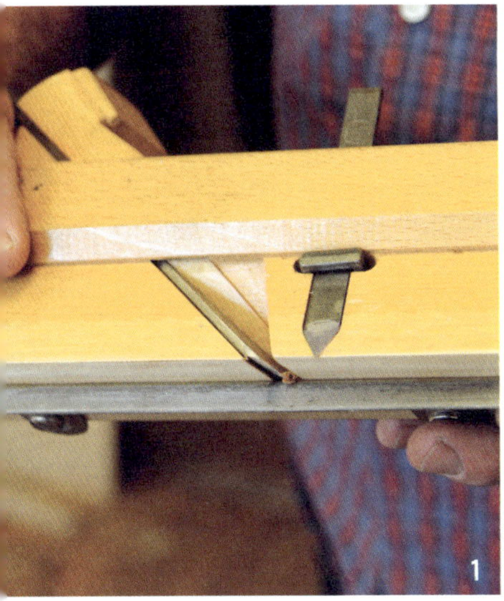
1

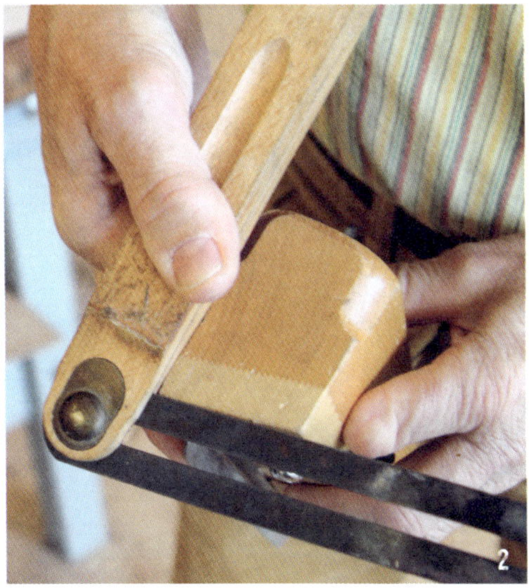
2

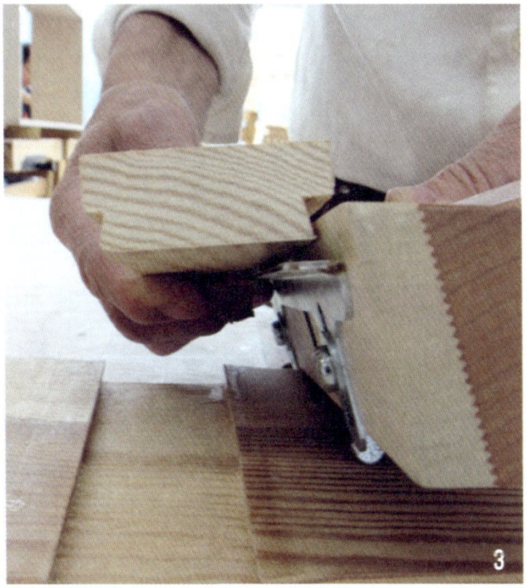
3

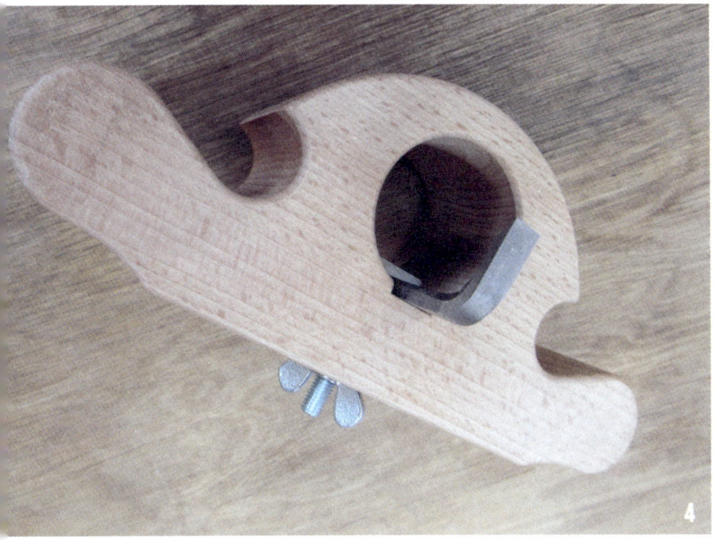
4

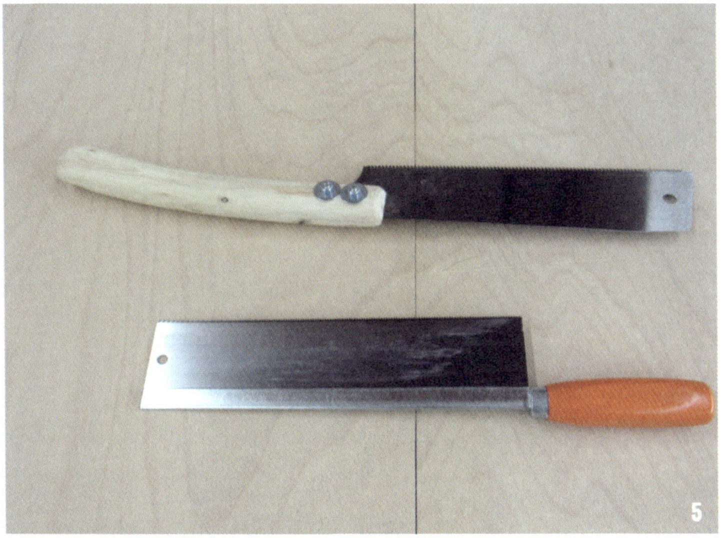
5

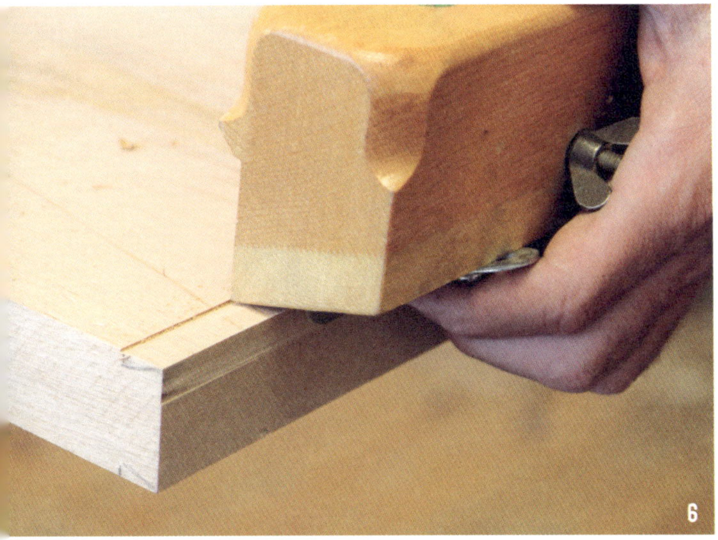
6

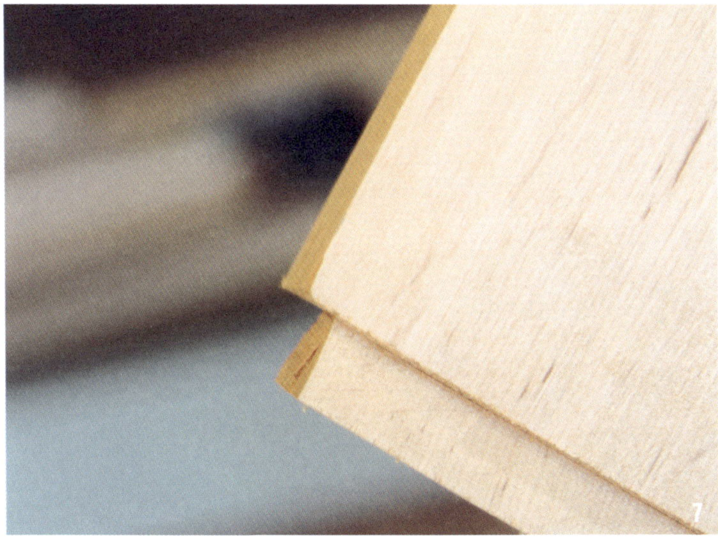
7

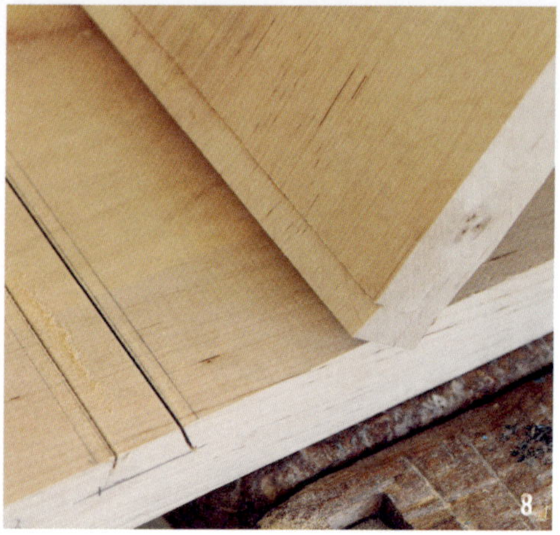
8

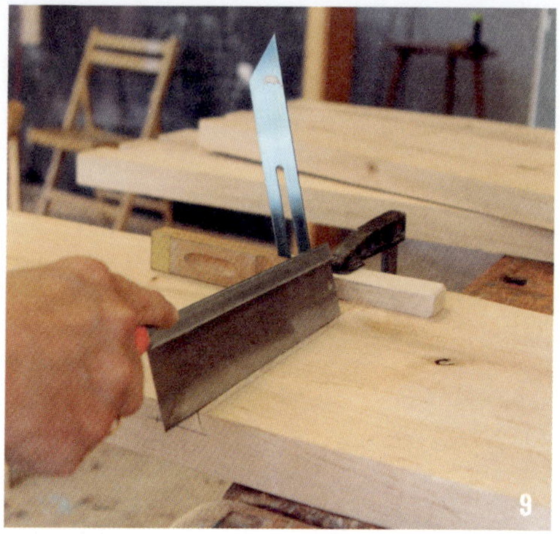
9

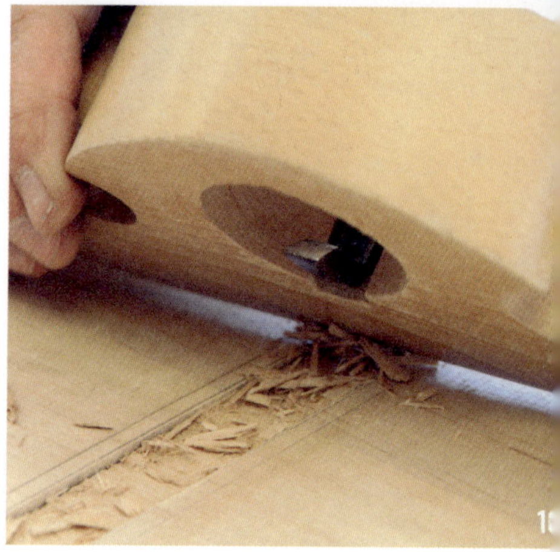

Mit der Feinsäge und mithilfe der Schmiege sägt man jetzt die Gratnut ein. ▸ Bild 9

Anschließend wird die Nut mit dem Grundhobel herausgearbeitet. ▸ Bild 10

Wenn genau gearbeitet wurde, kann die Gratleiste passend in die Nut geschoben werden. ▸ Bild 11-13

Eine stramm eingesetzte Gratleiste darf nicht verleimt werden, weil durch den Leim das freie Arbeiten der Fläche verhindert wird und das Holz reißen würde.

Das Foto rechts zeigt eine Truhe, deren Seitenwände mit einer Schwalbenschwanzverbindung zusammengefügt sind und in deren Deckel zwei Querhölzer mit Gratnutverbindung eingearbeitet wurden. ■

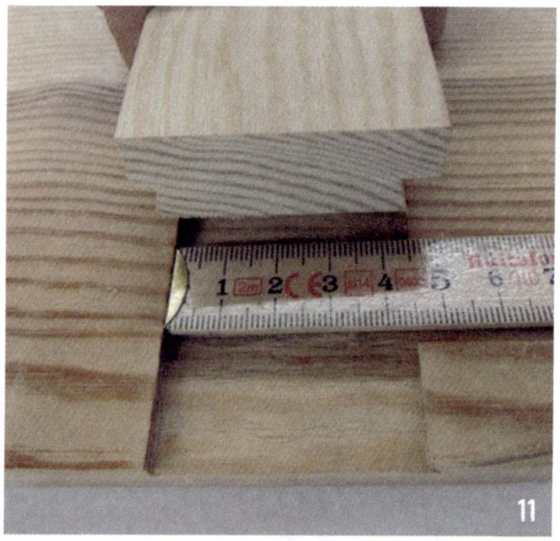
11

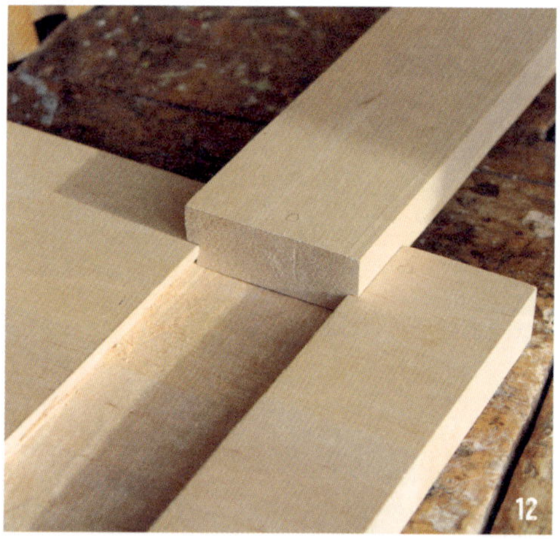
12

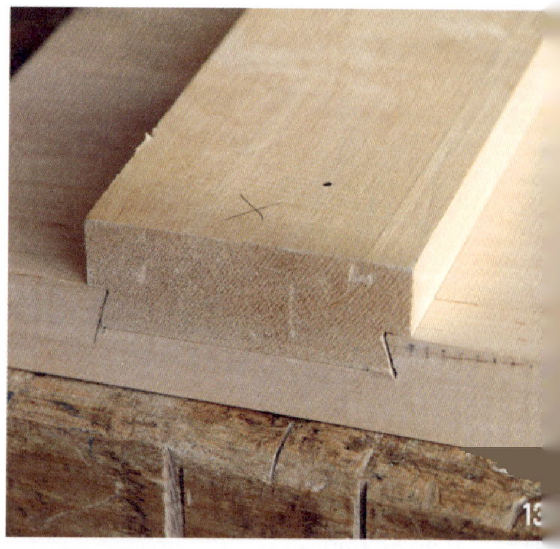

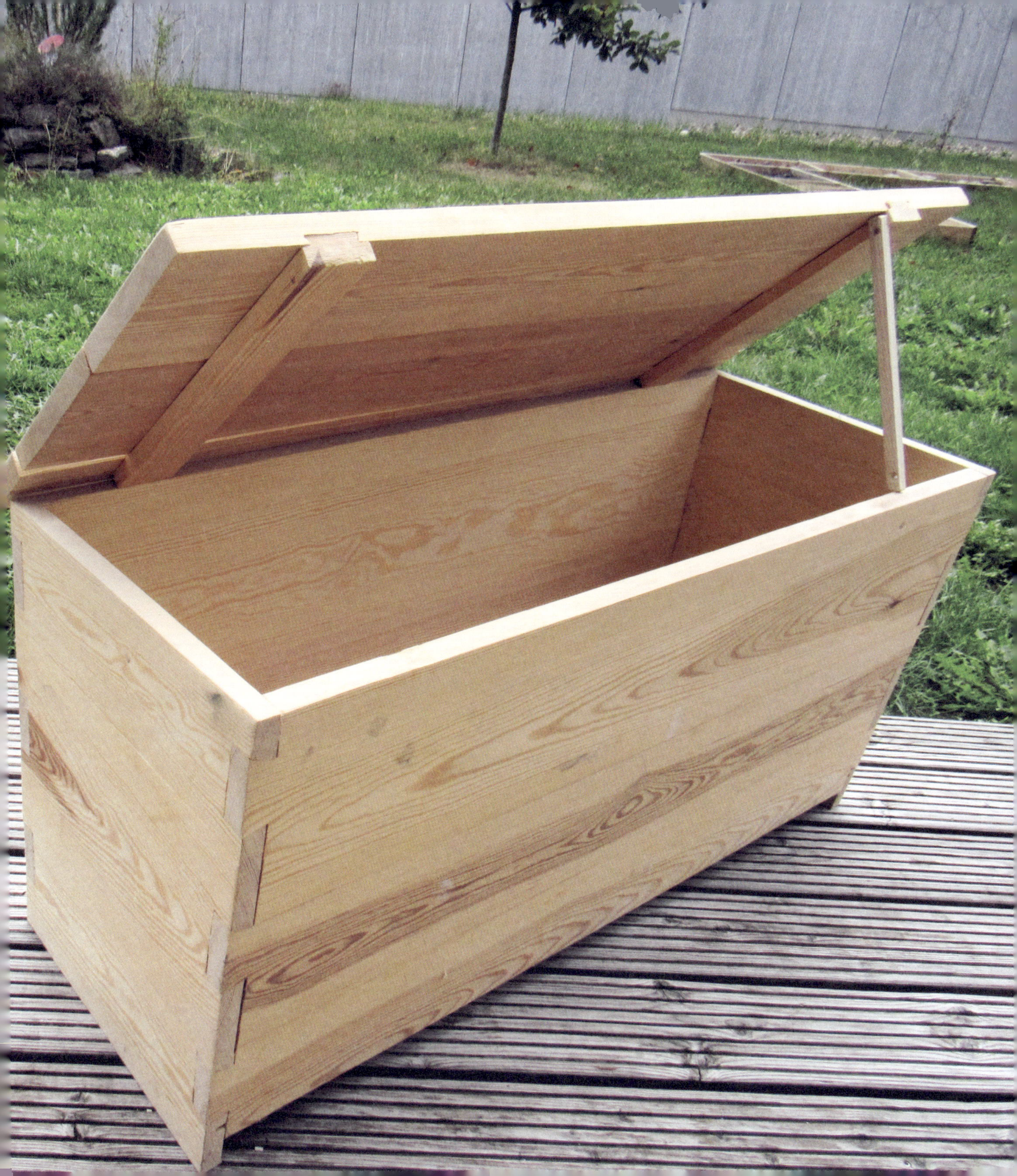

Meditationshocker und Eckregal mit Gratnutverbindung

Material

Meditationshocker: Erlenbretter: 25 x 20 x 2,5 cm (1 Stück); 16 x 20 x 2,5 cm (2 Stück) | **Eckregal**: 1 Brett 18 x 18 x 2,5 cm, 1 Brett 30 x 18 x 2,5 cm | Leinöl

Werkzeug

Feinsäge | Grathobel | Grundhobel oder Stemmeisen 20 mm und Holzklüpfel | Schmiege | Feile | Schleifpapier | Pinsel

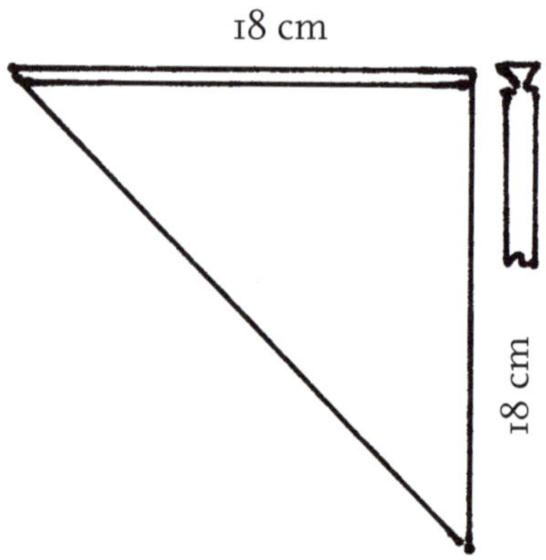

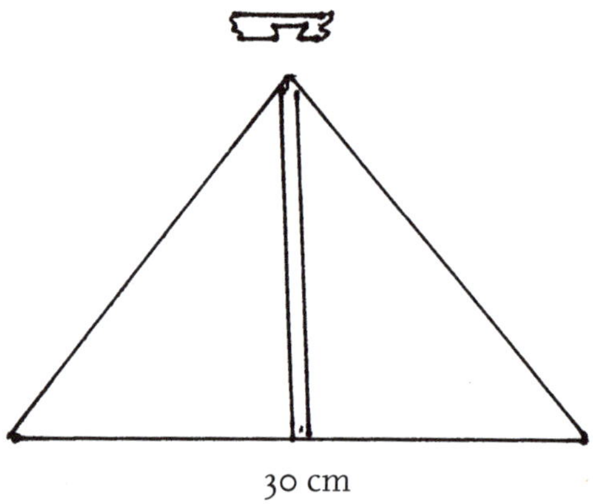

Meditationshocker

Dieser einfache Meditationshocker besteht aus drei Teilen: aus zwei Seitenbrettern (den Beinen des Hockers) und einer Sitzfläche. Die Seitenteile werden mithilfe einer Gratnutverbindung in die Sitzfläche eingelassen.

Am Ende der Beine (kurze Stücke) wird mit dem Grathobel die Schrägung der Gratleiste gehobelt. ▸ Bild 1

Im Abstand von 2,5 cm wird entsprechend der schmalsten Stelle der Gratleiste die Gratnut zuerst gesägt und dann mit dem Grundhobel herausgearbeitet. ▸ Bild 2-3

Jetzt können in diesem Falle die Teile auch zusammengeleimt werden, weil sie alle den gleichen Maserungsverlauf haben; anschließend werden sie geschliffen. ▸ Bild 4-7

Auch bei diesem Werkstück wird die Holzoberfläche zum Schluss mit Leinölfirnis gepflegt.

Eckregal

Mit dieser Methode der Gratverbindung kann auch ein kleines Eckregal hergestellt werden. Die Arbeitsschritte sind im Prinzip die gleichen wie beim Meditationshocker. In die dreieckige Regalplatte (siehe die nebenstehenden Maßangaben) wird mittig die Gratnut eingearbeitet und dort das senkrechte Brett mit der Gratleiste eingepasst. ▸ Bild 8 ■

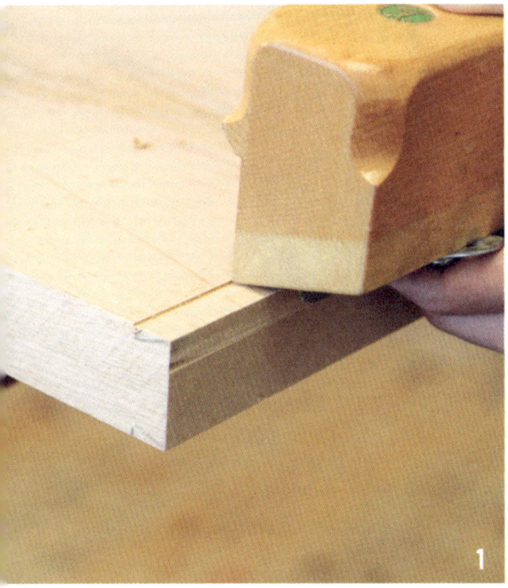
1

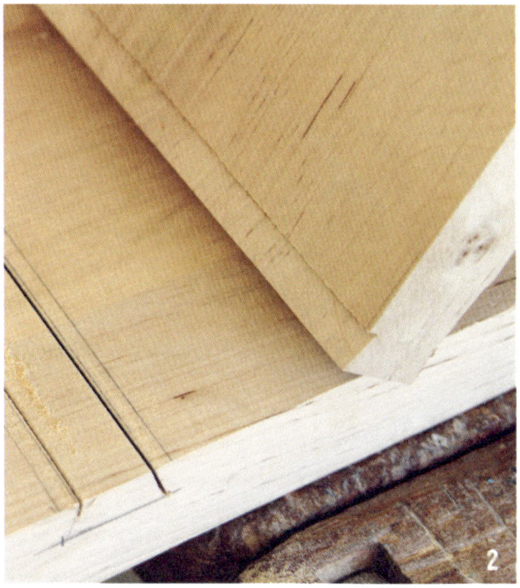
2

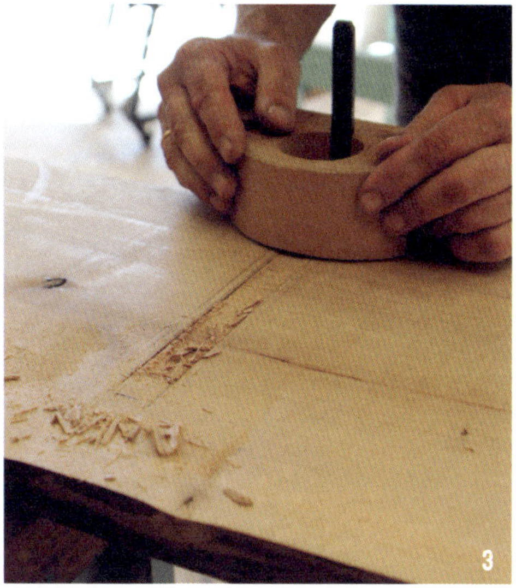
3

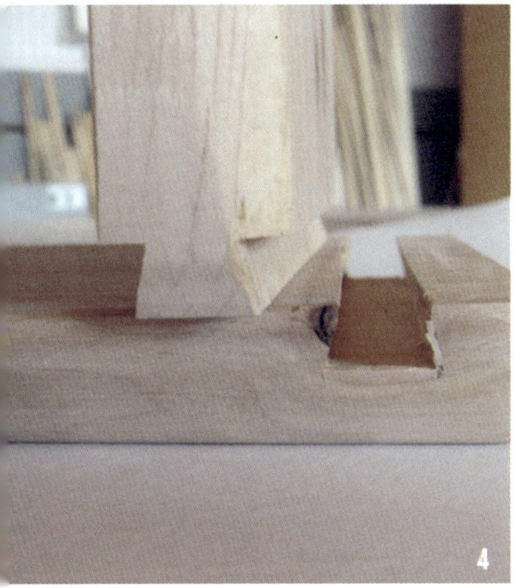
4

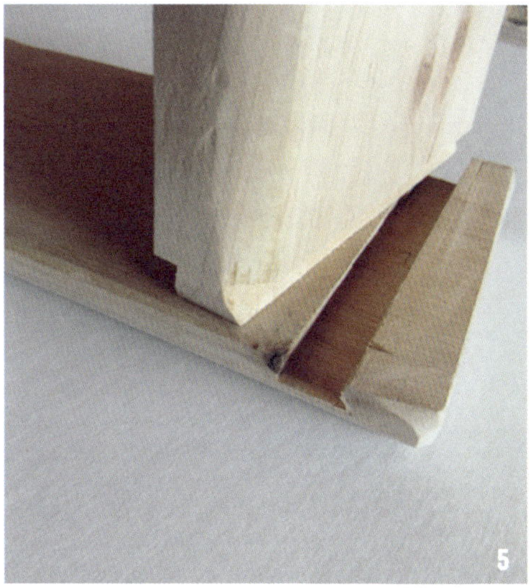
5

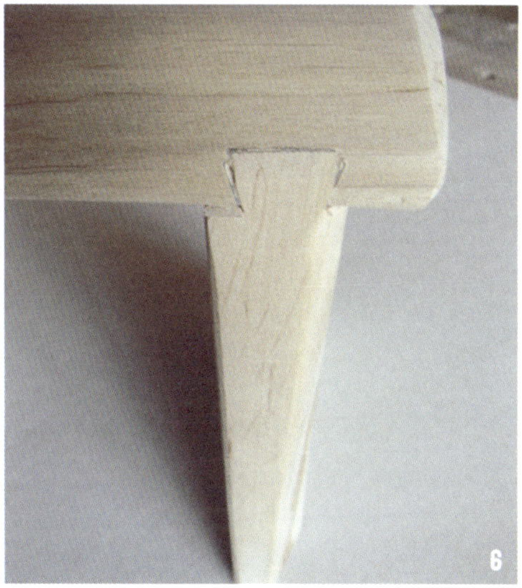
6

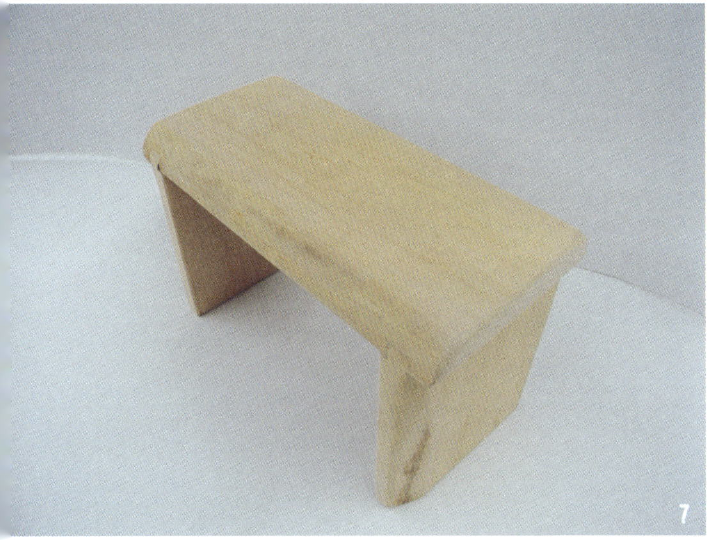
7

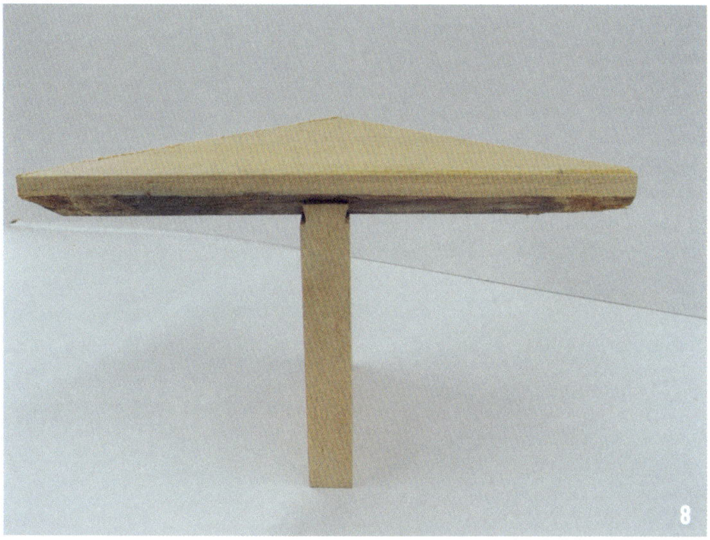
8

Bau eines Bücherregals

Material

Alle Bretter aus Erle: 4 Seitenbretter (4 cm dick) à 30 x 250 cm | 4 feste Regalflächen (3,5 cm dick) à 25 x 125 cm für Zapfen- und Schwalbenschwanzverbindung | 2 Gratnut-Regalbretter (3,5 cm dick) à 25 x 120 cm | 8 Regalbretter (3,5 cm dick) à 25 x 116,6 cm | 32 Holzdübel (10 mm) | Leinöl

Werkzeug

Fuchsschwanz | Feinsäge | Bohrer 10 mm | Schmiege | Stemmeisen 20 mm | Holzklüpfel | Grathobel | Grundhobel | Schleifpapier | Pinsel

Im folgenden Vorschlag steht eine 3 m breite und 2,60 m hohe Wandfläche zur Verfügung. Dort will man ein Bücherregal aus Naturholz von 2,5 m Breite und 2,5 m Höhe aufstellen.

Beim Bau sollen die drei traditionellen Holzverbindungen zur Anwendung kommen: Schlitz und Zapfen, Gratnut sowie Zinkung. Aufgrund der geplanten Maße des Regals müssen zwei Hälften hergestellt werden, da das fertige Regal sonst nicht durch die Tür passen würde.

Es werden also vier Seitenbretter à 4 x 30 x 250 cm benötigt, außerdem vier feste Regalflächen à 3,5 x 25 (Außenmaß) x 125 cm für oben und unten, dazu zwei Gratnut-Regalbretter von 120 cm Länge (Innenmaß plus Tiefe des Grates) für die mittleren beiden Regalbretter sowie acht variable Regalflächen à 3,5 x 25 x 116,6 cm (= 125 cm minus zweimal die Seitendicke von 4 cm minus je 2 mm Spiel rechts und links). Diese liegen an den gewünschten Stellen später auf je vier eingesetzten Holzdübeln.

▷

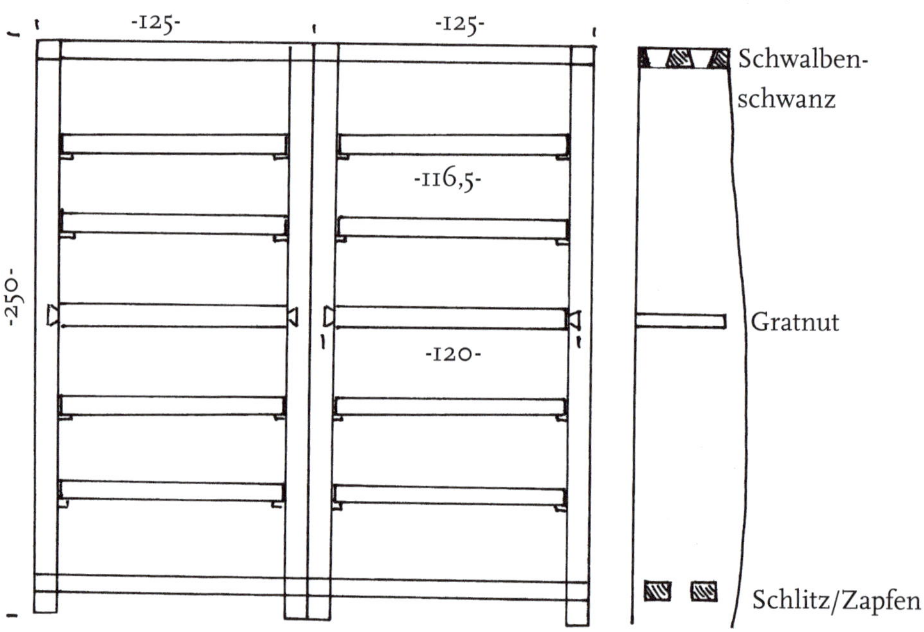

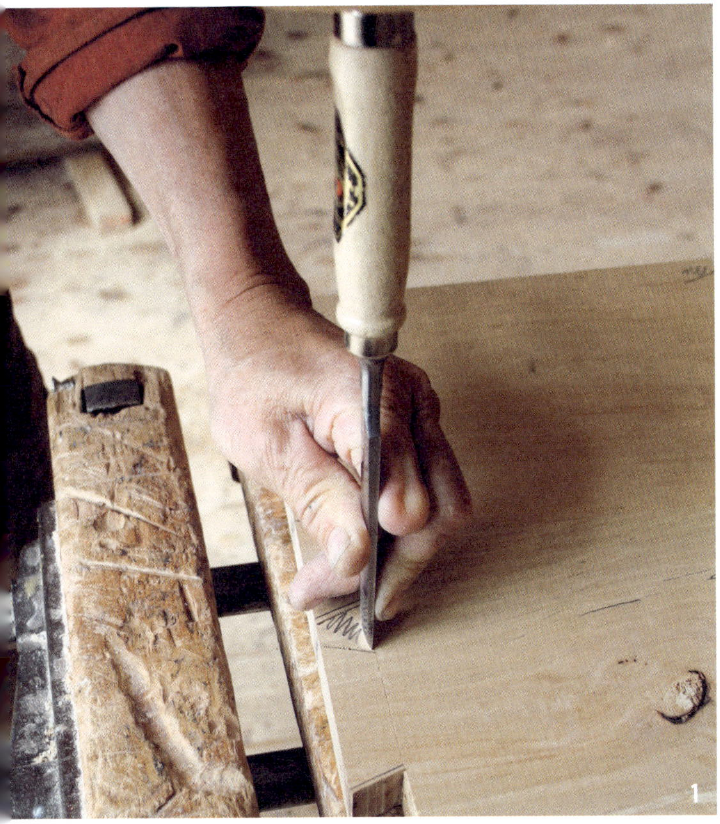
1

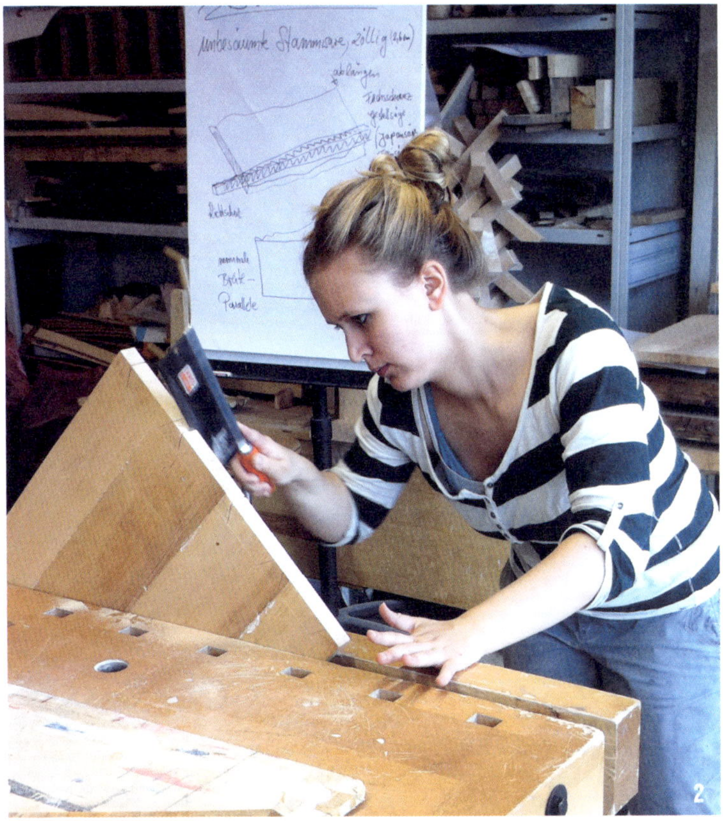
2

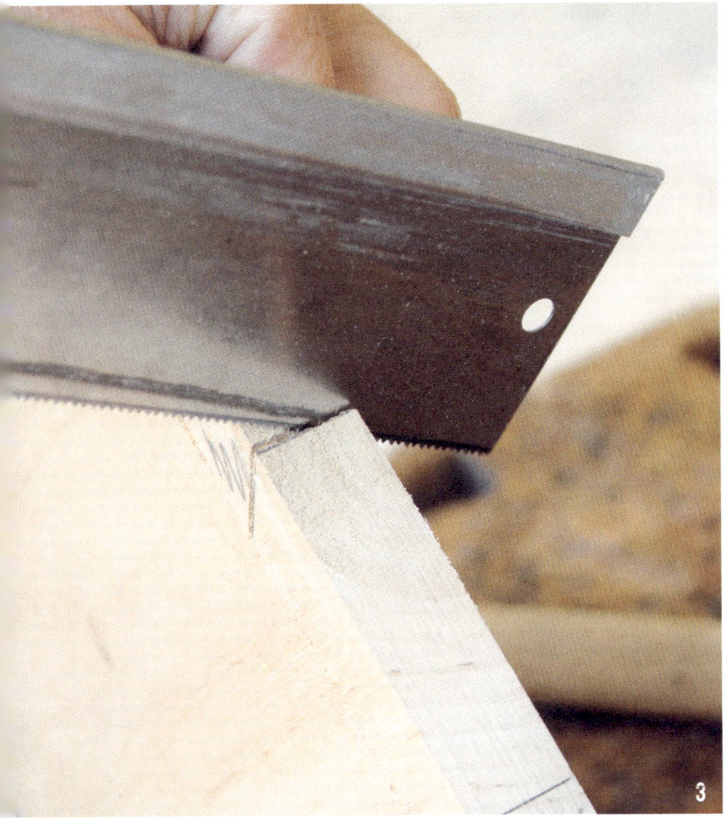
3

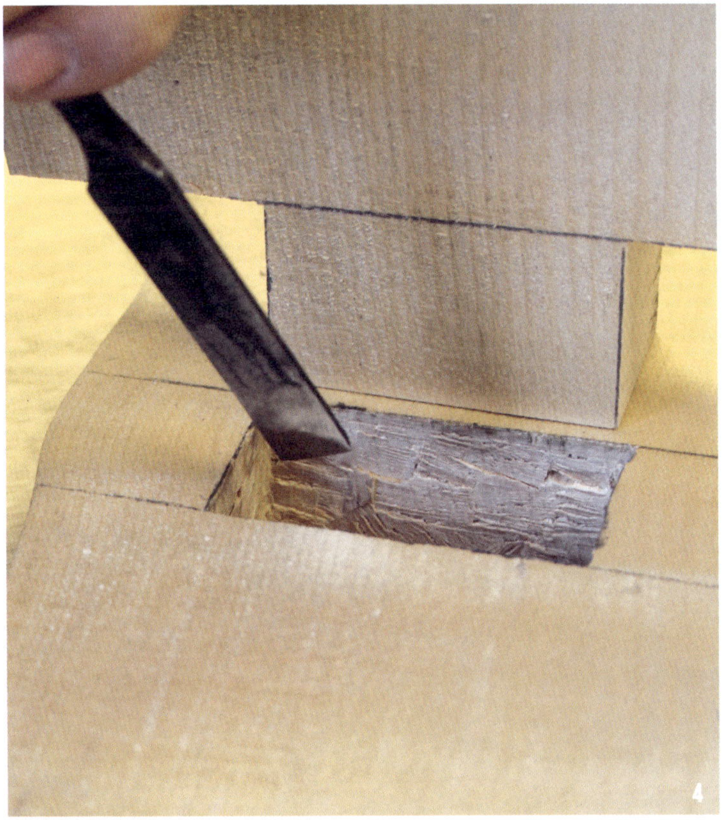
4

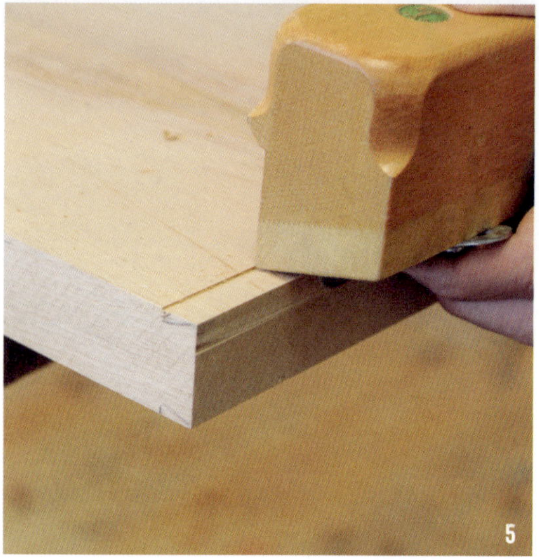

5

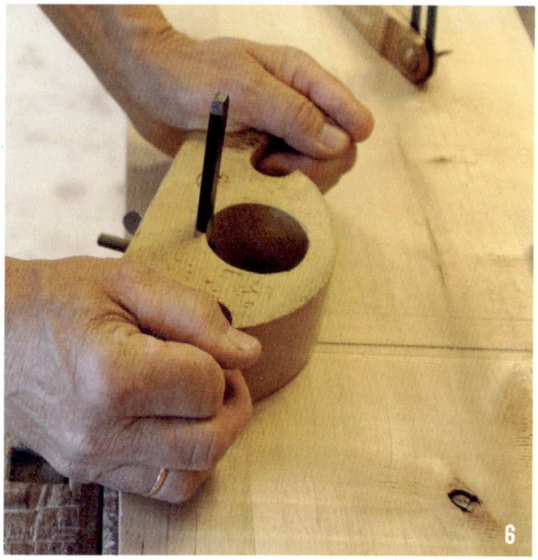

6

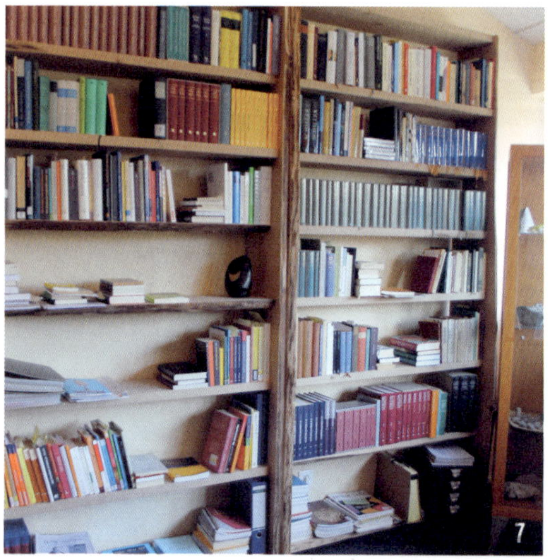

7

Im ersten Schritt müssen die jeweiligen Teile auf das richtige Maß zugesägt werden. Die acht variablen Flächen werden zunächst nicht gebraucht. Wenn auf dem Fußboden alle Teile einmal in der richtigen Anordnung aufgestellt werden, lassen sich alle zusammengehörenden Ecken deutlich markieren.

Anschließend kann man an den beiden oberen Regalecken die Schwalbenschwanzverbindungen nach der oben beschriebenen Methode (S. 134 ff.) anbringen. ▸ Bild 1-2

Dann werden die Schlitz- und Zapfenverbindungen an der unteren Seite angebracht. Sie haben einen Abstand von 9 cm vom Boden, damit unter dem tiefsten Regalbrett noch Platz zum Fegen bleibt. ▸ Bild 3-4

In der mittleren Höhe lassen sich schließlich noch die Gratnutverbindungen nach der oben dargestellten Methode (S. 144 ff.) anbringen. ▸ Bild 5-6

Nachdem alle Teile gut geschliffen wurden, können sie zusammengebaut werden.

Dabei müssen als Erstes die oberen Schwalbenschwänze mit Leim zusammengesteckt werden. Dann können die Zapfenverbindungen verleimt und als Letztes die Gratleisten von hinten eingeschoben werden. Sie brauchen nur an einer Seite etwas Leim. Nach dem Abnehmen der Schraubzwingen können die überstehenden Teile glatt geschliffen werden. An den Seiten werden innen an den gewünschten Stellen Löcher gebohrt und Rundhölzer verleimt, auf denen die variablen Regalbretter liegen können.

Im letzten Schritt kann alles mit einem guten Leinölfirnis geölt werden. ▸ Bild 7-8 ■

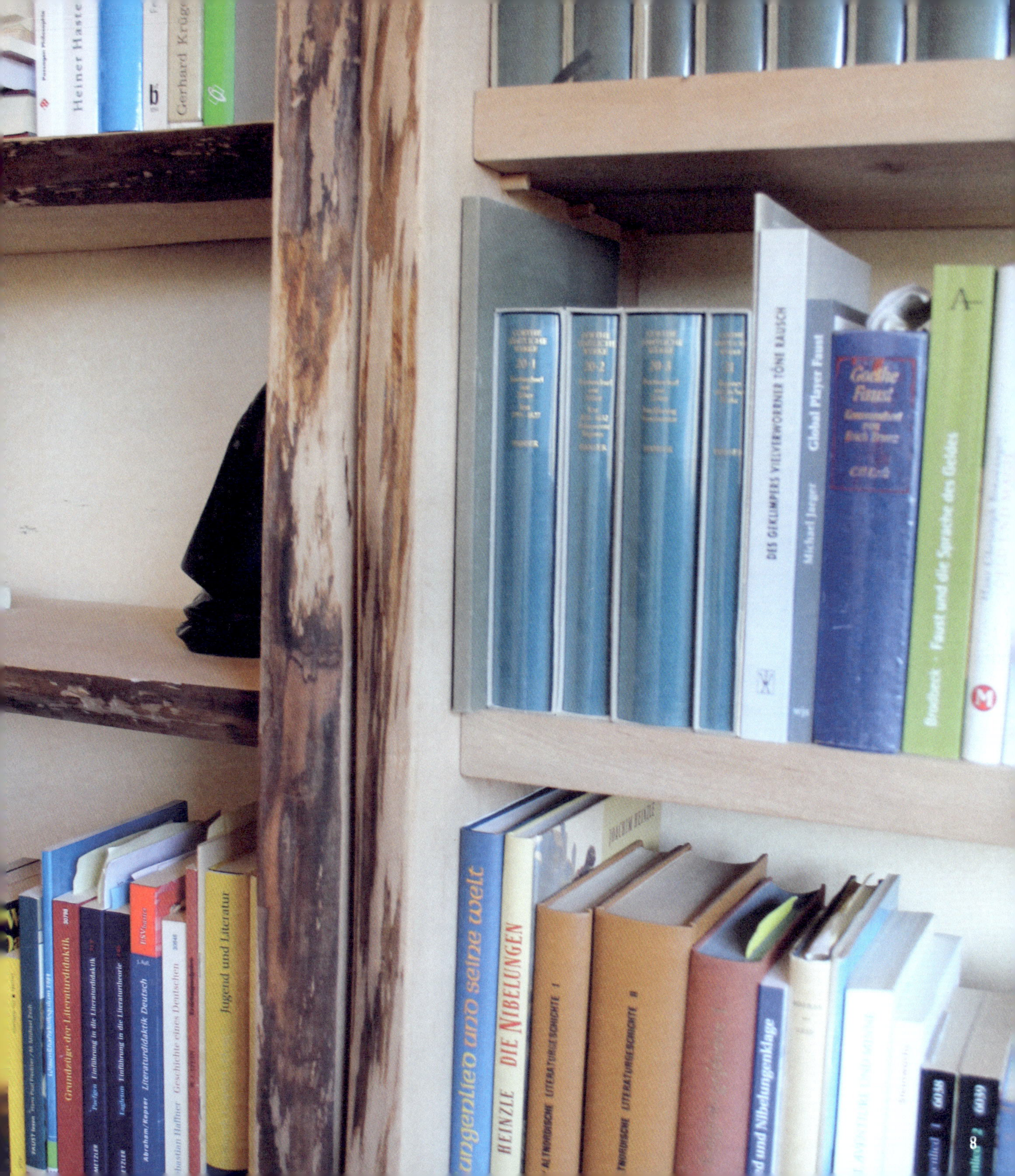
DES GEKLUMPERS VIELVERWORRNER TÖNE RAUSCH
Michael Jaeger
Global Player Faust
Faust und die Sprache des Geldes
DIE NIBELUNGEN
HEINZLE
Jugend und Literatur
Grundzüge der Literaturdidaktik
Literaturdidaktik Deutsch
Geschichte eines Deutschen

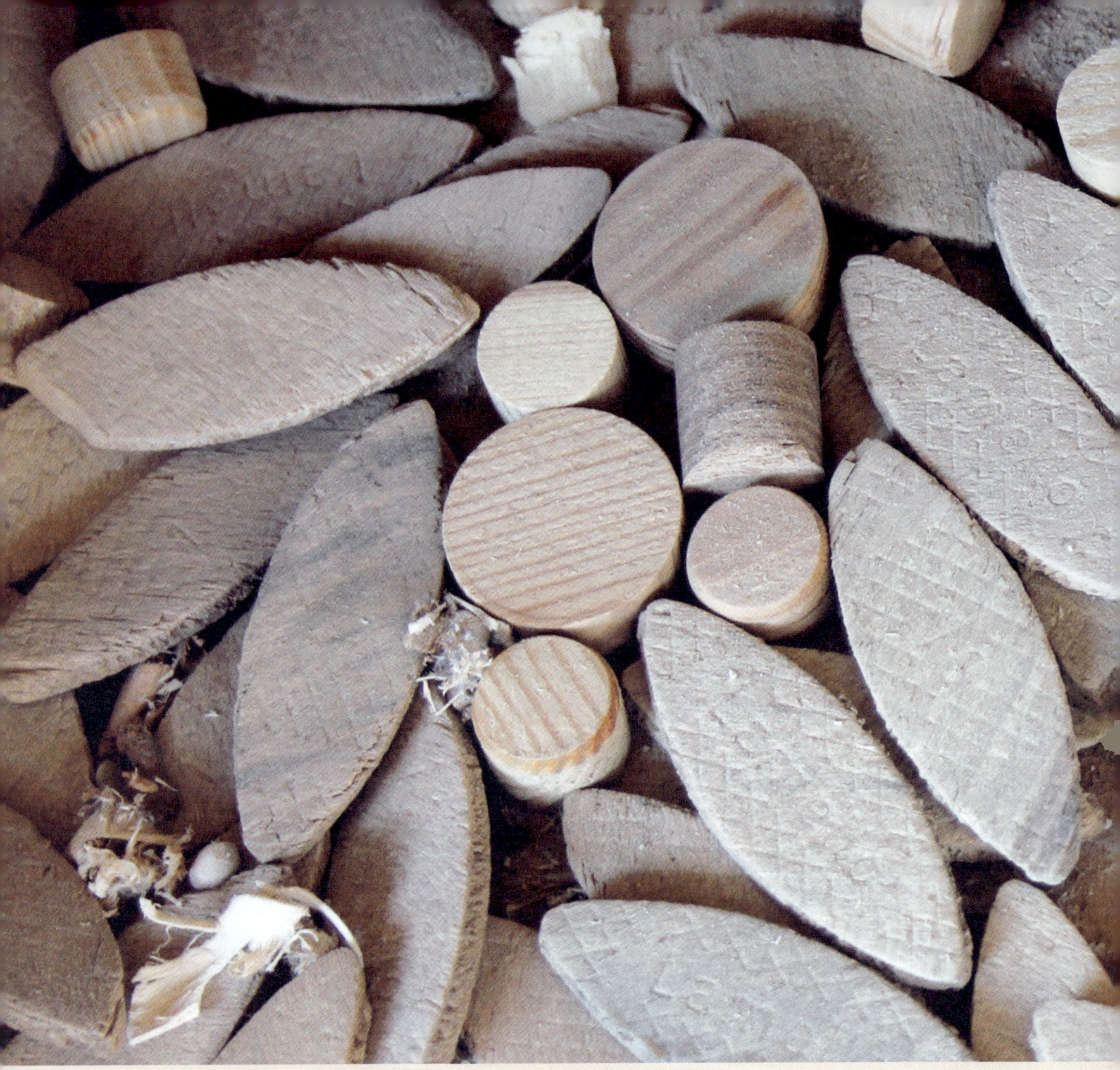

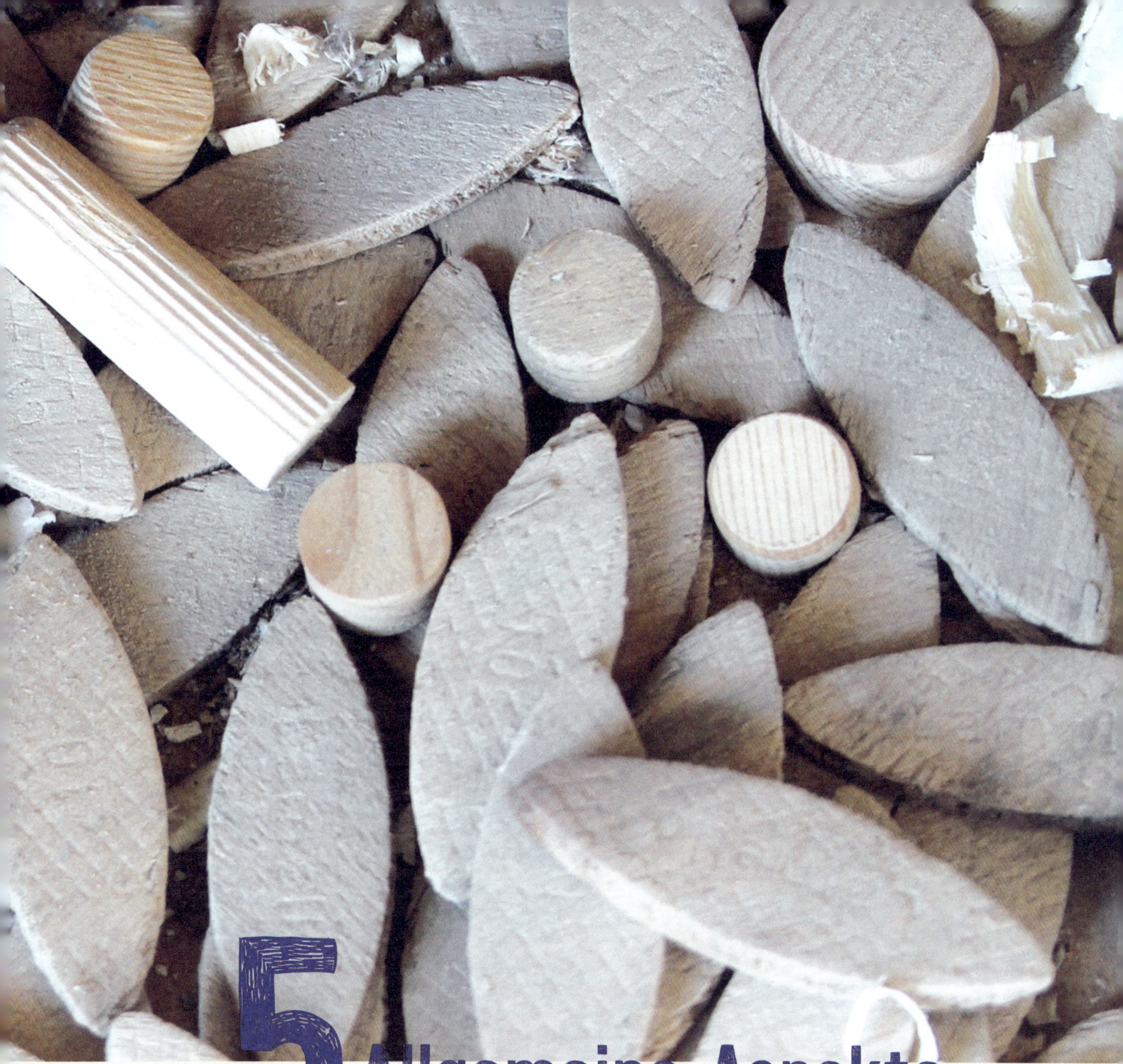

5 Allgemeine Aspekte

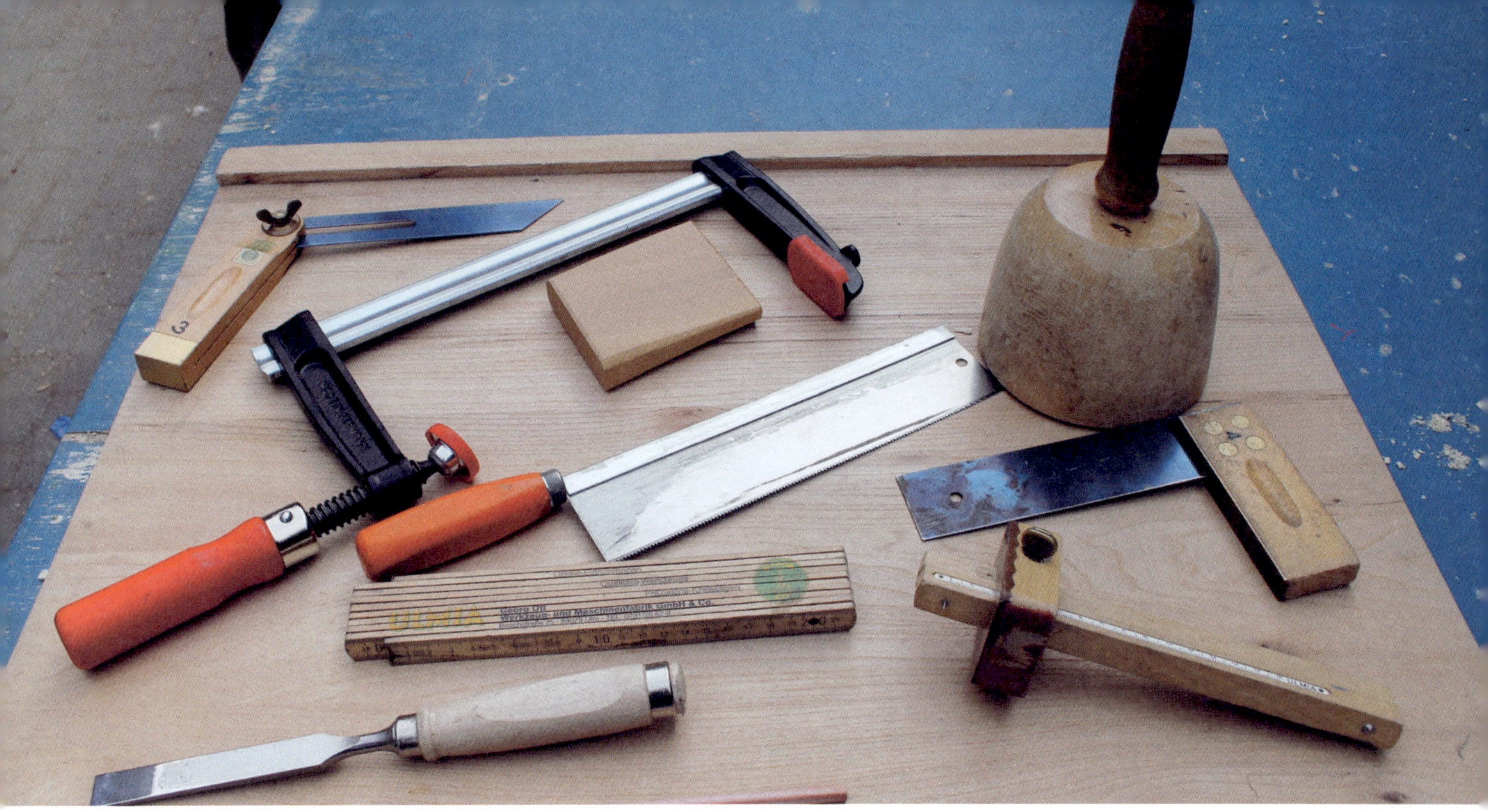

Kleine Werkzeugkunde

In dieser Übersicht stellen wir noch einmal einige Werkzeuge vor, die für unsere Holzarbeiten erforderlich sind und in einer Werkstatt vorhanden sein sollten. Für einfache Holzarbeiten, die am Beginn des Buches beschrieben werden, genügen meist wenige Werkzeuge, während wir für die aufwendigeren Objekte, vor allem beim Möbelbau, auch mehr und vor allem speziellere Werkzeuge benötigen.

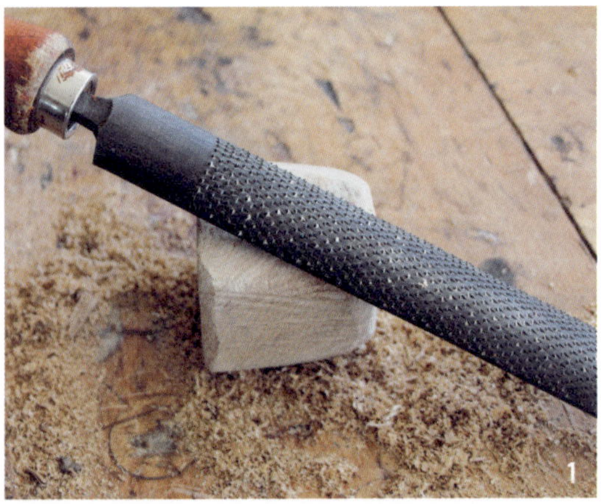
1

Raspel: Mit der Raspel kann man Holzspäne abtragen und kleinere Holzwerkstücke grob bearbeiten (siehe Kapitel 1). Der Umgang mit der Raspel ist auch schon für Kinder geeignet – mit der Einschränkung, dass längeres, ununterbrochenes Raspeln erst mit etwa zwölf Jahren erfolgen sollte (siehe S. 12). Halbrundraspeln mit Hieb 2 oder 3 und einer Hieblänge von 25 cm sind für Raspelarbeiten am besten geeignet. ▸ Bild 1

Feile: Mit der Feile kann das Werkstück weiter geglättet werden; sie wird nach dem groben Raspeln eingesetzt. Eine Halbrundholzfeile mit einer Hieblänge von 25 cm eignet sich gut. ▸ Bild 2

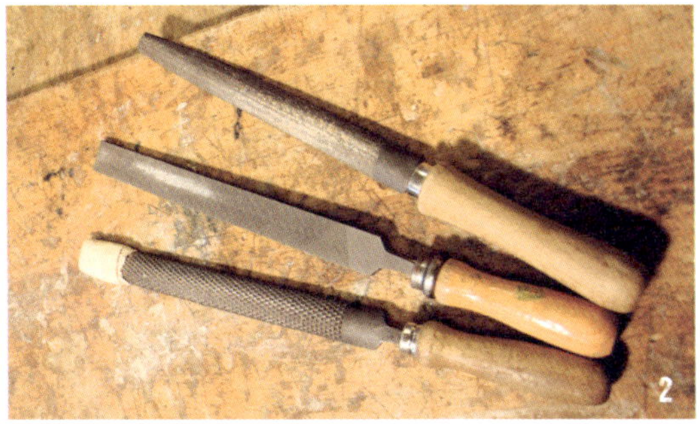

2

Schleifpapier (auch als Schmirgel- oder Sandpapier bezeichnet): Das feine Glätten der Holzoberfläche und das Ausgleichen von kleinen Unebenheiten erfolgt mit Schleifpapier in unterschiedlichen Stärkegraden. Man beginnt das Schleifen mit gröberer Körnung, z.B. 100, und nimmt dann immer feineres Sandpapier. Mit 260er-Schleifpapier kann man schon eine relativ glatte Oberfläche erzielen. ▸ Bild 3

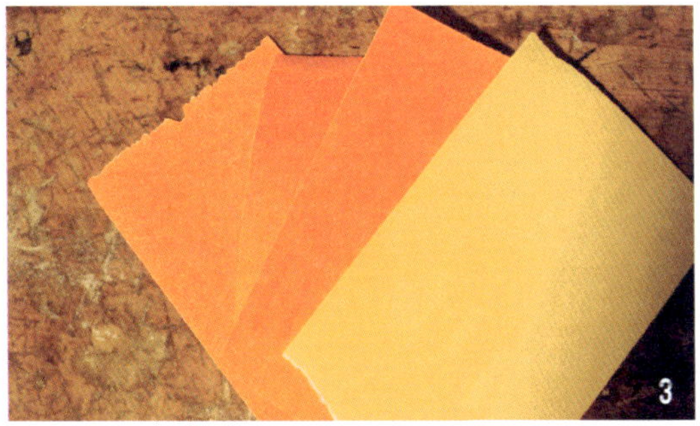

3

Taschenmesser: Für kleine Schnitzarbeiten, die man auch gut unterwegs (auf einer Wanderung, beim Zelten oder am Lagerfeuer) ausführen kann, eignet sich ein Taschenmesser. Es ist ein passendes Werkzeug für das sogenannte Grünholzschnitzen (z.B. eine Möwenpfeife, eine Schubkarre; siehe S. 34 ff.). Auch Kinder können – bei nötiger Sorgfalt – bereits gut mit einem Taschenmesser umgehen. Taschenmesser von hochwertiger Qualität sind etwa die «Schweizer Offiziersmesser». ▸ Bild 4

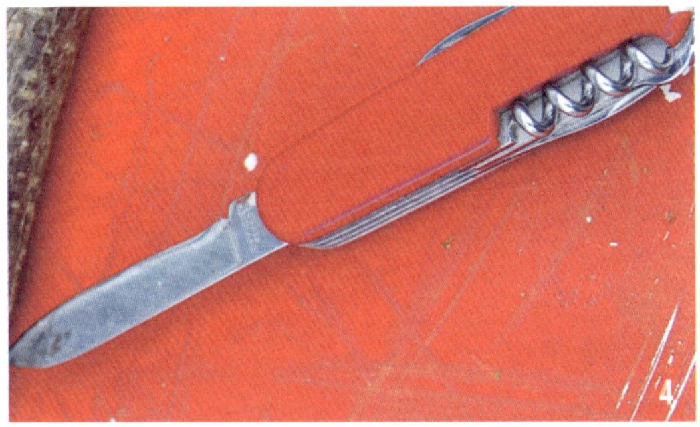

4

Schnitzmesser: Für einfache Schnitzarbeiten (Grünholzarbeiten) kann man statt einem Taschenmesser auch ein Kerbschnitzmesser verwenden. Es hat einen stabilen Holzgriff und eine kurze Klinge, die gerade oder gebogen sein kann. Mit ihm lassen sich z.B. auch Ornamente, etwa an einem Haselnusszweig, schnitzen. ▸ Bild 5

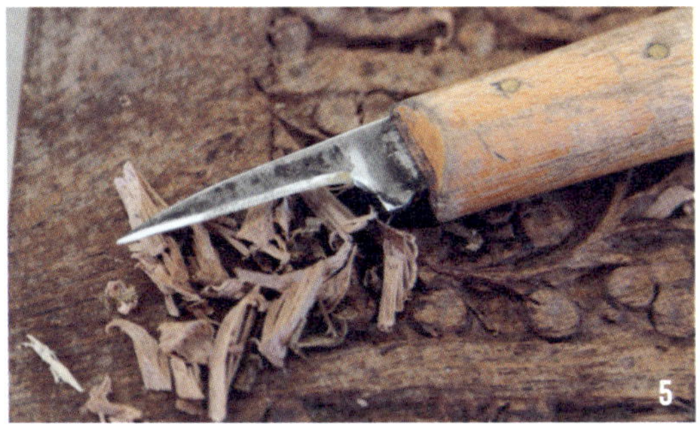

5

Ein universelles, für viele Arbeiten gut geeignetes Schnitzmesser ist das gekehlte Schnitzmesser, auch als *Bildhauerbeitel* oder 11/16er-Eisen bezeichnet (siehe S. 46). Es eignet sich hervorragend zum Schnitzen von Schalen, Löffeln, Schaufeln, Reliefs, Masken usw. Durch seinen stabilen Hartholzgriff kann man es gut zusammen mit einem Holzklüpfel benutzen. ▸ Bild 6

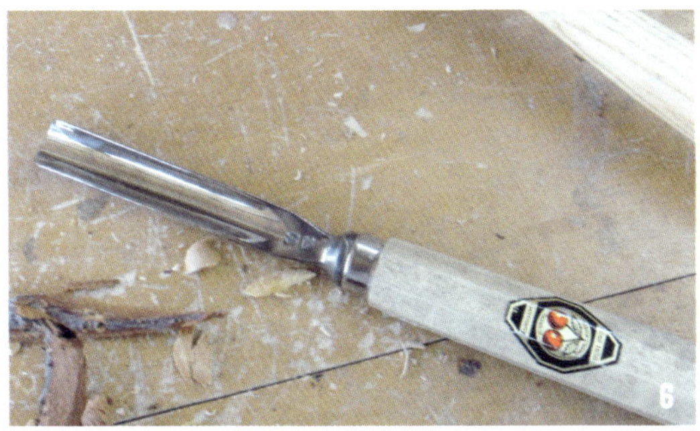

6

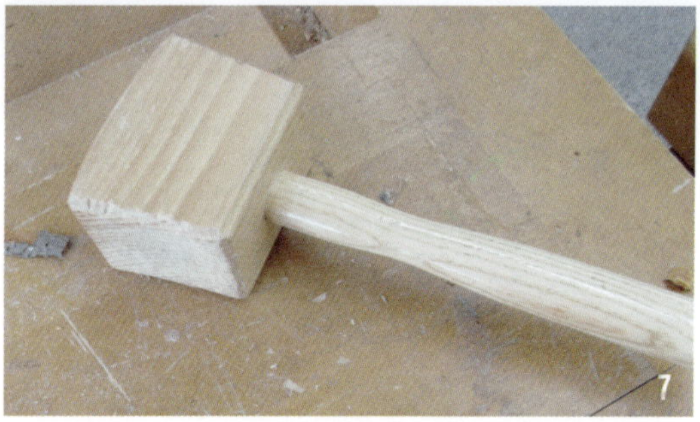

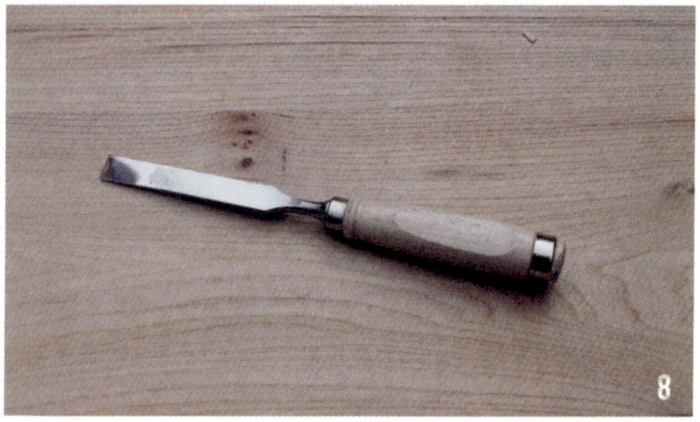

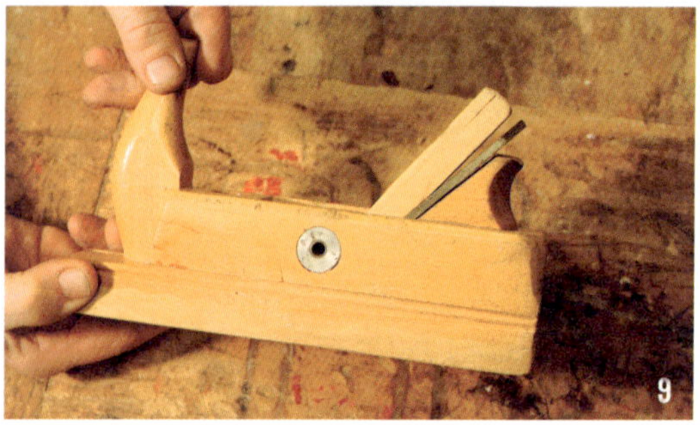

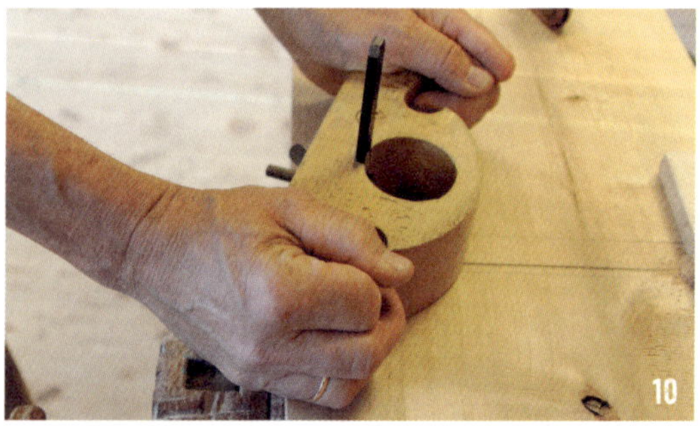

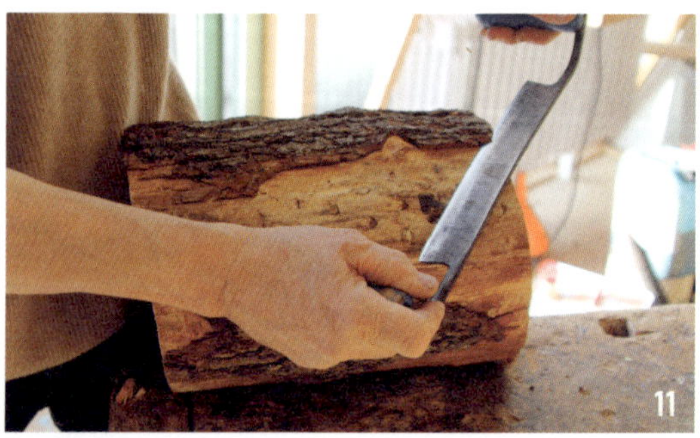

Holzklüpfel: Die erste, grobe Arbeit des Schnitzens mit einem Bildhauerbeitel geht zügiger vonstatten, wenn man einen Holzklüpfel (Holzhammer) benutzt. Man sollte ihn lieber etwas leichter wählen, weil man mit einem zu schweren Klüpfel sehr schnell ermüdet. ▸ **Bild 7**

Stemmeisen (Stecheisen, Beitel): Stemmeisen bestehen aus einer Klinge mit einer geraden Schneide und einem stabilen Holzgriff. Mit dem Stemmeisen können Holzstellen geradlinig vertieft werden. Für die in diesem Buch vorgestellte Schwalbenschwanzverbindung, die Schlitz- und Zapfenverbindung sowie die Gratnutverbindung werden Stemmeisen verwendet. Die Bearbeitung erfolgt meist in Kombination mit einem Holzklüpfel (Holzhammer). ▸ **Bild 8**

Hobel: Für die hier vorgestellten Arbeiten im Möbelbau werden u. a. Schrupphobel, Putzhobel und Grundhobel verwendet. Der *Schrupphobel* (Schropphobel) dient zur groben Bearbeitung von rauen, unebenen Hölzern und zum Verringern der Dicke des Werkstücks. Er hat eine gerundete Schneide (siehe S. 118). Der *Putzhobel* wird für die Feinbearbeitung von Holzflächen verwendet. Das eingesetzte Hobeleisen hat hier eine gerade Schneide; sie kann bei einigen Modellen sogar durch Spann- und Einstellschrauben exakt eingestellt werden. Ein *Grundhobel* hat ein weit über die Hobelsohle stehendes schmales Eisen. Dadurch kann man den Grund einer Gratnut hobeln. ▸ **Bild 9-10**

Zieheisen (Ziehmesser, Zugeisen): Ein Zieheisen besteht aus einer leicht gewölbten, stabilen, einschneidigen Klinge und zwei Griffen an beiden Enden der Klinge. Mit ihm können Äste und Baumstämme entrindet werden, indem man die Klinge an den beiden Griffen über das Holz zieht (siehe den Bau einer Trommel, S. 63 ff.). ▸ **Bild 11**

Schraubzwinge: Mit der Schraubzwinge wird das zu bearbeitende Werkstück fixiert, falls man keine Werkbank mit Einspannvorrichtung besitzt. Außerdem wird sie beim Zusammenleimen von Holzstücken verwendet. Die Schraubzwinge besteht aus einem festen und einem auf einer Schiene beweglichen Spannarm. Schraubzwingen gibt es in den unterschiedlichsten Größen. ▸ Bild 12

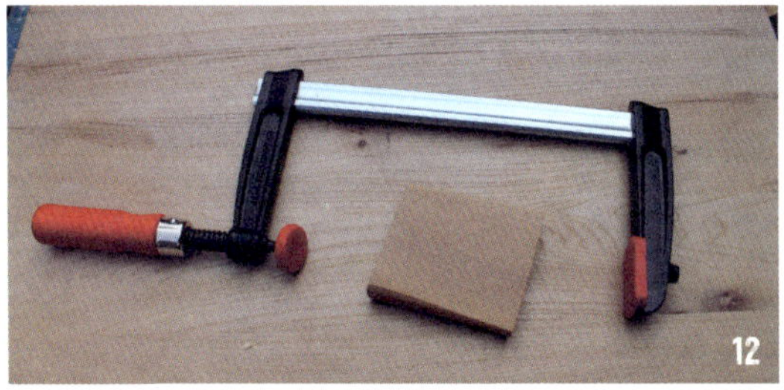

12

Fuchsschwanz: Der Fuchsschwanz ist eine im Schreinerhandwerk sehr gebräuchliche Handsäge aus Werkzeugstahl mit einer Länge von etwa 40 bis 60 cm und einem breiten Blattkörper. Mit ihm arbeitet man auf Stoß. Er eignet sich für schnelle, größere Schnitte im Holz; aufgrund des etwas dickeren Blattes wird der Sägeschnitt relativ breit. ▸ Bild 13

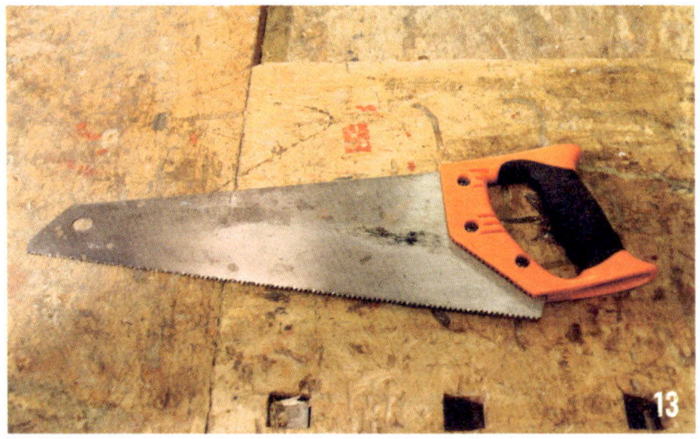

13

Feinsäge: Die Feinsäge ist eine Handsäge mit dünnem, feingezahntem Sägeblatt; der Rücken des Sägeblattes ist mit einer Leiste verstärkt. Mit der Feinsäge lassen sich gerade, feine Schnitte in Holz ausführen. Sie wird u. a. beim Sägen von Brettern, Platten und Leisten und beim Herstellen von Schlitz-und-Zapfen-Verbindungen und von Schwalbenschwanzverbindungen verwendet. Eine *Japansäge* ist eine Feinsäge, die nur auf Zug arbeitet. Mit ihr lassen sich sehr feine Schnitte ausführen. ▸ Bild 14

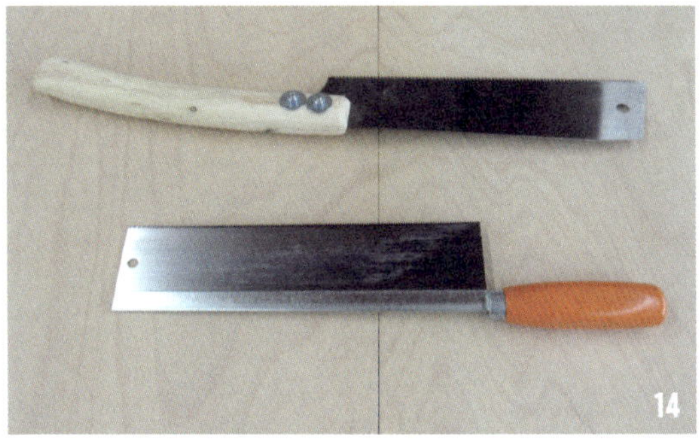

14

Laubsäge: Die Laubsäge eignet sich für feine Schnitte von dünnen Holzplatten. Mit ihr kann man nicht nur gerade sägen, sondern auch enge Kurven (siehe die Herstellung eines Bandpuzzles, S. 84 f.). Sie besteht aus einem U-förmig gebogenen Bügel und einem Holzgriff; an den beiden Bügelenden wird mit zwei Schraubklemmen ein dünnes Sägeblatt (Laubsägeblatt) eingespannt. ▸ Bild 15

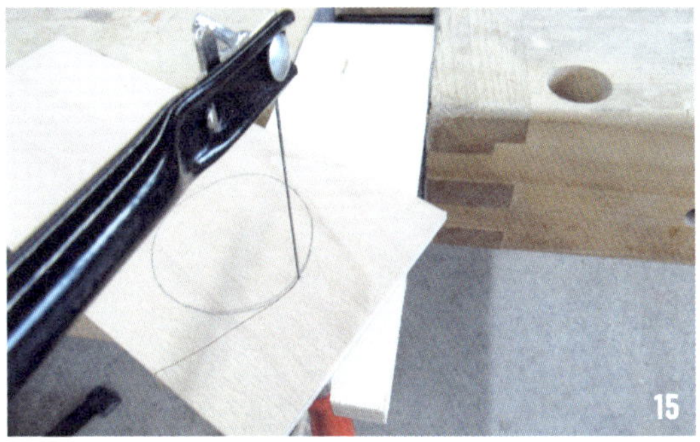

15

Anschlagwinkel (Winkel): Er besteht aus zwei (ungleich langen) Schenkeln aus Metall und Holz, die einen Winkel von 90° bilden; am kürzeren Schenkel befindet sich eine Führungsleiste, mit der man den Anschlagwinkel an Kanten anlegen kann. Dieses Werkzeug dient zum Anzeichnen oder Anreißen von rechten Winkeln und zum Überprüfen von schon ausgeführten Arbeiten. ▸ Bild 16

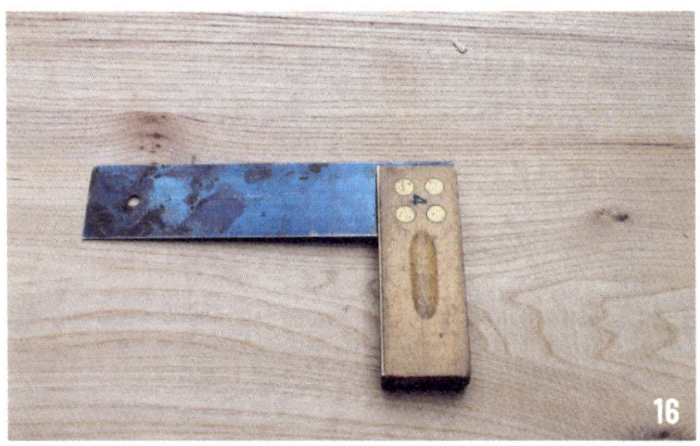

16

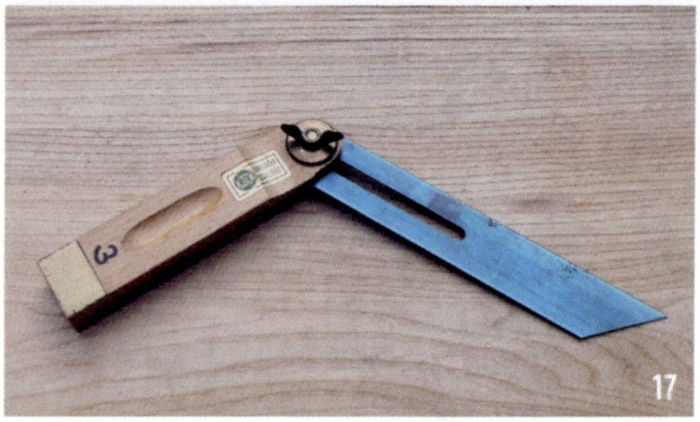

17

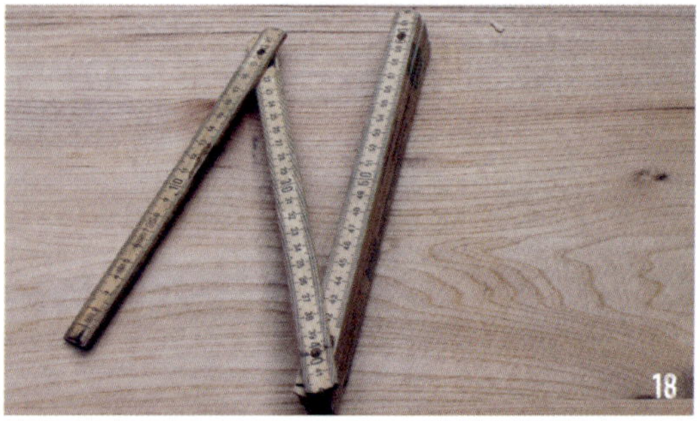

18

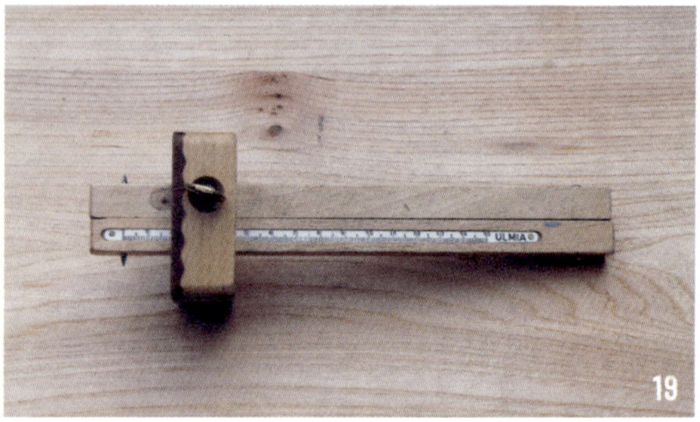

19

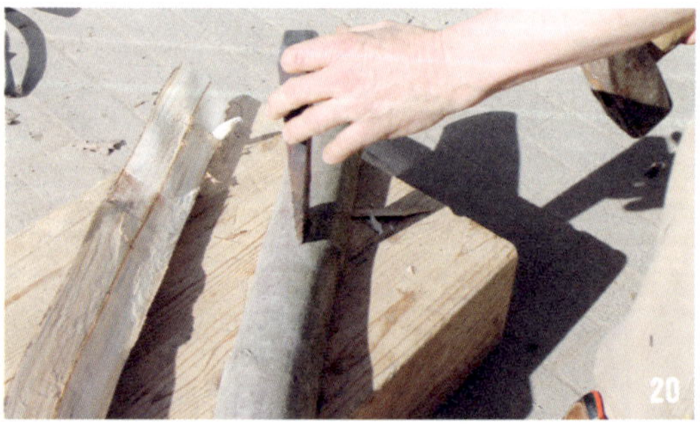

20

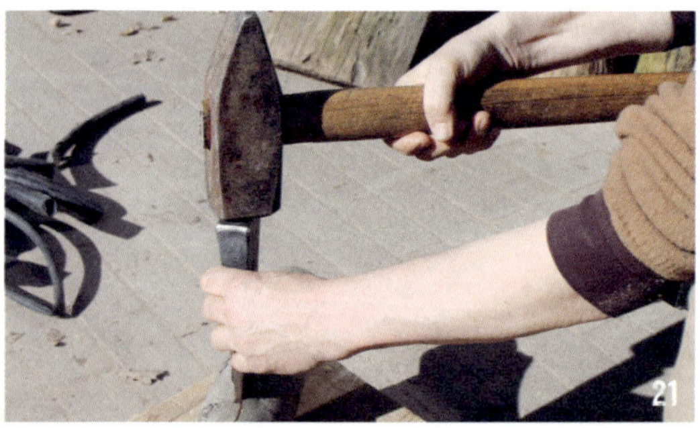

21

Schmiege (Winkelschmiege, Stellschmiege, Schrägmaß): Die Schmiege ist ein verstellbarer Winkel, mit dem man beliebige Winkel auf das Werkstück übertragen kann. Sie besteht aus einem geschlitzten Schenkel und einer Zunge, die sich aufklappen und mit einer Feststellschraube in einem bestimmten Winkel fixieren lässt. ▸ **Bild 17**

Zollstock (Meterstab, Metermaß): Der allseits bekannte und vielfach verwendete Zollstock besteht aus einzelnen, klappbaren Streifen aus Holz oder Kunststoff. Auseinandergefaltet hat er meist eine Länge von zwei Metern, zusammengefaltet ist er etwa 23-25 cm lang. Von Schreinern, Zimmerern und weiteren Handwerkern wird er, ebenso wie von Heimwerkern, vielfach eingesetzt. ▸ **Bild 18**

Streichmaß (Reißmaß, Parallelmaß): Mit dem Streichmaß lassen sich Markierungslinien in einem vorgegebenen Abstand parallel zur Kante eines Werkstücks anzeichnen oder anreißen. Es besteht aus Anschlag, Schieber und Markiernagel. Ein Streichmaß braucht man bei Werkstücken mit Schlitz- und Zapfenverbindungen oder mit Schwalbenschwanzverbindungen. ▸ **Bild 19**

Spaltkeil (Treibkeil): Ein Spaltkeil dient dem Aufspalten von Baumstämmen, großen Holzstücken oder Steinblöcken (siehe hier z.B. die Anleitung zum Bau eines Schlauchhockers, S. 80 ff.). Der Spaltkeil ist etwa 15-30 cm lang und besteht meist aus Aluminium oder Stahl. ▸ **Bild 20**

Vorschlaghammer: Mit einem Vorschlaghammer wird der Spaltkeil in das Holz getrieben. Wegen seines großen Gewichts (der Kopf des Vorschlaghammers wiegt meist 5 kg oder mehr) wird er meist beidhändig geführt; dementsprechend lang ist daher auch der Stiel des Hammers. ▸ **Bild 21**

Hinweise zum Einrichten einer Werkstatt

Hat man erst einmal Geschmack am Werken gefunden, tritt bei manchem der Wunsch auf, eine richtige Werkstatt einzurichten. Dazu sollen hier einige Hinweise gegeben werden.

Ein Werkstattraum sollte *nicht zu klein* sein. Besonders wenn man mit Kindern zusammenarbeiten will, braucht man schon etwas Platz, um sich nicht gegenseitig zu behindern. Häufig wird ein Kellerraum oder eine Garage gewählt. Man sollte darauf achten, dass für eine ausreichende *Lüftung* gesorgt ist und dass der entstehende *Lärm* keinen Ärger bei anderen Hausbewohnern oder bei Nachbarn verursacht. Im Prinzip kann man aber auch andere Räume als Holzwerkstatt nutzen, wenn man das Schmutz- und das Lärmproblem lösen kann. ▸ **Bild 1**

Die erste Bedingung für einen guten Arbeitsraum ist es, dass ausreichend *Licht* vorhanden ist, entweder indem er über genügend Fenster verfügt oder mit entsprechenden Deckenlampen ausgestattet ist. ▸ **Bild 2-3**

Dann benötigt man einen stabilen *Arbeitstisch* aus Holz. Man kann sich z.B. einen schon vorhandenen Küchentisch verstärken, denn stabil muss er schon sein. Es ist auch möglich, eine grobe Tischkonstruktion aus Kanthölzern (aus dem Baumarkt) selbst zusammenzuschrauben. Die Arbeitsfläche sollte fest an der Wand verankert werden, damit sie beim Arbeiten nicht hin und her wackelt. ▸ **Bild 4**

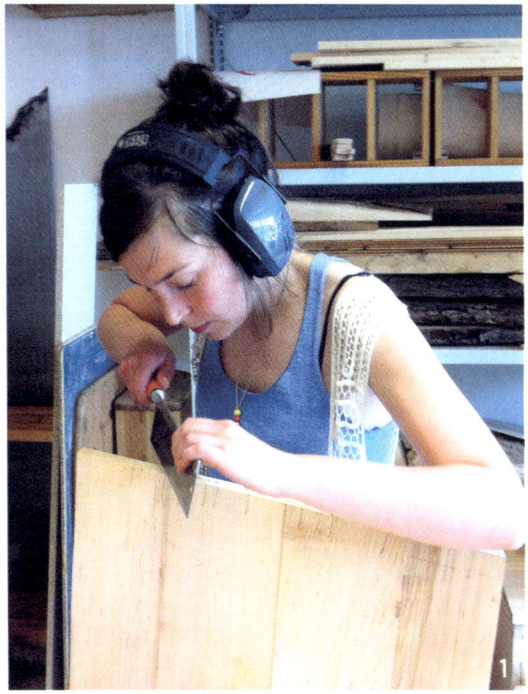

1

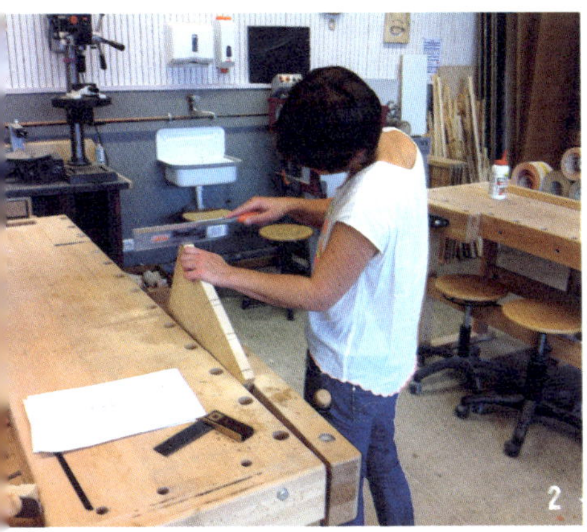

2

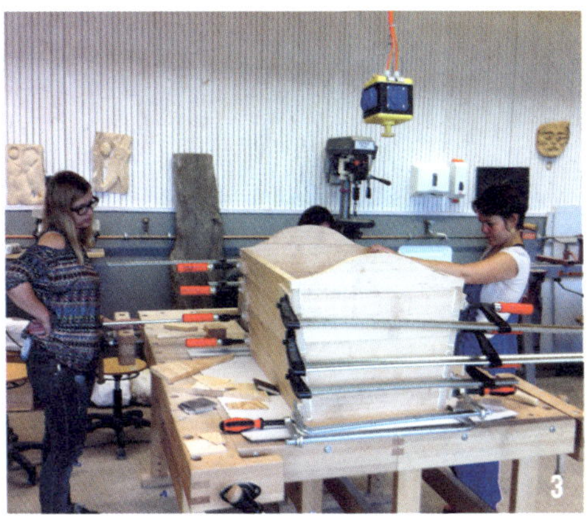

3

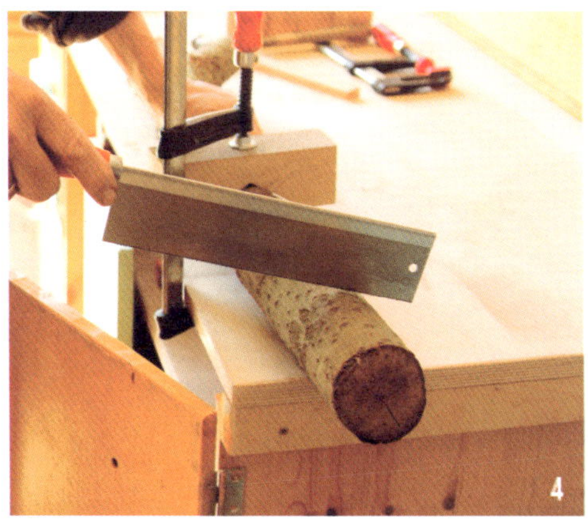

4

Das Werkzeug lässt sich an der Wand aufhängen oder in einem alten kleinen *Wandschrank* verstauen. Ordnung ist wichtig, damit man das Benötigte nicht lange suchen muss. Außerdem ist es besonders für die scharfen Werkzeuge schlecht, wenn sie aneinanderstoßen und die Schneiden dadurch Scharten bekommen, sodass sie stumpf werden. ▸ **Bild 5-7**

Ein an der Wand aufgestelltes Regal oder ein alter Schrank kann das *Material* aufnehmen. Es ist immer schön, wenn schon einiges Material vorhanden ist, falls man eine gerade gefasste Idee umsetzen möchte. Wenn ein Grundbedarf an Alleskleber, Leim, Scheren, Kordeln, Pappen, Stiften, Papier, Schrauben, Nägeln, Hölzern usw. vorhanden ist, lässt sich auch spontan mit einer Arbeit beginnen. Nicht nur die Kinder lieben es, wenn sie jederzeit in der Werkstatt tätig sein können.

Ein *Erste-Hilfe-Kasten* sollte an einer leicht zugänglichen Stelle angebracht und immer gut ausgerüstet sein.

Für den Notfall sollte die Werkstatt auch mit einem *Feuerlöscher* ausgestattet sein.

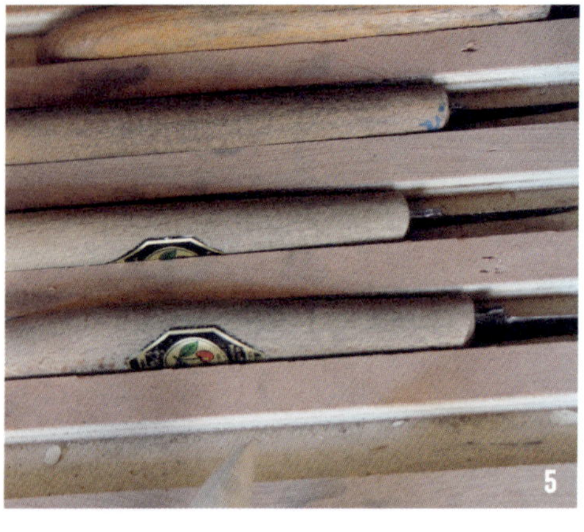
5

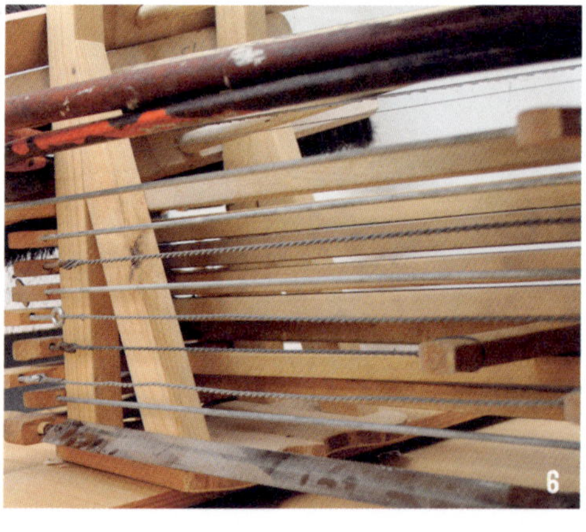
6

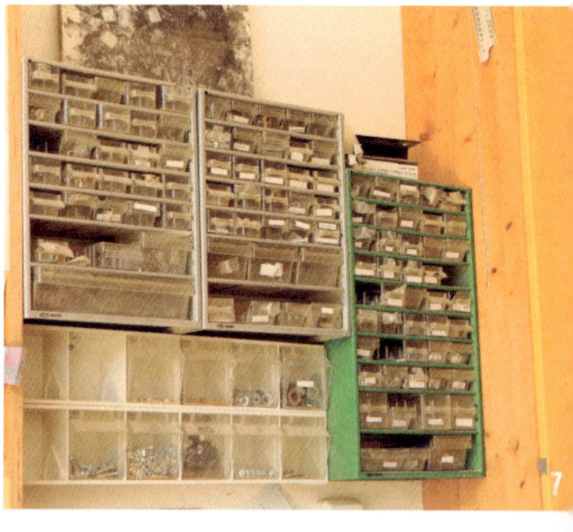
7

Kleine Materialkunde

Das Holz von Eibe, Kirschlorbeer, Goldregen, Pfaffenhütchen und Seidelbast sollte wegen der enthaltenen Gifte nicht verwendet werden. Eibe steht zudem unter Naturschutz.

Es ist nicht erlaubt, in Wäldern, Parks oder Hecken Holz einfach abzuschneiden oder abzusägen. Man sollte also unbedingt mit dem Besitzer sprechen, wenn man unnötigen Ärger vermeiden will.

Holzfachhändler haben durchgetrocknete Hölzer in den verschiedensten Qualitäten im Sortiment. Nicht alle sind jedoch bereit, auch geringe Mengen abzugeben. Kleinere Sägewerke sind oft die besseren Ansprechpartner. Auch mancher Tischler hilft gerne weiter, wenn er freundlich gefragt wird. Es gibt in manchen Städten sogar Hobbymärkte mit Angeboten von verschiedenen Hölzern. Gartengestaltungsbetriebe und sogar Friedhofsgärtnereien können ebenfalls gute Quellen für Hölzer sein. Schon die Materialsuche kann zu einem echten Erlebnis mit schönen Begegnungen führen, erfordert aber Geduld und Einfühlungsvermögen.

Haselnuss

Der Haselnussstrauch hat in frischem Zustand ein sehr helles und noch relativ leicht zu bearbeitendes Holz. Seine charakteristische Rinde ist relativ fest und reißt nicht so leicht ein, wenn man Muster hineinschnitzen möchte. Darum eignet es sich für anfängliche Schnitzarbeiten mit dem einfachen Taschenmesser. Es ist getrocknet erstaunlich hart und zäh. Der Haselstrauch wird kein großer Baum und wächst gerne am Waldrand oder in Hecken. Dort kann das Holz leicht selbst geerntet werden.

Dem Haselstrauch wurde früher kultische Bedeutung zugemessen; sogenannte Rutengänger benutzen den Haselzweig auch heute noch als Werkzeug. ▸ Bild 1

Für die ersten Grünholzarbeiten eignen sich auch frische Äste von Birke, Erle, Linde oder Weide.

Linde

Für alle Schnitzarbeiten ist Linde das erste Holz der Wahl. Es riecht angenehm, ist verhältnismäßig weich und hat eine gleichmäßige Struktur. Dennoch ist es sehr haltbar, wenn es trocken bleibt – man denke etwa an Madonnenfiguren aus Lindenholz, die vor Jahrhunderten geschnitzt wurden. Der Lindenbaum und Lindenholz werden allgemein mit der Liebe in Verbindung gebracht, was in vielen überlieferten Liedern und Gedichten zum Ausdruck kommt. ▸Bild 2

Pappel

Früher hat man aus Pappeln Holzschuhe hergestellt. Das zeugt von der zähen Haltbarkeit dieses Holzes. Weil der Baum relativ schnell wächst, ist das Holz in frischem Zustand noch sehr weich und lässt sich darum gut schnitzen. Wegen seiner Faserigkeit in trockenem Zustand kann man es aber schlecht sägen oder hobeln. Pappelholz ist relativ leicht zu besorgen und oft nicht sehr teuer. ▸Bild 3

Erle

Die Erle wächst gerne in sehr feuchtem Grund am Rande von Bächen oder Seen. Erlenholz wird im normalen Verkauf nur selten angeboten, ist aber für viele Projekte sehr empfehlenswert. Seine braune Maserung mit abwechslungsreichen Ornamenten strahlt Lebendigkeit und Individualität aus. So macht es jedes Werkstück schon allein vom Material her zu einem unverwechselbaren Original.

Dass der im Moor stehende Erlenbaum in der Überlieferung etwas Magisches, vielleicht sogar Unheimliches ausstrahlt, kann man auch heute noch gut nachvollziehen. ▸Bild 4

Ulme

Unter unseren heimischen Hölzern hat das Ulmenholz, auch Rüster genannt, ganz sicher die stärkste Ausdruckskraft. Ulmen sind in der Lage, je nach Bodenbeschaffenheit bestimmte Mineralien einzulagern, wodurch die schönsten Farbvarianten im Holz entstehen. Auch die sehr lebendige und abwechslungsreiche Maserung ist charakteristisch für dieses Holz. Getrocknet ist es sehr hart und widerstandsfähig und eignet sich gut für den Bau eines besonderen Möbelstückes.

Nach der nordischen Mythologie erwuchs aus der Ulme die erste Frau. ▸Bild 5

Esche

Das Holz der Esche ist hart und zäh, jedoch überaus elastisch. Darum eignet es sich beispielsweise für Hammerstiele, Besenstiele, Bögen oder Hockerbeine. Eschenholz hat ebenfalls eine schöne Maserung und kann aus diesem Grund auch anderen Werkstücken einen schönen Ausdruck verleihen.

Für die Germanen war der Urweltenbaum «Yggdrasil» ein Esche. ▸Bild 6

Ahorn

Das helle Ahornholz wurde schon immer gerne für den Bau von Musikinstrumenten verwendet. Es ist in der Lage, die Schwingungen der Umgebung unverfälscht weiterzugeben. So liegt der besondere Charakter dieses Holzes denn auch darin, sich als Material nicht in den Vordergrund zu stellen. Es lässt sich gut bearbeiten und ist sehr formstabil. Es passt sich so den jeweiligen Wünschen und Aufgaben sehr gut an. Ahornholz lässt sich augezeichnet färben und wird auch heute noch schwarz gebeizt als sogenannter Ebenholzersatz verwendet.

Der Baum strahlt eine gewisse Freudigkeit aus, was auch durch seine fingerigen Blätter, die sich im Herbst in den schönsten Farben zeigen, oder durch die «Propellerfrüchte» zustande kommen mag. Wer hat sich als Kind nicht durch eine aufgeklebte Fruchthälfte zum «Nasennarren» gemacht. ▸ Bild 7

Eiche

Eichenholz steht für robuste Haltbarkeit, aber auch für gewisse Starrheit. Das gilt ebenso für das Holz wie für den Baum, der in Einzelfällen bis zu tausend Jahre alt werden kann. Alles, was lange halten muss, sollte aus Eichenholz gefertigt werden. Die Härte macht sich jedoch auch beim Bearbeiten deutlich bemerkbar. Wenn der Faktor Haltbarkeit nicht der wichtigste ist, sollte von der Verwendung dieses ansonsten sehr edlen Holzes abgesehen werden. ▸ Bild 8

Buche

Auch die Buche ist ein sehr hartes Holz. Im Eichen-Buchen-Wald ist sie der natürlich vorkommende Baum. In Buchenwäldern mit den dicken grauen Stammsäulen hat man das Gefühl, durch eine Kathedrale zu gehen. Buchenholz hat eine gleichmäßige, unspektakuläre Maserung und wirkt in seinem Ausdruck eher beruhigend. Es liegt in seiner Bearbeitungsfähigkeit in der Nähe von Eiche und Esche. Darum sollte man es sich gut überlegen, ob man es verwenden will.

Weil man Buchenholz für den ersten Druck verwendete, steht es für unsere Worte «Buch» und «Buchstabe». ▸ Bild 9

Birke

Die Birke war nach der Eiszeit der Pionierbaum, und auch heute noch ist sie bis zum hohen Norden an den Gletscherrändern zu finden. Sie schafft es, selbst in kargen Moorgründen zu existieren. Dabei ist ihre Erscheinung durchaus grazil. Die weiße Rinde bleibt lange flächig glatt und ist so widerstandsfähig, dass man im Norden damit die Dächer gedeckt hat. Auch heute noch werden von den Samen (Lappen) in Schweden daraus Körbe und andere Gebrauchsgegenstände hergestellt. Birkenholz ist anfangs hell und geschmeidig. Es lässt sich sehr gut bearbeiten und hat nach dem Ausdunkeln eine lieblich-gelbliche Färbung.

In der Mythologie ist die Birke der Göttin und dem Planet Venus zugeordnet, was man bei einer sich im Wind wiegenden, frei stehenden Birke auch heute noch nachvollziehen kann. ▸ Bild 10

Obstholz

Alle Obstbäume bieten wunderschöne und sehr ausdrucksstarke Hölzer, die sich vielseitig verwenden lassen. Sie werden sehr hart, wenn sie erst einmal getrocknet sind. *Birnenholz* neigt zu sogenanntem Drehwuchs, was bedeutet, dass es sich auch nach dem Bearbeiten noch sehr stark verändern kann. *Wildkirschholz* aus dem Wald wird nicht ganz so hart und zeigt eine schöne Maserung und Färbung. ▸ Bild 11

Im Garten selbst gefälltes Holz muss an einem schattigen Platz mindestens vier Jahre lang langsam getrocknet werden, wenn nicht unschöne Risse entstehen sollen.

Nadelholz

Kiefer, Douglasie, Fichte, Tanne und Lärche haben sehr harzreiches Holz. Das riecht zwar gut, ist aber auch ziemlich klebrig. Allerdings sind die meisten Hölzer, die man im Handel bekommt, künstlich in einer Kammer getrocknet und harzen nicht mehr so sehr.

Für Schnitzarbeiten sind diese Hölzer nicht sehr geeignet, lassen sich aber für andere Arbeiten gut benutzen. Die *Kiefer* wird auch im Möbelbau verwendet. *Fichtenholz* wird als schnellwüchsiges, weiches Holz heutzutage hauptsächlich als Konstruktionsholz (Kisten, Paletten, Dachstühle oder ein selbst gebauter Arbeitstisch) verwendet. Langsam und gleichmäßig gewachsene Bergfichten ergeben ein ausgezeichnetes Klangholz, aus dem die Decken von Streichinstrumenten hergestellt werden. *Lärchenholz* kann dem Einfluss der Witterung besonders gut standhalten und ist darum für draußen stehende Dinge gut geeignet. ▸ Bild 12

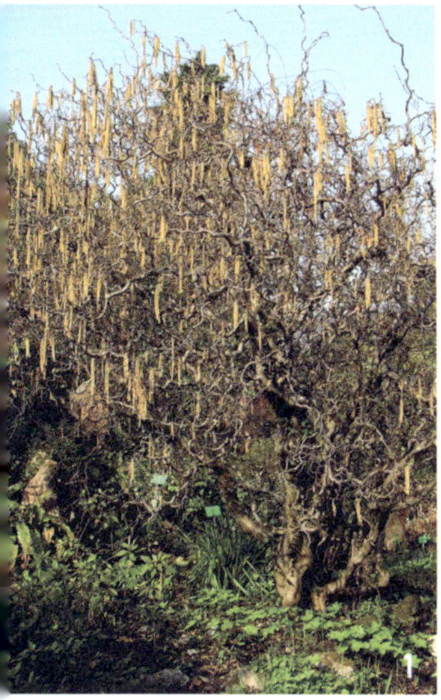
1
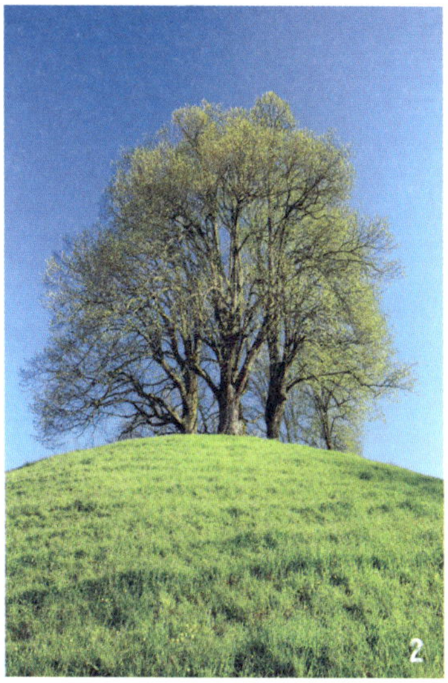
2
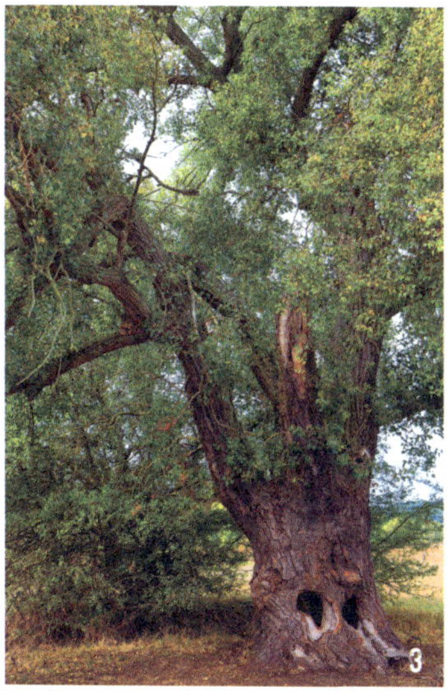
3
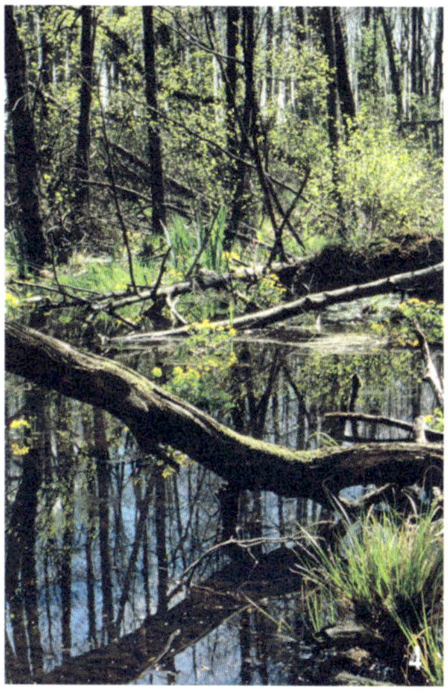
4
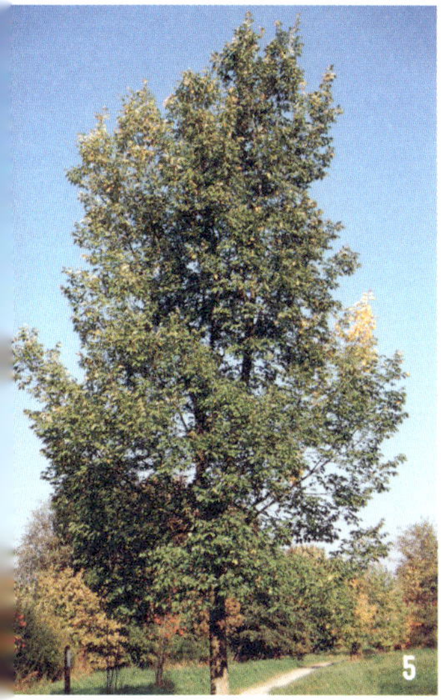
5
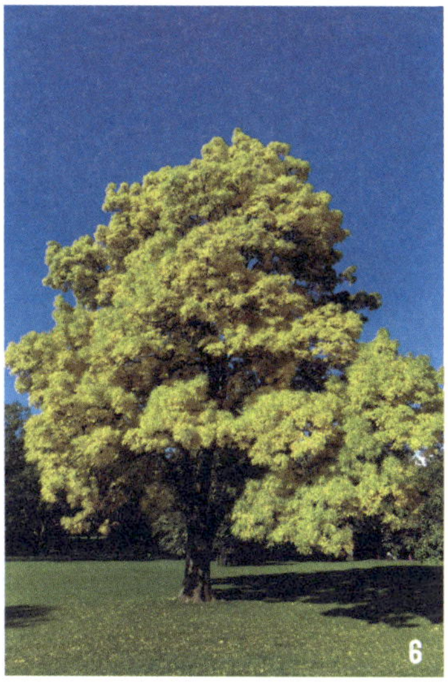
6
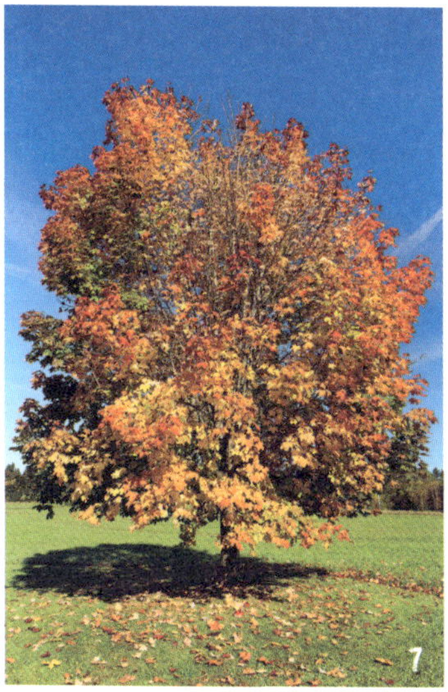
7
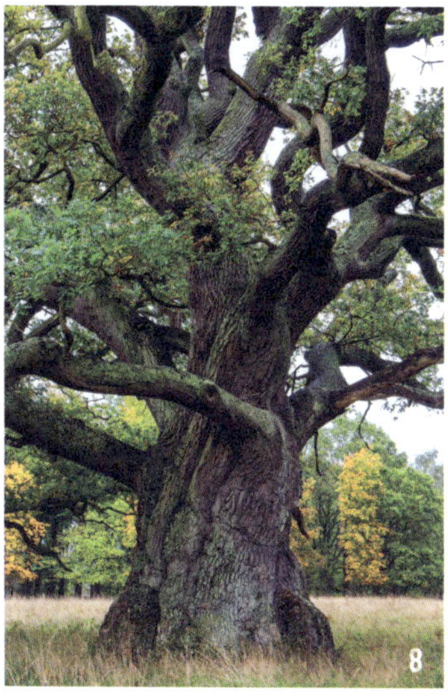
8
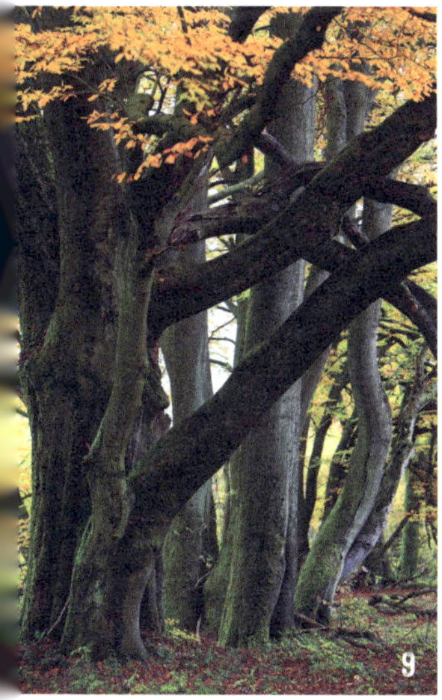
9
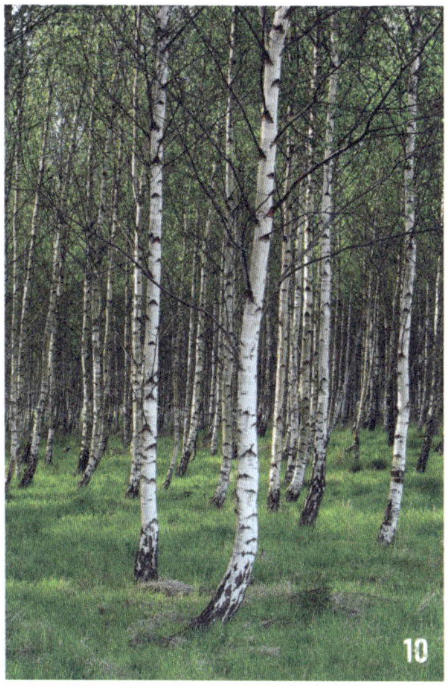
10
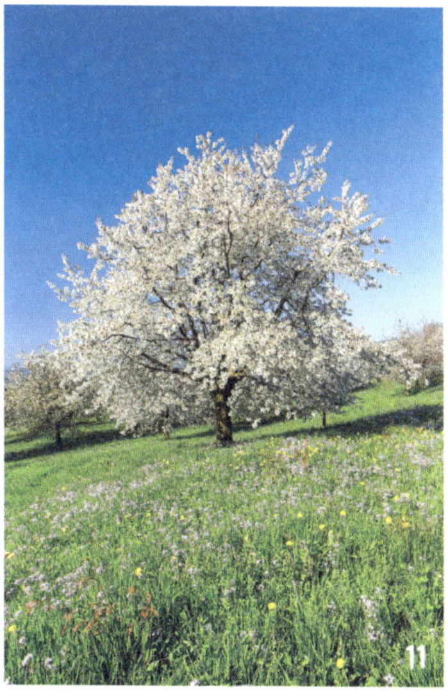
11
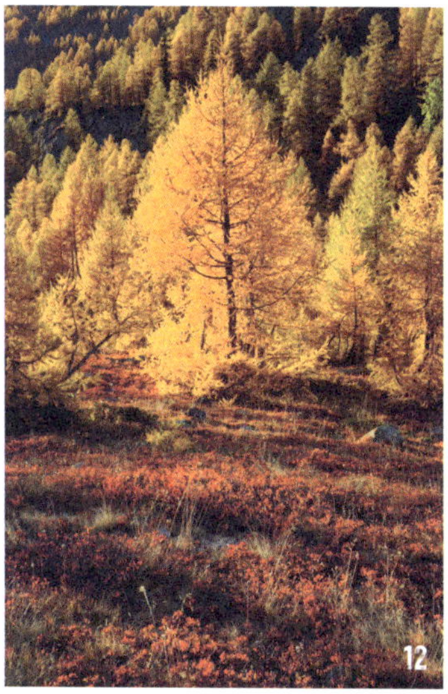
12

Unfallverhütung und Wundversorgung

Werkzeuge müssen scharf sein, sonst kann man nicht mit ihnen arbeiten. Das bedeutet aber auch, dass man sich schnell mit ihnen verletzen kann.

1. Die erste Regel ist darum, dass man immer mit voller Konzentration bei der Sache sein muss. Wenn man beginnt, müde oder fahrig zu werden, braucht man eine Pause, am besten schon ein wenig vorher. Bemerkt man, dass sich der Körper durch die ungewohnte Tätigkeit verspannt, sind auflockernde Bewegungen nötig, denn verkrampfte Muskelpartien erhöhen die Gefahr von Verletzungen.
2. Die zweite Grundsatzregel besagt, dass man ein Werkzeug nicht mit Kraft auf den Körper zu bewegen sollte. Man achte darauf, dass in Arbeitsrichtung niemand steht und auch die eigenen Hände oder Finger sich nicht in der Gefahrenzone des schneidenden Werkzeuges befinden.
3. Regel drei lautet, dass ein gekonnter Arbeitsschritt im Grunde relativ wenig Kraftaufwand benötigt. Immer wenn das Gefühl entsteht, dass es zu schwer geht, stimmt etwas nicht, und es kann zu unkontrollierten Bewegungen und damit zu Verletzungen kommen. Hier muss man rechtzeitig innehalten und forschen, warum es so schwer geht: Hat man das falsche Werkzeug? Ist das Werkzeug stumpf? Klemmt das Holz durch Feuchtigkeit? Ist es nicht richtig eingespannt?
4. Regel vier besagt, dass man sich auch bei zunehmender Routine weiter ganz bewusst um Vorsicht bemühen muss. Lernt man ein Werkzeug kennen, ist man von Natur aus achtsamer. Je sicherer man sich jedoch fühlt, desto mehr gerät man in einen Arbeitsfluss, und die Aufmerksamkeit sinkt. Verletzungen entstehen seltener am Anfang, häufiger bei längerem Tun.

Unfälle passieren am häufigsten, wenn:

- das Werkzeug stumpf ist
- die Beleuchtung nicht ausreichend ist
- die Konzentration nachlässt
- man sich kalt und unbehaglich fühlt
- die Sonne zu hell ist und es eigentlich zu warm zum Arbeiten ist
- man gestresst und unausgeglichen ist.

Was muss man tun, wenn es doch zu Verletzungen kommt?

Es ist wichtig, Ruhe zu bewahren. Meist ist eine solche Verletzung ja eine kleinere Schnittwunde, die unter Umständen stark blutet. Das dient jedoch auch der Reinigung der Wunde. Wichtig ist, dass sich keine Fremdkörper in der Wunde befinden. Solche Fremdkörper sollte man also unter fließendem Wasser entfernen, und wenn die verletzte Person ängstlich oder aufgeregt ist, ist es gut, beruhigend mit ihr zu sprechen und zu erklären, was man macht.

Mit einer Kompresse kann man dann die Wunde mit leichtem Druck abdecken. Meist stoppt nach kurzer Zeit der Blutfluss, und man kann ein Pflaster aufkleben.

Ist die Wunde größer und verschmutzt und vielleicht sogar ausgefranst, sollte unbedingt ein Arzt aufgesucht werden. Man legt für den Weg dorthin eine nicht klebende Kompresse auf und wickelt einen Verband darum. Für diesen Fall sollte ein Verbandskasten vorsorglich zur Stelle sein.

Selbst wenn es nicht vorgeschrieben ist, ist es in jedem Fall gut, wenn man einen Lehrgang für Erste Hilfe besucht.

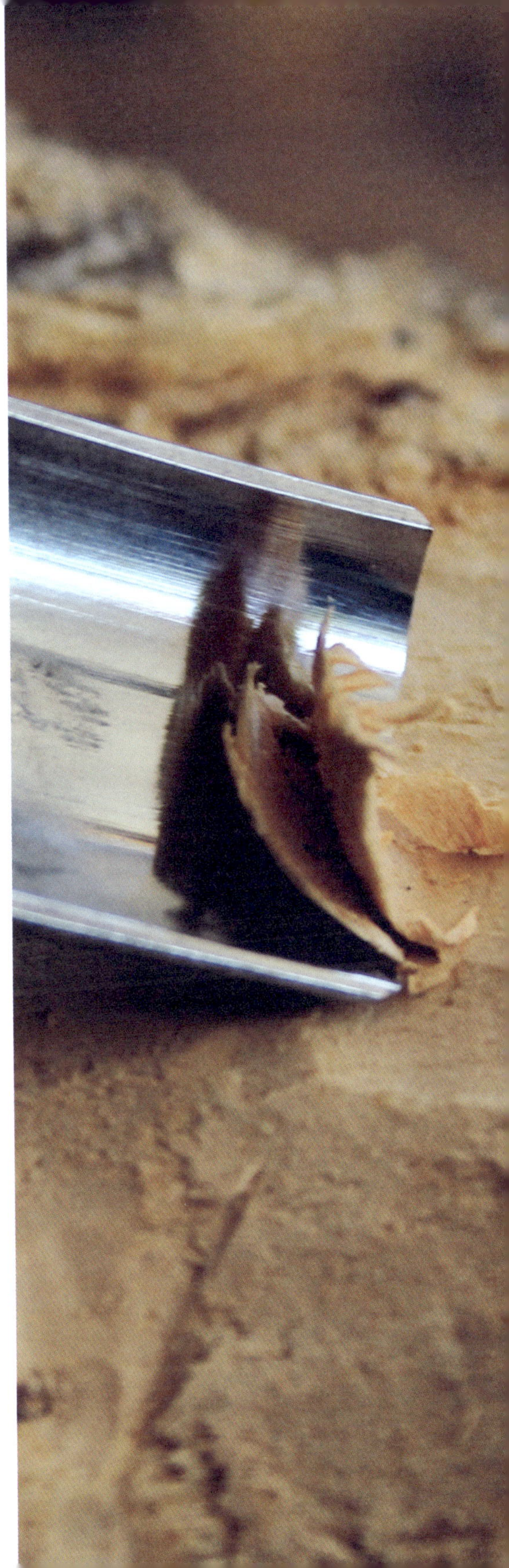

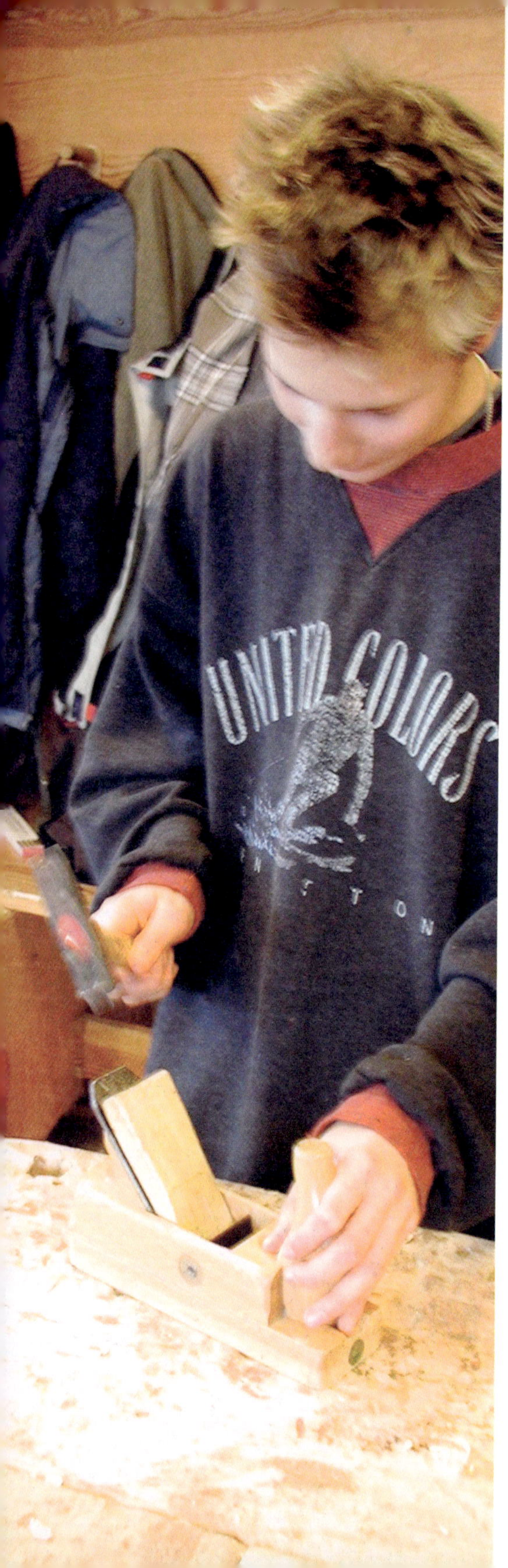

Pädagogischer Hintergrund

Die Anleitungen in diesem Buch möchten dazu anregen, unterschiedlichste Werkstücke mit den eigenen Händen herzustellen. Im Allgemeinen versteht man unter einem Werk etwas, das eine Einmaligkeit hat bzw. eine Besonderheit aufweist. Es ist das Produkt einer ganz gezielten Tätigkeit, zu der Anstrengung und mehr oder weniger großes Können erforderlich sind. Ist diese Anstrengung geleistet und das Werk ist vollbracht, kann es sowohl den «Hersteller» als auch den späteren «Nutzer» oder «Betrachter» mit Zufriedenheit erfüllen. In diesem Sinne ist Werken also das Bemühen, etwas herzustellen, um sich und andere durch den entstandenen Gegenstand zu erfreuen.

Soll das erreicht werden, sind Schaffensfreude, Geduld, Bereitschaft zum Üben, Durchhaltekraft bei auftretenden Schwierigkeiten und auch genügend Neugier erforderlich.

Ebenso werden jedoch eine Anleitung, ein Ziel und selbstverständlich die erforderliche Zeit benötigt.

Heutzutage glauben viele Menschen, sie könnten sich nur wohlfühlen, wenn sie nichts «tun» müssen. Wollen sie Kräfte sammeln für die Lasten und Anstrengungen des Alltags, so versuchen sie, jegliche Anstrengung zu umgehen: Sie ruhen aus, schlafen lange, lesen, sehen sich Filme an, relaxen, hängen ab, lassen es sich gut gehen, besuchen die Sauna oder das Wellness-Studio ... Auch das ständig wachsende Freizeitangebot unserer Zeit verspricht immer neue Möglichkeiten, sich ohne viel Eigenaktivität unterhalten zu lassen. Etwas selbst zu tun ist meist nicht «in».

So verlockend die Möglichkeit erscheint, ohne größere Anstrengung glücklich zu werden, erweist sie sich doch oft als Illusion. Der passive Konsum dämpft nämlich vielfach die Eigeninitiative noch mehr, macht schwerfällig und nicht selten auch fettleibig, er kann sogar zu regelrechter Abhängigkeit führen, wie die ständig wachsende Zahl süchtiger Internetnutzer zeigt.

Besonders negativ macht sich ein Bewegungs- und Motivationsmangel bei jungen Menschen bemerkbar. Jeder einzelne Bewegungsablauf muss von klein auf gelernt und geübt werden. Dazu ist das Vormachen des Erwachsenen nötig. Dieses ahmt das Kind dann nach und übt immer wieder neu, bis es das Vorgemachte selbst beherrscht. Dabei wird die körperliche Geschicklichkeit genauso grundlegend geprägt wie die dazu nötige Verknüpfung im Gehirn. Denn eine körperliche Geschicklichkeit ist mit der Fähigkeit, bewegliche Gedanken zu bilden, eng verbunden.

Plant man, etwas zu tun, geht man zwar bewusst auf das gesetzte Ziel zu und bewegt sich in Übereinstimmung mit seinen Absichten, aber welche einzelnen Muskeln man dazu braucht und wie man seinen Körper aktiviert, kann man nicht entscheiden. Die Einzelheiten der Abläufe entziehen sich nahezu komplett der bewussten Beeinflussung, fast immer auch der Wahrnehmung. Wenn man beispielsweise den Daumen zum Zeigefinger bewegen will, kann man diese Bewegung ohne Schwierigkeiten ausführen. Doch während man sieht, wie sich die eigenen Finger vor den Augen bewegen, kann man nicht selbst feststellen, welche Sehnen, Knochen und Muskeln dabei im Einsatz sind.

Schulung der Sinne

Das Erlernen einer neuen elementaren Tätigkeit, bei der die Hände im Einsatz sind – etwa wenn man schreiben lernt, sich mit einem Musikinstrument vertraut macht oder den gezielten Gebrauch von Werkzeugen einübt –, beginnt meist mit dem Üben einfacher Greifbewegungen, bei denen sich die Finger in enger Koordination mit Hand und Arm komplizierte Abläufe erobern müssen.

Dabei spielt das Üben des *Tastsinns* eine zentrale Rolle. Dieser Sinn macht uns im weitesten Sinne mit den Dingen vertraut, denen wir gegenüberstehen. Durch das «Anstoßen» nehmen wir die äußere Hülle unseres Körpers wahr und erkennen gleichzeitig, wie die Gegenstände in unserem Umfeld beschaffen sind. Wir

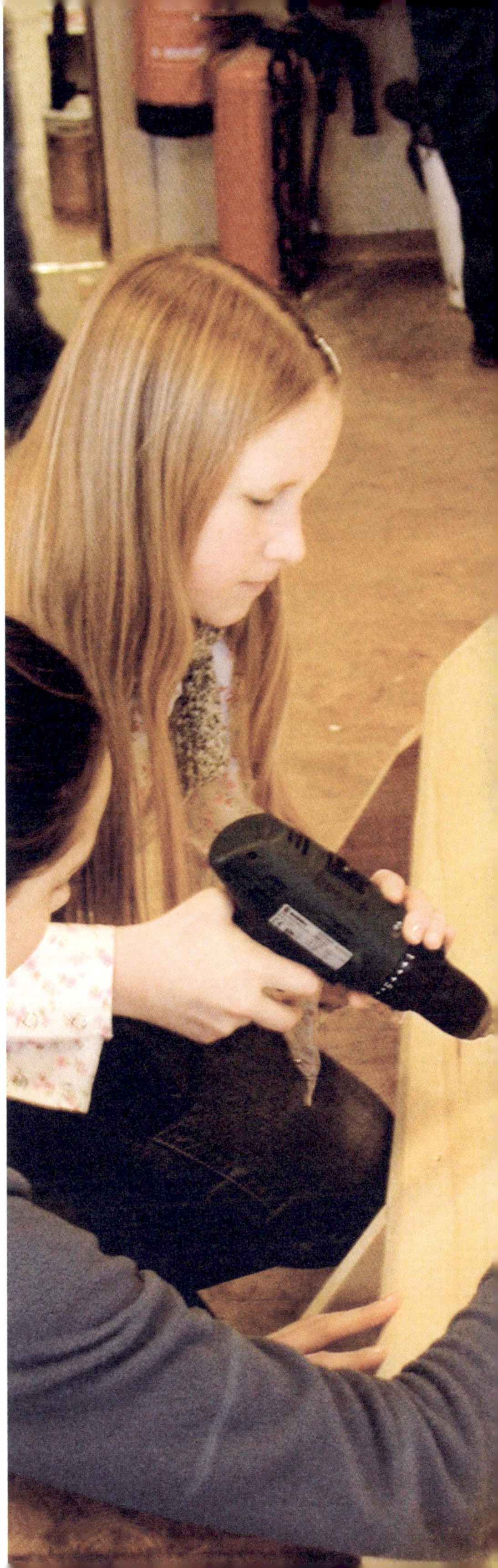

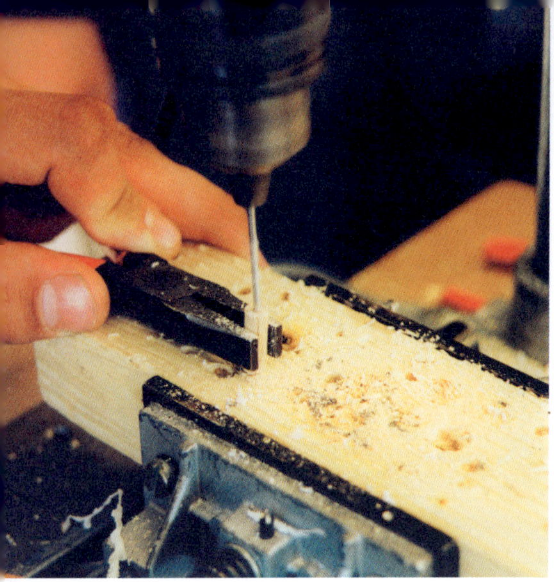

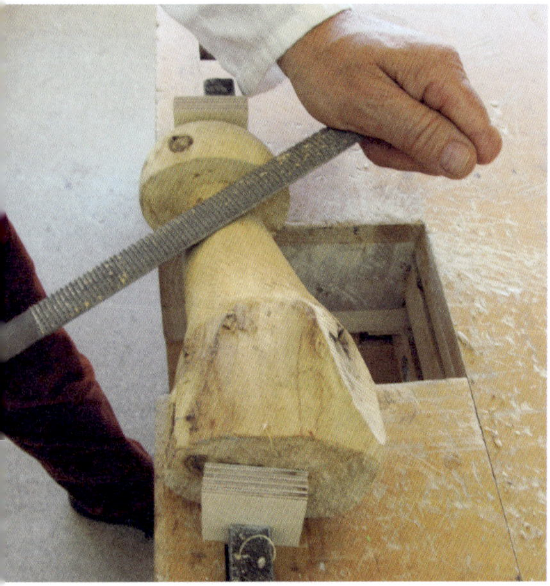

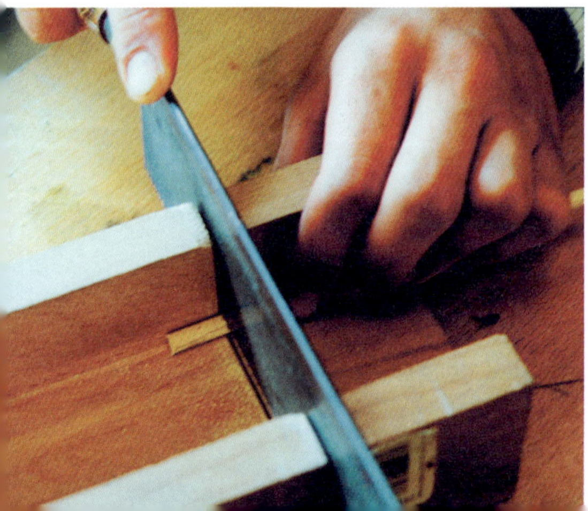

lernen durch diesen Sinn also eigentlich die äußere Begrenzung unseres Körpers und unsere Umgebung kennen. Es ist klar, dass diese Erfahrung grundsätzlich erforderlich ist, wenn man sinnvoll in seiner Umwelt tätig sein will.

Durch regelmäßiges Tun, in diesem Sinne also auch durch zartes Anstoßen, wird ein feines Bewusstsein bis in die Fingerspitzen hinein angelegt. Erst wenn ganz differenzierte Bewegungen und die damit verbundenen Wahrnehmungen intensiv geübt werden, kann eine bewusst gewollte Handlung später auch sensibel ausgeführt werden. Durch feine, bewegliche Tätigkeit wird also auch ein bewegliches Denken geübt. Auf der anderen Seite fördert lebendiges Denken ebenso die Geschicklichkeit der Hände.

Für diese Prozesse ist zudem ein genaues Zusammenwirken der rechten und der linken Hand erforderlich. Neben dem Tastsinn, der den Zugriff fühlbar macht, spielt auch der *Eigenbewegungssinn* eine entscheidende Rolle. Ohne diesen Basissinn, der die Wahrnehmung der Hände (und anderer Körperteile) in ihren Bewegungsabläufen ermöglicht, wäre man sich seiner eigenen Hände gar nicht bewusst. Sie könnten nicht gezielt zu Handlungen eingesetzt werden. Dieser Bewegungssinn, auch als kinästhetischer Sinn oder als Tiefensensibilität bezeichnet, ermöglicht eine feine Abstimmung der Einwirkung von Muskeln und Sehnen auf die Knochen und macht so das Erlernen und Üben von Fingerfertigkeit möglich, auch wenn die Details dieses Prozesses nicht bewusst wahrgenommen werden können.

Vorbild und Nachahmung

Für das Erlernen im Erwachsenenalter ist oft eine Vorstellung der erforderlichen Bewegung nötig. Was sollen meine Finger denn eigentlich machen? Die Anleitung dazu kann durch Anweisungen, also durch ein Besprechen der Abläufe in den Bewegungen, erfolgen. Wirksamer ist allerdings der Prozess des Vormachens. Wir Menschen funktionieren tatsächlich ausgezeichnet durch das Prinzip von «Vorbild und Nachahmung», und zwar nicht nur in der frühen Kindheit, sondern ein Leben lang, wie die Entdeckung der sogenannten Spiegelneuronen uns bestätigt hat.

Immer aber verlangen die ersten Anfänge eine große Anstrengung, denn alles läuft noch sehr ungeschickt. Über die Kontrolle der Augen werden die ersten Versuche von außen gesteuert, und erst nach vielen erneuten Übungen befreien sich die Hände allmählich von der Kontrolle und der Vorstellung. Die Bewegungsabläufe werden geschmeidiger, fließender und laufen nach einiger Zeit «wie von selbst» ab.

Erstaunlich ist das Gegenteil: Sind Tätigkeiten erst einmal «ganz in der Hand angekommen», stört das bewusste Hinlenken der Aufmerksamkeit auf die Bewegung so sehr, dass man das vorher Gekonnte nicht mehr zustande bringt. Wenn man seine eigenen Bewegungen wie von außen beobachten will, wird meist der Handlungsablauf durchbrochen und man fällt unter Umständen auf die Anfangszeiten seiner Übungen zurück. Das ist auch der Grund, warum manche Menschen in Prüfungssituationen versagen und allein durch den Umstand der kontrollierenden Beobachtung (ihre eigene innere und die der Prüfungskommission) nicht «in Fluss» kommen.

Es ist also deutlich, dass am Anfang einer motorischen Leistung und letztendlich jeder menschlichen Tätigkeit eine längere Zeit der Übung liegt. Lernen, Üben und Können hat etwas mit der Körperlichkeit zu tun, diese ist aber eng mit den Abläufen im Gehirn verknüpft.

Die Muskulatur

Wenn man tätig ist, werden Muskeln, Sehnen und Knochen durch Nervenimpulse in Bewegung gesetzt. Um diesen Vorgang verstehen zu können, ist es sinnvoll, die daran beteiligten Komponenten ein wenig zu beleuchten.

Alle bewusst ausgeführten Handlungen – und auch jene Tätigkeiten, die mit der Zeit automatisch ablaufen, aber prinzipiell willentlich gesteuert werden können – werden mit *quergestreifter Muskulatur* ausgeführt. (Im Gegensatz dazu sorgt die *glatte Muskulatur* für die Bewegungen der inneren Organe in den unbewussten Bereichen wie Verdauung, Atmung und Blutkreislauf.) Die quergestreiften Muskeln bestehen aus Fasern, die je nach Einsatzbereich zu mehr oder weniger dicken Bündeln zusammengefasst sind und dadurch auch gemeinsam tätig werden. Sie sind immer mit Sehnen irgendwo am Knochen befestigt und können sich, wenn sie dazu angeregt werden, mit unterschiedlicher Kraft zusammenziehen. Die spätere Ausdehnung erfolgt passiv. Es gibt keine Muskeln, die sich mit Kraft verlängern können. Das führt zu der Tatsache, dass es für jede Bewegung immer einen «Strecker» und einen «Beuger» gibt, deren genau aufeinander abgestimmtes Spannen und Lösen für den Feinablauf unserer Bewegungen verantwortlich ist.

Greift man ein Werkzeug, so presst man nicht nur die zuständigen Muskeln der Innenseite der Hand zusammen. Vielmehr sorgen die jeweiligen Gegenspieler für einen genau angepassten Gegendruck. So wird eine richtige Führung des Werkzeuges möglich. Ebenso kommt es, wenn

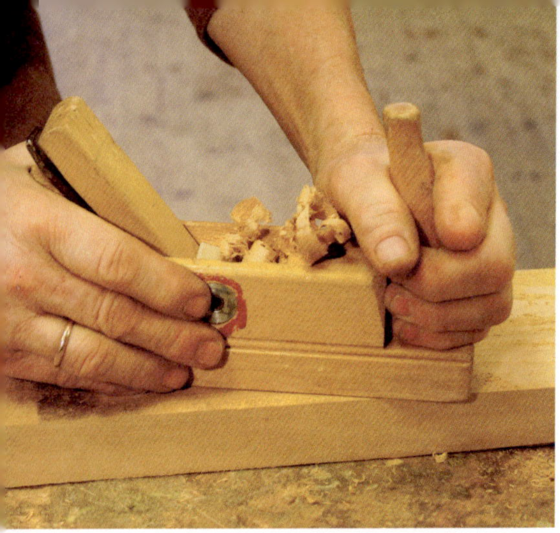

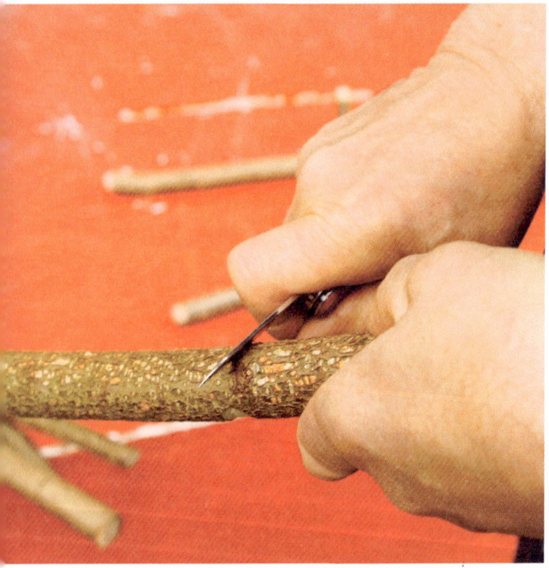

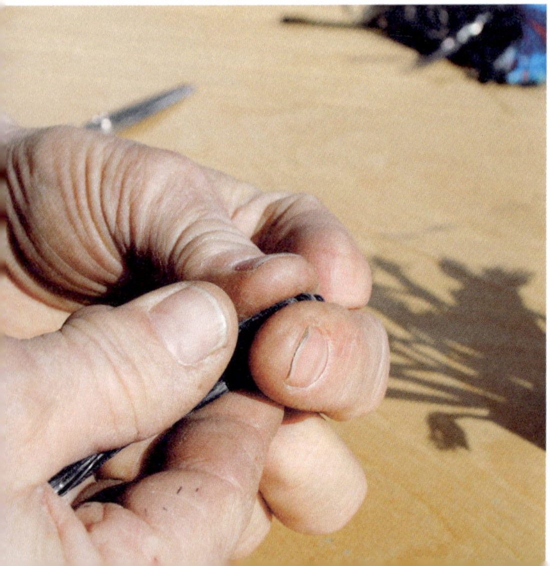

man eine Treppe hinuntersteigt, zu einem fein abgestimmten Miteinander der Strecker und Beuger in Oberschenkel, Unterschenkel und Fuß, ohne die man bei jeder Stufe straucheln würde.

Greifbewegungen der Hand

Beim Werken ist die Art des Greifens mit der Hand von zentraler Bedeutung. Aus der Beobachtung und dem Vergleich der Greifbewegungen von Affen und Menschen ergeben sich einige grundlegende Griffarten:

Der *schräge Pressgriff* dient z.B. zum Halten des Hammers beim Nageln oder zum Schlagen mit einem Beil. Hierbei umschließt der Daumen fest das Griffstück, und die Finger machen von genau entgegengesetzter Seite das sichere Halten möglich, das Werkzeug steht dabei quer zum Unterarm.

Beim *Messergriff* presst der lange Daumenbeuger das Griffstück des Messers gegen die übrigen Finger, die es ihrerseits gegen den Handteller drücken. Die Schrägstellung des Zeigefingergliedes trägt dazu bei, dass das Messer in Verlängerung des Unterarms ausgerichtet werden kann. Das Messer lässt sich dadurch wie ein langer Arm benutzen.

Beim *Scheren- oder Zangengriff* bewegt sich der Daumen in Opposition zu den übrigen Fingern, doch wird in diesem Fall der Kontakt zwischen den Fingern und dem Material (z. B. Papier oder Blech) durch die Schere auf eine Stelle außerhalb der Hand übertragen. Weil durch die Hebelwirkung die Kraft erhöht wird, ist eine genaue Führung erforderlich.

Die Anwendung des *Präzisionsgriffes* dient dazu, kleine Objekte zwischen den Spitzen von Daumen und einem oder mehreren der anderen Finger zu führen, etwa beim Halten eines Nagels.

Beim *Doppelgriff*, z.B. beim Hobeln oder beim Holzhacken, sind beide Hände an demselben Arbeitsprozess beteiligt. Dennoch übernimmt auch hier die Arbeitshand die Führung, und die andere wirkt unterstützend und steuernd. Viele der ausgeführten Bewegungen beim Werken entsprechen diesem Bewegungsmuster.

Gehirn und Bewegung

Der komplizierte Aufbau und die Funktionsweise der Nerven, die die Muskeln mit den unterschiedlichen Bereichen des Gehirns und des Rückenmarks verbinden, können in unserem Zusammenhang nicht geschildert werden. Es lässt sich jedoch festhalten, dass bei der Ausführung bewusster Bewegungen neben der Hirnrinde auch weitere Bereiche des Großhirns, das Kleinhirn, die Basalganglien und das Rückenmark beteiligt sind. Alle sind über komplizierte Rückkopplungsschleifen miteinander verbunden. Durch neueste bildgebende Untersuchungsmethoden weiß man heute genau, welche Bereiche des Gehirns für die jeweiligen Bewegungsabläufe zuständig sind.

Dabei hat sich gezeigt, dass ein ganzes Areal an einer bestimmten Zentralfurche der Großhirnrinde mit den körperlichen Bewegungen zusammenhängen. Für die Motorik der Hände und der Sprachorgane stehen die verhältnismäßig größten Bereiche dieses Areals zur Verfügung. Das bedeutet, dass der Mensch mit Hand und Mund auch die meisten Impulse setzen kann. Auf der gegenüberliegenden Gehirnhälfte liegt an der entsprechenden Zentralfurche der sensorische Bereich mit etwa entsprechenden Ausmaßen, der für Sinnesimpulse zuständig ist. Für die Sprache und die Bewegung der Hände stellt das menschliche Gehirn also die größten Bereiche zur Koordination von Bewegungsabläufen und entsprechenden Sinneseindrücken bereit.

Weil eine Bewegung immer eine Vielzahl von Muskeln erfordert und dabei auch das Miteinander der Beuger und Strecker eine entscheidende Rolle spielt, setzt der Impuls einer Bewegung in Wirklichkeit eine ungeheuer große Zahl von unterschiedlichsten Anregungsmustern in Gang, die immer auch noch mit den entsprechenden Sinneseindrücken abgeglichen werden. Je feiner die gewünschte Bewegung ist, desto vernetzter sind die daran beteiligten Erregungsnerven. Dieses Netz ist nicht von Natur aus gegeben, sondern wird im Verlauf des Erlernens der jeweiligen Bewegung erst hergestellt. Je intensiver und je früher man dieses Netz anlegt,

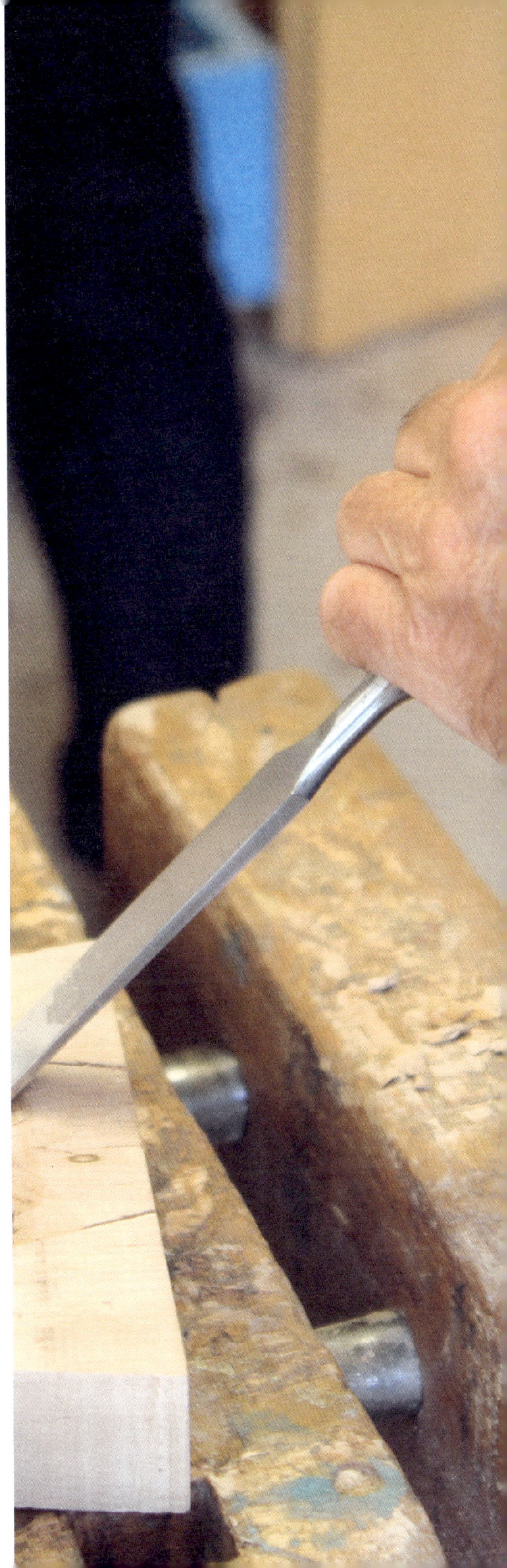

desto wirksamer und genauer kann es arbeiten. Auch hilft die stetige Übung, solche Verknüpfungen zu pflegen und gängig zu halten. Sie können bei Nichtnutzung auch veröden. Zwar können auch im Alter noch neue Anknüpfungspunkte (Synapsen) angelegt werden, nur ist das dann bedeutend mühsamer.

Wird eine komplizierte Bewegung, wie z.B. beim Schnitzen oder beim Klavierspielen, mehrfach geübt, so ist mithilfe modernster Geräte der Kernspintomografie schon nach dreißig Minuten eine Größenzunahme in der Handregion der zuständigen motorischen Hirnrinde zu beobachten. Bei einer gleich schweren Aufgabe, die aber nur einmal ausgeführt wird, zeigt sich kein Größenwachstum. Wird die entsprechende Übung kontinuierlich über mehrere Wochen durchgeführt, so entsteht eine stabile Zone in der Hirnrinde.

Die Bildsamkeit des Kindes

Das Heranwachsen eines Menschen kann man auch als einen Prozess der Verfestigung bezeichnen. In den embryonalen Anfängen ist alles noch äußerst plastisch. Ganz allmählich führt der Formprozess der Bildekräfte jedoch zu einer erkennbaren Gestaltung der Gliedmaßen und Organe. Jetzt wird die menschliche Gestalt in ihrem Duktus deutlich erkennbar. Aber alles steht noch unter dem Zeichen der Formbarkeit. Der Wachstumsprozess erhält sich die erforderliche Plastizität.

Bei der Geburt hat man schon fast einen kompletten Menschen vor sich – mit allen Organen, dem Gehirn und den Extremitäten. Er bedarf jedoch noch des Wachstums und der Feingestaltung. Dazu ist es erforderlich, dass das Skelett noch möglichst lange im elastisch-knorpeligen Zustand verharrt. Weil es noch so biegsam ist, lassen sich die Gelenke ohne Schaden in extreme Positionen überdehnen – ein Zustand, der Verwunderung hervorrufen kann, gleichzeitig aber auch Respekt im Umgang mit dem kleinen Wesen erfordert: Weil alles noch so wenig handfest ist, geht man instinktiv sehr achtsam und vorsichtig mit kleinen Kindern um. Erst wenn das Kind heranwächst, tritt Stück für Stück eine Verknöcherung des Knorpels ein, und die Belastungsmöglichkeit wächst.

Mit dieser Aushärtung der Knochen geht der Verlust der übergroßen Beweglichkeit einher. Auf der anderen Seite kann das Kind immer kräftiger greifen. Bei der Beurteilung der Schulreife wird gerne überprüft, ob das Kind mit der Hand über den Kopf hinweg das gegenüberliegende Ohr erreichen kann – ein Hinweis auf das Verhältnis von Längenwachstum und Beweglichkeit. Sind die ersten Milchzähne von den großen und festen endgültigen Zähnen ersetzt worden, können die an dieser Stelle nicht mehr benötigten Bildekräfte genutzt werden, um das Kind in der Schule mit den Prozessen des Lernens neuer und vielfältiger Zusammenhänge zu konfrontieren. Ergibt sich daraus der richtige Beginn für die Schule, so zeigt sich beim Blick auf das Innere der Hand noch ein großer Wachstumsbedarf. Die Gelenke zwischen den Fingergliedern sind sehr unvollständig, und im Bereich der Handwurzelknochen bestehen noch große Lücken.

Handwerkliches Angebot für Kinder

Würde ein Kind, wie in älteren Zeiten oft geschehen, in dieser Wachstumsphase schon viel körperlich arbeiten müssen, käme es schnell zu einer Überbelastung der noch weichen Gelenke und damit zu nicht wiedergutzumachenden körperlichen Schäden. Mit Achtsamkeit kann das Kind jedoch an kleinere Tätigkeiten, auch solche mit den Händen, herangeführt werden.

So bekommen die Schüler an den Waldorfschulen schon von der ersten (und dann bis in die achte) Klasse an Handarbeitsunterricht. Das übt die Fingerfertigkeit, ohne die noch unvollständig ausgebildeten Gelenke zu sehr zu belasten. Aber auch kleine andere Tätigkeiten im Bereich des Handwerks, des Gartenbaus oder des Instrumentalunterrichts u.Ä. üben die Hand und den Geist. Es zeigt sich dabei, dass die Bereitschaft zu kreativen Gedanken in engem Zusammenhang mit der geübten Feinmotorik der Hände und Finger steht.

Immer ist jedoch eine Überlastung der noch unvollständigen Organe zu vermeiden. Von der eigentlichen *Werkreife* kann man erst sprechen, wenn die Handwurzelknochen so weit entwickelt sind, dass sie miteinander in Verbindung stehen und die Gelenke zwischen den einzelnen Fingergliedern so gut wie geschlossen sind. Das ist in etwa um das zwölfte Lebensjahr der Fall.

Jetzt beginnt dementsprechend auch der Handwerksunterricht an den meisten Waldorfschulen. Mit etwas angepassten Inhalten kann das, wie mancherorts auch praktiziert, schon in der fünften Klasse sinnvoll sein, ganz besonders für solche Schüler, die unter Bedingungen aufwachsen, in denen nur wenige Angebote zum Üben der Körpermotorik zur Verfügung stehen. Das ist oft bei Kindern aus sozialen Randschichten der Fall. Hier ist dann ein großer Nachholbedarf zu beobachten, denn erst wenn der Bewegungsorganismus einigermaßen beherrscht wird, sind die Kinder in der Lage, richtig zu lernen.

Im Grunde mag sich jedoch jeder Mensch gerne bewegen und hat Freude daran, etwas Brauchbares und Schönes herzustellen.

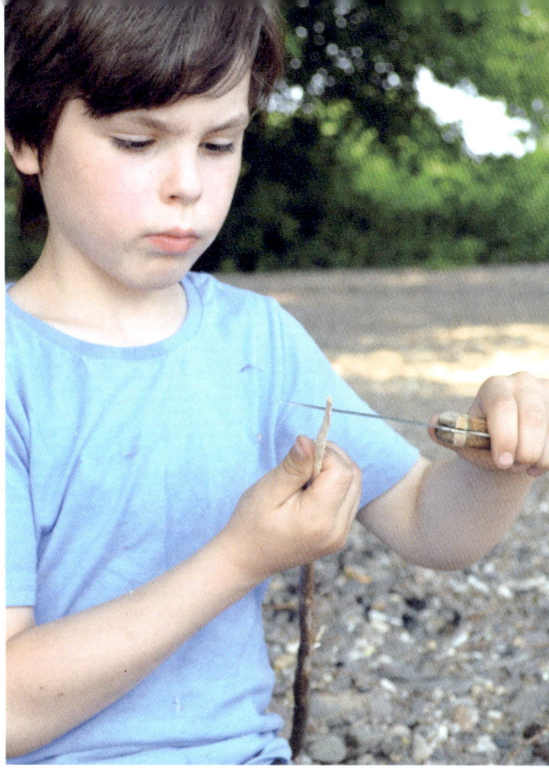

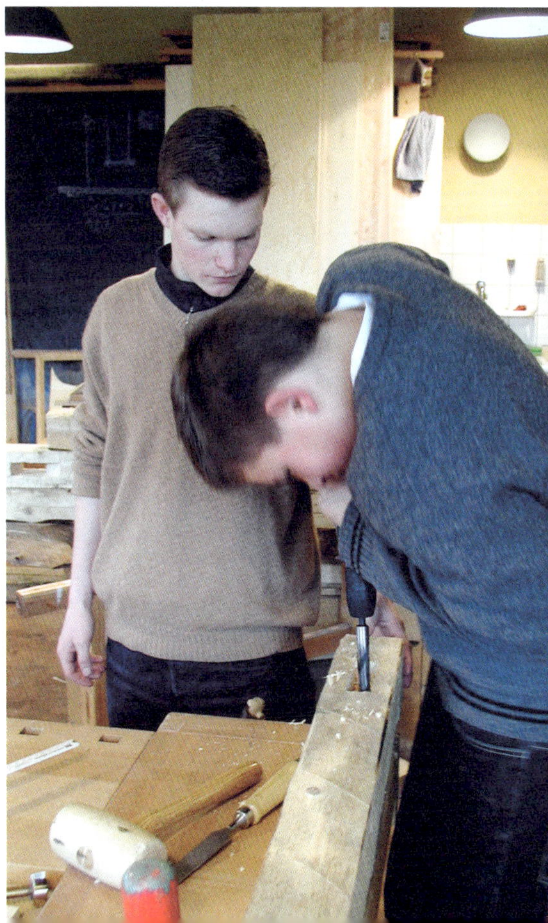

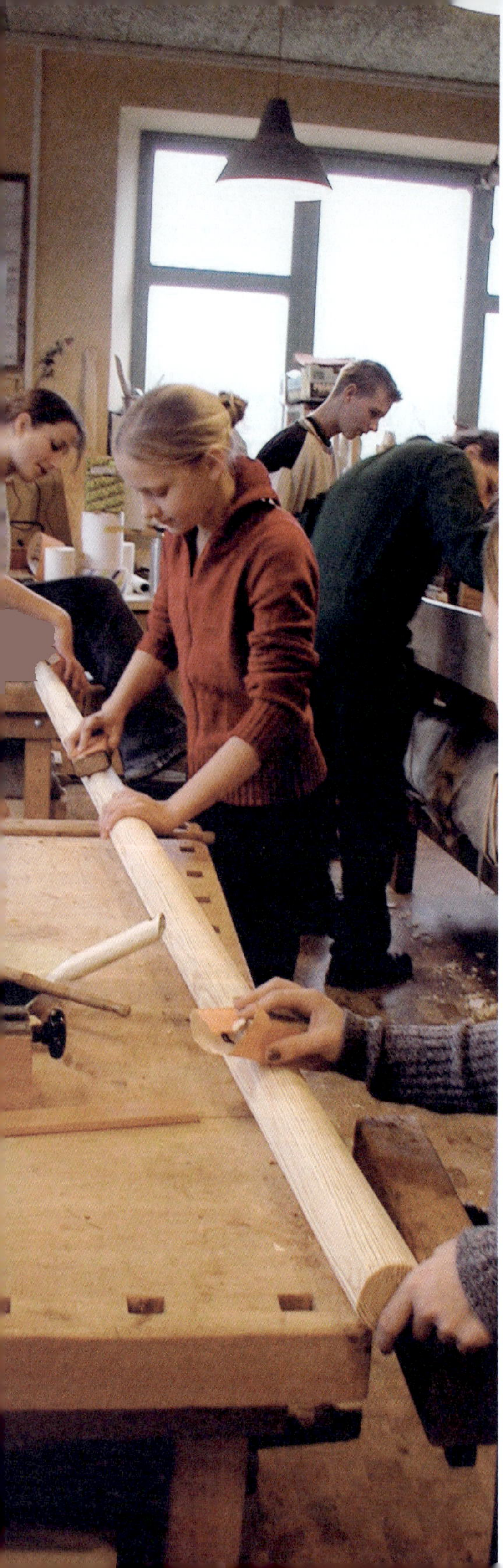

Darum darf die Anregung dazu nicht allein der Schule überlassen werden. Wer sich als Vater, Mutter, Onkel, Tante, Oma, Opa oder einfach nur als sonstiger Erwachsener auf den Weg macht und sich um handwerkliches Geschick bemüht, kann dadurch Zufriedenheit und ein größeres Selbstwertgefühl erlangen. Außerdem bildet er so ein Vorbild für die Kinder seiner Umgebung und regt sie zu eigenen Aktivitäten an. Wenn sich der eine oder andere dazu entschließt, mit Kindern gemeinsam tätig zu werden, ist die Möglichkeit für ein beiderseitiges Lernen und das Anlegen von neuen Kräften gegeben.

Was früher wie selbstverständlich und von selbst vor sich ging, muss heute bewusst und aktiv ergriffen werden. Denn es wird immer wichtiger, ein Gegengewicht zu der von unserer Überflussgesellschaft hervorgerufenen Antriebslosigkeit und um sich greifenden Passivität zu schaffen. Hier liegt ein pädagogisches Feld, das nicht nur Schule oder Eltern, sondern die ganze Gesellschaft angeht.

Die Vorbildfunktion der Erwachsenen

Der menschliche Körper stellt die Möglichkeiten zu einem erfüllten und gesunden Leben zur Verfügung. Um die Potenziale jedoch nutzen zu können, ist Eigenaktivität notwendig. Das gilt auch für das Gehirn. Bei einem neu geborenen Kind ist ein sehr großer Teil des Gehirnvolumens vorhanden, die meisten Verknüpfungen müssen aber erst angelegt werden. Wir Menschen sind nur in geringem Maße zu genetisch angelegten Instinkthandlungen fähig. Damit diese Verknüpfungen entstehen können, brauchen die Heranwachsenden Vorbilder, denn nur so ist der Mensch in der Lage zu lernen. Dasjenige, was man vormacht, wie man lebt, welche Mimik und welche Körpersprache man hat oder sogar was man spricht und denkt, wird von der Umgebung und ganz besonders vom kleinen Kind wahrgenommen und nachgemacht.

Das Prinzip von Vorbild und Nachahmung gilt besonders für das Kleinkind, bleibt aber das ganze Leben wirksam. Wenn die

Menschen sich immer weniger bewegen, immer dicker und behäbiger werden und immer weniger miteinander sprechen oder beim Sprechen wenig inhaltlich sagen, hat das unmittelbare Auswirkungen auf die Heranwachsenden. Die Folgen lassen sich inzwischen in vielen Untersuchungen von sogenannten Verhaltensauffälligkeiten nachweisen. Selbstständiges Tun der Kinder ist möglich, wenn Verknüpfungen im Gehirn angelegt werden. Dazu muss ihnen das Richtige vorgemacht werden, sodass sie es durch Vorbild und Nachahmung üben und zu ihrem Eigenen machen können.

Anleiten und Arbeiten mit Kindern

Im Prinzip ist es am besten, wenn man als Erwachsener zumindest die wichtigsten Arbeitsgänge einmal selbst vorher probiert hat. Dabei ist es wichtig, dass man die auftretenden Schwierigkeiten genau beobachtet. Sie werden ja mit einiger Wahrscheinlichkeit auch bei den Kindern auftreten. Wenn man dann später mit Kindern arbeitet, ist es günstig, sie nicht schon vorher darauf aufmerksam zu machen. Besser ist es, wenn ihnen auch die Möglichkeit gelassen wird, die schwierigen Punkte selbst zu entdecken. Erst wenn sie sie erkannt haben, können sie nach Lösungen suchen. Erwachsene neigen oft dazu, im Vorfeld schon viele Erklärungen abzugeben. Wenn das Kind jedoch noch gar keine eigenen Erfahrungen hat, kann es mit den Worten nichts anfangen.

Überhaupt ist es günstiger, viel zu zeigen und nur das Wichtigste dabei zu erklären. Reden spricht den Kopf an und kann davon wegführen, sich auf die Hände zu konzentrieren. Auch sollten Ablenkungen wie Musik oder sonstige Unruhe möglichst vermieden werden, damit alle Aufmerksamkeit auf das Werkzeug gerichtet bleiben kann.

Die erste Anleitung geschieht also durch das Vormachen und das Benennen der wichtigsten Punkte. Dazu gehört auch das Aufzeigen, wie man sich vor Verletzungen schützen kann. Das ist wichtig, sollte aber so umsichtig geschehen, dass nicht unnötig geschürte Ängste den Mut zum Tun verhindern. Alle weiteren

Arbeitsschritte und Hilfen folgen dann am besten der jeweils auftretenden Dynamik von Vormachen und den nötigen Erklärungen. Jedes Kind braucht genauso wie der Erwachsene seinen ganz eigenen Rhythmus. Soll das gemeinsame Tun gelingen, muss sich immer der Erwachsene als der Lebenserfahrenere auf das Kind einstellen. Umgekehrt funktioniert es nicht.

Ist das Werk gelungen, ist noch die richtige Wertschätzung vonnöten. Es ist am günstigsten, wenn es dem Erwachsenen gelingt, die positiven Teile und den Lernerfolg hervorzuheben. «Fehlersuche» bringt Enttäuschung, «Schatzsuche» macht zufrieden. Was nicht so perfekt gelungen ist, weiß das Kind selbst und wird es beim nächsten Mal von selbst besser machen wollen.

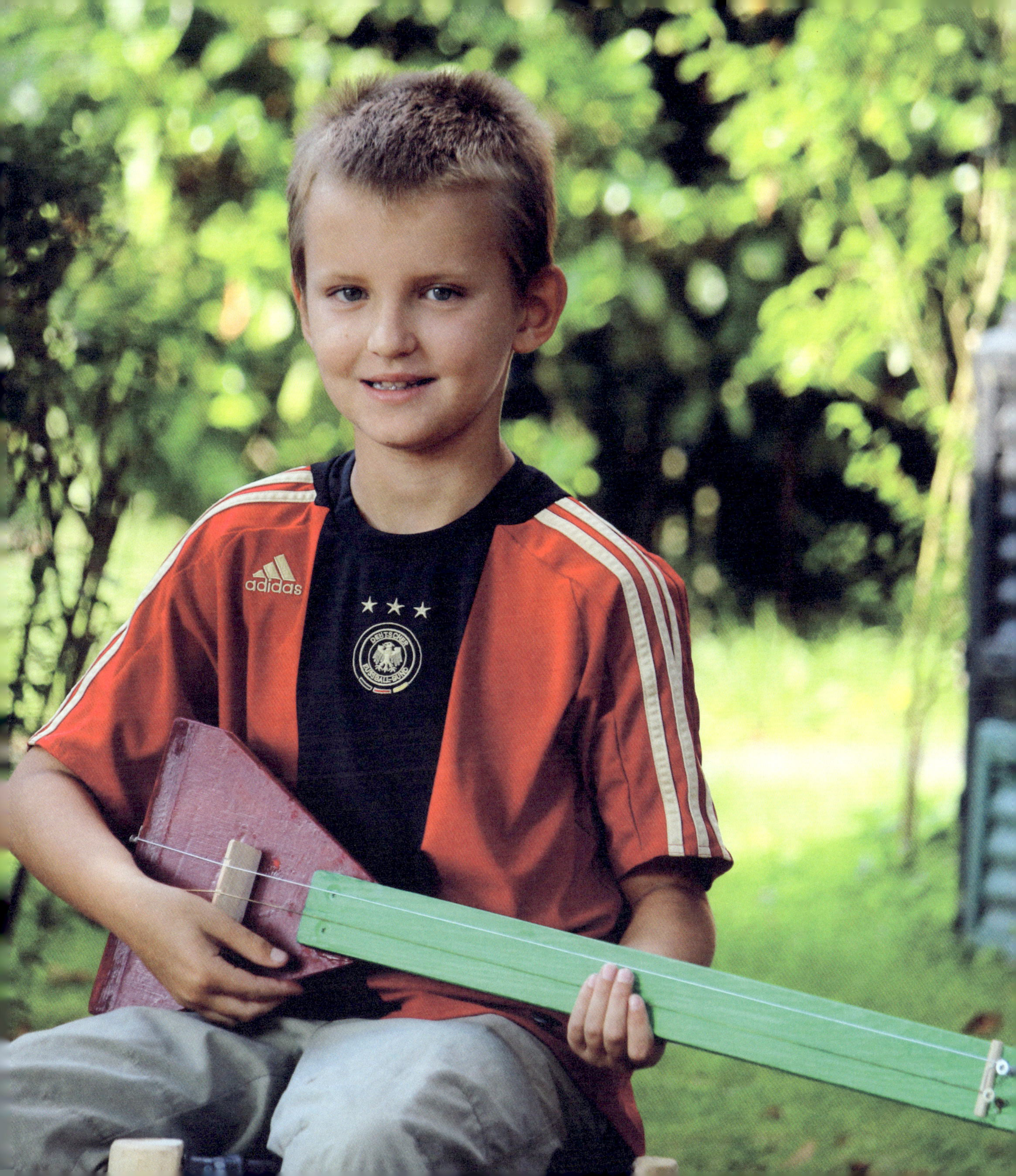
adidas

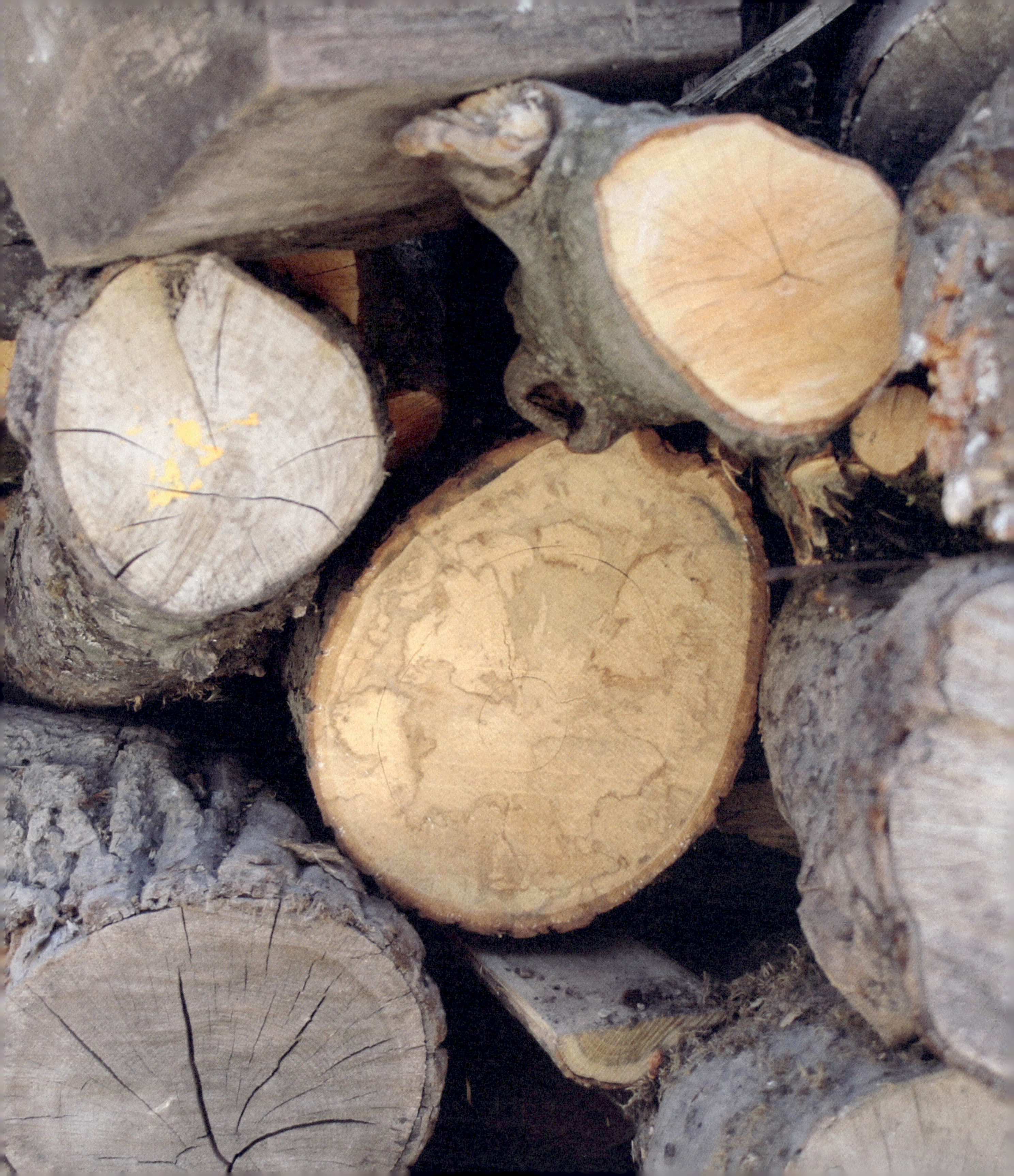

Bezugsquellen

Markenwerkzeuge sind in handwerklichen Fachgeschäften erhältlich. Es ist sinnvoll, in einer örtlichen Tischlerei nachzufragen; wenn man freundlich fragt, bekommt man sicher gerne auch eine Auskunft. Gute Marken sind z.B. «Pfeil» und «Kirschen».

Normale Baumärkte führen selten Qualitätswerkzeuge; die Ausnahme sind seit Kurzem die Bauhaus-Märkte, denn einige führen tatsächlich Profimarken.

Auch bei den *elektrischen Handwerkzeugen* sollte man lieber auf Profigeräte zurückgreifen (z.B. Bosch blau, Maquita oder Fein), sonst hat man oft nur eine kurze Freude daran.

Für das *Holz* lohnt es sich ebenfalls, bei einem örtlichen Tischler nach einem guten Holzhandel oder einem Sägewerk in der Nähe zu fragen.

Größere *Firmen für Holzbildhauerbedarf* und den Bezug guter Werkzeuge sind:

- Dictum www.dictum.com
  Onlinebestellungen oder Kauf in zwei Shops möglich
  (mit umfassendem Service und Möglichkeiten zum Ausprobieren):
  Haager Str. 9, 81671 München, Tel. 089 63890891
  Gottlieb-Daimler-Str. 3, 94447 Plattling, Tel. 0991 9109320
- Bildhau www.bildhau.com
  Radebergerstr. 175, 50968 Köln, Tel. 0221 99874700
  (auch in Zutphen in Holland gibt es ein Geschäft)
- Boesner www.boesner.com
  Onlinebestellung oder Kauf in zahlreichen Niederlassungen in ganz Deutschland möglich.

Danksagung

Mein erster Dank geht an die Schüler der Freien Waldorfschule Kiel. In all den Jahren, in denen ich Werken unterrichten durfte, hat mich die Begegnung mit den jungen Menschen dazu angeregt, meine Unterrichtsangebote daraufhin zu überprüfen, ob sie noch den Bedürfnissen der heutigen Zeit entsprechen. Immer wieder war ich so auf der Suche nach angemessenen Themen für Unterrichtsinhalte. Die in diesem Buch vorgestellten Projekte sind ein Ausschnitt aus meinen Unterrichtsstunden, und alle sind auf unterschiedlichsten Wegen in der Praxis erprobt.

Anders als bei der Arbeit mit den Schülern, wo die Tat im Vordergrund steht und vieles im Unausgesprochenen, fast Geheimnisvollen bleibt, konnte ich mit den Studenten der Alanus-Hochschule und den Seminaristen des Waldorflehrerseminars Kiel in einen intensiven Austausch über die didaktischen und methodischen Grundlagen des Werkens kommen. Diese «zukünftigen» Lehrer haben das Bedürfnis geäußert, die in den Seminaren und Kursen selbst durchgeführten Arbeiten und die dazugehörigen Hintergründe in einer verschriftlichten und verbildlichten Form zur Verfügung gestellt zu bekommen. Das war der Beginn einer immer noch wachsenden Sammlung von bebilderten Anleitungen und deren pädagogische Ergänzung. Deshalb ebenso mein Dank an die vielen Studenten und Seminaristen, mit denen ich zusammenarbeiten durfte.

Schließlich ist da noch Anja Manleitner, die Fotografin der meisten Bilder des Buches. Über viele Jahre hinweg hat sie geschickt die jeweiligen Arbeitsschritte der Werkstücke mit ihrer Kamera festgehalten und so entscheidend zum Gelingen des Buches beigetragen. Danke, Anja!

Wo es zum Schluss aufgrund der Entfernung nach Kiel nicht möglich war, noch fehlende Sequenzen zu fotografieren, sind Michael Brockmann und Stephan Simon mit ihrer Kamera eingesprungen. Auch ihnen ein herzlicher Dank!

Nicht zuletzt ist es das Verdienst von meinem Lektor, Martin Lintz, und der Herstellerin Katja Schüch, dass wir gemeinsam aus der großen Sammlung von Themenbereichen ein Buch kreieren konnten, das die Freude und die aufbauende Kraft des Arbeitens mit dem Werkstoff Holz nun auch Menschen außerhalb der Schulsphäre zugänglich machen möchte. Auch ihnen gilt mein Dank an dieser Stelle.

Hersel, den 28.10 2018

Helmut Hinrichsen

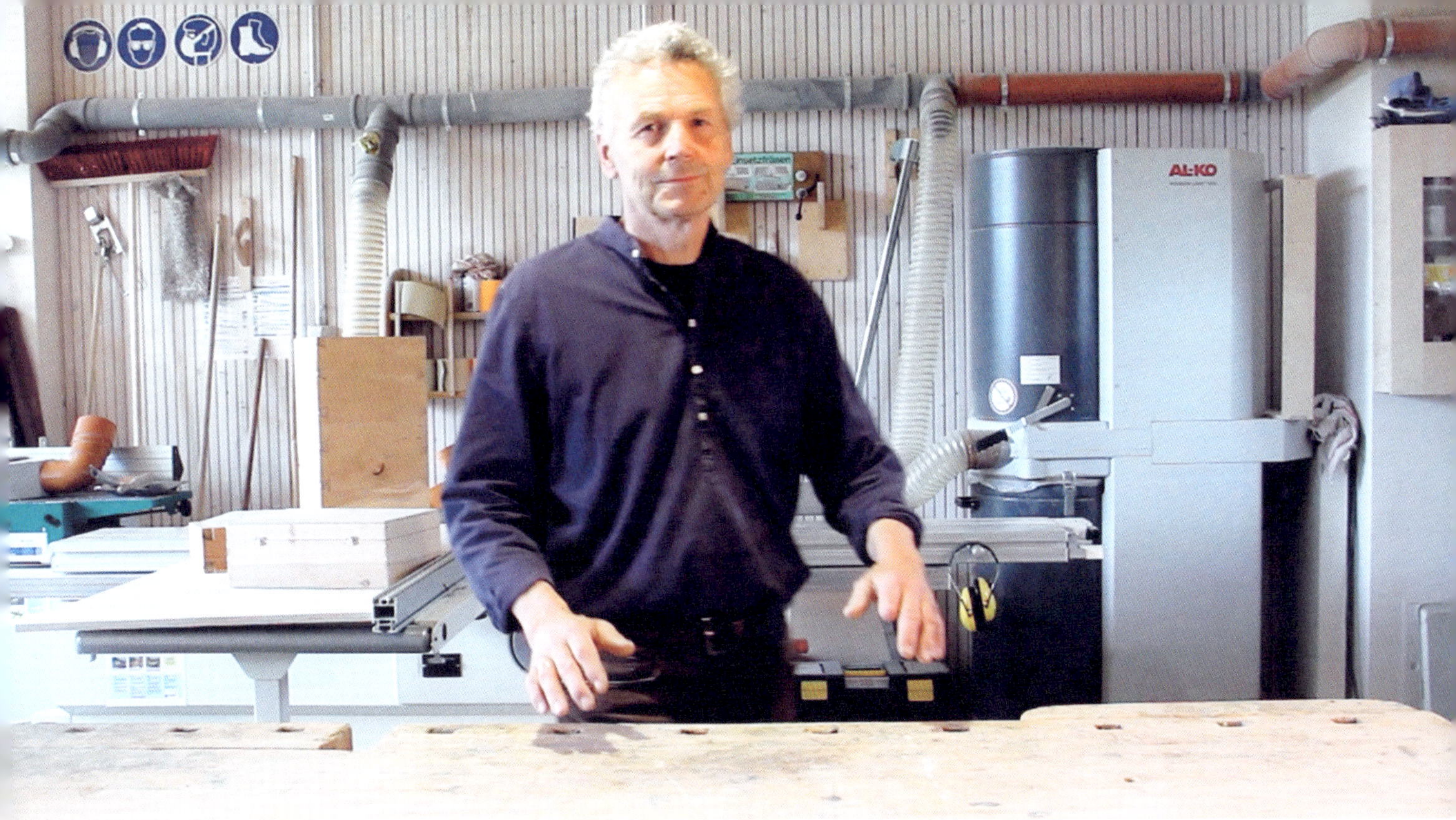

Über den Autor

Helmut Hinrichsen, geboren 1950, studierte nach seiner Ausbildung zum Diplomlandwirt Waldorfpädagogik in Witten/Annen und war 27 Jahre Lehrer für Werken und Biologie an der Waldorfschule Kiel. Er ist jetzt Lehrkraft für besondere Aufgaben an der Alanus Hochschule für Kunst und Gesellschaft in Alfter bei Bonn und Dozent am Waldorflehrerseminar Kiel.

Helmut Hinrichsen ist Vater von fünf Kindern. Zusammen mit seiner Frau Monika Kiel-Hinrichsen schrieb er die *Pubertätssprechstunde.*

1. Auflage 2018

Verlag Freies Geistesleben
Landhausstraße 82, 70190 Stuttgart
www.geistesleben.com

ISBN 978-3-7725-2745-6

Fotos: Anja Manleitner (überwiegend), Michael Brockmann,
Stephan Simon, Helmut Hinrichsen
istock (S. 4, 187: Alex; S. 8: mixetto; S. 9 rechts: kajakiki; S. 34: przemeksuwalki;
S. 116: 35007; S. 121: Kerstin Waurick), Blickwinkel (S. 167)
Zeichnungen: Helmut Hinrichsen
Umschlaggestaltung: Bianca Bonfert, Umschlagfoto: Charlotte Fischer
Gestaltung & Satz: Katja Schüch, Kirchheim unter Teck
Druck: Gorenjski tisk storitve, Kranj
Printed in Slovenia

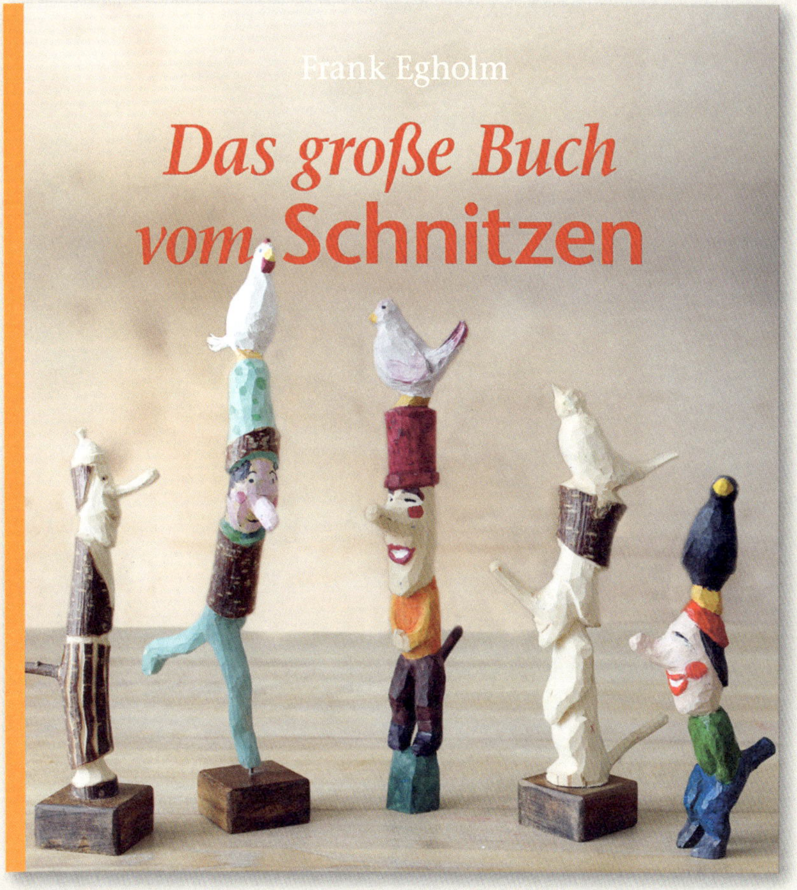

Frank Egholm
Das große Buch vom Schnitzen

Mit Fotos von Per Rasmussen,
durchgehend farbig,
Gebunden, 199 Seiten
ISBN 978-3-7725-2645-9

Eine hervorragende, umfassende Einführung für alle, die zum ersten Mal zum Schnitzmesser greifen, aber auch eine wahre Fundgrube für Fortgeschrittene. So macht Kindern und Erwachsenen das Schnitzen richtig Spaß!

Neben den allgemeinen Grundlagen (geeignete Holzarten, Werkzeug, Sicherheitsaspekte, Schnitztechniken) enthält das Buch jede Menge Anregungen und Gestaltungsideen für Spielzeug, Figuren, Schmuck, Dekoobjekte und Gebrauchsgegenstände.
Entfalten Sie Ihre Kreativität im Umgang mit Holz!

Verlag Freies Geistesleben

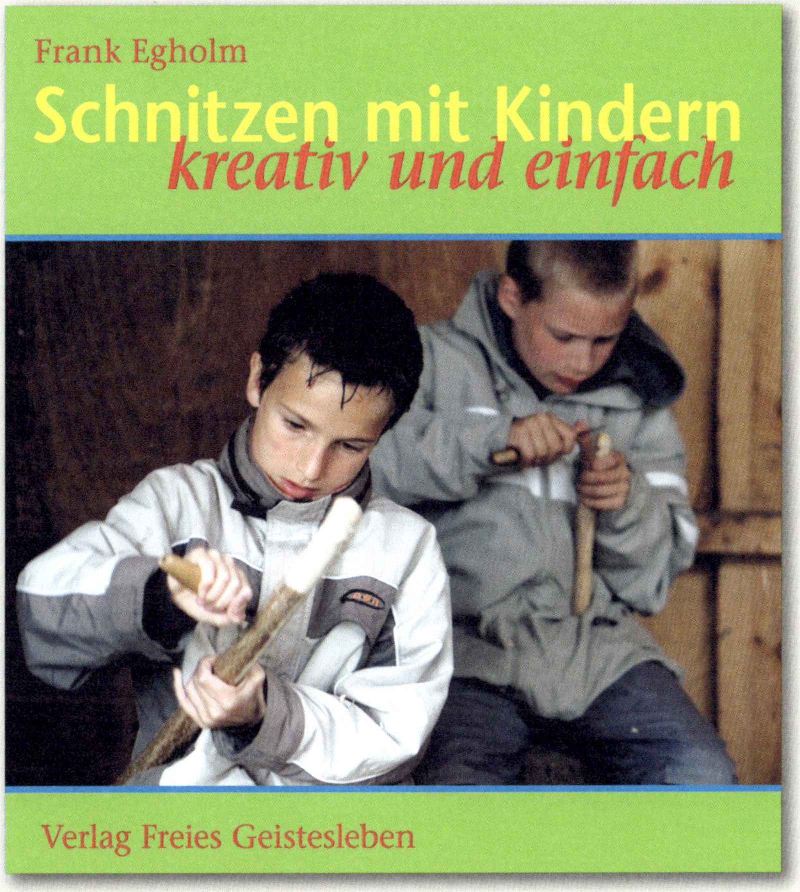

Frank Egholm
Schnitzen mit Kindern
Kreativ und einfach

durchgehend farbig
Gebunden, 56 Seiten
ISBN 978-3-7725-2032-7

Manchmal braucht man nur einen Ast und ein Schnitzmesser, und schon kann mit wenigen Handgriffen ein Wanderstock, ein selbst gefertigter Knopf für die Lieblingsweste oder eine ganz individuelle Figur zum Spielen entstehen. Der erfahrene Pädagoge und Spieledesigner Frank Egholm bietet in diesem Buch hierzu eine Fülle an Ideen und verrät die wichtigsten Tricks und Kniffe. So gelingt es auch Ungeübten und Kindern, aus dem wohl vielfältigsten Material der Natur – dem Holz – zauberhafte Figürchen, Spielsachen oder gar Spiele selbst zu schnitzen.

Verlag Freies Geistesleben